Ergänzende Unterlagen zum Buch bieten wir Ihnen unter **www.schaeffer-poeschel.de/webcode** zum Download an.
Für den Zugriff auf die Daten verwenden Sie bitte Ihre E-Mail-Adresse und Ihren persönlichen Webcode. Bitte achten Sie bei der Eingabe des Webcodes auf eine korrekte Groß- und Kleinschreibung.

Ihr persönlicher Webcode: **3064-8FWNo**

SCHÄFFER
POESCHEL

Martin Plendl/Heiner Kompenhans/Claus Buhleier (Hrsg.)

Der Prüfungsausschuss der Aktiengesellschaft

Praxisleitfaden für den Aufsichtsrat

2011
Schäffer-Poeschel Verlag Stuttgart

Herausgeber:

WP/StB Prof. Dr. Martin Plendl, CEO, Deloitte & Touche GmbH,
Wirtschaftsprüfungsgesellschaft, München

WP/StB Heiner Kompenhans, Leiter Wirtschaftsprüfung, Deloitte & Touche GmbH,
Wirtschaftsprüfungsgesellschaft, Frankfurt am Main

WP/StB/CPA Dr. Claus Buhleier, Center für Corporate Governance, Deloitte & Touche GmbH,
Wirtschaftsprüfungsgesellschaft, Frankfurt am Main und Mannheim

Bibliografische Information der Deutschen Nationalbibliothek
Die Deutsche Nationalbibliothek verzeichnet diese Publikation in der Deutschen
Nationalbibliografie; detaillierte bibliografische Daten sind im Internet über
<http://dnb.d-nb.de> abrufbar.

Gedruckt auf chlorfrei gebleichtem, säurefreiem und alterungsbeständigem Papier

ISBN 978-3-7910-3064-7

Dieses Werk einschließlich aller seiner Teile ist urheberrechtlich geschützt. Jede Verwertung außerhalb
der engen Grenzen des Urheberrechtsgesetzes ist ohne Zustimmung des Verlages unzulässig und
strafbar. Das gilt insbesondere für Vervielfältigungen, Übersetzungen, Mikroverfilmungen und die
Einspeicherung und Verarbeitung in elektronischen Systemen.

© 2011 Schäffer-Poeschel Verlag für Wirtschaft · Steuern · Recht GmbH
www.schaeffer-poeschel.de
info@schaeffer-poeschel.de

Einbandgestaltung: Willy Löffelhardt/Melanie Frasch
Satz: Johanna Boy, Brennberg
Druck und Bindung: Kösel, Krugzell · www.koeselbuch.de
Printed in Germany
Februar 2011

Schäffer-Poeschel Verlag Stuttgart
Ein Tochterunternehmen der Verlagsgruppe Handelsblatt

Geleitwort

Der nationale Gesetzgeber folgt seit geraumer Zeit für den Bereich der Corporate Governance einem bisher im Gesellschaftsrecht, namentlich im Aktienrecht, kaum gekannten Handlungsdrang: Im Jahr 1998 wurde mit dem fast schon in Vergessenheit geratenen »Gesetz zur Kontrolle und Transparenz im Unternehmensbereich (KonTraG)« die zuletzt aktuell mit der gesetzlichen Normierung des Prüfungsausschusses fortgeführte Regulierung des Triumvirats Vorstand-Aufsichtsrat-Abschlussprüfer eingeläutet. Seither sind die diesbezüglichen Reformen und Reformansätze kaum mehr zu überblicken. Aber sie folgen einem, wenn auch nicht immer in der erforderlichen Deutlichkeit offengelegtem, »roten Faden«.

Die Leitgedanken des Gesetzgebers für den Bereich der Corporate Governance werden im Kern von zwei Ideen maßgeblich beeinflusst: Zum einen sieht sich der Gesetzgeber nach einer (zu) langen Phase der Untätigkeit seit der letzten Aktiengesetzreform 1965 in die Pflicht genommen, moderne gesetzliche Rahmenbedingungen für ein nachhaltig effizientes Zusammenwirken von Vorstand, Aufsichtsrat und Abschlussprüfer zu schaffen. Die historisch begründete Renaissance des Gedankens aus den 30er Jahren vom Abschlussprüfer als »Hilfsorgan des Aufsichtsrats« erweist sich dabei zumindest als mitverantwortlich für die zentralen Rechnungslegungs- und Abschlussprüfungsbasierten Überlegungen des Gesetzgebers. Mit der Rückübertragung der Kompetenz für die Auswahl, Beauftragung und Vergütung des gesetzlichen Abschlussprüfers auf den Aufsichtsrat wurden diese Maßnahmen eingeleitet, mit der Konkretisierung der Prüfungsaufgaben, der Berichtspflichten und der Diskussions- und Redebereitschaft weitere Details normiert. Die Normierung und (fakultative) Einrichtung eines Prüfungsausschusses erscheint in dieser Denkrichtung als ein weiteres Umsetzungselement.

Zum anderen aber ist sich der nationale Gesetzgeber seiner zunehmend internationalen Einbettung bewusst, teilweise wird er darauf auch mit Unterstützung der EU-Kommission und anderer internationaler Corporate Governance-Verantwortlicher immer wieder darauf hingewiesen. Wenn und soweit ein modernes System der Unternehmungsführung und -überwachung aber auch ein international anerkanntes sein soll (oder gegebenenfalls sein muss), dann liegt die zweite handlungsweisende Idee auf der Hand: Da in Zentraleuropa, nicht nur in Deutschland, Varianten des Vorstands-/Aufsichtsratsmodell dominieren und zudem traditionell auf hierarchische, also gesetzliche Regelungen für die Organisation und Verfassung der großen Kapitalgesellschaften vertraut wird, muss eine legislatorische Brücke zwischen diesen Ansätzen und dem angelsächsischen Board-Modell, das hinsichtlich der näheren Ausgestaltung zudem weitgehend dem Spiel der Marktkräfte überantwortet ist, geschaffen werden.

Auf Initiative der EU-Kommission bildet der durch die 8. EU-Abschlussprüferrichtlinie geforderte Prüfungsausschuss bzw. die entsprechende Organverantwortung des Aufsichtsratsplenums ein solches systemübergreifendes Element der Corporate Governance. Die Chancen dieses Ansatzes liegen für mich in einer breiten Diskussion und praxisgerechten Umsetzung des Konzeptes unter Berücksichtigung der unterschiedlichen Rahmenbedingungen in den einzelnen Ländern, in unserem Fall für die Bundesrepublik Deutschland. Dazu sind innovative Überlegungen und Konzepte erforderlich, zahlreiche hilfreiche wie weiterführende Beispiele dazu liefern die einzelnen Diskussionsbeiträge, Anregungen und konkreten Hilfestellungen in diesem Praxisleitfaden. Die Risiken des im Kern »transatlantischen Imports«, des »audit committee«-Konzeptes im Rahmen des angelsächsischen Board-Modells mit seiner gemeinsamen Führungs- und Überwachungsverantwortung, sehe ich in einer, wenn auch nur partiellen Imitation des US-amerikanischen oder englischen Vorbilds. Die große Verantwortung und Herausforderung des nunmehr in kapitalmarktorientierten Gesellschaften erforderlichen Prüfungsausschusses (bzw. der entsprechenden Organverantwortung) liegt nicht in der organisatorischen Umsetzung oder kompetenziellen Ausgestaltung im Detail: Die nationale »Hausaufgabe«, die der Gesetzgeber allen betroffenen Gesellschaften, ihren Organen sowie den jeweils involvierten Abschlussprüfern mit der Neuregelung aufgegeben hat, betrifft die passgenaue und originäre Übertragung und Sicherstellung der damit überantworteten Aufgaben, Prüfungsverantwortlichkeiten und personellen Anforderungen. Keine geringes Pflichtenheft, dessen zielführende Umsetzung die Kenntnisse, Fähigkeiten und auch Verantwortung aller Beteiligten fordert. Der Praxisleitfaden liefert dazu eine verlässliche Hilfestellung, die effiziente Umsetzung ist aber – wie immer – den involvierten Personen überantwortet.

München, 10.12.2010

Univ.-Prof. Dr. Dr. Manuel René Theisen

Geschäftsführender Herausgeber
der Fachinformation »Der Aufsichtsrat«

Vorwort

Die Aufgaben des Prüfungsausschusses einer Aktiengesellschaft wurden in Deutschland mit dem BilMoG gesetzlich normiert und konkretisiert (§ 107 Abs. 3 Satz 2 AktG n.F.). Der Prüfungsausschuss hat sich demnach explizit mit der Überwachung des Rechnungslegungsprozesses, der Wirksamkeit des Internen Kontrollsystems, des Risikomanagementsystems und des Internen Revisionssystems sowie der Abschlussprüfung zu befassen. Weder in der Aufsichtsratspraxis noch in der Fachliteratur ist aber abschließend geklärt, wie ein Prüfungsausschuss seinen Überwachungsaufgaben tatsächlich gerecht werden kann.

Es wurden im deutschen Sprachraum bereits einige umfangreiche und theoretisch durchaus ausgereifte Dissertationen zu diesem Thema verfasst, die allerdings naturgemäß eher theoretisch und wenig anwenderfreundlich ausgerichtet sind. Daneben wurde in zahlreichen juristischen und betriebswirtschaftlichen Fachartikeln einzelne Fragestellungen und Probleme des Prüfungsausschusses isoliert untersucht. Die allgemeinen Standardwerke zur Aufsichtsratstätigkeit, welche den Aufsichtsrat als Ganzes behandeln, können die Fragen des Prüfungsausschusses nicht in der aktuell notwendigen Tiefe praxisorientiert darstellen. Vor diesem Hintergrund ist es Ziel dieses Buches, eine Literaturlücke zu schließen und Prüfungsausschüsse bei ihrer praktischen Tätigkeit zu unterstützen.

Das Buch stellt – ausgehend von den rechtlichen Grundlagen – die Aufgaben und Tätigkeiten eines Prüfungsausschusses im Jahresverlauf dar. Konkrete Handlungsempfehlungen und Hilfestellungen stehen hierbei im Vordergrund. Erfahrene Prüfungsausschussmitglieder schildern in gesonderten Abschnitten ihre praktischen Erfahrungen und Sicht der Dinge. Das Werk wird abgerundet durch Beiträge zu Sonderthemen – u.a. zu branchenspezifischen Besonderheiten bei Kreditinstituten oder öffentlichen Unternehmen, rechtsformspezifischen Besonderheiten der GmbH oder SE und den landesspezifischen Besonderheiten in Österreich und der Schweiz.

Zur Unterstützung der Aufsichtsratspraxis wird den Lesern ein Excel-basierter Tagesordnungsplaner zum Download zur Verfügung gestellt (www.corpgov.deloitte.com/site/GerDe/startseite).

Aufgrund der praxisorientierten Konzeption des Buches ist es besonders für Mitglieder von Prüfungsausschüssen von (börsennotierten) Aktiengesellschaften, aber auch für Mitglieder von anderen vergleichbaren Überwachungsorganen geeignet. Die Kommission Deutscher Corporate Governance Kodex hat in ihrer Arbeit im Jahr 2010 die Notwendigkeit der Erhöhung der Qualifikation von Aufsichtsräten betont. In diesem Zusammenhang spricht sich die Kommission für eine Ausweitung von Weiterbildungsmaßnahmen für Kandidatinnen und Kandidaten bei Aufsichtsratswahlen, aber auch für bereits amtierende Aufsichtsratsmitglieder aus. Weiterbildungsmaßnahmen für künftige und amtierende Aufsichtsräte sollten fundierte theoretische wie praxisbezogene Informationen vermitteln. Wir glauben, dass das Buch für die Begleitung derartiger Aus- und Fortbildungsmaßnahmen oder -seminare hilfreich sein kann.

Das Buch hat seinen inhaltlichen Ursprung in der praktischen Tätigkeit des Deloitte Center für Corporate Governance (www.corpgov.deloitte.de). Das Deloitte Center für Corporate Governance verknüpft das Wissen corporate-governance-erfahrener und im deutschen Rechtsgefüge verankerter Wirtschaftsprüfer mit interdisziplinärem Know How. Es unterstützt Aufsichtsräte und Prüfungsausschüsse bei ihrer Überwachungstätigkeit durch Informationsangebote und durch die Erarbeitung von konkreten Werkzeugen zur Steigerung der Qualität und Effizienz der Aufsichtsratstätigkeit. Das Center ist in das internationale Deloitte-Netzwerk von Corporate Governance-Experten eingebunden.

Um eine ausgewogene Sichtweise hinsichtlich der Aufgaben und Tätigkeit des Prüfungsausschusses vermitteln zu können, freut es uns sehr, dass mit Dr. Eckhart Sünner und Andrew Simon renommierte Prüfungsausschuss-Praktiker ihre jeweiligen Erfahrungen aus der eigenen Prüfungsausschusstätigkeit in Kurzbeiträgen eingebracht haben. Diese Praktikersicht wird abgerundet durch einen Beitrag von Warren Buffett zur Rolle des US-amerikanischen Audit Committees, welches das Vorbild für den Prüfungsausschuss im deutschsprachigen Raum bildet.

Neben den genannten Prüfungsausschuss-Praktikern hat ein breiter Verfasserkreis mitgewirkt. RA Dr. Dr. Boris Schilmar verfasste den überwiegenden Teil der Ausführungen zu den rechtlichen Grundlagen (Abschnitte B.II bis B.IV). Der Beitrag zu den Besonderheiten bei Banken und Versicherungen wurden von WP/StB Prof. Dr. Carl-Friedrich Leuschner und WP/StB Marc Böhlhoff geschrieben. Die Besonderheiten bei Unternehmen der öffentlichen Hand wurden von WP/StB Reinhard Drewes sowie WP/StB Prof. Dr. Adelheid Zeis dargestellt. WP/StB Mag. Michael Schober und WP/StB Mag. Ingrid Lafer, beide aus Wien, erläutern die Besonderheiten von Prüfungsausschüssen in Österreich. Herr Dipl. WP Martin Welser, Zürich, trug den Abschnitt zu den Besonderheiten von Prüfungsausschüssen in der Schweiz bei. Alle restlichen Beiträge wurden von dem ständigen Autorenteam des Deloitte Center für Corporate Governance verfasst. Zu diesem Team gehören Thomas Kirstan, WP/StB Nina Krowas, Dr. Rasmus Koprivica, WP/StB Dr. Ingo Müller, CA Juliet Sochiera, WP/StB Silke Splinter und WP/StB/CPA Dr. Claus Buhleier. Die Koordination der Erstellung dieses Buches lag in den Händen von Herrn WP/StB/CPA Dr. Claus Buhleier.

Das Manuskript für dieses Werk wurde im Oktober 2010 abgeschlossen, so dass spätere Entwicklungen nicht berücksichtigt werden konnten. Anmerkungen, Kritik und Verbesserungsvorschläge aber auch weiterführende Anfragen zur praktischen Arbeit von Prüfungsausschüssen nehmen wir gerne unter der E-Mail-Adresse corpgov@deloitte.de entgegen. Wir bedanken uns hierfür sehr herzlich im Voraus.

Die Herausgeber schulden neben den Autoren weiteren helfenden Händen und Köpfen Dank. Wir danken für die kritische formelle Durchsicht des Manuskriptes der Abteilung Berichtsausfertigung des Frankfurter Büros von Deloitte. Beim Verlag Schäffer-Poeschel danken wir Frau Marita Mollenhauer für die vielfältige Hilfe und die konstruktive Begleitung bei der Entstehung des Werkes.

Wirksame Prüfungsausschüsse sind ein wichtiger Bestandteil der Corporate Governance. Sie tragen wesentlich dazu bei, die Qualität und Zuverlässigkeit der Finanzberichterstattung von börsennotierten Kapitalgesellschaften und anderen Unternehmen sicherzustellen. Die Institution Prüfungsausschuss kann ihr breites Aufgabenspektrum nur durch die praktische Tätigkeit von Aufsichtsräten, d.h. von Personen, erfüllen. Wir hoffen, dass dieses Buch den Aufsichtsräten eine praktische Hilfe bei der Erfüllung ihrer verantwortungsvollen und herausfordernden, aber auch interessanten Tätigkeit ist.

Prof. Dr. Martin Plendl   *Heiner Kompenhans*   *Dr. Claus Buhleier*

Inhaltsverzeichnis

Geleitwort V
Vorwort VII
Abkürzungsverzeichnis XV

A	**Einführung**..	1
B	**Rechtliche Rahmenbedingungen**	3
I	Der Prüfungsausschuss im Systemgefüge des Gesellschafts- und Kapitalmarktrechts	3
	1 Historische Entwicklung im angelsächsischen Rechtsraum	3
	2 Historische Entwicklung im deutschen Rechtsraum	4
II	Der Prüfungsausschuss nach dem DCGK	7
III	Der Prüfungsausschuss nach BilMoG	8
	1 Kodifizierung	8
	2 Keine Pflicht zur Implementierung............................	8
	3 Aufgaben...	10
	a Überwachung des Rechnungslegungsprozesses	10
	b Überwachung der Wirksamkeit des Internen Kontrollsystems, Risikomanagements und der Internen Revision	10
	c Überwachung der Abschlussprüfung	11
	d Recht des Prüfungsausschusses zur direkten Befragung leitender Angestellter? ...	11
	4 Mindestanforderungen an die Mitglieder	12
	a Unabhängiger Finanzexperte	12
	b Arbeitnehmervertreter im Prüfungsausschuss	16
	5 Zusammenarbeit mit dem Plenum des Aufsichtsrats............	16
IV	Haftung und Verschwiegenheit	18
	1 Haftungsvoraussetzungen.....................................	19
	a Pflichtverletzung	19
	aa Sorgfaltspflichten	19
	ab Sorgfaltsmaßstab	20
	ac Ermessensspielräume	21
	b Verschulden, Kausalität und Schaden..................	22
	2 Beweislast	23
	3 Haftungsausschluss und Verzicht	23
C	**Abgrenzung der Aufgaben und Verantwortlichkeiten von Aufsichtsrat, Prüfungsausschuss und Abschlussprüfer**	25
I	Gegenüberstellung der Aufgaben von Aufsichtsrat und Prüfungsausschuss..	25
II	Gegenüberstellung der Aufgaben von Prüfungsausschuss und Abschlussprüfer	27
D	**Tätigkeit des Prüfungsausschusses im Jahreslauf**..................	31
I	Überblick...	31

	1	Arbeitsweise und Zeitbedarf	31
		a Sitzungsanzahl und Sitzungsdauer	31
		b Agenda, Sitzungsunterlagen und Vorbereitung	32
		c Vorsitzender des Prüfungsausschusses	33
		d Sitzungsteilnehmer	33
		e Sitzungsprotokoll	33
	2	Muster einer Terminübersicht für das Gesamtjahr	34
II	Überwachungsaufgaben		37
	1	Überwachung der internen Kontrollsysteme des Unternehmens	37
		a Einordnung der Überwachungspflichten des Prüfungsausschusses	37
		b Überwachung des Rechnungslegungsprozesses sowie der Wirksamkeit des Internen Kontrollsystems	40
		c Überwachung der Wirksamkeit des Risikomanagementsystems	46
		d Überwachung der Wirksamkeit des Internen Revisionssystems	50
		e Überwachung der Wirksamkeit des »Compliance«-Systems	53
	2	Durchsicht von Quartalsabschlüssen und Halbjahresfinanzberichten sowie von Pressemeldungen bei börsennotierten Unternehmen	59
	3	Überwachung der Abschlussprüfung	61
		a Vorbereitung der Auswahl des Abschlussprüfers und Vorschlag	61
		b Prüfungsauftrag	63
		c Überwachung der Unabhängigkeit des Abschlussprüfers	64
		d Überwachung der zusätzlichen Leistungen des Abschlussprüfers	65
		e Vorgabe und Abstimmung von Prüfungsschwerpunkten	67
		f Kommunikation mit dem Abschlussprüfer	68
		g Beurteilung der Qualität der Abschlussprüfung	69
		aa Maßstäbe für die Qualität der Abschlussprüfung	69
		ab Überprüfung der Qualität durch den Prüfungsausschuss	69
		ac Qualitätssteigernde Maßnahmen	70
		h Würdigung der Ergebnisse der Abschlussprüfung	70
	4	Vorbereitende Prüfung des Jahresabschlusses	72
		a Prüfungsumfang und -organisation	72
		b Sichtung der Unterlagen und Fokussierung	73
		c Verwertung des Prüfungsberichts	74
		d Kommunikation mit dem Vorstand	80
		e Einbeziehung des Abschlussprüfers	81
		aa Prüfungsschwerpunkte	81
		ab Berichterstattung des Abschlussprüfers	82
		f Bildung eines Gesamturteils	83
III	Berichterstattung über die Tätigkeit		84
	1	In der Bilanzsitzung des Aufsichtsrats	84
		a Die Berichterstattung an das Plenum	84
		b Besonderheiten der Berichterstattung in der Bilanzsitzung des Aufsichtsrats	84
	2	In der externen Berichterstattung des Prüfungsausschusses	86
		a Die Berichterstattung des Aufsichtsrats an die Hauptversammlung	86
		b Beiträge des Prüfungsausschusses	87
		aa Bericht über die Arbeit des Prüfungsausschusses im Geschäftsjahr	87
		ab Bericht über das Ergebnis der Jahres- und Konzernabschlussprüfung sowie des Gewinnverwendungsvorschlags	88
		ac Stellungnahme zum Ergebnis der Prüfung des Jahres- und ggf. Konzernabschlusses durch den Abschlussprüfer	88

		ad	Schlusserklärung 89
		ae	Weitere Bereiche der Mitwirkung des Prüfungsausschusses 89

E Erfahrungsberichte von Praktikern 91
I   Das Audit Committee aus der Sicht von Warren Buffett 91
II   Die Rolle des Prüfungsausschusses aus der Sicht von Andrew Simon 93
III   Die Sicht des Prüfungsausschuss-Praktikers Dr. Eckart Sünner 96

F Sonderthemen 101
I   Informationsversorgung 101
     1   Information durch den Vorstand 102
     2   Information durch unternehmensinterne Personen 102
     3   Information durch den Abschlussprüfer 103
     4   Information durch weitere unabhängige Dritte 104
     5   Allgemeine Informationen 104
     6   Art und Weise der Information und Kommunikation 104
II   Geschäftsordnung 106
III   Überwachung im Konzern 110
     1   Prüfungsausschuss der Konzernobergesellschaft bzw. des herrschenden Unternehmens 110
     2   Prüfungsausschuss des abhängigen Unternehmens bzw. der anderen Konzernunternehmen 111
IV   Andere potenzielle Felder der Überwachung 114
     1   Unternehmensplanung 114
        a   Unternehmensplanung als Instrument zur Überwachung von Bilanzierung und Lageberichterstattung 115
        b   Bedeutung der Unternehmensplanung für die Festsetzung der Vorstandsbezüge 117
        c   Unternehmensplanung als eigenständiger Überwachungsgegenstand 117
     2   Steuern 118
     3   Informations- und Kommunikationstechnologie 120
V   Der Prüfungsausschuss und die Deutsche Prüfstelle für Rechnungslegung 122
     1   Hintergrundinformationen zu DPR-Verfahren 122
        a   Betroffene Unternehmen und Prüfungsinstanzen 122
        b   Prüfungsanlässe und Auswahlverfahren 123
        c   Prüfungsablauf und Prüfungsschwerpunkte 123
     2   Die Rolle des Prüfungsausschusses 125
        a   Vor dem DPR-Verfahren 125
        b   Während eines DPR-Verfahrens 126
        c   Zum Abschluss eines DPR-Verfahrens 127
VI   Effizienzprüfung des Prüfungsausschusses 129
VII   Einarbeitung neuer Mitglieder 132
VIII   Fort- und Weiterbildung 135
IX   Problembereiche für den Prüfungsausschuss 139
X   Besonderheiten bei der SE 142
XI   Besonderheiten bei der mitbestimmten GmbH 144

XII	Besonderheiten in Familienunternehmen	146
XIII	Besonderheiten bei Banken und Versicherungen	148
	1 Ergänzende Vorschriften für Kreditinstitute und Finanzdienstleistungsinstitute	148
	2 Ergänzende Vorschriften für Versicherungsunternehmen und Pensionsfonds	151
XIV	Besonderheiten bei Unternehmen in öffentlicher Hand	154
	1 Erweiterung der Abschlussprüfung	155
	a Prüfung der Ordnungsmäßigkeit der Geschäftsführung	155
	aa Fragen mit besonderem Bezug zur Überwachung des IKS	155
	ab Fragen zum Risikofrüherkennungssystem	156
	ac Wirtschaftsplanung	156
	ad Fragen zur Arbeit der Internen Revision	157
	b Darstellung der wirtschaftlichen Verhältnisse	157
	2 Rechnungsprüfung	158
XV	Besonderheiten bei Prüfungsausschüssen in Österreich	160
	1 Verpflichtung zur Einrichtung	160
	a Gesetzlich	160
	b Befreiung	161
	c Freiwillig	161
	2 Zusammensetzung des Prüfungsausschusses	161
	a Finanzexperte	161
	b Unabhängigkeit	162
	3 Sitzungen	162
	4 Aufgaben des Prüfungsausschusses	162
	5 Berichtspflicht des Abschlussprüfers	163
	6 Berichterstattung an den Aufsichtsrat	163
	7 Haftung	164
	8 Zusammenfassung	164
XVI	Besonderheiten bei Prüfungsausschüssen in der Schweiz	165
	1 Einleitung	165
	2 Prüfungsausschüsse in der Schweizerischen Praxis	166
	3 »Code of Best Practice« (economiesuisse)	167
	4 Die Richtlinie betreffend Information zur Corporate Governance der SIX Exchange Regulation	168
	5 Berichterstattung durch die Revisionsstelle an den Prüfungsausschuss	169
	6 Haftung	170
	7 Zusammenfassung	170

G   Fazit und Ausblick ... 171

Anhang 173
Anhang A Hilfestellung zur Prüfung des Jahres-/Konzernabschlusses. 175
Anhang B Hilfestellung für das Gespräch mit dem Abschlussprüfer
          zur Überwachung der Durchführung der Abschlussprüfung. 181
Anhang C Hilfestellung für die Beurteilung des Abschlussprüfers 182
Anhang D Muster einer Geschäftsordnung. 183
Anhang E Formulierungen für Bestätigungsvermerke und Versagungsvermerke
          bei Abschlussprüfungen 188
Anhang F Gesetze und Gesetzesmaterialien einschließlich DCGK – Deutschland. 193

Literaturverzeichnis 249

Stichwortverzeichnis 255

Abkürzungsverzeichnis

a.A.	anderer Ansicht
Abb.	Abbildung
Abs.	Absatz
a.F.	alte Fassung
AG	Aktiengesellschaft(en), Die Aktiengesellschaft (Zeitschrift)
AktG	Aktiengesetz
AR	Aufsichtsrat
Art.	Artikel
AS	Amtliche Sammlung des Bundesrechts
Aufl.	Auflage
Az.	Aktenzeichen
BaFin	Bundesanstalt für Finanzdienstleistungsaufsicht
BB	Betriebs-Berater (Zeitschrift)
Bd.	Band
BFH	Bundesfinanzhof
BFH NV	Sammlung amtlich nicht veröffentlichter Entscheidungen des Bundesfinanzhofs (Zeitschrift)
BFuP	Betriebswirtschaftliche Forschung und Praxis (Zeitschrift)
BGBl.	Bundesgesetzblatt
BGH	Bundesgerichtshof
BGHZ	Entscheidungen des Bundesgerichtshofs in Zivilsachen
BilMoG	Gesetz zur Modernisierung des Bilanzrechts
BMF	Bundesministerium der Finanzen
BMJ	Bundesministerium der Justiz
BörsO	Börsenordnung für die Frankfurter Wertpapierbörse
BR-Drucks.	Bundesrats-Drucksache
BT-Drucks.	Bundestags-Drucksache
Buchst.	Buchstabe
bzgl.	bezüglich
bzw.	beziehungsweise
CEO	Chief Executive Officer(s)
CFO	Chief Financial Officer(s)
CMS	Compliance Management System
DB	Der Betrieb (Zeitschrift)
DCGK	Deutscher Corporate Governance Kodex
d.h.	das heißt
DPR	Deutsche Prüfstelle für Rechnungslegung DPR e.V.
dRGBl.	Deutsches Reichsgesetzblatt
DrittelbG	Gesetz über die Drittelbeteiligung der Arbeitnehmer im Aufsichtsrat
DStR	Deutsches Steuerrecht (Zeitschrift)
Ebd	ebenda
EG	Europäische Gemeinschaft
EGAktG	Einführungsgesetz zum Aktiengesetz

EGGmbHG	Einführungsgesetz zum Gesetz betreffend die Gesellschaften mit beschränkter Haftung
EigenbetriebsVO	Eigenbetriebsverordnung
EnWG	Gesetz über die Elektrizitäts- und Gasversorgung
et al.	et alii
etc.	et cetera (und so weiter)
EU	Europäische Union
e.V.	eingetragener Verein
f.	folgende
FAZ	Frankfurter Allgemeine Zeitung
ff.	fortfolgende
Fn.	Fußnote
FS	Festschrift
FWB	Frankfurter Wertpapierbörse
gem.	gemäß
GesRZ	Der Gesellschafter (Zeitschrift)
ggf.	gegebenenfalls
GmbH	Gesellschaft(en) mit beschränkter Haftung
GmbHG	Gesetz betreffend die Gesellschaften mit beschränkter Haftung
grds.	grundsätzlich
GWB	Gesetz gegen Wettbewerbsbeschränkungen
HGB	Handelsgesetzbuch
HGO	Hessische Gemeindeordnung
HGrG	Gesetz über die Grundsätze des Haushaltsrechts des Bundes und der Länder
h.M.	herrschende Meinung
Hrsg.	Herausgeber
HV	Hauptversammlung
IAASB	International Auditing and Assurance Standards Board
IAS	International Accounting Standard
i.d.F.	in der Fassung
i.d.R.	in der Regel
IDW	Institut der Wirtschaftsprüfer e.V.
IFRS	International Financial Reporting Standard(s)
IKS	Internes Kontrollsystem
insb.	insbesondere
i.S.	im Sinne
ISA	International Standards on Auditing
i.S.d.	im Sinne des/der
i.S.v.	im Sinne von
i.V.m.	in Verbindung mit
i.w.S.	im weiteren Sinn
Jg.	Jahrgang
Kap.	Kapitel
Komm.	Kommentar

KWG	Gesetz über das Kreditwesen
LG	Landgericht
lt.	laut
MaRisk	Mindestanforderungen an das Risikomanagement
m.E.	meines Erachtens
MitbestG	Gesetz über die Mitbestimmung der Arbeitnehmer
MontanMitbestG	Montan-Mitbestimmungsgesetz
m.w.N.	mit weiteren Nachweisen
n.F.	neue Fassung
Nr.	Nummer
NZG	Neue Zeitschrift für Gesellschaftsrecht
o.Ä.	oder Ähnliches
ÖAktG	Österreichisches Aktiengesetz
ÖCGK	Österreichischer Corporate Governance Kodex
ÖGenG	Österreichisches Genossenschaftsgesetz
ÖGmbHG	Österreichisches Gesetz betreffend die Gesellschaften mit beschränkter Haftung
ÖJZ	Österreichische Juristenzeitung
o.g.	oben genannt
OR	Schweizerisches Obligationenrecht
ÖSE-G	Österreichisches Gesetz über das Statut der Europäischen Gesellschaft
ÖUGB	Österreichisches Unternehmensgesetzbuch
OWiG	Gesetz über Ordnungswidrigkeiten
PCGK	Public Corporate Governance Kodex des Bundes
PS	Prüfungsstandard(s)
RAB	Eidgenössische Revisionsaufsichtsbehörde
Rdn.	Randnummer
RdW	Recht der Wirtschaft (Zeitschrift)
RegBegr	Regierungsbegründung
RFS	Risikofrüherkennungssystem
RGBl.	Reichsgesetzblatt
RLCG	Richtlinie betreffend Informationen zur Corporate Governance
RMS	Risikomanagementsystem
Rz.	Randziffer
S.	Seite
SE	Societas Europaea
SEAG	Gesetz zur Ausführung der Verordnung (EG) Nr. 2157/2001 des Rates vom 8. Oktober 2001 über das Statut der Europäischen Gesellschaft (SE)
SEBG	Gesetz über die Beteiligung der Arbeitnehmer in einer Europäischen Gesellschaft
SEC	United States Securities and Exchange Commission
SdK	Schutzvereinigung der Kapitalanleger e.V.
SIX	Swiss Exchange
SOA	Sarbanes-Oxley Act

sog.	so genannt(er)
SR	Systematische Sammlung des Bundesrechts
StGB	Strafgesetzbuch
s.u.	siehe unten
SWOT	Strengths and Weaknesses, Opportunities and Threats
Tz.	Textziffer
u.a.	unter anderem
u.Ä.	und Ähnliches
u.E.	unseres Erachtens
URÄG	Österreichisches Unternehmensrechtsänderungsgesetz
URG	Österreichisches Unternehmensreorganisationsgesetz
u.U.	unter Umständen
v.	vom
VA	Verwaltungsanweisung
VAG	Gesetz über die Beaufsichtigung der Versicherungsunternehmen
vgl.	vergleiche
VorstAG	Gesetz zur Angemessenheit der Vorstandsvergütung
vs.	versus
WPg	Die Wirtschaftsprüfung (Zeitschrift)
WPG	Wirtschaftsprüfungsgesellschaft(en)
WpHG	Gesetz über den Wertpapierhandel
WPO	Gesetz über eine Berufsordnung der Wirtschaftsprüfer
z.B.	zum Beispiel
ZCG	Zeitschrift für Corporate Governance
ZfbF	Zeitschrift für betriebswirtschaftliche Forschung
ZGR	Zeitschrift für Unternehmens- und Gesellschaftsrecht
ZIP	Zeitschrift für Wirtschaftsrecht
ZIR	Zeitschrift Interne Revision
z.T.	zum Teil
zzgl.	zuzüglich

A Einführung

Die Überwachung von Unternehmen durch den Aufsichtsrat ist eine komplexe und anspruchsvolle Aufgabe, die gerade in der Folge von Krisenzeiten und Bilanzskandalen in den Fokus der öffentlichen und fachlichen Diskussion rückt. Initiativen zur Verbesserung der Aufsichtsratstätigkeit gehen dabei einerseits vom Gesetzgeber bzw. der Regierungskommission Deutscher Corporate Governance Kodex aus und zum anderen von den Unternehmen selbst, die eine gute Corporate Governance als wertvolles Instrument sehen – nicht nur für ihre Kapitalmarktkommunikation, sondern auch zur Erreichung einer soliden und krisenfesten Unternehmensführung.

Eine oft genutzte Möglichkeit, die Tätigkeit des Aufsichtsrats effektiver und effizienter zu gestalten, besteht in der Delegation bestimmter Aufgaben des Aufsichtsratsplenums an Ausschüsse. Besonders qualifizierte Aufsichtsratsmitglieder können sich so in kleinem Rahmen auf abgegrenzte Themenfelder fokussieren und dadurch für den Aufsichtsrat hochwertige Arbeit leisten. In Ausschüssen kann fachkundig und zielorientiert diskutiert werden, Entscheidungen können schneller getroffen werden und es wird eine höhere Vertraulichkeit von Gesprächen, insbesondere mit Dritten, gewahrt.[1]

Vor diesem Hintergrund empfiehlt der Deutsche Corporate Governance Kodex (DCGK) die Einrichtung von Ausschüssen und dabei namentlich auch eines Prüfungsausschusses (Ziffer 5.3 DCGK). Der Gesetzgeber lässt den Aufsichtsräten hingegen im Bilanzrechtsmodernisierungsgesetz ein Wahlrecht, ob sie einen Prüfungsausschuss einrichten möchten.

Beide Quellen sind sich jedoch darüber einig, dass der Prüfungsausschuss sich insbesondere mit der Rechnungslegung und der Abschlussprüfung, dem internen Überwachungssystem sowie mit den Aufgaben zur Erhöhung der Qualität dieser Bereiche befassen soll. Damit ist das Aufgabenspektrum des Prüfungsausschusses ausgesprochen breit angelegt und umfasst zudem wesentliche und verantwortungsvolle Teilbereiche der Überwachungsfunktion des Aufsichtsrats. Hierbei müssen die Mitglieder des Prüfungsausschusses nicht nur einer wachsenden Komplexität der operativen Tätigkeit der Unternehmen gerecht werden, sondern sie sehen sich auch immer wieder neuen rechtlichen Anforderungen gegenüber.

Wie die Überwachungsaufgaben durch den Prüfungsausschuss adäquat auszuführen sind, wird weder im DCGK noch in den entsprechenden Gesetzen konkret erläutert. Die Operationalisierung der Vorschriften ist jedoch Voraussetzung für eine effektive und effiziente Tätigkeit des Prüfungsausschusses – und für die Einhaltung der ihm zugewiesenen Kompetenzen und Pflichten.

Hier setzt das Ziel des vorliegenden Leitfadens an: Auf Basis der gesetzlichen Anforderungen und der Regelungen des DCGK werden konkrete Praxis-Hinweise erarbeitet, die Prüfungsausschüsse dabei unterstützen, ihre Aufgaben effektiv und effizient auszuführen und sich dabei gleichzeitig an Best Practices zu orientieren.

Dazu werden im Rahmen des folgenden Kapitels (Kap. B) zunächst die rechtlichen Rahmenbedingungen erläutert, in denen sich der Prüfungsausschuss bewegt. Diese beziehen sich insbesondere auf die Aufgaben des Prüfungsausschusses, die Mindestanforderungen an seine Mitglieder sowie sein Verhältnis zum Aufsichtsratsplenum. Außerdem werden die für die Prüfungsausschussmitglieder bedeutenden Themen ›Haftung‹ und ›Verschwiegenheit‹ behandelt. Hierauf aufbauend werden im Kap. C die Verantwortlichkeiten des Prüfungsausschusses von denen des Gesamtaufsichtsrats und des Abschlussprüfers abgegrenzt.

Nach diesen grundlegenden Kapiteln geht der Praxishinweis (Kap. E) auf die einzelnen Aspekte der Überwachungstätigkeit ein. Ausgangspunkt hierfür ist eine Zusammenschau sämtlicher Aufgaben des Prüfungsausschusses, die in Form einer Muster-Terminübersicht für das Gesamtjahr

---

1 Vgl. Koprivica (2009), S. 2.

aufbereitet wird. Die Aufgaben des Prüfungsausschusses »Überwachung der Kontrollsysteme im Unternehmen«, »Überwachung der Abschlussprüfung« sowie »Vorbereitende Prüfung des Jahresabschlusses« werden praxistauglich aufbereitet und intensiv beleuchtet. Erfahrungsberichte von namhaften Praktikern zur Tätigkeit des Prüfungsausschusses unterstützen diese Ausführungen (Kap. E).

Abschnitt F ergänzt die Praxishinweise zur Überwachungstätigkeit von Prüfungsausschüssen im Allgemeinen um solche zu Sonderthemen. Diese betreffen branchenspezifische Besonderheiten (z. B. bei Unternehmen in öffentlicher Hand, Kreditinstituten oder Versicherungen sowie landesspezifische Besonderheiten in Österreich und der Schweiz), das Thema Selbstorganisation des Prüfungsausschusses, die Aus- und Fortbildung der Mitglieder des Prüfungsausschusses sowie inhaltliche Sonderthemen, die sich Prüfungsausschüsse stellen können (z. B. die Prüfung des Unternehmens durch die DPR).

Im Anhang finden sich praktische Hilfestellungen, u. a. für die Durchsicht eines Jahres-/Konzernabschlusses und für das Gespräch mit dem Abschlussprüfer. Daneben enthält der Anhang die wesentlichen Gesetzestexte und Abschnitte des DCGK sowie relevante Richtlinien.

B Rechtliche Rahmenbedingungen

I Der Prüfungsausschuss im Systemgefüge des Gesellschafts- und Kapitalmarktrechts

1 Historische Entwicklung im angelsächsischen Rechtsraum

Prüfungsausschüsse haben ihren Ursprung in der US-amerikanischen Kapitalmarktregulierung. Die staatliche Börsenaufsicht SEC empfahl bereits 1940 die Einrichtung von Audit Committees bei börsennotierten Aktiengesellschaften. Die Ausschussmitglieder sollten aus dem Kreis der nicht geschäftsführenden Mitglieder des Board of Directors gewählt werden und für die Auswahl des Abschlussprüfers und die Aushandlung der Auftragsbedingungen verantwortlich sein.[1] Ziel war es, der faktischen Abhängigkeit des Abschlussprüfers von der Unternehmensleitung und weiteren Überwachungsdefiziten entgegenzuwirken, die sich aus dem Aufeinandertreffen von anonymer Kapitalmarktfinanzierung und dem monistisch geprägten Kapitalgesellschaftsrecht der USA ergaben. Denn in einem monistischen System sind Unternehmensleitung und Unternehmensüberwachung in einem Führungsorgan zusammengefasst.[2] Das Board of Directors einer Corporation bestimmt einerseits die Geschäftspolitik und bestellt und überwacht andererseits die operativ geschäftsführenden Officers der Gesellschaft. Die geschäftsführenden Officers können auch selbst Boardmitglied sein, so dass sich das Board ggf. selbst überwachen muss. Der Chief Executive Officer einer Gesellschaft ist z. B. häufig auch Vorsitzender des Board of Directors (Chairman).

Die fehlende oder zumindest nicht sichtbare personelle und institutionelle Trennung von Unternehmensleitung und Unternehmensüberwachung kann bei der Inanspruchnahme von asymmetrisch informierten Kapitalmärkten zu einer Schwächung der Unternehmensüberwachung führen. Das diversifiziert investierende Marktpublikum kann und will die aus gesellschaftsrechtlicher Perspektive traditionell dem Gesellschafterkreis zugewiesene Überwachung der »Unternehmensinsider« nicht leisten. Diese Entwicklung hat dazu geführt, dass das Gesellschaftsrecht zunehmend durch Vorgaben der Kapitalmarktregulierer überlagert wurde, welche die Bedürfnisse des Kapitalmarktpublikums nach rechtlichem Individual- und Funktionenschutz aufgreifen.[3] Ein Anliegen des Marktpublikums war es insbesondere, die internen Überwachungsstrukturen von börsennotierten Aktiengesellschaften strenger und transparenter zu machen. Im Fokus standen hierbei die nicht-geschäftsführenden, also unabhängigen Mitglieder des Boards (Outside Directors). Sie sollten innerhalb des Boards eigenständige und personell von der Unternehmensleitung unabhängige Gremien bilden und strikt auf das Aktionärsinteresse verpflichtet werden. Ein solches Gremium bildet auch der Prüfungsausschuss.

Der Empfehlung zur Bildung von Prüfungsausschüssen folgten naturgemäß nur wenige Gesellschaften freiwillig. Nach einigen Vorstößen durch das American Institute of Certified Public Accountants (1967) und der SEC (1972-1974) führte erst die seit 1978 bestehende börsenordnungsrechtliche Verpflichtung zur Einrichtung von Prüfungsausschüssen an der New York Stock Exchange zur endgültigen Etablierung des Prüfungsausschusses als Überwachungsinstanz.[4] Andere

---
[1] Vgl. U.S. Securities and Exchange Commission (1940), S. 368.
[2] Siehe allgemein zum monistischen System z. B. Schneider-Lenné (1995), S. 27-56; Potthoff (1996), S. 253-268.
[3] Für die dualistische Zielkonzeption des Kapitalmarktrechts vgl. allgemein z. B. Merkt (2001), S. 296 ff. m.w.N.
[4] Vgl. m.w.N. Langenbucher/Blaum (1994), S. 2198; Huwer (2008), S. 38.

US-Börsen (NASDAQ, American Stock Exchange) und vereinzelt auch nicht amerikanische Börsenplätze folgten später diesem Beispiel.

Erst nachdem die Einrichtung von Prüfungsausschüssen bereits gängige Praxis geworden war, erschütterten Insolvenzen und Bilanzskandale, aber auch die expansive Zunahme von anreizorientierten Vergütungsmodellen das Vertrauen der Märkte in das geltende System der Unternehmensüberwachung. Die Vorschläge der nachfolgenden Reformdiskussionen (z. B. der Code of Best Practice des britischen Cadbury Committees von 1992 oder der Report des US-amerikanischen Blue Ribbon Committees von 1999) wurden nur uneinheitlich und oft mit nur geringem Verbindlichkeitsgrad umgesetzt. Dies änderte sich erst durch die Verabschiedung des US-amerikanischen Sarbanes-Oxley Acts im Jahr 2002, der das Vertrauen der Investoren in die Kapitalmärkte nach einigen spektakulären Unternehmenszusammenbrüchen (Enron, WorldCom) wiederherstellen sollte. Das Gesetz führte zu einer umfassenden Modernisierung und Verschärfung des US-amerikanischen Corporate Governance-Systems. So enthält SOA 301 umfangreiche Regelungen zur Besetzung und zu den Pflichten von Audit Committees, die grundsätzlich von allen Gesellschaften zu beachten sind, die bei der SEC registrierungspflichtig und an einer US-amerikanischen Börse notiert sind.[5] Auf Grund der weltweiten Schrittmacherfunktion der US-amerikanischen Kapitalmarktregulierung bestimmte der Sarbanes-Oxley Act auch maßgeblich die Corporate Governance-Diskussion in Deutschland und Europa.

2 Historische Entwicklung im deutschen Rechtsraum

Der Prüfungsausschuss ist ein Importgut. Er hat aus verschiedenen Gründen keine eigenständige Tradition im deutschen Rechtsraum entwickelt, sondern er wurde als fertiger Fremdkörper in bestehende Rechtsstrukturen eingebunden. Maßgeblich für die fehlende Tradition des Prüfungsausschusses in Deutschland ist primär die dualistische Organisationsverfassung von Aktiengesellschaften. Hinzu kommt, dass die expansive Entwicklung des Kapitalmarkts in Deutschland erst spät einsetzte, was zu einer geringeren Priorisierung von kapitalmarktrechtlichen Fragestellungen in Theorie und Praxis führte.

Bei deutschen Aktiengesellschaften sind Unternehmensleitung und Unternehmensüberwachung organisatorisch getrennt. Der Vorstand ist Leitungsorgan und der Aufsichtsrat bildet das Überwachungsorgan. Die Kompetenzverteilung zwischen den Organen ist strikt geregelt. Der Vorstand hat die Gesellschaft unter eigener Verantwortung zu leiten und nach außen zu vertreten (§§ 76 Abs. 1, 78 Abs. 1 AktG). Der Aufsichtsrat überwacht die Geschäftsführung des Vorstands (§ 111 Abs. 1 AktG). Zu diesen Überwachungsaufgaben gehört auch explizit die Erteilung des Prüfungsauftrags an den Abschlussprüfer und die eigenverantwortliche Prüfung des Jahresabschlusses und Lageberichts einschließlich der Berichterstattung über das Ergebnis der Prüfung an die Hauptversammlung (§§ 111 Abs. 2 Satz 3, 171 AktG). Eine Doppelmitgliedschaft in Aufsichtsrat und Vorstand ist grundsätzlich unzulässig.

Es ist offenbar, dass aus institutioneller Perspektive die Einrichtung von eigenständigen Prüfungsausschüssen bei deutschen Aktiengesellschaften entbehrlich ist, weil die typischen Aufgaben eines Prüfungsausschusses bereits gesetzlich dem Aufsichtsrat obliegen. Also müssen andere Gründe für die Einfügung des Systemelements »Prüfungsausschuss« in das deutsche Corporate Governance-System verantwortlich sein. Es lassen sich verkürzt folgende Leitmotive für die Etablierung von Prüfungsausschüssen in Deutschland feststellen:

---

5   Siehe weiterführend zu Fragen der praktischen Umsetzung der Vorgaben des Sarbanes-Oxley Acts z. B. Menzies (2004) und Menzies (2006).

Angelsächsisch orientierte Internationalisierung der deutschen Überwachungspraxis

Bis zum Jahr 2000 bildeten nur vereinzelt deutsche Publikumsaktiengesellschaften Prüfungsausschüsse, z. B. auf Grund einer Zweitnotierung an US-amerikanischen Börsen. Der Einzug internationaler, d. h. angelsächsischer Corporate Governance-Praktiken begann im Wesentlichen erst mit der Verabschiedung des Deutschen Corporate Governance Kodex (DCGK) im Jahr 2002. Der DCGK empfiehlt in Tz. 5.3.2 die Einrichtung eines Audit Committees durch den Aufsichtsrat. Die Empfehlung wird insbesondere mit einem Verweis auf international anerkannte Standards der Unternehmensführung, der Erhöhung der Effizienz der Arbeit des Aufsichtsrats und der zunehmenden Komplexität der Überwachungsaufgaben begründet. Dieser Empfehlung folgte umgehend die überwiegende Mehrheit der deutschen kapitalmarktorientierten Aktiengesellschaften.[6] Nur wenige Gesellschaften wollten eine entsprechende Abweichung von der Empfehlung im Rahmen ihrer jährlichen Entsprechenserklärung zum DCGK gem. § 161 AktG offenlegen. Wie in den USA führte also erst der (faktische) Zwang zu einer Etablierung von Prüfungsausschüssen in der deutschen Unternehmenspraxis.

Beobachtbare Überwachungsdefizite in der deutschen Aufsichtsratspraxis

Neben formellen Motiven zur Adaption internationaler Corporate Governance-Praktiken, hinter denen deutsche Unternehmen nicht zurückstehen wollten, bestehen bei börsennotierten deutschen Aktiengesellschaften auch inhaltlich gute Gründe für die Bestellung von professionell arbeitenden Audit Committees als Ausschuss des Aufsichtsrats. Denn Marktpublikum und sonstige Stakeholder bemängeln seit langem, dass viele Aufsichtsräte die ihnen gesetzlich zugewiesenen Überwachungsaufgaben nur zögerlich wahrnehmen und so zumindest in Einzelfällen Überwachungsdefizite in deutschen Aktiengesellschaften verursachen. Gründe hierfür sind insbesondere eine Überforderung des Gesamtaufsichtsrats bei Erfüllung spezifischer, d. h. Fachkenntnisse voraussetzender Überwachungsaufgaben, die fehlende Unabhängigkeit von Aufsichtsratsmitgliedern (z. B. bei Wechsel vom Vorstand in den Aufsichtsrat) und fehlender Anpassungsdruck durch eine strenge deutsche Kapitalmarktregulation.

Europarechtliche Harmonisierung der Corporate Governance in Europa

Die europäische Kommission arbeitet seit den großen Finanzskandalen (Enron, WorldCom, Parmalat) und auch auf Grund der Vorbildfunktion des US-amerikanischen Sarbanes-Oxley Acts verstärkt an regulatorischen Maßnahmen zur Modernisierung der gesellschaftlichen Rahmenbedingungen und zur Verbesserung der Corporate Governance in Europa. In diesem Zusammenhang wurde in Art. 41 der in 2006 veröffentlichten EU-Abschlussprüferrichtlinie eine Pflicht zur Einrichtung von Prüfungsausschüssen bei bestimmten kapitalmarktorientierten Unternehmen, Kreditinstituten und Versicherungsunternehmen statuiert.[7] Dadurch sollte ein EU-weit einheitliches und harmonisiertes Corporate Governance-Element in die nationalen Gesellschaftsrechtssysteme eingeführt werden. Der deutsche Gesetzgeber hat diese bindenden Vorgaben im Rahmen des am 29. Mai 2009 veröffentlichten Bilanzrechtsmodernisierungsgesetzes in das nationale Recht umgesetzt. Er hat jedoch bei der Umsetzung ein Wahlrecht genutzt, dass es den Mitgliedstaaten erlaubt, die dem Prüfungsausschuss per Richtlinie zugewiesenen Aufgaben auch dem Aufsichtsrat als Gesamtgremium übertragen zu können. Entsprechend regelt § 107 Abs. 3 Satz 2 AktG allein, dass der Aufsichtsrat aus seiner Mitte einen Prüfungsausschuss bestellen kann, der sich mit der Überwachung des Rechnungslegungsprozesses, der Wirksamkeit des internen Kontrollsystems, des Risikomanagementsystems und des internen Revisionssystems sowie der Abschlussprüfung, hier insbesondere der Unabhängigkeit des Abschlussprüfers und der vom Abschlussprüfer zusätzlich erbrachten Leistungen, befasst. Ein

---

6 Vgl. detailliert z. B. Warnke (2010), S. 56-66.
7 Europäisches Parlament und Rat (2006), S. 87.

bestellter Prüfungsausschuss bildet somit nach der aktienrechtlichen Regelung nur einen fakultativen Unterausschuss des Aufsichtsrats und ist nicht als weiteres Organ der Gesellschaft konzipiert. Dies bedeutet im Umkehrschluss auch, dass die nun gesetzlich definierten Überwachungsaufgaben, die an einen Prüfungsausschuss delegiert werden können, originäre Überwachungspflichten des Aufsichtsrats bleiben, da die Überwachungsaufgaben des Aufsichtsrats nicht vollständig an einen Ausschuss delegierbar sind (§ 107 Abs. 3 Satz 3 AktG).

Es ist davon auszugehen, dass sich die Regulierung des Systems der europäischen und deutschen Unternehmensüberwachung weiter dynamisch entwickeln wird. Insoweit markiert die gesetzliche Konkretisierung von »prüfungsausschussnahen« Überwachungsaufgaben im Aktienrecht kein Ende für die Diskussion um die zweckgemäße Ausgestaltung von Prüfungsausschüssen. Die gesetzliche Verankerung begründet im Gegenteil erst die intensive rechtswissenschaftliche Auseinandersetzung mit dem Phänomen Prüfungsausschuss und den Überwachungsaufgaben eines Aufsichtsrats insgesamt. Diese Auseinandersetzung wird auch für die Überwachungspraxis Folgen haben.

II   Der Prüfungsausschuss nach dem DCGK

Im Rahmen seiner Selbstorganisationshoheit kann der Aufsichtsrat Ausschüsse bilden, um die Effizienz seiner Arbeit zu steigern und den hohen Anforderungen an seine Überwachungspflichten pflichtgemäß nachzukommen. Der Deutsche Corporate Governance Kodex (DCGK) empfiehlt seit seiner erstmaligen Verabschiedung 2002 insb. die Einrichtung eines Prüfungsausschusses als Ausschuss des Aufsichtsrats und hat damit der Empfehlung der EU-Kommission vom 15.02.2005[8] vorgegriffen. Nach Tz. 5.3.2 DCGK soll sich der Prüfungsausschuss vor allem mit Fragen der Rechnungslegung, des Risikomanagements und der Compliance, der erforderlichen Unabhängigkeit des Abschlussprüfers, der Erteilung des Prüfungsauftrags, der Bestimmung der Prüfungsschwerpunkte und der Honorarvereinbarung widmen.[9] Dem Plenum des Aufsichtsrats ist es jedoch gesetzlich verwehrt, die Prüfung des Jahresabschlusses, des Konzernabschlusses sowie der Lageberichte an den Prüfungsausschuss (oder einen anderen Ausschuss) zu delegieren (§ 107 Abs. 3 Satz 3 AktG). Insoweit kann der Prüfungsausschuss lediglich Beschlussempfehlungen für das Plenum erarbeiten.[10]

---

[8] Empfehlungen zu den Aufgaben von nicht geschäftsführenden Direktoren/Aufsichtsratsmitgliedern börsennotierter Gesellschaften sowie zu den Ausschüssen des Verwaltungs-/Aufsichtsrats v. 15.2.2005, ABl. EG Nr. L 52, S. 51.
[9] Vgl. zum Prüfungsausschuss nach dem DCGK (vor Inkrafttreten des BilMoG) Huwer (2008), insb. S. 79 ff.
[10] Vgl. Kremer (2010), Rn. 988 m.w.N.

III Der Prüfungsausschuss nach BilMoG

1 Kodifizierung

Mit dem zum 29.05.2009 in Kraft getretenen Bilanzrechtsmodernisierungsgesetz (BilMoG) hat der deutsche Gesetzgeber erstmals den Prüfungsausschuss als Ausschuss des Aufsichtsrats kodifiziert. § 107 Abs. 3 Satz 2 AktG richtet sich an jede Aktiengesellschaft (d. h. auch an die nicht kapitalmarktorientierten AGs) und regt die Einrichtung eines Prüfungsausschusses an, in dessen Kompetenz insb. die folgenden Aufgaben fallen sollen:

- Überwachung des Rechnungslegungsprozesses,
- Überwachung der Wirksamkeit des Internen Kontrollsystems (IKS),
- Überwachung der Wirksamkeit des Risikomanagementsystems (RMS),
- Überwachung der Wirksamkeit des Internen Revisionssystems,
- Überwachung der Abschlussprüfung (insb. der Unabhängigkeit des Abschlussprüfers).

Für kapitalmarktorientierte AGs schreibt § 107 Abs. 4 AktG zudem vor, dass mindestens ein Mitglied des Prüfungsausschusses die Voraussetzungen des § 100 Abs. 5 AktG erfüllen muss, d. h. die Qualifikation eines unabhängigen Finanzexperten haben muss. Kapitalmarktorientiert i.S.d. neuen Legaldefinition des § 264d HGB ist eine Kapitalgesellschaft dann, wenn sie einen organisierten Markt (d. h. außerhalb des Freiverkehrs) durch von ihr ausgegebene Wertpapiere in Anspruch nimmt oder die Zulassung solcher Wertpapiere zum Handel an einem organisierten Markt beantragt hat. In diesem Sinne kann auch eine OHG oder KG als kapitalmarktorientiert gelten (§ 264a HGB), wenn z. B. Schuldverschreibungen dieser Unternehmen an Wertpapierbörsen notiert werden. Weist die kapitalmarktorientierte Gesellschaft keinen Aufsichtsrat auf, ist die Einrichtung eines Prüfungsausschusses durch die Gesellschafterversammlung sogar zwingend vorgeschrieben (§ 324 HGB).

Von den Vorschriften zum neuen Prüfungsausschuss sind bestimmte Unternehmensgruppen aus Praktikabilitätserwägungen ausgenommen worden. Dies gilt insb. für nicht börsennotierte Kreditinstitute ohne Aufsichtsrat, die Schuldtitel von insgesamt weniger als 100 Millionen Euro nominal begeben haben, und keiner Prospektpflicht unterliegen. Auch Investmentfonds sowie die Emittenten von Asset-Backed Securities (ABS) sind nicht an die neuen Regelungen gebunden.

2 Keine Pflicht zur Implementierung

Für den Aufsichtsrat einer AG bleibt es gem. § 107 Abs. 3 Satz 2 AktG bei dem schon bisher gegebenen Wahlrecht, einen (Prüfungs-)Ausschuss einzurichten. Auch die mitbestimmte GmbH, deren Aufsichtsrat insoweit ebenfalls den aktienrechtlichen Regelungen unterworfen ist, wird sich auf diese Wahlfreiheit berufen können. Ob ein Prüfungsausschuss einzurichten ist, entscheidet allein der Aufsichtsrat im Rahmen seiner inneren Organisationsautonomie. Eine entsprechende Regelung der Satzung wäre wegen fehlender Zuständigkeit der (für Satzungsänderungen zuständigen) Hauptversammlung rechtlich unzulässig.

Dagegen sind kapitalmarktorientierte Gesellschaften, die über keinen Aufsichtsrat verfügen (oder deren Aufsichtsrat über keinen Finanzexperten i.S.d. § 100 Abs. 5 AktG verfügen muss), gem. § 324 HGB *verpflichtet*, einen Prüfungsausschuss einzurichten. In diesen Fällen ist der Prüfungsausschuss von der Gesellschafterversammlung einzurichten und zu besetzen (sogenannter isolierter Prüfungsausschuss). Die Pflicht, einen isolierten Prüfungsausschuss einzurichten, betrifft mithin solche Gesellschaften, die zwar selbst nicht börsennotiert sind, wohl aber mit Schuldtiteln einen organisierten Kapitalmarkt in Anspruch nehmen (und deshalb kapitalmarktorientiert i.S.d. § 264d HGB sind) und keinen Aufsichtsrat haben, der die Voraussetzungen des § 100 Abs. 5 AktG (unabhängiger Finanzexperte) erfüllen muss. Dem isolierten Prüfungsausschuss obliegt keinesfalls die umfassende Kontrolle der Geschäftsführung, sondern lediglich die Wahrnehmung der neuen Aufgaben zur Überwachung des Rechnungslegungsprozesses, RMS und Revisionssystems sowie der Abschlussprüfung.

Der mitbestimmungsfreien GmbH, die aber gleichwohl Wertpapiere an einem organisierten Markt emittiert und deshalb kapitalmarktorientiert i.S.d. § 264d HGB ist, obliegt demnach die Pflicht, durch die Gesellschafterversammlung einen Prüfungsausschuss einzurichten. In diesem Fall ist der Prüfungsausschuss dann eigenständiges Organ im Rahmen der Gesellschaftsverfassung.[11] Hat die mitbestimmungsfreie kapitalmarktorientierte GmbH allerdings einen fakultativen Aufsichtsrat eingerichtet, sind insoweit die aktienrechtlichen Regelungen zum Aufsichtsrat entsprechend anzuwenden. In der durch das BilMoG geänderten Fassung des § 52 GmbHG verweist dieser explizit auch auf § 100 Abs. 5 AktG, so dass auch der fakultative Aufsichtsrat einer kapitalmarktorientierten GmbH zwingend einen unabhängigen Finanzexperten aufweisen muss. Dagegen gilt der nach § 107 Abs. 3 Satz 2 AktG kodifizierte Aufgabenkatalog mangels Verweisung nicht für den fakultativen Aufsichtsrat, dessen Kompetenzen sich somit weiterhin nach den Vorschriften in dem Gesellschaftsvertrag der Gesellschaft richten. Der auch für den fakultativen Aufsichtsrat der kapitalmarktorientierten GmbH vorgeschriebene Finanzexperte muss bei der nächstmöglichen Aufsichtsratswahl bestellt werden (§ 4 EGGmbHG).

Folgende Abbildung gibt einen Überblick zur Frage der Implementierung(spflicht) eines Prüfungsausschusses bei kapitalmarktorientierten Gesellschaften gemäß § 324 Abs. 1 HGB.

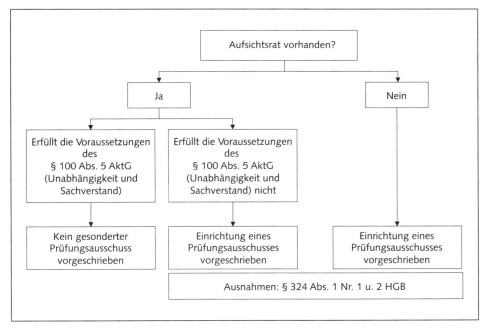

Abb. 1: Übersicht zur Implementierungspflicht von Prüfungsausschüssen nach BilMoG

---

11 Vgl. Lanfermann/Röhricht (2009), S. 887, 888.

3 Aufgaben

Nach § 107 Abs. 3 Satz 2 AktG soll der Prüfungsausschuss insb. den Rechnungslegungsprozess, die Abschlussprüfung sowie die Wirksamkeit des IKS, des RMS und des Internen Revisionssystems überwachen. Entscheidet sich der Aufsichtsrat gegen die Einrichtung eines Prüfungsausschusses, sind die nunmehr gesetzlich vorgegebenen Aufgaben des § 107 Abs. 3 Satz 2 AktG von dem Aufsichtsratsplenum wahrzunehmen.[12] Es handelt sich dabei keineswegs um eine Erweiterung der bisherigen Überwachungspflichten des Aufsichtsrats. Vielmehr hat der Gesetzgeber die auch vor Inkrafttreten von jedem Aufsichtsrat zu erfüllenden Überwachungsaufgaben (§ 111 Abs. 1 AktG) lediglich konkretisiert und zur Effizienzsteigerung deren Delegation an einen Prüfungsausschuss angeregt.[13]

a Überwachung des Rechnungslegungsprozesses

Bei der Überwachung des Rechnungslegungsprozesses wird der Prüfungsausschuss primär auf die Prüfungsergebnisse des Abschlussprüfers sowie der Internen Revision zurückgreifen. Da es sich um eine Prozessüberwachung handelt, geht § 107 Abs. 3 Satz 2 AktG insoweit über die bloße Prüfung der Recht- und Zweckmäßigkeit des Jahres-/Konzernabschlusses (§ 171 Abs. 1 Satz 1 AktG) hinaus und steht deshalb in enger Verbindung zur Kontrolle des IKS und des RMS. Insoweit sind die Berichte des Vorstands eine wichtige Informationsquelle. Zur Überwachungspflicht des Aufsichtsrats bzw. Prüfungsausschusses gehört jedenfalls auch die Prüfung, ob einmal festgestellte Mängel innerhalb angemessener Zeit beseitigt worden sind.[14]

b Überwachung der Wirksamkeit des Internen Kontrollsystems, Risikomanagements und der Internen Revision

Hinsichtlich des in § 107 Abs. 3 Satz 2 AktG kodifizierten Aufgabenkatalogs des Aufsichtsrats hat in der Umsetzungspraxis insb. die nun gesetzlich explizit vorgeschriebene Überwachung der *Wirksamkeit* des RMS sowie des IKS und der Internen Revision Fragen aufgeworfen. Die Gesetzesbegründung enthält den Hinweis, dass zur Überwachung der Wirksamkeit jedenfalls »immer auch die Aufgabe verbunden« ist, zu eruieren, ob Ergänzungen, Erweiterungen oder Verbesserungen erforderlich sind. Grds. wird gelten, dass die Anforderungen an die sorgfältige Überwachung gerade der Systemwirksamkeit zumindest proportional zur Entwicklung der Unternehmensrisiken wachsen. Schwerpunkte der Wirksamkeitsüberprüfung könnten beispielsweise in der Untersuchung des Kontrollumfeldes (»tone at the top«), der internen Klassifizierung der zentralen Unternehmensrisiken sowie diesbezüglich nachgewiesener Kontrollaktivitäten und die genauere Untersuchung der Prüfung des IKS durch die interne Revision liegen. Eine wichtige Informationsquelle zur Erfüllung der schwierigen Aufgabe der Wirksamkeitskontrolle dürften in der Praxis – neben eigenen Ermittlungen sowie Sachverständigengutachten (§ 111 Abs. 1 AktG) – die Berichte des Vorstandes sein, die der Aufsichtsrat in wesentlichen Angelegenheiten des Unternehmens jederzeit einfordern kann (§ 90 Abs. 3 AktG). Der Aufsichtsrat sollte ggf. sogar explizit den Vorstand zur Vorbereitung einer Dokumentation über die Wirksamkeit des RMS, des IKS sowie der Internen Revision auffordern.

---

12 RegBegr. BilMoG, BT-Drucks. 16/10067, S. 102; vgl. Hüffer (2010), § 107 Rn. 17b.
13 Dies ist schon in der Gesetzesbegründung klargestellt worden: RegBegr. BilMoG, BT-Drucks. 16/10067, S. 102; vgl. auch Ernst/Seidler (2007), S. 2557, 2564; Lanfermann/Röhricht (2009), S. 887, 889.
14 Vgl. Nonnenmacher et al. (2009), S. 1447, 1451.

Nach wie vor jedoch gilt: Über die Verpflichtung börsennotierter AGs zur Einrichtung eines Risikofrüherkennungssystems (RFS) (§ 91 Abs. 2 AktG) hinaus gibt es keine gesetzliche Pflicht, ein umfassendes RMS im betriebswirtschaftlichen Sinn einzuführen. Gleichwohl hat der Aufsichtsrat/Prüfungsausschuss nach pflichtgemäßem Ermessen die Notwendigkeit einer Erweiterung des bestehenden RMS zu prüfen, wenn sich das Risikomanagement etwa auf das gesetzliche Minimum des § 91 Abs. 2 AktG beschränkt und dies in Anbetracht der Größe und Ausrichtung des Unternehmens als unzureichend anzusehen ist.[15] Wenngleich der Aufsichtsrat/Prüfungsausschuss mehr als nur die bestandsgefährdenden Risiken zu prüfen hat, ist er keineswegs pauschal zur Optimierung des bestehenden RMS und IKS verpflichtet. Ebenso wenig muss er pauschal die Effizienz bestehender Systeme überwachen. Dies ist für die persönlichen Haftungsrisiken der Aufsichtsrats-/Prüfungsausschussmitglieder von nicht zu unterschätzender Bedeutung.

c Überwachung der Abschlussprüfung

Die Überwachung des Abschlussprüfungsprozesses umfasst insb. die Auswahl des Prüfers, die Überwachung der Unabhängigkeit des Prüfers, die Honorarvereinbarung, die Festlegung von Prüfungsschwerpunkten sowie die Beauftragung und Kontrolle etwaiger Nachtrags- und Sonderprüfungen. Hinsichtlich der Prüferauswahl beschränkt sich die Kompetenz des Prüfungsausschusses allerdings auf die Vorbereitung des Vorschlages des Aufsichtsrats für die Wahl des Abschlussprüfers in der Hauptversammlung (§ 124 Abs. 3 Satz 1 AktG).[16]

Die Unabhängigkeit des Abschlussprüfers hat dieser zunächst selbst fortlaufend zu überprüfen und mögliche Beeinträchtigungen frühzeitig offenzulegen. Gem. § 321 Abs. 4a HGB hat der Abschlussprüfer im Prüfungsbericht eine schriftliche Unabhängigkeitserklärung abzugeben. Der Prüfungsausschuss fungiert insoweit als zusätzliche Kontrollinstanz, die Mitteilungen des Abschlussprüfers über zusätzliche Leistungen, die die Unabhängigkeit des Prüfers beeinträchtigen könnten, entgegennimmt und Stellung bezieht.

d Recht des Prüfungsausschusses zur direkten Befragung leitender Angestellter?

In der Praxis sind viele Aufsichtsräte bereits seit geraumer Zeit dazu übergegangen, zur Erfüllung ihrer Überwachungspflichten den Chief Compliance Officer (CCO) bzw. die Abteilungsleiter Revision, Rechnungswesen und/oder Risk Management um eine Stellungnahme zu bitten. Häufig steht dabei im Vordergrund der Wunsch nach vorstandsunabhängigen Informationen. In rechtlicher Hinsicht ist jedoch zweifelhaft, ob der Aufsichtsrat (und damit auch der Prüfungsausschuss) ohne Abstimmung mit dem Vorstand direkt auf leitende Angestellte zugehen und diese zur Mitteilung bestimmter Informationen auffordern darf. Im Ergebnis wird dies mit Blick auf die Charakteristika des deutschen dualistischen Gesellschaftssystems zu verneinen sein. Vielmehr ist die Vorladung einzelner Funktionsträger des Unternehmens durch den Aufsichtsrat ausschließlich an den Vorstand zu adressieren. Ein direktes »Zugriffsrecht« des Aufsichtsrats respektive Prüfungsausschusses auf einzelne Funktionsträger würde die Berichtspflicht des Vorstands gegenüber dem Aufsichtsrat (§ 90 AktG) konterkarieren und das dem dualistischen System innewohnende Vertrauensverhältnis zwischen Vorstand und Aufsichtsrat unterminieren.

Darüber hinaus ist der leitende Angestellte arbeitsrechtlich i. d. R. nur dem Vorstand gegenüber zu Auskünften über seine Arbeit und deren Ergebnisse verpflichtet, nicht aber gegenüber dem Auf-

---

15 Vgl. RegBegr. BilMoG, BT-Drs. 16/10067, S. 102 f.
16 Vgl. Lanfermann/Röhricht (2009), S. 887, 890.

sichtsrat. Aus Sicht des leitenden Angestellten verbietet sich allein schon aus diesem Grunde eine wie auch immer geartete Information zur Weitergabe an den Aufsichtsrat oder Prüfungsausschuss, soweit dies nicht im Vorhinein mit dem Vorstand abgestimmt und diese Abstimmung möglichst schriftlich dokumentiert worden ist.

4 Mindestanforderungen an die Mitglieder

Die Mitglieder des Prüfungsausschusses werden aus der Mitte des Aufsichtsratsplenums gewählt. Schon aus diesem Grund haben sie über die fachliche und persönliche Eignung eines Aufsichtsratsmitgliedes zu verfügen. Das Gesetz beschränkt sich insoweit auf die Unvereinbarkeit von Vorstands- und gleichzeitiger Aufsichtsratstätigkeit (§ 105 AktG) sowie die in § 100 AktG aufgeführten persönlichen Qualifikationsmerkmale, gibt jedoch mit Ausnahme des Finanzexperten (§ 100 Abs. 5 AktG) keine fachliche Qualifikation für Aufsichtsratsmitglieder vor. Dennoch setzt das Gesetz an vielen Stellen eine fachliche Qualifikation voraus, beispielsweise bei der Auflistung der in § 107 Abs. 3 Satz 2 AktG nunmehr kodifizierten Überwachungsaufgaben. Allerdings hat der BGH in seiner grundlegenden Entscheidung vom 15.11.1982 unmissverständlich klargestellt, dass ein Aufsichtsratsmitglied »diejenigen Mindestkenntnisse und -fähigkeiten besitzen oder sich aneignen muss, die es braucht, um alle normalerweise anfallenden Geschäftsvorgänge auch ohne fremde Hilfe verstehen und sachgerecht beurteilen zu können«.[17] Diese vom BGH zu Recht geforderte Mindestqualifikation muss bereits bei der Wahl zum Aufsichtsratsmitglied gegeben sein. Allerdings berührt mangelnde Qualifikation nicht die Wirksamkeit der Bestellung eines unzureichend qualifizierten Aufsichtsratsmitglieds.[18]

a Unabhängiger Finanzexperte

Gem. § 100 Abs. 5 AktG muss der Aufsichtsrat einer kapitalmarktorientierten Gesellschaft mindestens ein unabhängiges Mitglied haben, dass über Sachverstand auf den Gebieten Rechnungslegung oder Abschlussprüfung verfügt. Diese neue personelle Anforderung an Aufsichtsräte kapitalmarktorientierter Gesellschaften findet gem. § 12 Abs. 4 EGAktG keine Anwendung, solange alle Mitglieder des Aufsichtsrats und des Prüfungsausschusses vor dem 29.05.2009 bestellt worden sind. Prüfungsausschüssen kapitalmarktorientierter Gesellschaften muss zwingend der Finanzexperte angehören (107 Abs. 4 AktG).

Die gesetzlich vorgeschriebene Unabhängigkeit dieses Finanzexperten (*Financial Expert*) richtet sich nach der wertenden Entscheidung des Aufsichtsratsplenums, dem dabei ein weiter Beurteilungsspielraum zukommt.[19] Schon darin ist eine gewisse Angriffsfläche für mögliche Anfechtungsklagen zu sehen. Bei der Beurteilung der Unabhängigkeit des Finanzexperten kommt der (unverbindlichen) Empfehlung der Europäischen Kommission vom 15.02.2005 große Bedeutung zu. Demnach ist ein Aufsichtsratsmitglied unabhängig, »wenn es in keiner geschäftlichen, familiären oder sonstigen Beziehung zu dem Unternehmen, dessen Mehrheitsgesellschafter oder dessen geschäftsführenden Organen steht, die einen Interessenkonflikt begründet, der sein Urteilsvermögen beeinträchtigen könnte«.[20] Zwar hat der deutsche Gesetzgeber in der Gesetzesbegründung des BilMoG versucht, die Bedeutung dieser Empfehlungen der Europäischen Kommission

---

17 BGH II ZR 27/82 – Urteil v. 15.11.1982.
18 Vgl. Semler (2009) S. 1489.
19 Vgl. Kropff (2009), S. 1023, 1025.
20 Empfehlungen zu den Aufgaben von nicht geschäftsführenden Direktoren/Aufsichtsratsmitgliedern bör-

herunterzuspielen,[21] doch werden in der Praxis schon heute die Empfehlungen als Auslegungshilfe für das Qualifikationsmerkmal der Unabhängigkeit herangezogen, zumal der deutsche Gesetzgeber selbst bisher keine vergleichbar konkretisierte Definition vorgegeben hat. Die Unabhängigkeit des Finanzexperten setzt also voraus, dass dieser in den letzten fünf Jahren keine Vorstandstätigkeit in der Gesellschaft ausgeübt[22] und keine zusätzlichen Vergütungen (insb. Aktienoptionen) erhalten hat, weder Anteilseigner mit Kontrollbeteiligung noch Arbeitnehmer der Gesellschaft oder eines verbundenen Unternehmens gewesen ist und kein enger Familienangehöriger eines Vorstandsmitgliedes ist und mit der Gesellschaft kein Geschäftsverhältnis in bedeutendem Umfang hat.[23]

Von dem in der europäischen Abschlussprüferrichtlinie eingeräumten Wahlrecht, kapitalmarktorientierte Tochtergesellschaften von ebenfalls kapitalmarktorientierten Muttergesellschaften von der Pflicht zur Einrichtung eines Prüfungsausschusses zu befreien, hat der deutsche Gesetzgeber keinen Gebrauch gemacht. Mithin wird auch der Aufsichtsrat einer selbst kapitalmarktorientierten Tochtergesellschaft einen Finanzexperten vorhalten müssen, selbst wenn der Aufsichtsrat der ebenfalls kapitalmarktorientierten Muttergesellschaft bereits einen Sachverständigen aufweist. Dabei wird darauf zu achten sein, dass der Finanzexperte der Tochtergesellschaft nicht dem Lager der Muttergesellschaft zugerechnet werden kann, um dessen Unabhängigkeit nicht zu gefährden.[24]

Die zweite personelle Voraussetzung des § 100 Abs. 5 AktG, der Sachverstand in Rechnungslegung oder Abschlussprüfung, bedarf ebenfalls einer genauen Vorprüfung. Die Gesetzesbegründung stellt klar, dass als Finanzexperte nicht nur Angehörige der steuerberatenden oder wirtschaftsprüfenden Berufe in Betracht kommen, sondern beispielsweise auch Finanzvorstände, fachkundige Angestellte aus den Bereichen Rechnungswesen und Controlling, Analysten sowie langjährige Mitglieder in Prüfungsausschüssen oder Betriebsräte, die sich diese Fähigkeit im Zuge ihrer Tätigkeit oder durch Weiterbildung angeeignet haben. Im Einklang mit der europäischen Abschlussprüferrichtlinie ist Sachverstand auf einem der beiden Gebiete (Rechnungslegung *oder* Abschlussprüfung) hinreichend, wobei jedenfalls dem Aufsichtsratsmitglied mit Sachverstand in der Abschlussprüfung regelmäßig auch Sachverstand in der Rechnungslegung zu wünschen sein wird. Das OLG München hat in einem Hinweisbeschluss vom 28.04.2010[25] klargestellt, dass der Finanzexperte seine Kenntnisse in Rechnungslegung oder Abschlussprüfung nicht durch eine vorherige berufliche Tätigkeit in einem dieser Bereiche erlangt haben muss. Der gesetzlich geforderte Sachverstand ist nicht nur Qualifikationsanforderung, die bereits im Zeitpunkt der Wahl gegeben sein muss, sondern stellt zugleich auch eine entsprechende Weiterbildungspflicht des Finanzexperten dar. Nach der Entscheidung des OLG München sind auch IFRS-Kenntnisse nicht zwingend vorauszusetzen. Vielmehr reichen Kenntnisse etwa der HGB-Bilanzierung grds. aus, zumal von einem Finanzexperten erwartet werden dürfe, sich auch in andere Bilanzierungsmethoden einarbeiten zu können.

Dem vorerwähnten Urteil des OLG München war eine Entscheidung des LG München[26] über eine Anfechtungsklage des Vereins Schutzgemeinschaft der Kapitalanleger e.V. (SdK) vorangegangen. Mit der Anfechtungsklage hatte sich der SdK gegen den HV-Beschluss einer börsennotierten

---

sennotierter Gesellschaften sowie zu den Ausschüssen des Verwaltungs-/Aufsichtsrats v. 15.2.2005, ABl. EG Nr. L 52, S. 51.
21 Vgl. Kropff, (2009), S. 1023, 1026.
22 Gleichwohl wurde durch das VorstAG der § 100 Abs. 2 AktG erweitert. Demnach kann eine Person nicht Mitglied des Aufsichtsrats sein, die in den letzten zwei Jahren Vorstandsmitglied derselben börsennotierten Gesellschaft war, es sei denn, ihre Wahl erfolgt auf Vorschlag von Aktionären, die mehr als 25 Prozent der Stimmrechte an der Gesellschaft halten (§ 100 Abs. 2 Nr. 4 AktG).
23 Vgl. Empfehlungen zu den Aufgaben von nicht geschäftsführenden Direktoren/Aufsichtsratsmitgliedern börsennotierter Gesellschaften sowie zu den Ausschüssen des Verwaltungs-/Aufsichtsrats v. 15.2.2005, ABl. EG Nr. L 52, S. 63, Anhang II, Nr. 1.
24 Vgl. Habersack, (2008), S. 99, 105.
25 OLG München, Az. 23 U 5517/09; vgl. dazu Freidank/Velte (2010), S. 1.
26 LG München, Urteil v. 5.11.2009, Az.: I 5 HK 0 15312/09.

Versicherungsgesellschaft über die Wahl eines Aktuars zum Aufsichtsratsmitglied und Finanzexperten gewandt. In der Hauptversammlung hatte der Vertreter des SdK die nach § 100 Abs. 5 AktG gesetzlich vorgeschriebene Qualifikation des Kandidaten in Frage gestellt und unter anderem darauf verwiesen, dass der Kandidat zuvor weder Finanzvorstand einer AG noch Wirtschaftsprüfer oder Steuerberater gewesen sei. Somit fehle ihm der nach § 100 Abs. 5 AktG erforderliche Sachverstand auf den Gebieten Rechnungslegung oder Abschlussprüfung, mit der Folge, dass die Wahlentscheidung der Hauptversammlung nichtig sei. Das LG München war der Argumentation des SdK nicht gefolgt, sondern hatte ausgeführt, dass die Qualifikationen eines Finanzexperten gemäß § 100 Abs. 5 AktG nicht zwingend eine vorherige Tätigkeit als Organmitglied einer Kapitalgesellschaft mit dem Zuständigkeitsbereich Finanz- und Rechnungswesen erfordere. Vielmehr reicht, so das LG München, eine in der persönlichen Vita des zur Wahl vorgeschlagenen Kandidaten begründete individuelle Expertise, die auch aus einer verantwortlichen Position der zweiten Führungsebene resultieren kann. In dem vom LG München zu entscheidenden Fall war der Kandidat zuvor für das gesamte operative Geschäft einschließlich zentraler Elemente des Finanz- und Rechnungswesens einer Versicherungsgesellschaft tätig gewesen. Dies war im Rahmen des Prozesses von dem Vorstand des ehemaligen Arbeitgebers schriftlich bestätigt worden. Zu dem Aufgabenbereich hatten unter anderem die unternehmerische Planung und Steuerung, das Konzernberichtswesen und der Jahresabschluss nach HGB und IFRS sowie die unterjährigen Finanzberichte gezählt. Dies sah das LG München als hinreichenden Nachweis für die Fähigkeit des Kandidaten an, den Rechnungslegungsprozess, die Wirksamkeit des IKS, ggf. des internen Rehabilisierungssystems und des RMS des Unternehmens zu überprüfen und zu überwachen sowie die Abschlussprüfer des Jahres- und des Konsolidierten Abschlusses und deren Unabhängigkeit zu überprüfen und zu überwachen.[27]

Das LG München verwies zudem darauf, dass bereits der Wortlaut des § 100 Abs. 5 AktG gerade nicht eine vorherige Organfunktion des Finanzexperten voraussetzt. Hätte der Gesetzgeber eine vorherige Tätigkeit eines Organmitglieds an der Kapitalgesellschaft als gesetzliche Voraussetzung definieren wollen, hätte er dies explizit geregelt. So schreibt § 319 Abs. 1 HGB vor, dass die Abschlussprüfer die berufliche Qualifikation als Wirtschaftsprüfer aufweisen müssen. Darüber hinaus hatte der Gesetzgeber bereits im Regierungsentwurf, der insoweit in die amtliche Gesetzesbegründung übernommen worden ist, klargestellt, dass der Sachverstand gerade auch bei fachkundigen Angestellten aus den Bereichen Rechnungswesen und Controlling oder auch bei Betriebsräten, die sich die entsprechenden Kenntnisse im Zuge ihrer Tätigkeit durch Weiterbildung, angenommen werden kann.[28] Schließlich verwies das LG München zu Recht auf die dem § 100 Abs. 5 AktG zugrunde liegende europäische Richtlinie 2006/43/EG,[29] die ebenfalls lediglich Sachverstand in Rechnungslegungs- und/oder Abschlussprüfung verlangt.[30] Dies muss im Rahmen einer richtlinienkonformen Auslegung des § 100 Abs. 5 berücksichtigt werden.

Im Ergebnis hat das LG München die Anfechtungsklage des SdK zu Recht abgewiesen und ist hierin durch den Hinweisbeschluss des OLG München in der nächsthöheren Instanz bestätigt worden. Die Argumentation des SdK wäre nicht nur in unzulässiger Weise über die europarechtlich vorgegebenen Qualifikationsanforderungen für den unabhängigen Finanzexperten im Aufsichtsrat hinausgegangen, sondern hätte auch eine sachgerechte und praxisorientierte Auslegung des § 100 Abs. 5 AktG unverhältnismäßig erschwert. Dies umso mehr, als Sachverstand sich nicht zwingend aus einer vorherigen Funktion als Organmitglied ableiten lässt, sondern grundsätzlich mindestens ebenso gut aus rechtsgeschäftlich übertragener Verantwortung resultieren kann. Eine »Schwächung

---

[27] § 107 Abs. 3 Satz 2 AktG sowie RegBegr. BilMoG BT-Drucks. 16/10067, S. 102.
[28] BT-Drucks. 16/10067 S. 102.
[29] RL 2006/43/EG des europäischen Parlamentes und des Rates vom 17.05.2006 über Abschlussprüfungen von Jahresabschlüssen und Konsolidierten Abschlüssen zur Änderung der Richtlinien 78/660/EWG und 83/349/EWG des Rates und zur Aufhebung der Richtlinie 84/253/EWG des Rates (Abschlussprüferrichtlinie).
[30] Artikel 41 Abs. 1 RL 2006/43/EG.

der Corporate Governance«[31] ist insoweit nicht ersichtlich. Das gesetzlich vorgeschriebene Erfordernis des Sachverstands auf den Gebieten Rechnungslegung oder Abschlussprüfung ist durch die Entscheidungen des LG München und des OLG München keinesfalls geschwächt oder gar konterkariert worden. Doch ist bei allen gut gemeinten Aufrufen zu einer Stärkung der Corporate Governance in der deutschen Aufsichtsratspraxis Augenmaß zu wahren und muss vor einer an der Praxis vorbei zielenden Überspannung gesetzlicher Qualifikationsanforderungen nachhaltig gewarnt werden: ob der unabhängige Finanzexperte den gesetzlich vorgeschriebenen Qualifikationsanforderungen genügt, kann nicht von formalen Stationen seines bisherigen Werdegangs abhängen, sondern muss sich an den konkret gesammelten Erfahrungen und der tatsächlichen fachlichen Kompetenz ausrichten. Ob diese im Rahmen einer organschaftlichen oder einer rechtsgeschäftlichen Führungsposition erworben worden sind, kann bei der Beurteilung keine relevante Rolle spielen. Andernfalls würde dem formalen Akt der Berufung in eine Organstellung ein fachlicher Quantensprung des Berufenen beigemessen, der sich in einigen Fällen als Überschätzung der formalen Position eines Vorstandsamtes herausstellen könnte. Vielmehr muss auch insofern der Grundsatz gelten: *substance over form*.

Schwierigkeiten bereitet in der Praxis die Handhabung der gesetzlichen Übergangsregelung (§ 12 Abs. 4 EGAktG). Danach gelten die neuen personellen Voraussetzungen (unabhängiger *Financial Expert*) für sämtliche Aufsichtsratswahlen, die ab dem 29.05.2009 stattgefunden haben. Irrelevant ist dabei, ob es sich um turnusmäßige Neuwahlen, Ergänzungswahlen oder eine gerichtliche Bestellung gehandelt hat. In vielen Fällen waren die Einladungen für Hauptversammlungen, die nach dem Inkrafttreten des BilMoG (29.05.2009) stattfanden, bereits *vor* dem Zeitpunkt des Inkrafttretens versandt worden, ohne jedoch bei den Vorschlägen der Wahl des Aufsichtsrats explizit auf die Eignung einzelner aktiv Wahlberechtigter als Finanzexperte i.S.d. § 100 Abs. 5 AktG hinzuweisen.

Damit stellt sich die folgenreiche Frage nach der Legitimationsgrundlage des Finanzexperten. Angesichts der zentralen Bedeutung des Finanzexperten, der diesem nach dem Willen des BilMoG-Gesetzgebers zukommen soll, spricht einiges für die Legitimation des Finanzexperten durch die Hauptversammlung. Hierfür spricht auch die gesetzessystematische Einbindung der Erforderlichkeit eines Finanzexperten in die persönlichen Voraussetzungen des § 100 AktG. Dagegen würde eine bloß innerorganisatorische Bestimmung des Finanzexperten durch das Plenum des Aufsichtsrats weder der gesteigerten Bedeutung des Finanzexperten noch dem damit verbundenen gesteigerten Haftungsrisiko im Rahmen seiner besonderen Funktion als Mitglied des Aufsichtsrats sowie des Prüfungsausschusses entsprechen. Darüber hinaus wäre im Falle einer rein internen Bestellung durch Akklamation des Aufsichtsratsplenums der Hauptversammlung als dem für die Wahl des Aufsichtsrats zuständigen Organ von vornherein jede Möglichkeit genommen, die Rechtmäßigkeit ihres Beschlusses zur Aufsichtsratswahl sicherzustellen.

Allerdings ist die Gesetzeslage insoweit unklar. Obwohl das Gesetz nicht ausdrücklich verlangt, den Finanzexperten zu nennen, geht die juristische Fachliteratur mittlerweile überwiegend davon aus, dass der Finanzexperte jedenfalls in der Erklärung zur Unternehmensführung (§ 289a HGB) explizit zu erwähnen ist, die fehlende Sachkunde oder Unabhängigkeit im Zeitpunkt seiner Wahl aber weder zur Nichtigkeit noch zur Anfechtbarkeit des Wahlbeschlusses führt.[32] Richtig ist, dass bei fehlender Sachkunde oder Unabhängigkeit des zu wählenden Finanzexperten keiner der Nichtigkeitsgründe des § 241 Nr. 1, 2, 5 oder § 250 Abs. 1 AktG gegeben ist. Auch eine Anfechtbarkeit des Wahlaktes eines einzelnen Aufsichtsratsmitgliedes ist grds. nicht gegeben, soweit man nicht die explizite Benennung des als Finanzexperten zu wählenden Aufsichtsratsmitgliedes im Wahlvorschlag des Aufsichtsrats fordert. Denn § 100 Abs. 5 AktG formuliert eine Qualifikationsanforderung an die Gesamtheit des Aufsichtsrats, nicht an ein bestimmtes Mitglied oder gar alle Mitglieder. Bei

---

31 Vgl. Freidank/Velte (2010), S. 1.
32 Vgl. Hüffer (2010), § 100 Rn. 15; Kropff (2003), S. 1023, 1032 ff.; aA Habersack (2008), S. 99, 106 sowie zur alten Rechtslage Huwer (2008), S. 382.

Verstoß gegen § 100 Abs. 5 AktG ist zwar der Aufsichtsrat fehlerhaft besetzt, doch beeinträchtigt dieser Rechtsmangel weder die Beschlussfähigkeit des Organs noch die Wirksamkeit der Wahl der Aufsichtsratsmitglieder. Anfechtbar ist ein Wahlbeschluss aber dann, wenn der Finanzexperte durch explizite Benennung im Wahlvorschlag des Aufsichtsrats identifiziert werden kann oder durch faktische Umstände ermittelbar ist. Ein solcher faktischer Umstand kann beispielsweise schon die Frage aus der Mitte der Hauptversammlung nach der Identität und Qualifikation des Finanzexperten sein. Möglich ist auch, dass nur ein Aufsichtsratsmitglied als Finanzexperte in Betracht kommt oder in der vorangegangenen Amtsperiode bereits als Finanzexperte ausgewiesen war. Börsennotierte AGs müssen gem. § 289 a Abs. 2 Nr. 3 HGB die personelle Zusammensetzung des Aufsichtsrats sowie des Prüfungsausschusses im Rahmen der neuen »Erklärung zur Unternehmensführung« offenlegen. Jedenfalls an dieser Stelle wird auch der Finanzexperte explizit zu benennen sein.[33]

b   Arbeitnehmervertreter im Prüfungsausschuss

Gesetzlich nicht geregelt ist die Beteiligung von Arbeitnehmervertretern im Prüfungsausschuss. Ein Anspruch auf personelle Berücksichtigung bei der Besetzung des Prüfungsausschusses wird die Arbeitnehmervertretung regelmäßig nicht erheben können. Andererseits steht der Berufung eines Arbeitnehmervertreters in das Gremium des Prüfungsausschusses rechtlich nichts entgegen. Bei entsprechender Eignung kann der Arbeitnehmervertreter sogar als Finanzexperte fungieren. Allerdings dürfte zumindest die Berufung eines Arbeitnehmervertreters als Finanzexperte i.S.d. § 100 Abs. 5 AktG unter dem Aspekt der gesetzlich vorgeschriebenen Unabhängigkeit problematisch sein, da der Arbeitnehmervertreter u.U. seine eigene Arbeit kontrollieren müsste. Im Ergebnis aber ist aufgrund der Organisationsautonomie des Aufsichtsrats, der selbstbestimmt über die Besetzung des Prüfungsausschusses entscheidet, jedenfalls bei mitbestimmten kapitalmarktorientierten Gesellschaften eine adäquate Beteiligung der Arbeitnehmervertretung gewährleistet.

5   Zusammenarbeit mit dem Plenum des Aufsichtsrats

Gem. § 107 Abs. 3 Satz 4 AktG ist das Aufsichtsratsplenum regelmäßig über die Arbeit des Prüfungsausschusses zu unterrichten. Die Berichterstattung erfolgt regelmäßig im Rahmen der nächsten auf eine Ausschusssitzung folgenden Plenarsitzung mündlich[34] durch den Vorsitzenden des Prüfungsausschusses.[35]

Wenngleich der Prüfungsausschuss grds. nicht unmittelbar der Öffentlichkeit, sondern lediglich intern dem Aufsichtsrat zur Berichterstattung verpflichtet ist, entfalten seine Arbeitsergebnisse in vielerlei Hinsicht Öffentlichkeitswirkung. Dies gilt unter anderem für den Bericht des Aufsichtsrats über die Prüfung des Jahresabschlusses sowie des Lageberichtes (§ 171 Abs. 2 AktG). Das BilMoG (§ 289 Abs. 5 HGB, § 315 Abs. 2 Nr. 5 HGB) schreibt für kapitalmarktorientierte Gesellschaften die Erweiterung des Lageberichtes um eine Beschreibung der wesentlichen Merkmale des rechnungslegungsbezogenen IKS und RMS vor. Unterlaufen dem insoweit beauftragten Prüfungsausschuss bei der Darstellung der wesentlichen Merkmale im erweiterten Lagebericht oder bei der ihm ggf. übertragenen Gesamtprüfung des Jahresabschlusses nach § 171 Abs. 1 AktG Fehler, erhöht dies die Gefahr der Anfechtbarkeit des HV-Beschlusses über die Entlastung des Aufsichtsrats. Das Plenum

---

33 Vgl. Kropff (2009), S. 1023, 1036.
34 Vgl. Hüffer (2010), § 107 Rn. 22a.
35 Vgl. auch Tz. 5.3.1 Satz 3 DCGK.

des Aufsichtsrats ist, soweit Aufgaben dem Prüfungsausschuss übertragen werden, nicht nur für die richtige Auswahl der Prüfungsausschussmitglieder und deren fortlaufende Überwachung i. S. eines Organisationsverschuldens verantwortlich, sondern muss auch die Berichte des Prüfungsausschusses (wie jedes anderen Ausschusses auch) kritisch durcharbeiten. Dabei ist jedes Aufsichtsratsmitglied aufgefordert, sich im Rahmen der ihm persönlich obliegenden Sorgfaltspflichten (§ 116 i. V. m. § 93 AktG) ein eigenes Bild von der inneren Plausibilität und Stringenz des Ausschussberichtes zu machen. Abweichende Auffassungen sollten in der Plenarsitzung zu Protokoll gegeben und möglichst mit Begründung dokumentiert werden, um das persönliche Haftungsrisiko zu reduzieren.

IV Haftung und Verschwiegenheit

Die Mitglieder des Prüfungsausschusses haften nach den allgemeinen Grundsätzen der Aufsichtsratshaftung (§§ 116 i. V. m. 93 Abs. 2 AktG) persönlich für Schäden der Gesellschaft, die zumindest mitursächlich durch ihnen persönlich vorwerfbare Sorgfaltspflichtverletzungen entstanden sind (§ 116 i. V. m. § 93 Abs. 2 AktG). Rechtsfolge einer Sorgfaltspflichtverletzung eines Aufsichtsrats- bzw. Prüfungsausschussmitgliedes ist die Verpflichtung zum Schadensersatz, wobei mehrere Aufsichtsratsmitglieder als Gesamtschuldner haften.

Zu den Überwachungspflichten des Aufsichtsrats gehört auch, mögliche Organhaftungsansprüche der Gesellschaft gegen den Vorstand zu prüfen und rechtzeitig, d. h. jedenfalls vor Ablauf der Verjährungsfrist, aktiv zu verfolgen. Wenn der Gesellschaft nach sorgfältiger Prüfung tatsächlich Schadensersatzansprüche gegen eines oder mehrere ihrer Organmitglieder zustehen, ist der Aufsichtsrat verpflichtet, diese Ansprüche auch aktiv zu verfolgen.[36] Etwas anderes soll nach der Rechtsprechung des BGH nur dann gelten, wenn »gewichtige Gründe des Gesellschaftswohls« dagegen sprechen oder das betreffende Vorstandmitglied im Wesentlichen vermögenslos ist. Dabei ist grds. jedoch zu berücksichtigen, dass die AG i. d. R. gegen die Gehalts- und Pensionsansprüche der betroffenen Vorstandsmitglieder die Aufrechnung erklären kann, selbst wenn das einzelne Vorstandsmitglied im Wesentlichen vermögenslos sein sollte.[37]

Die bisher nur für börsennotierte AGs verpflichtend vorgeschriebene Erklärung nach § 161 AktG, inwieweit die Empfehlungen des DCGK eingehalten worden sind (Entsprechenserklärung), ist mit dem zum 29.05.2009 in Kraft getretenen BilMoG auf solche AGs erstreckt worden, die ausschließlich andere Wertpapiere zum Handel an einem organisierten Markt ausgegeben haben und deren ausgegebene Aktien auf eigene Veranlassung über ein multilaterales Handelssystem gehandelt werden. Die Erklärung ist nicht mehr nur den Aktionären, sondern (wie in der Praxis schon bisher üblich) der Öffentlichkeit auf der Internetseite der Gesellschaft dauerhaft zugänglich zu machen. Vor allem aber hat die Entsprechenserklärung nach dem BilMoG dem *comply or explain*-Ansatz zu folgen: Soweit dem DCGK nicht entsprochen worden ist, muss diese Abweichung begründet werden. Damit kommt dem Kodex ein weiterer Bedeutungszuwachs zuteil, wenngleich seine Empfehlungen und Anregungen per se weiterhin keinerlei Rechtspflicht begründen. Eine unrichtige, unvollständige, verspätet abgegebene oder gar völlig unterlassene Entsprechenserklärung stellt jedoch in jedem Fall eine Sorgfaltspflichtverletzung dar, die im Fall eines dadurch kausal bewirkten Schadens der Gesellschaft zu einer Schadensersatzpflicht des Vorstandes und des Aufsichtsrats führen kann.

Hinzuweisen ist auch auf die mit Compliance-Verstößen ggf. verbundenen Risiken einer strafrechtlichen Verfolgung, insb. wegen Untreue und Betrug (§§ 266, 263 StGB), wegen unrichtiger Darstellung der Gesellschaftsverhältnisse (§ 400 Abs. 1 AktG) und unrichtiger Darstellung der Vermögenssituation im Jahresabschluss (§ 331 Nr. 1 HGB)[38]. Darüber hinaus ist der Unternehmensinhaber gem. § 130 OWiG verpflichtet, Aufsichtsmaßnahmen zu ergreifen, um Verstöße durch Arbeitnehmer gegen betriebsbezogene Strafnormen zu verhindern. Verstöße gegen diese Aufsichtspflichten sehen Bußgeldzahlungen bei Vorsatz bis zu 1 Mio. Euro und bei Fahrlässigkeit bis zu 500.000 Euro vor.

---

36 BGHZ 135, 244 – ARAG/Garmenbeck-Entscheidung.
37 Vgl. Lutter (2009), S. 786, 791.
38 Zur Garantenpflicht und den persönlichen Haftungsrisiken des Compliance Officers wegen unterlassener Verhinderung bzw. Unterbindung von Rechtsverstößen im Unternehmen vgl. BGH 5 StR 394/08 – Urteil v. 17.7.2009; dazu Wybitul (2009), S. 2590; Campos Nave/Vogel (2009), S. 2546 ff.

1 Haftungsvoraussetzungen

Nach § 116 Satz 1 AktG gelten die Regelungen für Sorgfaltspflicht und Verantwortlichkeit des Vorstands sinngemäß auch für die Mitglieder des Aufsichtsrats. Aufgrund der unterschiedlichen Verantwortungs- und Tätigkeitsbereiche von Vorstand und Aufsichtsrat ergeben sich in der Sache allerdings mitunter nicht unerhebliche Unterschiede. Nicht jeder Sorgfaltspflichtverstoß eines Vorstandsmitglieds stellt notwendig auch einen Sorgfaltspflichtverstoß des Aufsichtsratsmitglieds dar. Vielmehr orientieren sich die Verantwortlichkeit sowie der Sorgfaltsmaßstab für den Aufsichtsrat am Leitbild des ordentlichen Aufsehers.[39] Voraussetzungen eines Schadensersatzanspruchs der Gesellschaft gegen ein Aufsichtsratsmitglied wegen Sorgfaltspflichtverletzung (§§ 116, 93 Abs. 2 Satz 1 AktG) sind:

- eine Pflichtverletzung,
- ein eingetretener Schaden,
- die Ursächlichkeit der Pflichtverletzung für den eingetretenen Schaden,
- das Verschulden der in Anspruch genommenen Person.

a Pflichtverletzung

Eine Pflichtverletzung kann durch einen Verstoß gegen Gesetz oder Satzung, aber auch bereits durch eine Kompetenzüberschreitung hervorgerufen werden.[40]

aa Sorgfaltspflichten

Insbesondere die Mitglieder des Prüfungsausschusses sollten die nachfolgenden (erhöhten) Haftungsrisiken vergegenwärtigen (beispielhafte, nicht abschließende Liste):

- Auswahlverschulden: fehlende fachliche Fähigkeiten der Ausschussmitglieder[41]
- Übernahmeverschulden: Annahme eines Prüfungsausschussmandats ohne hinreichende Qualifikation
- Keine Festlegung von Prüfungsschwerpunkten
- Keine Erörterung grundlegender Fragen der Rechnungslegung
- Unzureichende Informationsbeschaffung zur Durchführung der Überwachungsaufgaben und Kontrollen (z. B. keine Hinzuziehung von auskunftsfähigen Vorstandsmitgliedern und leitenden Angestellten)
- Unterlassene Teilnahme des Ausschussvorsitzenden an der Schlussbesprechung des Vorstands mit dem Abschlussprüfer
- Keine ausreichende Beurteilung der Wirksamkeit des IKS, RMS oder der Internen Revision
- Unzureichende Eigenprüfung; Vertrauen auf uneingeschränkt testierten Jahresabschluss[42]

---

39 Vgl. statt vieler Hüffer (2010), § 116 Rdn. 1 m.w.N.
40 Vgl. Lutter (2007), ZIP 2007, 842; Fischer (2007), S. 1083, 1086.
41 Das Auswahlverschulden betrifft nicht nur das Plenum des Aufsichtsrats, der die Mitglieder des Prüfungsausschusses auswählt, sondern auch jedes Prüfungsausschussmitglied selbst durch die eigene Sorgfaltspflicht, für die erforderlichen Kenntnisse und Fähigkeiten zu sorgen und sich weiterzubilden. Zudem unterliegen die Prüfungsausschussmitglieder (jedenfalls der Finanzexperte) nach den allgemeinen Kriterien der höchstrichterlichen Rechtsprechung schon aufgrund ihrer besonderen Sachkenntnis einem erhöhten Haftungsrisiko.
42 LG Bielefeld Entscheidung v. 16.11.1999, Az. 15 O 91/98.

Unabhängig von den gesetzlichen Aufsichtspflichten des § 107 Abs. 3 AktG führt bereits ein satzungsmäßiger Zustimmungsvorbehalt gem. § 111 Abs. 4 Satz 2 AktG zu umfangreichen Prüfungspflichten der Aufsichtsratsmitglieder.[43]

Insbesondere Verschwiegenheitspflicht

§ 116 Satz 2 AktG verpflichtet die Aufsichtsratsmitglieder »insbesondere« zur Verschwiegenheit über erhaltene vertrauliche Berichte und vertrauliche Beratungen. Dies gilt sowohl für die Beratungen des Plenums als auch der Ausschüsse. »Insbesondere« bedeutet, dass sich die Verschwiegenheitsverpflichtung der Aufsichtsratsmitglieder bereits aus der sinngemäßen Anwendung der Verschwiegenheitspflicht des Vorstandes nach § 116 i. V. m. § 93 Abs. 1 Satz 3 AktG ergibt, aber den primären Schutzbereich der aufsichtsratsbezogenen Verschwiegenheit (vertrauliche Berichte und Beratungen) verdeutlicht.[44]

Die Pflicht zur Vertraulichkeit ist also weit auszulegen und umfasst jede vertrauliche Information sowie den gesamten Beratungsinhalt. Denn Beratungen des Aufsichtsrats und seiner Ausschüsse sind auch ohne gesonderte Kennzeichnung *per se* vertraulich.

Vertreter von Kommunen und Kommunalverbänden in Aufsichtsräten sind gemäß § 394 AktG von der Verschwiegenheitspflicht befreit, soweit dies für ihre Berichterstattung an die Kommune, die sie entsandt hat, erforderlich ist. Dies gilt nicht für Betriebs- oder Geschäftsgeheimnisse, die für die Berichterstattung an die Kommune nicht relevant sind. Entsprechend der Befreiung der Kommunalvertreter in Aufsichtsräten von der Verschwiegenheitspflicht zum Zwecke der kommunalen Berichterstattung (§ 394 AktG) sind die behördlichen Empfänger solcher Berichte nach § 395 AktG zum Stillschweigen über die Berichtsinhalte und weitere, im Zusammenhang mit der Berichterstattung im Sinne des § 394 AktG erfahrene vertrauliche Angaben verpflichtet. Bei der Veröffentlichung von Prüfungsergebnissen dürfen vertrauliche Angaben und Geheimnisse der Gesellschaft, insbesondere Betriebs- und Geschäftsgeheimnisse, nicht veröffentlicht werden.[45]

Eine Verletzung der Verschwiegenheitspflicht kann Schadensersatzpflicht nach sich ziehen. Bei börsennotierten Gesellschaften drohen sogar strafrechtliche Sanktionen (§ 404 Abs. 1 Nr. 1 bzw. Abs. 2 AktG).

ab Sorgfaltsmaßstab

Bei der Geschäftsführung haben die Vorstandsmitglieder die »Sorgfalt eines ordentlichen und gewissenhaften Geschäftsleiters« anzuwenden (§ 93 Abs. 1 Satz 1 AktG). Der Sorgfaltsmaßstab reicht also über den allgemeinen Maßstab des Handelsrechts[46] hinaus. Maßgebend ist somit, wie sich jemand in der leitenden, verantwortlichen Stellung des Verwalters fremden Vermögens als Vorstandsmitglied gerade eines derartigen Unternehmens in gerade dieser Lage zu verhalten hat.[47] Der Sorgfaltsmaßstab ist dabei nach objektiven Kriterien zu bestimmen. Es kommt folglich nicht auf die persönlichen Fähigkeiten und Kenntnisse des konkreten Vorstands an. Entscheidend ist vielmehr, welche Fähigkeiten angesichts der Größe, des Geschäftszweigs und der personellen und finanziellen Ausstattung der Gesellschaft gefordert sind.[48]

Zum Sorgfaltsmaßstab hat der BGH bereits 1982 in der Hertie-Entscheidung klargestellt, dass »mit dem Gebot persönliche und eigenverantwortliche Amtsausübung vorausgesetzt [ist], dass ein

---

43 BGH NZG 2007, 197; vgl. auch OLG Hamm, BeckRS 2008, 6654 zu den Sorgfaltspflichten des Aufsichtsrats einer Regionalbrauerei.
44 Vgl. Hüffer (2010), § 116 Rdn. 6 f.
45 Vgl. Hüffer (2010), §§ 394 f.
46 Vgl. § 347 Abs. 1 HGB: »Sorgfalt eines ordentlichen Kaufmanns«.
47 BGHZ 129, 30, 34; Hüffer, § 93 Rdn. 4 m.w.N.
48 OLG Hamm, NStZ 1986, 119.

Aufsichtsratsmitglied diejenigen Mindestkenntnisse und -fähigkeiten besitzen oder sich aneignen muss, die es braucht, um alle normalerweise anfallenden Geschäftsvorgänge auch ohne fremde Hilfe verstehen und sachgerecht beurteilen zu können«.[49]

Nicht jedes Aufsichtsratsmitglied haftet unabhängig von konkreten Aufgabenzuweisungen für Pflichtverletzungen anderer Aufsichtsratsmitglieder. Grundsätzlich darf nämlich jedes Aufsichtsratsmitglied darauf vertrauen, dass alle Aufsichtsratsmitglieder ihre Aufgaben ordnungsgemäß erfüllen. Das ressortmäßig nicht zuständige Aufsichtsratsmitglied ist also grds. von der fachlichen Einzelverantwortung entlastet, soweit es ihm verwehrt ist, selbst in den einem anderen zugewiesenen Geschäftsbereich einzugreifen. Jedes Aufsichtsratsmitglied haftet somit nur für die Verletzung der gerade ihm obliegenden Überwachungspflicht und damit nur für sein eigenes Verschulden.[50] Dies gilt jedoch nicht für gemeinsame Entscheidungen in Aufsichtsratssitzungen, bei denen es jedem Aufsichtsratsmitglied unbenommen bleibt, eine Entscheidung mitzutragen oder sie abzulehnen. Gleiches gilt für Sitzungen der Ausschüsse des Aufsichtsrats.

ac Ermessensspielräume

Allgemeine Grundsätze
Leitungsentscheidungen des Vorstands sind trotz des strengen, objektivierten Verschuldensmaßstabs des § 93 Abs. 1 AktG nur in begrenztem Umfang gerichtlich nachprüfbar. Dem Vorstand steht bei der Durchführung konkreter Geschäftsmaßnahmen grds. ein weiter Ermessensspielraum zu. Dies liegt darin begründet, dass unternehmerische Entscheidungen notwendigerweise unter dem Vorzeichen der »Unsicherheit« stehen und somit stets mit der Übernahme von Risiken verbunden sind. Auch wenn der Inhalt einer Geschäftsmaßnahme nur sehr begrenzt einer gerichtlichen Nachprüfung zugänglich ist, so entbindet dies den Vorstand trotzdem nicht von seinen Sorgfaltspflichten. Zu diesen zählen die ordnungsgemäße Vorbereitung, die Durchführung und Erfolgskontrolle des Entscheidungsprozesses. Dies bedeutet, dass der Vorstand die Entscheidungsgrundlagen sorgfältig aufbereiten muss, und bei mehreren Entscheidungsalternativen die Vor- und Nachteile für die Gesellschaft sorgfältig abwägen muss. Durch den Aufbau eines funktionsfähigen Überwachungssystems (Controlling) ist dafür Sorge zu tragen, dass Entwicklungen, die den Fortbestand der Gesellschaft gefährden könnten, frühzeitig erkannt werden.[51] Den Aufsichtsrat trifft entsprechend die Pflicht, die Leitungsentscheidungen des Vorstandes hinsichtlich ihrer Rechtmäßigkeit, Ordnungsmäßigkeit und Zweckmäßigkeit zu überwachen. Dagegen ist der Aufsichtsrat regelmäßig nicht verantwortlich für Entscheidungen im operativen Tagesgeschäft, da diese nicht seiner Überwachungskompetenz unterliegen.[52]

Ist die Abwägung erfolgt und ordnungsgemäß dokumentiert (wobei die Dokumentation lediglich der Beweissicherung dient), so unterliegt das Entscheidungsergebnis des Aufsichtsrats im Rahmen eines möglichen Haftungsprozesses lediglich einer »Missbrauchskontrolle«, ob und inwiefern die Grenzen unternehmerischen Ermessens in unverantwortlicher Weise überspannt wurden.[53] Der unternehmerische Freiraum ist selbstverständlich nur solange vorhanden, wie sich der Vorstand im Rahmen des rechtmäßigen Verhaltens bewegt. Wird diese Schwelle überschritten, so ist für einen Ermessensspielraum des Vorstandsmitglieds kein Raum mehr.

---

49 BGH II ZR 27/82, Urteil v. 15.11.1982.
50 Vgl. Grossfeld/Noelle (1986), S. 275, 278 f.
51 § 91 Abs. 2 AktG.
52 Vgl. Lutter/Krieger (2008), § 13, Rdn. 985.
53 BGH WM 1997, 970, 973.

ARAG/Garmenbeck-Entscheidung und Business Judgement Rule für Aufsichtsräte

Zu der Frage der Sorgfaltspflichten eines Vorstands hat sich der BGH in der wegweisenden ARAG/Garmenbeck-Entscheidung v. 21.04.1997 geäußert.[54] Die in diesem Urteil angesprochenen Grundsätze orientieren sich an der im angelsächsischen Recht geltenden Business Judgement Rule. Der BGH führt in seiner Entscheidung aus: »Dem Vorstand steht bei der Leitung der Geschäfte ein weiter Handlungsspielraum zu, ohne den eine unternehmerische Tätigkeit schlechterdings nicht denkbar ist. Dazu gehört neben dem bewussten Eingehen geschäftlicher Risiken grds. auch die Gefahr von Fehlbeurteilungen und Fehleinschätzungen, der jeder Unternehmensleiter, mag er auch noch so verantwortungsbewusst handeln, ausgesetzt ist. Gewinnt der Aufsichtsrat den Eindruck, dass dem Vorstand das nötige Gespür für eine erfolgreiche Führung des Unternehmens fehlt, er also keine ›glückliche Hand‹ bei der Wahrnehmung seiner Leitungsaufgabe hat, kann ihm das Veranlassung geben, auf dessen Ablösung hinzuwirken. Eine Schadensersatzpflicht des Vorstands kann daraus nicht hergeleitet werden. Diese kann erst in Betracht kommen, wenn die Grenzen, in denen sich ein von Verantwortungsbewusstsein getragenes ausschließlich am Unternehmenswohl orientiertes, auf sorgfältiger Ermittlung der Entscheidungsgrundlagen beruhendes unternehmerisches Handeln bewegen muss, deutlich überschritten sind, die Bereitschaft, unternehmerische Risiken einzugehen, in unverantwortlicher Weise überspannt worden ist oder das Verhalten des Vorstands aus anderen Gründen als pflichtwidrig gelten muss.«[55] Aufgrund des gesetzlichen Verweises in § 116 Satz 1 AktG gilt die Business Judgement Rule, die nunmehr in § 93 Abs. 1 Satz 2 AktG kodifiziert ist, sinngemäß auch für die Mitglieder des Aufsichtsrats.

b   Verschulden, Kausalität und Schaden

Die Haftung der Aufsichtsratsmitglieder nach §§ 116 Satz 1, 93 Abs. 2 Satz 1 AktG setzt persönliches Verschulden voraus. Verschuldensformen sind Vorsatz und Fahrlässigkeit.[56] Das Verschulden wird gesetzlich vermutet; das Aufsichtsratsmitglied trägt selbst die Darlegungs- und Beweislast für fehlendes Verschulden.[57] Allerdings muss sich das Verschulden nur auf die haftungsbegründende Pflichtverletzung, nicht auch auf den haftungsausfüllenden Schaden beziehen. Dies bedeutet, dass es auf die Vorhersehbarkeit des Schadens nicht ankommt, der Schaden muss lediglich durch die Pflichtverletzung adäquat verursacht worden sein. Allerdings gilt auch, dass das Urteil über die Einhaltung oder Verletzung der Sorgfaltspflicht aus der Sicht des Aufsichtsratsmitglieds zum Zeitpunkt der Handlung oder Unterlassung zu treffen ist. Spätere Entwicklungen bleiben bei der Bestimmung der Sorgfaltspflichten somit zunächst außer Betracht. Dabei haben alle Aufsichtsratsmitglieder für diejenige Sorgfalt einzustehen, die von einem durchschnittlichen Aufsichtsratsmitglied erwartet werden kann. Dieser objektivierte Verschuldensmaßstab gilt für jedes Aufsichtsratsmitglied, unabhängig von persönlichen Fähigkeiten und Kenntnissen. Insbesondere hat sich auch der Arbeitnehmervertreter im Aufsichtsrat die erforderlichen Mindestkenntnisse anzueigen. Dies hat der BGH am Beispiel der Tätigkeit des Arbeitnehmervertreters im Personalausschuss klargestellt: »Der Gesichtspunkt möglicherweise fehlender Spezialkenntnisse der Arbeitnehmervertreter, die zu einer sachgerechten Mitarbeit in dem betreffenden Ausschuss erforderlich seien, hat in Anbetracht der dem Personalausschuss gestellten Aufgabe eher geringeres Gewicht, als bei anderen Ausschüssen mit speziellerer Aufgabenstellung.«[58]

Für Aufsichtsratsmitglieder mit besonderen Funktionen gilt ein noch strengerer Maßstab. Dies gilt nicht nur für den Aufsichtsratsvorsitzenden, sondern auch für Ausschussmitglieder und insb.

---

54 BGH WM 1997, 970 ff.
55 BGH WM 1997, 970, 973.
56 § 276 Abs. 1 Satz 1 BGB.
57 Vgl. Lutter/Krieger (2008), § 13, Rdn. 982.
58 BGH, Urteil v. 17.05.1993 (Az. II ZR 89/92).

für den Finanzexperten. Ein Übernahmeverschulden, d. h., die Übernahme einer solchen besonderen Funktion trotz fehlender oder unzureichender Fachkenntnis wiegt hier besonders schwer.[59] Ob bereits die besondere Kenntnis des einzelnen Aufsichtsratsmitglieds dessen Verschuldensmaßstab und damit das persönliche Haftungsrisiko erhöhen, war lange Zeit umstritten, wird jedoch in der aktuellen Literatur allgemein bejaht.[60]

2 Beweislast

Nach den allgemeinen Grundsätzen müsste die Gesellschaft sämtliche anspruchsbegründenden Tatsachen (also objektive Pflichtwidrigkeit, Ursachenzusammenhang, Schaden, Verschulden) darlegen und beweisen.

§§ 116, 93 Abs. 2 Satz 2 AktG macht allerdings hiervon eine Ausnahme. Danach tragen die Aufsichtsräte die Darlegungs- und Beweislast dafür, dass ihr Verhalten dem gebotenen Pflichtenmaßstab entspricht und sie hinsichtlich des Schadenseintritts kein Verschulden trifft. Die Gesellschaft hat also nur zu behaupten und zu beweisen, dass sie durch die Tätigkeit des betreffenden Aufsichtsratsmitgliedes geschädigt worden ist. Es ist dann Sache der jeweiligen Aufsichtsratsmitglieder, darzulegen, dass sie trotz des gegen sie sprechenden Anscheins ihrer Sorgfaltspflicht genügt haben oder dass ihnen die Erfüllung dieser Pflicht unmöglich war.[61]

Bei Gremienentscheidungen kann sich das einzelne Aufsichtsrats-/Ausschussmitglied u.U. dadurch exkulpieren, dass es seine Bedenken äußert, auf Risiken hinweist und dies protokollieren lässt.[62] Eine explizite Enthaltung ist ausreichend, wenn die Bedenken zuvor dargelegt worden sind.[63] U.U. sollte auf einer namentlichen Protokollierung des Abstimmungsverhaltens bestanden werden. Möglich ist auch eine schriftliche Darlegung der Bedenken an den Ausschussvorsitzenden mit dem Hinweis auf die eigene Stimmenthaltung bzw. Gegenstimme.

3 Haftungsausschluss und Verzicht

Gem. § 93 Abs. 4 Satz 1 AktG kann sich der sorgfaltswidrig handelnde Vorstand einer AG exkulpieren, wenn und soweit er in Ausführung eines gesetzmäßigen HV-Beschlusses gehandelt hat[64] und die Gesellschaftsgläubiger nicht betroffen sind.[65] Dabei darf dem HV-Beschluss nicht von einer Minderheit von mindestens 10 % des Grundkapitals widersprochen worden sein. Zudem gilt für die Rechtsfolge des Haftungsausschlusses eine Wartefrist von drei Jahren, sofern nicht Zahlungsunfähigkeit des Organs gegeben ist. Für den Aufsichtsrat wirkt die Delegation an Ausschüsse keineswegs enthaftend, da das Plenum auch für delegierte Aufgaben in der Gesamtverantwortung bleibt. Insbesondere reicht die bloße Entgegennahme von Ausschussberichten grds. nicht.[66] Vielmehr trifft das Plenum die Pflicht, die Tätigkeiten und die Effizienz seiner Ausschüsse fortlaufend zu überwachen.

---

59 Vgl. Hoffmann-Becking (2010), § 33 Rdn. 61.
60 Vgl. Lutter/Krieger (2008), § 13, Rdn. 1008; Hoffmann-Becking, § 33 Rdn. 61; differenzierend Hüffer (2010), § 116 Rdn. 3.
61 Ständige Rechtsprechung, vgl. BGH NJW 1963, 46; 1980, 2473; 1986, 54.
62 LG Berlin, Entscheidung v. 8.10.2003, Az. 101 O 80/02, ZIP 2004, 73, 76.
63 Ebd.
64 Ein entlastender Aufsichtsratsbeschluss reicht dagegen nicht aus, § 93 Abs. 4 Satz 2 AktG.
65 Vgl. Goette (2003), S. 750, 770; Hasselbach (2010), S. 2037, 2039.
66 Vgl. Hüffer (2010), § 116 Rdn. 9.

Dagegen unterliegt der Verzicht auf Organhaftungsansprüche gegen GmbH-Geschäftsführer grundsätzlich weniger strengeren Anforderungen. Eine Ausnahme bilden insoweit insbesondere Haftungsansprüche wegen Verstoßes gegen Kapitalerhaltungsrecht (§§ 30 GmbHG).[67]

---

[67] Vgl. Hasselbach (2010), S. 2037, 2038 f. m.w.N.

C Abgrenzung der Aufgaben und Verantwortlichkeiten von Aufsichtsrat, Prüfungsausschuss und Abschlussprüfer

I Gegenüberstellung der Aufgaben von Aufsichtsrat und Prüfungsausschuss

Der Aufsichtsrat kann gem. § 107 Abs. 3 Satz 1 AktG Ausschüsse bilden und diesen Gremien Aufgaben übertragen. Eine Beschränkung gem. § 107 Abs. 3 Satz 3 AktG liegt in bestimmten Vorbehaltsaufgaben des Aufsichtsrats, die nicht – zumindest nicht in Gänze – übertragen werden dürfen. Sofern vorbereitende Aufgaben übertragen werden, beschäftigen sich sowohl Aufsichtsrat als auch Prüfungsausschuss mit den jeweiligen Themen, allerdings in unterschiedlichen Detaillierungsgraden. Sofern der Aufsichtsrat keinen Prüfungsausschuss gebildet hat, verbleiben selbstverständlich alle Aufgaben beim Aufsichtsrat. In Tabelle 1 werden mögliche Überschneidungen und Abweichungen der Aufgabenfelder von Aufsichtsrat und Prüfungsausschuss herausgearbeitet.

	Aufgabe des Aufsichtsrats	Aufgabe des Prüfungsausschusses	Übereinstimmung bzw. Abweichung
Prüfung Jahresabschluss, Lagebericht und Gewinnverwendungsvorschlag	Persönliche Pflicht jedes einzelnen Aufsichtsratsmitglieds (§ 171 Abs. 1 Satz 1 AktG)	Vorbereitung und Unterstützung der Prüfung durch den Aufsichtsrat	Pflicht liegt bei jedem Aufsichtsratsmitglied, nicht (vollständig) delegierbare Tätigkeit (§ 107 Abs. 3 Satz 3 AktG)
Rechnungslegungsprozess	Allgemeine Überwachungspflicht (§ 111 Abs.1 AktG)	Überwachung des Rechnungslegungsprozesses (§ 107 Abs. 3 Satz 2 AktG)	Grds. delegierbare Tätigkeit, aber Grenzen der Delegierbarkeit: Prüfung des Jahresabschlusses etc. bleibt persönliche Pflicht jedes Aufsichtsratsmitglieds
Internes Kontrollsystem (IKS)	Allgemeine Überwachungspflicht (§ 111 Abs.1 AktG)	Überwachung der Wirksamkeit des IKS (§ 107 Abs. 3 Satz 2 AktG)[1]	Grds. delegierbare Tätigkeit, aber Grenzen der Delegierbarkeit: Prüfung des Jahresabschlusses etc. bleibt persönliche Pflicht jedes Aufsichtsratsmitglieds
Internes Revisionssystem (IRS)	Allgemeine Überwachungspflicht (§ 111 Abs.1 AktG)	Überwachung des IRS (§ 107 Abs. 3 Satz 2 AktG)[1]	Grds. delegierbare Tätigkeit, aber Grenzen der Delegierbarkeit: Prüfung des Jahresabschlusses etc. bleibt persönliche Pflicht jedes Aufsichtsratsmitglieds

	Aufgabe des Aufsichtsrats	Aufgabe des Prüfungsausschusses	Übereinstimmung bzw. Abweichung
Risikomanagementsystem (RMS)	Allgemeine Überwachungspflicht (§ 111 Abs.1 AktG)	Überwachung des RMS (§ 107 Abs. 3 Satz 2 AktG)[1]	Grds. delegierbare Tätigkeit, aber Grenzen der Delegierbarkeit: Prüfung des Jahresabschlusses etc. bleibt persönliche Pflicht jedes Aufsichtsratsmitglieds
Risikofrüherkennungssystem (RFE) – Bestandteil des RMS	Allgemeine Überwachungspflicht (§ 111 Abs.1 AktG)	Überwachung im Rahmen des RMS (§ 107 Abs. 3 Satz 2 AktG)[1]	Grds. delegierbare Tätigkeit, aber Grenzen der Delegierbarkeit: Prüfung des Jahresabschlusses etc. bleibt persönliche Pflicht jedes Aufsichtsratsmitglieds
Compliance – Bestandteil des RMS	Allgemeine Überwachungspflicht (§ 111 Abs.1 AktG)	Überwachung im Rahmen des RMS (§ 107 Abs. 3 Satz 2 AktG)[1]	Grds. delegierbare Tätigkeit, aber Grenzen der Delegierbarkeit: Prüfung des Jahresabschlusses etc. bleibt persönliche Pflicht jedes Aufsichtsratsmitglieds
Abschlussprüfung (AP)	Allgemeine Überwachungspflicht (§ 111 Abs.1 AktG) sowie Erteilung des Prüfungsauftrags (§111 Abs. 2 Satz 3 AktG)	Überwachung der AP, insb. der Unabhängigkeit und der zusätzlich erbrachten Leistungen (§ 107 Abs. 3 Satz 2 AktG) Erteilung des Prüfungsauftrags inkl. Honorarvereinbarung und Bestimmung der Prüfungsschwerpunkte (Ziff. 5.3.2 DCGK)	Grds. delegierbare Tätigkeit, aber Grenzen der Delegierbarkeit: Prüfung des Jahresabschlusses etc. bleibt persönliche Pflicht jedes Aufsichtsratsmitglieds

Tab. 1: Gegenüberstellung der Aufgaben von Aufsichtsrat und Prüfungsausschuss

Zusammenfassend bleibt festzuhalten, dass der Aufsichtsrat durchaus einige Aufgaben an den Prüfungsausschuss delegieren kann. Hierbei müssen allerdings die restriktiven gesetzlichen Grenzen berücksichtigt werden. Der Aufsichtsrat bleibt zumindest verpflichtet, die Ausschusstätigkeit zu überwachen (§ 107 Abs. 3 Satz 4 AktG). Doch auch bei den nicht in Gänze übertragbaren Aufgaben kann der Prüfungsausschuss vorbereitend tätig werden und somit wertvolle Beiträge für den Aufsichtsrat leisten.

---

1 Vgl. vertiefend Withus (2009), S. 82 ff.

II Gegenüberstellung der Aufgaben von Prüfungsausschuss und Abschlussprüfer

Die Aufgabenfelder des Prüfungsausschusses und des Abschlussprüfers weisen in einigen Bereichen Überschneidungen auf bzw. ergänzen sich. Somit kann der Prüfungsausschuss – wie auch der Aufsichtsrat – einen Nutzen aus der Arbeit des Abschlussprüfers bzw. aus der Zusammenarbeit mit diesem ziehen. Um konkrete Ideen zu entwickeln, mit Hilfe welcher Maßnahmen die Arbeit des Abschlussprüfers gewinnbringend genutzt werden kann und welche Gespräche hierzu beitragen können, werden im Folgenden die Aufgaben des Prüfungsausschusses und des Abschlussprüfers beleuchtet. Die Aufgaben des Prüfungsausschusses und des Abschlussprüfers überschneiden sich insb. in den Bereichen Überwachung des Rechnungslegungsprozesses, der Wirksamkeit des IKS und des RMS. Während der Abschlussprüfer diese Themen grds. aus dem Blickwinkel der Ordnungsmäßigkeit des Abschlusses bzw. wesentlicher Auswirkungen von Mängeln auf den Abschluss beleuchtet und aufgrund vereinbarter Prüfungsschwerpunkte sowie im Rahmen eines Managementletters über Verbesserungspotenziale berichtet, ist der Aufsichtsrat dem Unternehmensinteresse verpflichtet. Dies bedeutet, dass er sich neben der möglichen Auswirkung von Mängeln auch mit Verbesserungspotenzialen und Weiterentwicklungsmöglichkeiten i.S.d. Unternehmens zu beschäftigen hat. Im Rahmen der pflichtgemäßen Erfüllung seiner Aufsichtsaufgabe darf sich der Prüfungsausschuss folglich nicht vollständig auf die Arbeit des Abschlussprüfers verlassen und seine Tätigkeit auf die bloße Überwachung der Tätigkeit des Abschlussprüfers beschränken. Dennoch kann er sich die Hinweise des Abschlussprüfers zu Nutze machen oder durch eine gezielte Auswahl von Prüfungsschwerpunkten den »normalen« Prüfungsumfang der Abschlussprüfung an den entsprechenden Stellen erweitern.

	Aufgabe des Prüfungsausschusses	Aufgabe des Abschlussprüfers	Übereinstimmung bzw. Abweichung
Prüfung Jahresabschluss, Lagebericht und Gewinnverwendungsvorschlag	Prüfung hinsichtlich Ordnungs- **und** Zweckmäßigkeit des Abschlusses (§§ 111 Abs. 1, 171 Abs. 1 Satz 1 AktG), allerdings nur vorbereitend für den Aufsichtsrat	Prüfung hinsichtlich Ordnungsmäßigkeit (§§ 316 ff. HGB)	Intensität der Prüfung durch den Abschlussprüfer höher, Prüfungsausschuss muss allerdings neben der Ordnungsmäßigkeit auch die Prüfungsrichtung »Zweckmäßigkeit« abdecken
Internes Kontrollsystem (IKS)	Überwachung der Wirksamkeit des IKS (§ 107 Abs. 3 Satz 2 AktG)	Aufgrund der Grundsätze ordnungsmäßiger Abschlussprüfung beschäftigt sich der Abschlussprüfer mit dem IKS, insbesondere den Teilen mit Rechnungslegungsbezug (IDW PS 261) Berichterstattung über Mängel **mit Rechnungslegungsbezug** im Rahmen der Aufsichtsrats- und /oder	Teils Überschneidungen; der Abschlussprüfer beschäftigt sich vorwiegend mit dem rechnungslegungsbezogenen Teilbereich des IKS, der Prüfungsausschuss hingegen mit dem IKS in Gänze; Der Prüfungsausschuss verwertet die Ergebnisse der Prüfung des Abschlussprüfers; Bei den Teilbereichen des IKS ohne Rechnungs-

	Aufgabe des Prüfungsausschusses	Aufgabe des Abschlussprüfers	Übereinstimmung bzw. Abweichung
Internes Kontrollsystem (IKS)		Prüfungsausschusssitzung (§ 171 Abs. 1 Satz 2 AktG)	legungsbezug muss der Prüfungsausschuss entscheiden, welche anderen Informationen er verwerten kann und welche Aktivitäten er selbst ergreifen sollte
Interne Revisionssysteme (IRS)	Überwachung des IRS (§ 107 Abs. 3 Satz 2 AktG)	Aufgrund der Grundsätze ordnungsmäßiger Abschlussprüfung beschäftigt sich der Abschlussprüfer mit dem IRS (IDW PS 321)	Teils Überschneidungen, Intensität der Prüfung/Überwachung kann unterschiedlich sein, originäre Pflicht nur beim Prüfungsausschuss, keine Verpflichtung hingegen beim Abschlussprüfer
Risikomanagementsystem (RMS)	Überwachung des RMS (§ 107 Abs. 3 Satz 2 AktG)	Berichterstattung über Mängel mit Rechnungslegungsbezug im Rahmen der Aufsichtsrats- und/oder Prüfungsausschusssitzung (§ 171 Abs. 1 Satz 2 AktG)	Teils Überschneidungen, Intensität der Prüfung/Überwachung kann unterschiedlich sein, originäre Pflicht nur beim Prüfungsausschuss, keine Verpflichtung hingegen beim Abschlussprüfer
Risikofrüherkennungssystem (RFE) – Bestandteil des RMS	Allgemeine Überwachungsaufgabe des Aufsichtsrats (§ 111 Abs. 1 AktG), ggf. (teilweise) Übertragung auf Prüfungsausschuss; außerdem Verpflichtung zur Überwachung des gesamten RMS und somit auch des RFE als dessen Bestandteil (§ 107 Abs. 3 Satz 2 AktG)	Pflicht zur Prüfung bei börsennotierten Aktiengesellschaften (§ 317 Abs. 4 HGB), im Übrigen kann das RFE Prüfungsgegenstand einer freiwilligen Erweiterung des Prüfungsauftrags sein; Berichterstattung in gesondertem Abschnitt des Prüfungsberichts (§ 321 Abs. 4 HGB)	Teils Überschneidungen, Intensität der Prüfung/Überwachung kann unterschiedlich sein, originäre Pflicht beim Prüfungsausschuss sowie ggf. auch beim Abschlussprüfer im Falle einer Börsennotierung
Compliance	a) Überwachung der Compliance hinsichtlich Rechnungslegungsvorschriften und Satzung im Rahmen der Prüfung des Jahresabschlusses (§ 171 Abs. 1 Satz 1 AktG)	a) Mit der Compliance hinsichtlich Rechnungslegungsvorschriften und Satzung muss sich der Abschlussprüfer im Rahmen der Abschlussprüfung beschäftigen	a) Weitestgehende Übereinstimmung der Aufgaben

	Aufgabe des Prüfungsausschusses	Aufgabe des Abschlussprüfers	Übereinstimmung bzw. Abweichung
Compliance	b) Überwachung der Compliance hinsichtlich anderer Gesetze und Regularien aufgrund der allgemeinen Überwachungsaufgabe des Aufsichtsrats (§ 111 Abs. 1 AktG), ggf. (teilweise) Übertragung auf Prüfungsausschuss; außerdem Verpflichtung zur Überwachung des gesamten RMS und somit auch des Themenbereichs Compliance, da dieser ein wesentlicher Bestandteil des Themas Risikomanagement ist (§ 107 Abs. 3 Satz 2 AktG)[2]	b) Mit der Compliance hinsichtlich anderer Gesetze und Regularien, die sich nicht wesentlich auf die Rechnungslegung auswirken, hingegen muss er sich nicht beschäftigen (§ 317 Abs. 1 Satz 3 HGB) Berichterstattung über festgestellte Verstöße: im Fall a) im Prüfungsbericht (§ 321 Abs. 1 Satz 3 HGB) und ggf. im Testat im Fall b) im Prüfungsbericht (§ 321 Abs. 1 Satz 3 HGB) und ggf. im Testat (bei erheblicher Auswirkung auf die Rechnungslegung), sofern diese »zufällig« im Verlauf der Prüfung festgestellt wurden	b) Originäre Verpflichtung beim Aufsichtsrat bzw. Prüfungsausschuss; Abschlussprüfer nur zur Berichterstattung verpflichtet, sofern ihm solche Verstöße in diesem Bereich »zufällig« im Prüfungsverlauf bekannt werden

Tab. 2: Gegenüberstellung der Aufgaben von Prüfungsausschuss und Abschlussprüfer

Der Prüfungsausschuss hat ein sehr weites Aufgabenfeld, die Aufgaben des Abschlussprüfers hingegen sind deutlich enger gefasst. Allerdings ist die Prüfungsintensität, die vom Abschlussprüfer gefordert wird, auch deutlich höher als diejenige, die man vom Prüfungsausschuss erwartet. Der Prüfungsausschuss muss sich mit der Frage auseinandersetzen, wie er mit der Lücke der Aufgaben zwischen ihm und dem Abschlussprüfer umgeht. Hierbei wird er sich an den von ihm identifizier-

---

[2] Vgl. Schürrle (2010), S.17.

ten Risiken orientieren und seine Tätigkeiten in Gebieten ohne erkennbare Risiken sehr gering halten oder gar keinen Handlungsbedarf feststellen, bei vorliegenden Risiken hingegen wird er vertiefende Untersuchungen anstellen, um seiner Überwachungsaufgabe gerecht zu werden. Hierzu kann er entweder selbst tätig werden oder einen sachverständigen Dritten beauftragen.

D Tätigkeit des Prüfungsausschusses im Jahreslauf

I Überblick

1 Arbeitsweise und Zeitbedarf

Der Prüfungsausschuss führt keine Prüfungshandlungen durch, wie sie von der Internen Revision oder vom Abschlussprüfer vorgenommen werden. Er soll es auch nicht und kann es aufgrund seiner Mittel und Methodik nicht. Der wesentliche Teil der Arbeit des Prüfungsausschusses wird sich zusammensetzen aus

- der sorgfältigen Durchsicht der Rechenwerke und Berichte (u.a. Unterlagen zum Jahresabschluss, Berichte des Vorstands und des Abschlussprüfers),
- dem Stellen gezielter Fragen zum besseren Verständnis der Zusammenhänge und zur Beurteilung der Qualität der Prüfungsobjekte und
- der Beurteilung der daraus insgesamt gewonnenen Informationen in Bezug auf deren Schlüssigkeit, Konsistenz, Glaubwürdigkeit sowie Bedeutung.[1]

Die Tätigkeit des Prüfungsausschusses wird sich vor allem durch Plausibilitätsbeurteilungen auszeichnen. Er führt Analysen durch und vergleicht die gewonnenen Erkenntnisse und die Finanzberichte mit Plandaten sowie mit Vergangenheitswerten, um nach Erklärungen, Abweichungen und Veränderungen zu suchen. Dabei wird ein Großteil seiner Informationen aus Gesprächen mit dem Vorstand, ggf. weiteren Mitarbeitern des Unternehmens, dem Abschlussprüfer und weiteren sachverständigen Dritten sowie aus deren Berichten gewonnen.

Die Effektivität des Prüfungsausschusses hängt in hohem Maße von dem zeitlichen Einsatz ab, der in die Überwachungsarbeit investiert wird. Jedes Aufsichtsratsmitglied, und damit auch jedes Mitglied des Prüfungsausschusses, hat zunächst darauf zu achten, dass ihm für die Wahrnehmung seiner Mandate genügend Zeit zur Verfügung steht (Ziffer 5.4.5 Satz 1 DCGK). In diesem Zusammenhang spielt die Sitzungsfrequenz sowie die Sitzungsdauer eine wesentliche Rolle. Denn ohne eine ausreichende Sitzungstätigkeit des Prüfungsausschusses ist eine adäquate Wahrnehmung der Aufgaben nicht zu gewährleisten, da sich insb. in den Ausschusssitzungen der Prozess der Aufgabenerfüllung abspielt.

a Sitzungsanzahl und Sitzungsdauer

Der Gesamtaufsichtsrat einer börsennotierten Gesellschaft hat im Kalenderjahr mindestens zwei Sitzungen abzuhalten (§ 110 Abs. 2 AktG). Eine derartige Regelung findet sich für den Prüfungsausschuss einer börsennotierten Gesellschaft weder im deutschen Gesetzesrecht noch im DCGK, sodass im Grunde Best Practice-Erfahrungen zur Anwendung kommen. Allerdings kann eine Mindestanzahl an Sitzungen aus dem Kodex abgeleitet werden. Dort wird empfohlen, dass Halbjahres- und etwaige Quartalsfinanzberichte vom Aufsichtsrat oder seinem Prüfungsausschuss vor der Veröffentlichung mit dem Vorstand erörtert werden sollen (Ziffer 7.1.2 DCGK).[2] Daraus folgt

---

1 Vgl. in diesem Sinne auch Böckli (2003), S. 560.
2 Die Empfehlung aus Ziffer 7.1.2 DCGK wird von 100,0 % der DAX-, 92,3 % der TecDAX-, 97,2 % der MDAX- und 87,0 % der SDAX-Unternehmen umgesetzt. Vgl. Werder/Talaulicar (2010), S. 859.

eine Mindestanzahl von vier Sitzungen. Zweckmäßig ist eine Frequenz von vier oder fünf Sitzungen pro Jahr, ggf. auch in Form von Telefonkonferenzen (jeweils eine Sitzung für den Jahresabschluss sowie drei Sitzungen für die Quartalsberichte). Für die Vergabe des Prüfungsauftrags kann es sich anbieten, eine weitere Sitzung abzuhalten. Darüber hinaus sind Sitzungen situationsabhängig einzuberufen.

Wie häufig ein Prüfungsausschuss zusammenkommen sollte, hängt also letztendlich von der Art und der Zahl der ihm überantworteten Aufgaben, von der unternehmensindividuellen Lage, den Risikofaktoren und der Organisationsstruktur der Gesellschaft ab. Es empfiehlt sich, zu Beginn des Jahres den Arbeitsplan festzusetzen, der die Aktivitäten im Verlauf des Jahres beinhaltet. Auf Basis des Arbeitsplans werden die Termine der Sitzungen bestimmt, insb. in Abstimmung mit dem Verlauf der Finanzberichterstattung, der Abschlussprüfung und den Aufsichtsratssitzungen (siehe hierzu Kap. D.I.2 zum Muster einer Terminübersicht für das Gesamtjahr). Zu den Sitzungen lädt der Vorsitzende des Prüfungsausschusses rechtzeitig ein, damit eine adäquate Vorbereitung möglich ist.

Zwischen Prüfungsausschuss- und der darauf folgenden Aufsichtsratssitzung sollte ein angemessener zeitlicher Abstand liegen, um die in den Ausschusssitzungen zu diskutierenden Themen vollständig erarbeiten und einen entsprechenden Bericht für den Aufsichtsrat anfertigen zu können, falls dieser nicht mündlich, sondern schriftlich erfolgen soll.[3]

Die Dauer der Sitzungen sollte dem Umfang und der Komplexität der zu bearbeitenden Sachverhalte Rechnung tragen, um die relevanten Unterlagen, z. B. zum Jahresabschluss, bearbeiten zu können. Dabei sollte stets Zeit für angebrachte und ganzheitliche Diskussionen berücksichtigt werden. Entsprechend sollte die Dauer primär von der Agenda bzw. Tagesordnung abhängen und flexibel ausgerichtet sein. Dennoch sollte beachtet werden, dass die Dauer der Sitzung nichts über deren Qualität aussagt.

Grundsätzlich gilt, dass für die sinnvolle Durchführung der Ausschussarbeit ein nicht unerheblicher Zeitaufwand abverlangt wird, der sich sowohl auf die Sitzungsfrequenz als auch auf die Länge der Sitzungen auswirkt.

b Agenda, Sitzungsunterlagen und Vorbereitung

Die Sitzungen müssen gut organisiert, strukturiert und effektiv abgehalten werden, aber auch eine gewisse Flexibilität zulassen. Für jede Sitzung ist eine entsprechend funktionale Agenda zu erstellen. Die Tagesordnungspunkte werden sich maßgeblich direkt aus den Prüfungsausschussaufgaben sowie indirekt auch aus damit zusammenhängenden Medienberichten, wie z. B. Pressemitteilungen oder Berichte über die Branche, ergeben.

In Übereinstimmung mit den Tagesordnungspunkten sind die dafür relevanten Unterlagen zusammenzustellen. Dies sind z. B. je nach Zeitpunkt der Sitzung die Unterlagen zum Jahresabschluss, die Berichte des Vorstands, der Internen Revision und des Abschlussprüfers. Die Unterlagen sollten ein ausgewogenes Verhältnis zwischen Verständlichkeit, Vollständigkeit und Detaillierungsgrad aufweisen. So sind ggf. Zusammenfassungen von umfangreichen Dokumenten z. B. durch die Vorstandsassistenz oder die Leiter der jeweiligen Unternehmensabteilungen für die Prüfungsausschussmitglieder zu erstellen. In diesem Zusammenhang sollte auch kommuniziert werden, welche Informationen von den jeweiligen Ansprechpartnern des Prüfungsausschusses benötigt oder gewünscht werden (siehe hierzu Kap. F.I zur Informationsversorgung des Prüfungsausschusses).

Zur effektiven und effizienten Sitzung haben sich sämtliche Prüfungsausschussmitglieder umfassend vorzubereiten, damit die Tagesordnungspunkte in der Sitzung adäquat durchgearbeitet und

---

[3] Grundsätzlich kann die Berichterstattung an das Aufsichtsratsplenum auch als mündlicher Ergebnisbericht erfolgen. Vgl. Terback/Lohr (2007), S. 592, Rz. 28.

diskutiert werden können. Entsprechend ist auch ein vorzeitiger Versand der für die Sitzung erforderlichen Unterlagen notwendig, z. B. zehn Werktage oder eine Woche im Voraus.

c Vorsitzender des Prüfungsausschusses

Der Vorsitzende des Prüfungsausschusses lädt zu den Sitzungen ein, legt maßgeblich den Inhalt der Agenda fest und finalisiert diese. Dabei geht er aktiv vor und fordert von den übrigen Ausschussmitgliedern sowie den weiteren Auskunftspersonen Informationen über zu diskutierende Sachverhalte ein. Er übernimmt auch die Sitzungsregie. Innerhalb der Sitzungen sorgt er für offene Diskussion, muss dabei aber die Gratwanderung zwischen der Kontrolle über die Sitzung und zu dominantem Verhalten meistern.

Die wesentliche Rolle des Prüfungsausschussvorsitzenden ist nicht nur auf die Sitzungen an sich oder deren zeitintensive Vorbereitungen beschränkt. Seine maßgebliche Rolle erstreckt sich über alle Tätigkeiten des Prüfungsausschusses. So trägt er weitestgehend die Verantwortung, dass sowohl dem Aufsichtsrat über die Ausschussarbeit wie auch dem Prüfungsausschuss selbst von seinen Auskunftspersonen berichtet wird. Dabei stellt er grds. den relevanten Ansprechpartner des Prüfungsausschusses für alle Beteiligten dar. Er initiiert die notwendigen Arbeitsschritte und sichert zügiges Handeln des Ausschusses, wenn dazu Bedarf besteht.

d Sitzungsteilnehmer

Neben dem Vorsitzenden haben grds. sämtliche anderen Mitglieder des Prüfungsausschusses an den Sitzungen teilzunehmen. Personen, die weder dem Aufsichtsrat noch dem Vorstand angehören, sollen an den Sitzungen nicht teilnehmen. Sachverständige und Auskunftspersonen können allerdings zur Beratung über einzelne Gegenstände zugezogen werden (§ 109 Abs. 1 AktG). Bei Anwesenheit unabhängiger Experten müssen dann angemessene Vorkehrungen bestehen, um die Vertraulichkeit von Informationen sicherzustellen.

Grundsätzlich entscheidet der Prüfungsausschuss, wann welche Mitglieder des Vorstands, der Internen Revision, der Abschlussprüfer oder andere Sachverständige an den Sitzungen teilnehmen, wobei der Abschlussprüfer als wichtiger Ansprechpartner des Ausschusses regelmäßig an den Sitzungen teilnehmen und auch unter Ausschluss des Vorstands befragt werden sollte. Aus den Gründen der Koordinationsfunktion des Prüfungsausschusses ist es zudem notwendig, dass mindestens eine Sitzung im gleichzeitigen Beisein von Abschlussprüfer und Leiter der Internen Revision stattfindet. Dabei sollte i. d. R. der Vorstand ebenfalls geladen sein, wenn die Interne Revision an der Sitzung des Prüfungsausschusses teilnimmt, da diese ein Instrument des Vorstands ist.

e Sitzungsprotokoll

Letztlich ist auch eine sorgfältige Dokumentation der Ergebnisse der Sitzungen im Rahmen eines Protokolls notwendig, um Entwicklungen nachzuhalten und um die Berichtspflicht des Ausschusses gegenüber dem Aufsichtsrat zu erleichtern. Denn dem Aufsichtsrat ist regelmäßig über die Arbeit der Ausschüsse zu berichten (§ 107 Abs. 3 Satz 4 AktG) (siehe dazu auch Kap. D.III zur Berichterstattung über die Tätigkeit des Prüfungsausschusses). Als Berichtsgrundlage muss das Protokoll Informationen über die Sitzungsteilnehmer, -dauer, die relevanten Themen und den Verlauf der Diskussionen, insb. deren Ergebnisse, beinhalten.

Das von einem Protokollanten geführte Sitzungsprotokoll sollte vom Prüfungsausschussvorsitzenden freigegeben werden, bevor es im Umlaufverfahren an die restlichen Ausschussmitglieder verteilt wird. Diese sollten innerhalb einer angemessenen Zeitspanne die Möglichkeit haben, Kommentare zum Protokoll abzugeben. Danach bzw. in der nächsten Sitzung kann das endgültige Sitzungsprotokoll genehmigt und festgestellt werden.

Fragen für die Praxis
- Werden ausreichend Sitzungen von angemessener Dauer abgehalten, die zu zufriedenstellenden Ergebnissen führen?
- Werden für die Sitzungen funktionale Tagesordnungen erstellt und rechtzeitig angemessene Sitzungsunterlagen an die Prüfungsausschussmitglieder verteilt, sodass diese sich adäquat vorbereiten können?
- Ist der Prüfungsausschuss in den Sitzungen vollzählig, werden bei Bedarf weitere Sitzungsteilnehmer als Auskunftspersonen geladen und werden informative Sitzungsprotokolle erstellt?
- Ist sich der Vorsitzende des Prüfungsausschusses seiner Rolle bewusst und wird er seinen Erwartungen gerecht?

2 Muster einer Terminübersicht für das Gesamtjahr

Dem Prüfungsausschuss werden durch Gesetz, DCGK und die Geschäftsordnung eine Reihe von Aufgaben zugewiesen, die es im Jahresverlauf systematisch abzuarbeiten gilt. Um dies zu gewährleisten, ist eine Terminübersicht für das Gesamtjahr hilfreich, in der sämtliche Arbeiten aufgelistet und bestimmten Sitzungsterminen zugewiesen werden. Die Erstellung der Jahresterminübersicht sollte vom Vorsitzenden des Prüfungsausschusses vorbereitet und in der letzten Sitzung des Vorjahrs oder in der ersten Sitzung des Jahres besprochen und verabschiedet werden. Auf diese Weise haben die Mitglieder des Prüfungsausschusses Gelegenheit, die vor ihnen liegenden Aufgaben in ihrer Gesamtheit zu reflektieren und – unter Berücksichtigung von Erfahrungswerten aus der Vergangenheit – sich darüber abzustimmen, wie und in welcher Reihenfolge diese Aufgaben am besten »angegangen« werden können. Dabei kann auch über die Durchführung der einzelnen Besprechungen (z. B. gemeinsames Treffen, Telefonkonferenz, Videokonferenz) und deren vorläufige Terminierung diskutiert werden.

Die abgestimmte Terminübersicht für das Gesamtjahr sollte dem Gesamtaufsichtsrat zur Kenntnis gegeben werden, damit auch er sich ein Gesamtbild über die Aufgaben des Prüfungsausschusses und deren Verteilung über das Gesamtjahr verschaffen kann.

Die Jahresübersicht dient zudem als Grundlage für die jeweilige Tagesordnung der einzelnen Sitzungen, die an die Sitzungsteilnehmer vorab versandt wird. (Die Tagesordnung kann mit Hilfe eines Excel-basierten Tools erstellt werden, das den Beziehern dieses Leitfadens als Download zur Verfügung steht.) Die Tagesordnung ist wiederum Ausgangspunkt für die Dokumentation der Arbeit des Prüfungsausschusses in Form von Sitzungsprotokollen (siehe hierzu Abschnitt D.I.1.e) und den Bericht an den Gesamtaufsichtsrat.

Eine praktische Hilfestellung bei der Erstellung einer Terminübersicht für das Gesamtjahr bietet die folgende Muster-Terminübersicht. Diese unterstellt, dass der Aufsichtsrat dem Prüfungsausschuss sämtliche im Gesetz und im DCGK genannten Aufgaben zugewiesen hat und der Prüfungsausschuss sich zu deren Abarbeitung fünf Mal im Jahr trifft. Die zweite Sitzung des Prüfungsausschusses ist in dem Muster als die »Bilanzsitzung« dargestellt; die Hauptversammlung findet zwischen der dritten und vierten Sitzung statt.

Die Muster-Übersicht versteht sich als Orientierungshilfe und kann als solche eine genaue Abgrenzung des Arbeitsumfangs und fundierte Überlegungen zur zeitlichen Planung im Einzelfall nicht ersetzen.

I Überblick

Aufgabe	Grundlage			vorgeschlagene Zeitintervalle	vorgeschlagene Sitzung					geplante Sitzung					Verweis auf Leitfaden Kapitel
	Gesetz	DCGK*	Best Practice		1	2	3	4	5	<Datum> 1	<Datum> 2	<Datum> 3	<Datum> 4	<Datum> 5	
Organisation der Ausschussarbeit															
Genehmigung und ggf. Ergänzung des Protokolls der vorangegangenen Sitzung	x			jede Sitzung	x	x	x	x	x						D.I.1.
Aktualisierung der Geschäftsordnung des Prüfungsausschusses (ggf. Bestandteil der Geschäftsordnung des Aufsichtsrats)			x	jährlich	x										F.II
Erarbeitung eines Sitzungsplans für das Folgejahr			x	jährlich	x										D.I.2.
Vorbereitung des Berichts an die Hauptversammlung über die Arbeit des Prüfungsausschusses			x	jährlich		x									D.III.2.
Überprüfung der Effizienz und Effektivität des Prüfungsausschusses; Vereinbarung von Verbesserungsmaßnahmen		E		jährlich	x										F.VI.
Schaffung einer Informationsbasis zur Erfüllung der Überwachungsaufgaben															
Einholung von Informationen vom Vorstand zum Geschäftsverlauf, einschl. wichtiger Kennzahlen und – wenn vorhanden – Kommunikation an Ratingagenturen			x	mindestens vierteljährlich	x	x	x	x							F.I.
Einholung von Informationen zu sonstiger Finanzberichterstattung (z.B. Gewinnwarnungen, Pressemeldungen etc.)			x	bei Bedarf	x	x	x	x							F.I.
Vorbereitende Prüfung der Finanzberichterstattung															
a) Jahres- und Konzernabschluss einschl. Lagebericht															
Vorbereitende Prüfung des Jahres- und Konzernabschlusses einschließlich der Lageberichte sowie des Vorschlags für die Verwendung des Bilanzgewinns	x			jährlich		x									D.II.4.
Bericht des Abschlussprüfers zur Jahres-/Konzernabschlussprüfung	x			jährlich		x									
b) Unterjährige Finanzinformationen															
Erörterung der Halbjahres- und ggf. Quartalsberichte mit dem Vorstand vor ihrer Veröffentlichung		E		erste drei Quartale			x	x	x						D.II.2.
Erörterung des Reviews unterjähriger Finanzinformationen mit dem Abschlussprüfer			x	bei Bedarf			(x)	(x)	(x)						
Überwachung des Abschlussprüfers															
a) Auswahl und Beauftragung des Abschlussprüfers															
Auswahl des Abschlussprüfers für das Folgejahr			x	jährlich	x										D.II.3.
Prüfung der Eignung des vorgesehenen Abschlussprüfers vor Unterbreitung des Wahlvorschlags:															
Prüfung der Unabhängigkeit, auch unter Einbeziehung der von diesem zusätzlich erbrachten Leistungen	x			jährlich	x										
Anforderung der Bescheinigung über die Teilnahme am System der Qualitätskontrolle als Nachweis über die Erlaubnis zur Durchführung gesetzlicher Abschlussprüfungen (§ 57a WPO)			x	jährlich	x										
Prüfung der Einhaltung der Vorschriften zur Prüferrotation (§ 319a Abs. 1 Satz 1 Nr. 4 HGB)	x			jährlich	x										
Empfehlung zum Wahlvorschlag für die (Wieder-)Bestellung des Abschlussprüfers, ggf. auch für die prüferische Durchsicht des Halbjahresfinanzberichts	x**			jährlich		x									
Beauftragung Abschlussprüfer	x			jährlich				x							
Abstimmung und Festlegung der Prüfungsschwerpunkte		E		jährlich				x							
Honorarvereinbarung		E		jährlich				x							
Vereinbarung der einzuhaltenden Informationspflichten nach AktG und DCGK		E		jährlich				x							
b) Überwachung des Abschlussprüfers															
Überwachung der Unabhängigkeit des Abschlussprüfers während dessen Prüfungstätigkeit	x			bei Bedarf	(x)	(x)	(x)	(x)	(x)						D.II.3.
Evaluierung der Leistungen des Abschlussprüfers			x	jährlich		x									
Überwachung der vom Abschlussprüfer zusätzlich erbrachten Leistungen	x			bei Bedarf	(x)	(x)	(x)	(x)	(x)						
Überwachung der Prüfungstätigkeit	x			mindestens jährlich		x		x							

D Tätigkeit des Prüfungsausschusses im Jahreslauf

Aufgabe	Grundlage			vorgeschlagene Zeitintervalle	vorgeschlagene Sitzung					geplante Sitzung					Verweis auf Leitfaden Kapitel
	Gesetz	DCGK*	Best Practice		1	2	3	4	5	<Datum> 1	<Datum> 2	<Datum> 3	<Datum> 4	<Datum> 5	
Rechnungslegungsprozess und unternehmerische Kontrollsysteme															
a) Überwachung des Rechnungslegungsprozesses und der Wirksamkeit des Internen Kontrollsystems	x														D.II.1.b
Kritische Durchsicht des schriftlichen Berichts des Vorstands über die Ausgestaltung des Rechnungslegungsprozesses sowie über das IKS und die Wirksamkeitskontrollen des Vorstands; ggf. Einholung zusätzlicher Informationen von Dritten (externer Sachverständiger oder Verantwortlicher im Unternehmen)			x	jährlich			x								
Einbeziehung des Berichts des Abschlussprüfers über wesentliche Schwächen des IKS bezogen auf den Rechnungslegungsprozess			x	jährlich		x	(x)								
Befragung des Abschlussprüfers über dessen Zusammenarbeit mit der internen Revision			x	jährlich		x	(x)								
b) Überwachung der Wirksamkeit des Risikomanagementsystems	x														D.II.1.c
Kritische Durchsicht des schriftlichen Berichts des Vorstands über die Erkennung von Risiken, deren Steuerung und Kommunikation sowie implementierte Kontrollen zur Sicherstellung der Wirksamkeit des Risikomanagementsystems; ggf. Einholung zusätzlicher Informationen von Dritten (Abschlussprüfer, externer Sachverständiger oder Verantwortlicher im Unternehmen)			x	jährlich			x								
Erörterung der wesentlichen aktuellen und zukünftigen Geschäftsrisiken und getroffenen Maßnahmen			x	mindestens jährlich			x								
c) Überwachung der Wirksamkeit des internen Revisionssystems	x														D.II.1.d
Befragung Leiter Interne Revision zur Organisation der Abteilung, deren sachlicher und personeller Ausstattung sowie zu wesentlichen Feststellungen und Prüfungsvorhaben; kritische Diskussion zur Angemessenheit der Ausstattung, Organisation der Abteilung und der Effektivität ihrer Arbeit			x	jährlich					x						
Kritische Durchsicht des jährlichen Arbeitsprogramms der internen Revision			x	mindestens jährlich					x						
Durchsicht der wesentlichen Feststellungen der internen Revision einschließlich der hierzu veranlassten Maßnahmen; ggf. Einsichtnahme in Revisionsberichte			x	jährlich					x						
d) Überwachung der Wirksamkeit des im Unternehmen eingerichteten »Compliance«-Systems	x														D.II.1.e
Befassung mit aktuellen Verstößen und Verdachtsmomenten sowie hierzu veranlassten Maßnahmen des Vorstands			x	jede Sitzung	x	x	x	x	x						
Einholung und Diskussion von Informationen zu wesentlichen, drohenden und anhängigen Rechtsstreitigkeiten sowie ggf. Prüfungen, erheblichen Beanstandungen und sonstigen außergewöhnlichen Maßnahmen von Aufsichtsbehörden			x	jede Sitzung	x	x	x	x	x						
Kritische Durchsicht des schriftlichen Berichts des Vorstands über das eingerichtete Compliance-System und dessen Wirksamkeit			x	jährlich			x								
Befragung des Chief Compliance Officers über sein Tätigkeitsfeld			x	jährlich			x								
Sonstige Themen															
<ggf. eigene Themen einfügen>															
<ggf. eigene Themen einfügen>															
<ggf. eigene Themen einfügen>															
<ggf. eigene Themen einfügen>															

* A = Anregung, E = Empfehlung
** Unternehmen nach § 264d HGB (kapitalmarktorientierte Gesellschaften)

Tab. 3: Planungstool

II Überwachungsaufgaben

1 Überwachung der internen Kontrollsysteme des Unternehmens

a Einordnung der Überwachungspflichten des Prüfungsausschusses

Die Überwachung der internen Kontrollsysteme des Unternehmens gehört zu den am schwierigsten greifbaren Aufgabenfeldern des Prüfungsausschusses. Zunächst gibt es keine expliziten Vorschriften im Sinne eines »Muster-Kontrollsystems«, das als Benchmark für die Überwachung der tatsächlich eingerichteten Kontrollsysteme des Unternehmens herangezogen werden kann. Vielmehr können Kontrollsysteme des Unternehmens nur unternehmensindividuell ausgestaltet werden, so dass sich als Hilfestellung lediglich abstrakte generelle Leitlinien finden lassen. Bei der Orientierung an diesen generellen Leitlinien kann wiederum die Vielzahl der in Fachliteratur und (Beratungs-)Praxis verwendeten Definitionen und Erklärungen zum Thema Kontrollsysteme des Unternehmens verwirrend wirken, da sie sich vielfach durch ein hohes Abstraktionsniveau und Begriffsunschärfen auszeichnen, so dass der Schritt zur praktischen Umsetzung nicht immer selbsterklärend ist. Hinzu kommt, dass die Kontrollsysteme das gesamte Unternehmensgeschehen einschließlich externer Einflussfaktoren zum Gegenstand haben, so dass sich gerade in diesem Aufgabenfeld »Problembereiche« für den Prüfungsausschuss auftun können (siehe Abschnitt F.IX).

Dessen ungeachtet gehört die Überwachung der Kontrollsysteme des Unternehmens – seit dem Inkrafttreten des BilMoG gesetzlich verankert – zu den Pflichten des Prüfungsausschusses, bzw. »subsidiär« zu denen des Aufsichtsrats. Konkret regelt § 107 Abs. 3 Satz 2 AktG, dass sich der – freiwillig bestellte – Prüfungsausschuss mit

- der Überwachung des Rechnungslegungsprozesses,
- der Wirksamkeit des internen Kontrollsystems,
- der Wirksamkeit des Risikomanagementsystems und
- der Wirksamkeit des internen Revisionssystems

befasst.

Laut der Gesetzesbegründung zum BilMoG bezieht sich die Überwachungspflicht jeweils auf die gesamten Kontrollsysteme des Unternehmens – eine Einschränkung auf die rechnungslegungsbezogenen Teile ist nicht erfolgt.[4] Das heißt, der Prüfungsausschuss hat nicht nur Kontrollsysteme zu überwachen, die sich auf rechnungslegungsbezogene Risiken beziehen, sondern insbesondere auch auf die Einhaltung relevanter rechtlicher und statutorischer Anforderungen, die Sicherstellung zuverlässiger betrieblicher Abläufe sowie gegebenenfalls die Einhaltung strategischer Ziele. Konkret muss der Ausschuss prüfen, ob derartige Systeme in der Gesellschaft eingerichtet sind und ob diese Systeme grundsätzlich als wirksam angesehen werden können. Dabei handelt es sich um eine laufende Prozesskontrolle.

Die *Pflicht zur Einrichtung wirksamer Kontrollsysteme im Unternehmen* ergibt sich grundsätzlich aus den allgemeinen Sorgfaltspflichten des Vorstands (§ 76 Abs. 1 i.V.m. § 93 Abs. 1 Satz 1 AktG).[5] Nach der Gesetzesbegründung zum BilMoG hat der Vorstand die Geschäftsführungsaufgabe »ein internes Kontrollsystem nach den vorhandenen Bedürfnissen unter Berücksichtigung der Unternehmensstrategie, des Geschäftsumfangs und anderer wichtiger Wirtschaftlichkeits- und Effizienz-

---

4 RegBegr. BilMoG, BT-Drucks. 16/10067, zu Art. 5 Nr. 4 (§ 107 AktG), S. 102; Withus (2009), S. 83.
5 Vgl. Arbeitskreis Externe Unternehmensrechnung (AKEU)/Arbeitskreis Externe und Interne Überwachung der Unternehmung (AKEIÜ) der Schmalenbach-Gesellschaft für Betriebswirtschaft e.V. (2009), S. 1280.

gesichtspunkte einzurichten«.[6] Grundsätzlich ist der Vorstand damit frei in seiner Entscheidung, welche Kontrollsysteme er in welcher Weise einrichtet.

Voraussetzung für die Erfüllung der Sorgfaltspflichten durch den Vorstand ist, dass die vorhandenen Systeme *wirksam* sind. Wirksamkeit setzt zunächst voraus, dass die eingerichteten Kontrollen dazu geeignet sind, die wesentlichen Risiken abzudecken (sogenannter ›Aufbau‹ oder ›design effectiveness‹ der Kontrollen). Zusätzlich müssen die eingerichteten Kontrollen aber auch im Tagesgeschäft des Unternehmens tatsächlich umgesetzt werden (sogenannte »Funktion« oder »operating effectiveness« der Kontrollen).

Die Vorstandspflichten beschränken sich somit nicht auf die bloße Einrichtung von Kontrollsystemen im Unternehmen, sondern umfassen auch die Sicherstellung von deren Wirksamkeit durch die Einrichtung eines Überwachungssystems. Wirksamkeitsprüfungen betreffen dabei immer zwei Aspekte: Zum einen den Aufbau und zum anderen die Funktion der eingerichteten Kontrollen. Diese Aspekte muss das vom Vorstand einzurichtende Interne Überwachungssystem abdecken.

Das Interne Überwachungssystem umfasst in der Praxis zum einen systemintegrierte Kontrollen und zum anderen auch systemunabhängige Kontrollen.[7] »Systemintegrierte Kontrollen« sind in den normalen Arbeitsablauf integriert und sollen die Wahrscheinlichkeit für das Auftreten von Fehlern in den Arbeitsabläufen vermindern bzw. Fehler zeitnah aufdecken (z. B. Überprüfung der Vollständigkeit und Richtigkeit von erhaltenen oder weitergegebenen Daten nach dem Vier-Augen-Prinzip). »Systemunabhängige Kontrollen« bedeuten, dass der Vorstand eine (i. d. R. unternehmensinterne) Stelle, die weder mit den Prozessen selbst noch mit deren Kontrolle befasst ist, damit beauftragt, die Angemessenheit und Wirksamkeit der eingerichteten Kontrollen zu überprüfen und ggf. Kontrollschwächen zu identifizieren. Dies ist üblicherweise die Interne Revision. Bei kleineren Unternehmen kann diese Aufgabe auch eine unternehmensexterne Stelle (z. B. der Wirtschaftsprüfer) übernehmen.

Die Wirksamkeitsprüfung der Kontrollsysteme durch das Interne Überwachungssystem, d. h. durch den Vorstand aufgrund seiner Organisationsverantwortung, ist nun der Anknüpfungspunkt für die *Verantwortlichkeit des Prüfungsausschusses*. Es besteht mithin keine originäre Prüfungspflicht des Prüfungsausschusses hinsichtlich der Kontrollsysteme, sondern die abgeleitete Pflicht zur Überwachung, ob der Vorstand seinerseits der ihm obliegenden Pflicht zur Wirksamkeitsüberwachung nachkommt und festgestellte Schwächen angemessen behebt. Das bedeutet, dass festgestellte Schwächen in den Kontrollsystemen für den Prüfungsausschuss durchaus auch dann von Bedeutung sein können, wenn sie kein erhebliches Risiko für das Unternehmen mit sich bringen, da sie auf prozessualer Ebene Hinweise auf die mangelhafte Sicherstellung der Wirksamkeit der Systeme durch den Vorstand geben können.[8] Falls – um sich den Extremfall vor Augen zu führen – keine Kontrollsysteme im Unternehmen vorhanden sein sollten, wäre der Prüfungsausschuss gehalten, zu prüfen, ob deren Einrichtung notwendig ist.[9] Hiervon dürfte jedoch im Regelfall auszugehen sein.

In negativer Abgrenzung fällt unter die Pflicht zur »Überwachung der Wirksamkeit« weder die Optimierung noch die Gewährleistung der Effizienz der bestehenden Systeme, da ein suboptimales System durchaus wirksam sein kann.[10]

Diese Abgrenzungen stecken den groben Rahmen für die Überwachungsaufgaben des Prüfungsausschusses ab. Wie die Überwachung im Einzelfall ausgestaltet wird, ist von verschiedenen Faktoren abhängig, wie z. B. der Unternehmensgröße und -struktur, der Branche und der Komplexität der Geschäftstätigkeit.

---

6 RegBegr. BilMoG, BT-Drucks. 16/10067, zu Art. 1 Nr. 22 (§ 289 HGB), S. 76.
7 Vgl. Withus (2009 a), S. 262 f.
8 Vgl. Withus (2009), S. 83.
9 RegBegr. BilMoG, BT-Drucks. 16/10067, zu Art. 5 Nr. 4 (§ 107 AktG), S. 103.
10 Vgl. Arbeitskreis Externe Unternehmensrechnung (AKEU)/Arbeitskreis Externe und Interne Überwachung der Unternehmung (AKEIÜ) der Schmalenbach-Gesellschaft für Betriebswirtschaft e.V. (2009), S. 1280.

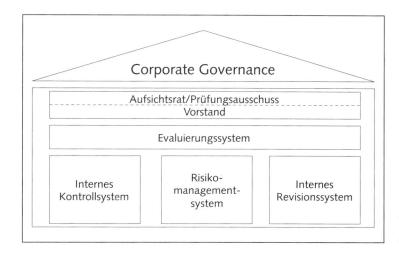

Abb. 2: Interne Kontrollsysteme des Unternehmens

Trotz oder gerade wegen der schwierigen Greifbarkeit der Aufsichtsratspflichten mit Bezug auf die Internen Kontrollsysteme des Unternehmens ist ihre Bedeutung nicht zu unterschätzen: Zunächst besteht (natürlich) ein Haftungsrisiko der Aufsichtsratsmitglieder, falls in diesem Bereich eine Pflichtverletzung festgestellt wird (siehe Abschnitt B.IV »Haftung und Verschwiegenheit«). Darüber hinaus entfalten jedoch insbesondere Compliance-Verstöße vielfach eine besondere Öffentlichkeitswirkung, sodass erhebliche Reputationsrisiken für das Unternehmen wie auch die Mitglieder des Aufsichtsrats entstehen – zumal die öffentliche Meinung dazu neigt, von Einzelfällen auf Schwächen im allgemeinen IKS oder RMS zu schließen.

Die normative Konkretisierung der Aufsichtsratspflichten durch das BilMoG dürfte zudem dazu beitragen, dass diese von der Öffentlichkeit (noch) stärker wahrgenommen werden und die Erwartungen an die Leistungen des Aufsichtsrats mit Blick auf die Wirksamkeit der Kontrollsysteme im Unternehmen gestiegen sind. Verstärkt wird dies durch erweiterte Offenlegungspflichten: Der durch das BilMoG eingeführte § 289a HGB verpflichtet kapitalmarktorientierte Unternehmen[11] dazu, eine »Erklärung zur Unternehmensführung« – auch Corporate Governance Statement genannt – abzugeben und diese in den Lagebericht aufzunehmen oder auf der Internetseite der Gesellschaft öffentlich zugänglich zu machen. Hierzu gehört u. a. »eine Beschreibung der Arbeitsweise von Vorstand und Aufsichtsrat sowie der Zusammensetzung und Arbeitsweise von deren Ausschüssen«. Die Beschreibung vermittelt dem Abschlussadressaten Einblicke in für die Corporate Governance wesentliche Strukturen und Prozesse, birgt jedoch auch die Gefahr, dass die Öffentlichkeit Erwartungen an die Arbeit des Prüfungsausschusses stellt, die dieser weder erfüllen soll noch erfüllen kann.

---

11 Genauer: börsennotierte Aktiengesellschaften sowie Aktiengesellschaften, die andere Wertpapiere als Aktien (z. B. Schuldverschreibungen) an einem organisierten Markt ausgegeben haben und deren Aktien auf eigene Veranlassung über ein multilaterales Handelssystem (in Deutschland z. B. im Freiverkehr) gehandelt werden, siehe § 289a Abs. 1 HGB.

b Überwachung des Rechnungslegungsprozesses sowie der Wirksamkeit des Internen Kontrollsystems

Deutsche Unternehmen, die als so genannte »Foreign Private Issuer« die US-amerikanischen Börsen in Anspruch nehmen, sind nach Section 404 des Sarbanes-Oxley Act (SOA) bereits seit Jahren dazu verpflichtet, die Wirksamkeit ihres IKS – bezogen auf die Finanzberichterstattung – zu evaluieren und darüber zu berichten.[12] Der sogenannte »Internal Control Report« beinhaltet dabei auch die Aussage des Wirtschaftsprüfers, dass er die Beurteilung des Managements geprüft bzw. die Wirksamkeit der »Internal Control over Financial Reporting« beurteilt hat.

Dass die Wirksamkeitsüberwachung der Kontrollsysteme des Unternehmens nach § 107 Abs. 3 Satz 2 AktG mit den Pflichten nach Section 404 SOA nicht gleichgesetzt werden kann, wurde bereits vielfach betont.[13] Unterschiede ergeben sich insbesondere daraus, dass die Überwachungspflichten nach § 107 Abs. 3 Satz 2 AktG nicht nur auf rechnungslegungsbezogene Kontrollen abzielen, sondern auf das gesamte IKS. Damit wird die Überwachung des Rechnungslegungsprozesses als Bestandteil der Überwachungspflichten der Kontrollsysteme des Unternehmens gesehen und weder in der Gesetzesbegründung noch in der Literatur besonders eingehend thematisiert. Der Regierungsentwurf zum BilMoG führt dazu aus: »Die Überwachung des Rechnungslegungsprozesses dürfte in der Regel mit der Überwachung des internen Kontrollsystems und des internen Risikomanagementsystems einhergehen«[14]. Zudem entfällt in Deutschland die ebenso umfangreiche wie kostenintensive Dokumentation der Systeme, die nach SOA 404 dem Grundsatz folgt: »Not documented, not done« sowie auch die Pflicht zur regelmäßigen externen Prüfung der Wirksamkeit der eingerichteten Systeme. Insgesamt lassen sich damit aus den SOA-Erfahrungen eher in begrenztem Umfang Lehren für die Überwachungspflichten nach § 107 Abs. 3 Satz 2 AktG ziehen.

Ebenfalls gedanklich zu trennen ist die Überwachung des Rechnungslegungssystems von der Feststellung des Jahresabschlusses bzw. der Billigung des Konzernabschlusses durch den Aufsichtsrat nach § 172 AktG. Während der Prüfung des Jahres- bzw. Konzernabschlusses und dessen Feststellung bzw. Billigung mit den Rechnungslegungsvorschriften ein formales Sollsystem zugrunde liegt, erfolgt keine formale Beurteilung des internen Kontroll- und Risikosystems (einschließlich des Rechnungslegungssystems) durch den Prüfungsausschuss bzw. Aufsichtsrat.

Die effektive und nachweisbare Überwachung der Wirksamkeit des IKS durch den Prüfungsausschuss nach § 107 Abs. 3 Satz 2 AktG erfolgt im Wesentlichen durch Plausibilitätsanalysen von erhaltenen Informationen, ergänzt durch weitere Untersuchungen – z. B. durch die eigene Beauftragung von Sachverständigen oder durch die Veranlassung des Vorstands, der Internen Revision bestimmte Prüfaufträge zu erteilen. Hierfür sollten vor allem folgende *Voraussetzungen* erfüllt sein:[15]

- Der Prüfungsausschuss muss über ein hinreichendes *Verständnis* über das eingerichtete IKS und insbesondere über die vom Vorstand eingerichteten Wirksamkeitskontrollen verfügen.
- Es muss eine funktionierende laufende *Informationsversorgung* des Prüfungsausschusses – vor allem durch Vorstand und Abschlussprüfer – sichergestellt sein, insbesondere zu den eingerich-

---

12 Sogenannte »Internal Control over Financial Reporting«; Laut Sec. 404 des SOA »The Commission shall prescribe rules requiring each annual report required by section 13(a) or 15(d) of the Securities Exchange Act of 1934 to contain an internal control report, which shall (1) state the responsibility of management for establishing and maintaining an adequate internal control structure and procedures for financial reporting; and (2) contain an assessment, as of the end of the most recent fiscal year of the issuer, of the effectiveness of the internal control structure and procedures of the issuer for financial reporting«; s.a. Wolf (2009), S. 922 ff.
13 Vgl. Wolf (2009), S. 924 ff.
14 RegBegr. BilMoG, BT-Drucks. 16/10067, zu Art. 5 Nr. 4 (§ 107 AktG), S. 103.
15 Vgl. Arbeitskreis Externe Unternehmensrechnung (AKEU)/Arbeitskreis Externe und Interne Überwachung der Unternehmung (AKEIÜ) der Schmalenbach-Gesellschaft für Betriebswirtschaft e.V. (2009), S. 1281; Withus (2009), S. 87 f.

teten Kontrollsystemen, deren Veränderungen sowie möglicherweise identifizierten Kontrollschwächen und Maßnahmen, die zu deren Behebung getroffen wurden.
- Es muss eine angemessene *Dokumentation* der grundlegenden Merkmale des implementierten Kontrollsystems und des Risikomanagementsystems sowie der Methoden und Ergebnisse der Wirksamkeitsüberwachung durch den Vorstand erfolgen.

Um ein systematisches *Verständnis* von den eingerichteten Kontrollsystemen zu gewinnen, erscheint es hilfreich, sich an einem Rahmenkonzept zu orientieren, das sich – nicht zuletzt aufgrund seiner Verwendung in den einschlägigen internationalen Prüfungsstandards – in der Praxis als »Quasi-Standard« durchgesetzt hat: dem COSO-Framework. Dieses Rahmenkonzept wurde im September 1992 vom Committee of Sponsoring Organizations of the Treadway Commission (COSO) veröffentlicht.[16] Dieses COSO I-Rahmen-Konzept kann wie folgt veranschaulicht werden:

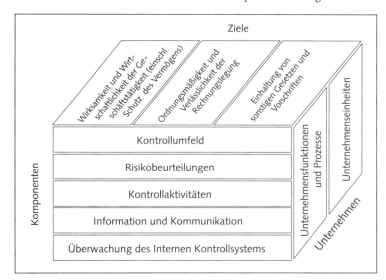

Abb. 3: Internes Kontrollsystem nach dem COSO-Report (COSO I-Rahmenkonzept)

Die Oberfläche des Würfels zeigt die sogenannten »Zielkategorien« des IKS, die sich auf die betrieblichen Abläufe, die Finanzberichterstattung und die Einhaltung der sonstigen Gesetze und Vorschriften beziehen. Das IKS ist nach dem COSO-Report eine Vielzahl an Prozessen, die von der Unternehmensleitung und anderen Mitarbeitern beeinflusst werden, um die Erreichung von Zielen in diesen Zielkategorien mit hinreichender Sicherheit zu gewährleisten. Die Ziele werden von den Mitarbeitern des Unternehmens festgelegt.

Die Vorderseite des Würfels zeigt die Bestandteile des IKS. Bei der Einrichtung des IKS ist zu beachten, dass die einzelnen Bestandteile untereinander in Wechselbeziehung stehen. Im Einzelnen stellen sich die Bestandteile des IKS wie folgt dar:

---

16 Darstellung nach IDW PS 261, Rz. 34.

Komponente	Beschreibung	Hauptpunkte
Kontrollumfeld	Grundeinstellung und Verhalten der Unternehmensleitung in Bezug auf IKS (»tone at the top«)	• Integrität und ethische Werte • Bedeutung fachlicher Kompetenz • Führungsstil • AR-Überwachungstätigkeit
Risikobeurteilung	Erkennung, Analyse und Beurteilung von Risiken durch Unternehmensleitung	• Neue Produkte, schnelles Wachstum • Umstrukturierungen • Neue gesetzliche Regelungen
Kontrollaktivitäten	Grundsätze und Verfahren, um sicherzustellen, dass Entscheidungen der Unternehmensleitung beachtet werden	• Richtigkeit, Vollständigkeit und Genehmigung von Vorgängen • Sicherung von Vermögenswerten und Aufzeichnungen • Funktionstrennung
Information und Kommunikation	Methoden und Unterlagen, um Geschäftsvorfälle aufzuzeichnen und zu berichten	• Organisationshandbücher • Rechnungslegungssystem • Richtlinien, Notizen etc.
Überwachung des internen Kontrollsystems	Sicherstellung und Beurteilung der Wirksamkeit des IKS	• Prozeßintegrierte Überwachungsmaßnahmen • Interne Revision

Abb. 4: Bestandteile des Internen Kontrollsystems

Der Bestandteil »Kontrollaktivitäten« umfasst die Grundsätze, Verfahren und Maßnahmen, die die Einhaltung der Vorgaben des Managements sicherstellen soll. Dabei werden die Vorgaben des Managements oft in so genannten »Kontrollzielen« gefasst, denen konkrete Aktivitäten (Kontrollmaßnahmen) zugeordnet werden.

Beispiel:
- Kontrollziel: Die als Verbindlichkeit gebuchten Beträge entsprechen den erhaltenen Waren.
- Kontrollmaßnahme:
  - Die tatsächlichen Aufwendungen werden regelmäßig mit dem Budget verglichen. Das Management analysiert und genehmigt wesentliche Abweichungen.
  - Das Management reviewt die erfassten Einkäufe (Wareneingangsscheine) auf Basis der Kenntnis des Tagesgeschäfts.

Die Prüfung des Aufbaus der Kontrollen adressiert nun die Frage, ob die Kontrollmaßnahmen geeignet sind, die jeweiligen Kontrollziele zu erfüllen. Im Rahmen der Funktionsprüfung wird hinterfragt, ob die Kontrollmaßnahme wie vorgesehen im Unternehmen tatsächlich umgesetzt wird.

Die einzelnen Zielkategorien und Bestandteile des IKS sind in die Geschäftsabläufe und Unternehmenseinheiten eingebunden. Dies veranschaulicht die Seitenfläche des Würfels.

In 2004 wurde das COSO I-Rahmenkonzept erweitert zum sogenannten »COSO II-Rahmenkonzept zu Risikomanagementsystemen« oder »COSO ERM Framework« (Enterprise Risk Management Framework). COSO II baut auf dem ursprünglichen Konzept auf und fokussiert stärker auf ein an den Unternehmenszielen ausgerichtetes RMS.[17] Das COSO-II-Rahmenkonzept kann wie folgt dargestellt werden:

---

17 Darstellung in Anlehnung an: Enterprise Risk Management-Integrated Framework, September 2004 Edition, Executive Summary Sponsoring Organizations of the Treadway Commission (2004), S. 5.

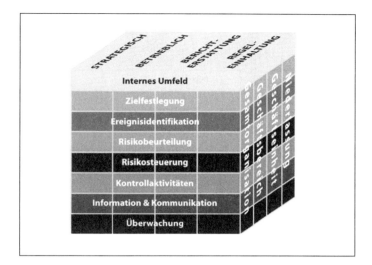

Abb. 5: COSO II – Rahmenkonzept zu Risikomanagementsystemen

Die in der Oberseite des Würfels dargestellten Zielkategorien wurden bei COSO II um die Kategorie »Strategische Ziele« ergänzt und das Zielobjekt »Finanzberichterstattung« wurde erweitert zur Zielkategorie »Berichterstattung«, die sowohl die interne als auch die externe Berichterstattung umfasst.

Wesentlichere Änderungen wurden bei den Systembestandteilen vorgenommen. Der im COSO I-Rahmenkonzept mit »Risikobeurteilungen« bezeichnete Bestandteil des IKS wurde in die Komponenten Zielfestlegung, Ereignisidentifikation, Risikobeurteilung und Risikosteuerung »zerlegt«. Es wird erläutert, dass das gesamte System sicherstellen soll, dass die Unternehmensziele mit hinreichender Sicherheit erreicht werden und die diesen entgegenstehenden Risiken mit dem »Risikoappetit« des Unternehmens im Einklang stehen.[18]

Damit trennt das COSO II-Rahmenkonzept nicht zwischen IKS und RMS, sondern es betrachtet das IKS als integralen Bestandteil des RMS.[19] Dadurch ergibt sich ein mögliches »Verwirrungsmoment« angesichts der Tatsache, dass beide Systeme in § 107 Abs. 3 Satz 2 AktG nebeneinander gestellt werden und damit ihre Trennbarkeit suggeriert wird. Diese Diskussion wurde in der Fachliteratur geführt,[20] soll an dieser Stelle jedoch nicht nachvollzogen werden, weil der Prüfungsausschuss für die Überwachung der Wirksamkeit beider Systeme zuständig ist.

Das COSO II-Rahmenkonzept eignet sich zur grundlegenden Orientierung über die Komponenten des RMS sowie zur Systematisierung von deren »Zielobjekten«. Es gibt bei diesem Rahmenkonzept jedoch keine starren Abgrenzungen: Sowohl zwischen den Zielobjekten als auch zwischen den Systemkomponenten besteht eine enge Verzahnung, sodass Aktivitäten oder Ereignisse teilweise mehreren Kategorien zugeordnet werden können.

Das COSO II-Rahmenkonzept kann in der Praxis das Verständnis der eingerichteten Kontrollsysteme unterstützen: Viele Unternehmen richten ihre Systeme und deren Dokumentation an dem COSO II-Rahmenkonzept aus. Auch bei der Überwachung der Wirksamkeit der eingerichteten

---

18 »Enterprise risk management is a process, effected by an entity's board of directors, management and other personnel, applied in strategy setting and across the enterprise, designed to identify potenzial events that may affect the entity, and manage risk to be within its risk appetite, to provide reasonable assurance regarding the achievement of entity objectives.«; vgl. Sponsoring Organizations of the Treadway Commission (2004), S. 2.
19 Vgl. Withus (2009), S. 85.
20 Vgl. Kort (2010), S. 442 ff.

Kontrollsysteme kann die Orientierung am Rahmenkonzept hilfreich sein: Zum einen schafft es einen gedanklichen Rahmen bei den Überlegungen, die der Prüfungsausschuss zur Wirksamkeit der eingerichteten Systeme anstellt. Zum anderen baut der vom Abschlussprüfer bei dessen Prüfung zugrunde gelegte Prüfungsstandard IDW PS 261 »Feststellung und Beurteilung von Fehlerrisiken und Reaktion des Abschlussprüfers auf die beurteilten Fehlerrisiken« auf dem COSO-Rahmenkonzept auf, sodass die Befassung mit dem COSO-Rahmenkonzept gleichzeitig das Verständnis für das Vorgehen des Abschlussprüfers erhöht.[21]

Um ein konkretes Verständnis von den tatsächlich eingerichteten Systemen und der Wirksamkeitsüberprüfung durch den Vorstand zu gewinnen, ist für den Prüfungsausschuss eine strukturierte *laufende Informationsbeschaffung* erforderlich. Als Quellen kommen insbesondere in Betracht:[22]

- Schriftliche und/oder mündliche Berichte des Vorstands über die Ausgestaltung des IKS und die durchgeführten Wirksamkeitskontrollen
- Bericht(e) des Abschlussprüfers über wesentliche Schwächen des IKS bezogen auf den Rechnungslegungsprozess
- Ggf. ergänzende Einholung weiterer Informationen durch
  - Befragung des Leiters der Internen Revision (mit Einverständnis des Vorstands)
  - Beauftragung eines sachverständigen Dritten
  - Einblicknahme in die vorhandene Dokumentation zum IKS, z. B. Durchsicht der Prüfungsergebnisse der Internen Revision[23]

An die *Dokumentation* des IKS sind – wie bereits erwähnt – niedrigere Anforderungen zu stellen als bei den »Internal Control over Financial Reporting« nach SOA 404. Eine Dokumentation sämtlicher Kontrollen und Risiken wird vom Gesetzgeber nicht gefordert. Dokumentiert werden sollten jedoch die grundlegenden Merkmale des IKS. Der angemessene Detaillierungsgrad der Dokumentation kann allerdings nur unternehmensindividuell bestimmt werden, je nach Art, Größe und Komplexität des Unternehmens sowie der vorhandenen wesentlichen Risiken. Bei der Entscheidung über den Detaillierungsgrad der Dokumentation sollte grundsätzlich berücksichtigt werden, dass dokumentierte Kontrollen den Nachweis einer sorgfältigen Geschäftsführung zu einem späteren Zeitpunkt erleichtern können.[24]

Aus den genannten Quellen kann sich der Prüfungsausschuss systematisch ein Bild über das Ist-System verschaffen. Zur Überwachung der Wirksamkeit des IKS sollte der Prüfungsausschuss darauf aufbauend insbesondere folgende Maßnahmen sicherstellen:

Der *Vorstand* informiert den Prüfungsausschuss durch schriftliche und/oder mündliche Berichterstattung über die Ergebnisse seiner eigenen Wirksamkeitsüberprüfungen sowie ggf. erforderliche Maßnahmen zur Beseitigung von Kontrollschwächen. Der Prüfungsausschuss hinterfragt diese Maßnahmen zur Wirksamkeitsüberprüfung sowie die ggf. erforderlichen Schritte zur Beseitigung von Kontrollschwächen und diskutiert seine Überlegungen mit dem Vorstand. Beispiele für mögliche Fragestellungen sind:

---

21 Vgl. auch Gräfe/Ribbert/Wegmann (2010), S. 143 f. Aus ihren Erfahrungen bei der Umsetzung der Corporate Governance-Anforderungen nach BilMoG beim Bertelsmann-Konzern beschreiben die Autoren das COSO II-Rahmenkonzept »in Verbindung mit einer klaren Darstellung der Schnittstellen und einer eindeutigen Zuordnung von Inhalten anhand von Beispielen« als »praxistauglich und gut geeignet«.
22 Vgl. Kompenhans (2009), S. 6.
23 § 111 Abs. 2 Satz 1 AktG erlaubt dem Aufsichtsrat als Organ u. a. die »Einsichtnahme in Bücher und Schriften der Gesellschaft«. Die Ausübung dieses Rechts setzt einen Aufsichtsratsbeschluss voraus. Dem Prüfungsausschuss steht das Einsichts- und Prüfungsrecht nach § 111 Abs. 2 Satz 1 AktG nach h. M. nicht zu. Der Aufsichtsrat kann den Ausschuss aber durch Beschluss zur Geltendmachung des Rechts ermächtigen; vgl. Münchener Kommentar, § 107, Rz. 157.
24 Vgl. Arbeitskreis Externe Unternehmensrechnung (AKEU)/Arbeitskreis Externe und Interne Überwachung der Unternehmung (AKEIÜ) der Schmalenbach-Gesellschaft für Betriebswirtschaft e.V. (2009), S. 1281.

- Welche Instrumente setzt das Management zur Überwachung der Wirksamkeit des IKS ein?
- Wie sind externe Dienstleister (z. B. Shared Service Center, IT-Dienstleister) in die Struktur des IKS eingebunden und werden diese ggf. durch die Wirksamkeitsprüfung durch den Vorstand erfasst?
- Gibt es derzeit wesentliche Beanstandungen der Funktionsfähigkeit des IKS?
- Kann die Funktionsfähigkeit durch geplante Restrukturierungsmaßnahmen zukünftig gefährdet sein?

Der *Abschlussprüfer* berichtet dem Prüfungsausschuss in der Bilanzsitzung über wesentliche Schwächen des IKS und des RMS, allerdings nur bezogen auf den Rechnungslegungsprozess und soweit er diese in der regulären Jahresabschlussprüfung festgestellt hat (§ 171 Abs. 1 Satz 2 AktG).

Dabei ist zu beachten, dass auch das rechnungslegungsbezogene IKS kein eigenständiger Prüfungsgegenstand der Abschlussprüfung ist. Allerdings würdigt der Abschlussprüfer das IKS im Rahmen seiner Prüfung, um festzustellen, inwieweit er sich auf die vorhandenen Kontrollen verlassen und dadurch den Umfang seiner eigenen substanziellen Prüfungshandlungen einschränken kann (kontrollorientierte Prüfung).[25] Damit kann der Prüfungsausschuss – soweit ein Bezug zur Rechnungslegung besteht – auf die Erkenntnisse des Abschlussprüfers zum IKS zurückgreifen und sich diese durch Befragung und Diskussion zu Nutze machen.

Der Prüfungsausschuss kann sich aus *weiteren Quellen* Informationen beschaffen, die ihm zusätzliche Einblicke in das IKS gewähren und damit seine Informationsbasis für die Überwachung der Wirksamkeit der Kontrollsysteme erweitern. In der Praxis ist es bereits vielfach üblich, dass der Prüfungsausschuss – grundsätzlich in Absprache mit dem Vorstand – leitende Mitarbeiter unterhalb der Vorstandsebene befragt, z. B. den Leiter der Internen Revision oder den Leiter der Compliance-Abteilung bzw. Chief Compliance Officer. Diese Art der Informationsgewinnung wird in der Literatur befürwortet und setzt sich auch in der Praxis gerade größerer Unternehmen zunehmend durch.[26] Zur Wahrung des Vertrauensverhältnisses zwischen Vorstand und Aufsichtsrat und auch aus (arbeits-)rechtlichen Gründen sollte der Prüfungsausschuss jedoch darauf achten, dass er nicht »hinter dem Rücken des Vorstands« Auskünfte von Mitarbeitern einholt.[27]

Als weitere Informationsquelle kommen sachverständige Dritte in Betracht, die der Prüfungsausschuss fallweise beauftragen kann (§ 111 Abs. 1 Satz 2 AktG). Dies können je nach Aufgabenstellung beispielsweise ein Wirtschaftsprüfer, eine Unternehmensberatung oder eine Rechtsanwaltskanzlei sein. Mögliche Anlässe für die Beauftragung eines sachverständigen Dritten ergeben sich unter anderem dann, wenn der Vorstand bei der Aufklärung einer Unregelmäßigkeit nicht unbefangen erscheint und dem Aufsichtsrat daran gelegen ist, einen Sachverhalt unabhängig aufklären und beurteilen zu lassen. Sachverständige Dritte können dem Prüfungsausschuss ferner Einblicke in »Best Practice« Systeme bei vergleichbaren Unternehmen gewähren und einen Abgleich der eingerichteten Systeme mit »Best Practice« vornehmen.[28]

Die Mitglieder des Prüfungsausschusses stellen *eigene Überlegungen* zum Abgleich ihres Verständnisses vom eingerichteten IKS mit ihrem Verständnis der wesentlichen Unternehmensrisiken an und diskutieren diese mit dem Vorstand. Ziel dieser Überlegungen ist eine fundierte Meinungsbildung des Prüfungsausschusses zu der Frage, ob das implementierte Kontrollsystem die Anfor-

---

25 Vgl. hierzu im Detail IDW Prüfungsstandard: Feststellung und Beurteilung von Fehlerrisiken und Reaktionen des Abschlussprüfers auf die beurteilten Fehlerrisiken (IDW PS 261); siehe auch Abschnitt C »Abgrenzung der Aufgaben und Verantwortlichkeiten Aufsichtsrat, Prüfungsausschuss und Abschlussprüfer«.
26 Vgl. Bantleon/Mauer (2010), S. 94 f.
27 Vgl. Arbeitskreis Externe Unternehmensrechnung (AKEU)/Arbeitskreis Externe und Interne Überwachung der Unternehmung (AKEIÜ) der Schmalenbach-Gesellschaft für Betriebswirtschaft e.V. (2009), S. 1282.
28 Vgl. Deloitte Audit Committee Brief, March 2010, zum Thema »Effective use of specialists by audit committees«.

derungen des Unternehmens erfüllt oder ob »Ergänzungen, Erweiterungen oder Verbesserungen erforderlich sind«[29].

Fragen für die Praxis
- Lässt sich der Prüfungsausschuss regelmäßig vom Vorstand über das IKS und über die Ergebnisse seiner Wirksamkeitsprüfungen sowie ggf. erforderliche Maßnahmen zur Beseitigung von Schwächen des IKS unterrichten?
- Befasst sich der Prüfungsausschuss damit, ob eine angemessene Dokumentation des IKS vorliegt?
- Zieht der Prüfungsausschuss weitere Informationsquellen hinzu, insbesondere den Abschlussprüfer und die Interne Revision?
- Nimmt der Prüfungsausschuss abschließend eine eigene Beurteilung der Wirksamkeit des IKS vor und überlegt, ob Ergänzungen, Erweiterungen oder Verbesserungen des Systems erforderlich sind?

c   Überwachung der Wirksamkeit des Risikomanagementsystems

Wie bereits bei der Darstellung des COSO II-Rahmenkonzepts erwähnt, werden die Begriffe »Internes Kontrollsystem« und »Risikomanagementsystem« in Teilen der Fachliteratur nicht trennscharf voneinander abgegrenzt, sondern es wird davon ausgegangen, dass es fließende Übergänge zwischen beiden Systemen gibt. Die Einordnung beider Begrifflichkeiten ist umstritten,[30] mag aber vielleicht anhand der Zielobjekte beider Systeme gelingen:[31] Während das IKS typischerweise unternehmensinterne Prozesse zum Gegenstand hat, richtet sich das Risikomanagementsystem auch auf Bereiche und Sachverhalte, die sich der Einflussnahme des Managements entziehen. Beispiele für derartige Risiken sind Preisentwicklungen auf Rohstoffmärkten oder Ausfallrisiken bei Lieferanten und Abnehmern. Da das RMS jedoch nicht nur derartige externe Risiken, sondern auch interne operative Risiken adressiert, die gleichzeitig Zielobjekt des IKS sind, lässt sich vielfach keine klare Zuordnung von Ereignissen und Prozessen zu einem der Systeme herstellen. Dementsprechend sieht das COSO II-Rahmenkonzept das IKS als integralen Bestandteil des RMS.

Eine Definition des Begriffs RMS kann vor diesem Hintergrund erfolgen als

»Gesamtheit aller organisatorischen Maßnahmen zur Risikoerkennung und zum Umgang mit den Risiken unternehmerischer Betätigung.«[32]

Ein Teil des RMS ist das *Risikofrüherkennungssystem* (RFS), das der Vorstand nach § 91 Abs. 2 AktG einzurichten hat und das bei börsennotierten Aktiengesellschaften der jährlichen Prüfung durch den Abschlussprüfer unterliegt. Das RFS bezieht sich (nur) auf die frühzeitige *Erkennung* von Risiken, die für das Unternehmen bestandsgefährdend sein können. Die *Reaktion* auf die erkannten Risiken ist Bestandteil des RMS, nicht aber des RFS und damit nicht Gegenstand der Prüfung durch den Abschlussprüfer.

Der Prüfungsausschuss ist nach § 107 Abs. 3 Satz 2 AktG explizit zur Überwachung der Wirksamkeit des gesamten RMS – einschließlich der Reaktionen des Vorstands auf die identifizierten

---

29 Bundesregierung, Regierungsentwurf eines Gesetzes zur Modernisierung des Bilanzrechts (Bilanzrechtsmodernisierungsgesetz – BilMoG), BT-Drucks. 16/10067, zu Art. 5 Nr. 4 (§ 107 AktG), S. 103.
30 Vgl. Kort (2010), S. 445, spricht von einem »umstrittenen Verhältnis zweier ihrerseits umstrittener Begriffe«.
31 Vgl. Arbeitskreis Externe Unternehmensrechnung (AKEU)/Arbeitskreis Externe und Interne Überwachung der Unternehmung (AKEIÜ) der Schmalenbach-Gesellschaft für Betriebswirtschaft e.V. (2009), S. 1280 f.
32 IDW PS 340: Die Prüfung des Risikofrüherkennungssystems nach § 317 Abs. 4 HGB, Rz. 4.

Risiken – verpflichtet. Voraussetzungen und Vorgehen der Überwachungstätigkeit des Prüfungsausschusses gleichen aufgrund der erwähnten Überschneidungen der Systeme grundsätzlich denjenigen, die bei der Überwachung der Wirksamkeit des IKS erforderlich sind.

Folgende *Voraussetzungen* sollten für die effektive Überwachung der Wirksamkeit des RMS durch den Prüfungsausschuss erfüllt sein:

Zunächst muss der Prüfungsausschuss über ein hinreichendes Verständnis über das eingerichtete RMS und insbesondere über die vom Vorstand eingerichteten Wirksamkeitskontrollen verfügen.

Zur Orientierung auf theoretischer Ebene wird in Abbildung 6 ein allgemeines Modell vorgestellt, das den grundlegenden Regelkreislauf für den strukturierten Umgang mit Risiken zeigt:

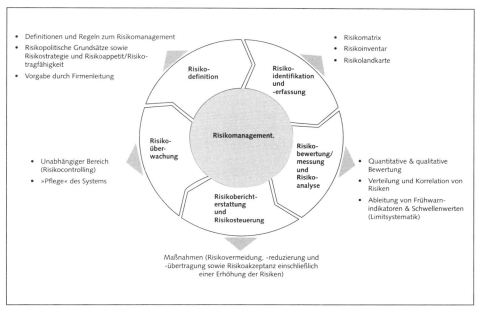

Abb. 6: Prozess des Risikomanagements

Ausgangsbasis für das RMS ist danach die »Risikodefinition«, d.h. die Festlegung der risikopolitischen Grundsätze der Unternehmensführung, insbesondere der Risikostrategie im Sinne grundsätzlicher Leitlinien zum Umgang mit Risiken. Aufbauend hierauf erfolgt die »Risikoidentifikation und -erfassung« in den einzelnen Unternehmensbereichen. Hierzu sollten im Unternehmen »Beobachtungsbereiche« für die Risikoerkennung abgegrenzt werden (z.B. Beobachtungsbereich »Materialeinsatz und -lagerung« innerhalb des Beobachtungsfelds »Beschaffung« oder der Beobachtungsbereich »Rechtsrisiken«) und jeweils regelmäßig einer strukturierten Risikoinventur unterzogen werden. Diese zielt darauf ab, Indikatoren für mögliche Risiken zu identifizieren und Möglichkeiten zu deren fortlaufender Beobachtung vorzugeben (z.B. Risikoindikator »Überbestände/Fehlbestände« und Risikoerkennung durch »Auswertung der Lagerlisten nach Lagerhütern bzw. »Rennern«). Auf dieser Basis erfolgt durch Abfragen bei den einzelnen Verantwortlichen im Unternehmen die laufende Erhebung und Auswertung der erkannten Risiken. Die erhobenen Risiken werden nach ihrer Bedeutung (Eintrittswahrscheinlichkeit und Schadenshöhe) klassifiziert und zu einer sogenannten Risikomatrix aggregiert. Dadurch erhält der Vorstand ein genaues Bild von der Risikolage des Unternehmens und kann die zu treffenden Maßnahmen (Risikovermeidung,

-reduzierung, -übertragung oder -akzeptanz) beschließen.[33] Zudem ist im RMS regelmäßig eine »ad hoc«-Berichterstattung vorgesehen, falls außerhalb der normalen Berichtszyklen Risiken von besonderer Bedeutung auftreten.

Sowohl die Grundlagen als auch die laufende Umsetzung des RMS sollten – nicht zuletzt für den Nachweis der Erfüllung der Sorgfaltspflichten durch Vorstand und Aufsichtsrat – angemessen dokumentiert werden. Die Überwachung der Wirksamkeit des Systems fällt in den Aufgabenbereich einer prozessunabhängigen Kontrollinstanz, üblicherweise den der Internen Revision.

Hinsichtlich des Anspruchsniveaus, das an ein derartiges System realistischerweise gestellt werden kann, ist zu beachten, dass auch ein gewissenhaft konzipiertes und sorgfältig implementiertes RMS selbstverständlich nicht mit Absolutheit garantieren kann, dass sämtliche potenziellen Risiken erfasst sind. Ein derartiges System trägt jedoch maßgeblich dazu bei, dass die systematische Erkennung und Verarbeitung von Risiken deutlich verbessert und zudem gegenüber der Öffentlichkeit (einschließlich möglicher Rechtsinstanzen) kommunizierbar wird.

Als zweite Voraussetzung für die Überwachung des RMS durch den Prüfungsausschuss ist – wie auch für die Überwachung der Wirksamkeit des IKS – eine funktionierende *laufende Informationsversorgung* des Prüfungsausschusses vor allem durch Vorstand und Abschlussprüfer zu nennen. Diese bezieht sich insbesondere auf das eingerichtete RMS, etwaige Veränderungen sowie möglicherweise auf identifizierte Systemschwächen und Maßnahmen, die zu deren Behebung getroffen wurden. Der DCGK stellt dies in Tz. 3.4 wie folgt klar:

»Der Vorstand informiert den Aufsichtsrat regelmäßig, zeitnah und umfassend über alle für das Unternehmen relevanten Fragen der Planung, der Geschäftsentwicklung, der Risikolage, des Risikomanagements und der Compliance.«

Zur angemessenen *Dokumentation* der grundlegenden Merkmale des implementierten RMS sowie der Methoden und Ergebnisse der Wirksamkeitsüberwachung durch den Vorstand sowie der identifizierten Risiken und Risikomanagementprozesse kann grundsätzlich auf die Aussagen zum IKS verwiesen werden (siehe Abschnitt D.II.1.b).

Die Dokumentation erfolgt oft in Form eines Risikohandbuchs, in dem die organisatorischen Maßnahmen und Regelungen zur Einrichtung des RMS aufgenommen werden sowie durch laufende Dokumentationen zur Risikoberichterstattung und -auswertung sowie die beschlossenen Reaktionen auf identifizierte Risiken. Eine fehlende oder unvollständige Dokumentation führt zu Zweifeln an der (dauerhaften) Funktionsfähigkeit der getroffenen Maßnahmen.[34]

Die laufende Überwachung der Wirksamkeit des RMS durch den Prüfungsausschuss erfolgt wiederum durch Plausibilitätskontrollen, ggf. ergänzt um weitere Prüfungshandlungen des Prüfungsausschusses.

Der *Vorstand* informiert den Prüfungsausschuss durch schriftliche und/oder mündliche Berichterstattung über die Ergebnisse der Wirksamkeitsüberprüfungen hinsichtlich des RMS sowie ggf. erforderliche Maßnahmen zur Beseitigung von Systemschwächen. Der Prüfungsausschuss hinterfragt die Maßnahmen zur Wirksamkeitsüberprüfung sowie die ggf. erforderlichen Maßnahmen zur Beseitigung von Schwächen im RMS und diskutiert seine Überlegungen mit dem Vorstand. Beispiele für Fragen, die der Prüfungsausschuss stellen könnte, sind folgende:

- Werden im Rahmen des RMS neben der regelmäßigen Meldung auch Ad-hoc-Risiken an die entsprechenden Risikosammelstellen im Unternehmen berichtet und anschließend unverzüglich ausgewertet?
- Welches sind die derzeit bedeutendsten Risiken bezogen auf die Fortführung des Unternehmens und die Rechnungslegung und lassen sich diese quantifizieren?

---

33 Vgl. auch die Darstellung der Abläufe im Bertelsmann-Konzern von Gräfe/Ribbert/Wegmann (2010), S. 143 f.
34 Vgl. IDW PS 340, Rz. 17 f. (mit Bezug auf das RFS, inhaltlich aber übertragbar auf das gesamte RMS).

- Bestehen auf der Beschaffungsseite Lieferantenrisiken, sodass die Rohstoff-/Material-Versorgung gefährdet sein könnte?
- Liegen besondere Abhängigkeiten von wenigen Kunden oder systematische Risiken in der Kundenstruktur (z. B. Branchenrisiken) vor, die dazu führen, dass sich Zahlungsschwierigkeiten bei Kunden erheblich negativ auf die wirtschaftliche Lage des Unternehmens auswirken können (Klumpenrisiken)?
- Wurden besondere Länderrisiken in Bezug auf die Absatz-/Beschaffungsmärkte und die Finanzmärkte identifiziert und wenn ja, wie werden diese Risiken adressiert?
- Welche und in welcher Höhe wurden Bürgschaften oder andere Garantien an/für Kunden/Lieferanten/andere Geschäftspartner gegeben?

Der *Abschlussprüfer* berichtet dem Prüfungsausschuss in der Bilanzsitzung über wesentliche Schwächen des RMS, allerdings nur bezogen auf den Rechnungslegungsprozess (§ 171 Abs. 1 Satz 2 AktG).

Bei börsennotierten Aktiengesellschaften hat der Abschlussprüfer im Rahmen seiner Abschlussprüfung zudem zu beurteilen, ob der Vorstand die nach § 91 Abs. 2 AktG erforderlichen Maßnahmen zur Risikofrüherkennung in einer geeigneten Form getroffen hat und ob das danach einzurichtende Überwachungssystem seine Aufgaben erfüllen kann.[35] Die Berichterstattung über das Ergebnis der Prüfung erfolgt in einem besonderen Teil des Prüfungsberichts (§ 321 Abs. 4 HGB). Dabei muss der Abschlussprüfer auch darauf eingehen, ob Maßnahmen erforderlich sind, um das interne Überwachungssystem zu verbessern.

Gemäß § 289 Abs. 1 Satz 4 bzw. § 315 Abs. 1 Satz 5 HGB ist im (Konzern-)Lagebericht die voraussichtliche Entwicklung mit ihren wesentlichen Chancen und Risiken zu beurteilen und zu erläutern; die zugrunde liegenden Annahmen sind anzugeben.[36] Der Lagebericht ist – einschließlich der Risikoberichterstattung – Gegenstand der Prüfung durch den Prüfungsausschuss (§ 171 Abs. 1 Satz 1 AktG). Im Rahmen dieser Prüfung sollte der Prüfungsausschuss die Risikoberichterstattung zunächst mit dem Vorstand erörtern. Als zusätzlicher Diskussionspartner bietet sich der Abschlussprüfer an. Da die Risikoberichterstattung im Lagebericht der (Konzern-)Abschlussprüfung unterliegt, hat sich der Abschlussprüfer während seiner Prüfung zwangsläufig mit der Vollständigkeit und Angemessenheit der berichteten Risiken befasst und kann hierzu Auskunft geben. Der Prüfungsausschuss hinterfragt die vom Abschlussprüfer getroffenen Feststellungen und diskutiert sie ggf. mit dem Vorstand.

Als *weitere Quellen* für zusätzliche Informationen kommen in erster Linie wiederum die Interne Revision und sachverständige Dritte in Frage.

Die Interne Revision befasst sich umfassend mit dem RMS, einschließlich der Überprüfung der Reaktionen des Vorstands auf die festgestellten Risiken. Sie kann daher einen vollständigeren Einblick in die Risikolandschaft des Unternehmens gewähren als der Bericht des Abschlussprüfers über die Prüfung des RFS oder die Diskussion mit dem Abschlussprüfer über die Risikoberichterstattung im Lagebericht. Neben dieser unterschiedlichen Abgrenzung des Tätigkeitsumfangs können sich auch in Bezug auf die Prüfungsschwerpunkte Unterschiede zwischen der Tätigkeit der Internen Revision und der des Abschlussprüfers ergeben. Damit ist die Interne Revision für den Prüfungsausschuss eine wertvolle Informationsquelle zur Überprüfung der Wirksamkeit des RMS.[37]

Schließlich stellen die Mitglieder des Prüfungsausschusses auch *eigene Überlegungen* zum Abgleich ihres Verständnisses vom eingerichteten RMS mit ihrem Verständnis der wesentlichen Unternehmensrisiken an und diskutieren diese mit dem Vorstand. Der Prüfungsausschuss erörtert

---

35 § 317 Abs. 4 HGB. Siehe auch Kap. C. »Abgrenzung der Aufgaben und Verantwortlichkeiten Aufsichtsrat, Prüfungsausschuss und Abschlussprüfer«. Bei Gesellschaften, die nicht unter diese Vorschrift fallen, kann die Prüfung des RFS Gegenstand einer vertraglichen Erweiterung des Prüfungsauftrags sein.
36 Vgl. auch DRS 5 »Risikoberichterstattung« sowie DRS 15 »Lageberichterstattung«, Rz. 83-92.
37 Vgl. Bantleon/Mauer (2010), S. 98.

auf dieser Basis, ob die gegenwärtigen und zukünftigen Geschäftsrisiken – soweit sie materielle Auswirkungen auf die Vermögens-, Finanz- und Ertragslage des Unternehmens haben können – im RMS adressiert werden und ob die vorgesehenen Reaktionen auf die identifizierten Risiken angemessen erscheinen.

Fragen für die Praxis
- Lässt sich der Prüfungsausschuss regelmäßig vom Vorstand über das RMS und über die Ergebnisse seiner Wirksamkeitsprüfungen sowie ggf. erforderliche Maßnahmen zur Beseitigung von Systemschwächen unterrichten?
- Macht sich der Prüfungsausschuss ein eigenständiges Bild von der Risikoneigung des Vorstands?
- Erörtert der Prüfungsausschuss mit dem Vorstand die gegenwärtigen und zukünftigen Geschäftsrisiken mit wesentlichen materiellen Auswirkungen auf die Vermögens-, Finanz- und Ertragslage?
- Existiert ein Risikostatus, in dem wesentliche Risiken, erwartete und maximale Schadenseintrittshöhen sowie plausible Wahrscheinlichkeitsschätzungen enthalten sind? Wurden ggf. entsprechende Rückstellungen gebildet?
- Befasst sich der Prüfungsausschuss damit, ob eine angemessene Dokumentation der Merkmale und Prozesse des RMS sowie der identifizierten Risiken vorliegt?
- Zieht der Prüfungsausschuss weitere Informationsquellen hinzu, insbesondere den Abschlussprüfer und die Interne Revision?
- Nimmt der Prüfungsausschuss abschließend eine eigene Beurteilung der Wirksamkeit des RMS vor und überlegt, ob Ergänzungen, Erweiterungen oder Verbesserungen des Systems erforderlich sind?

d Überwachung der Wirksamkeit des Internen Revisionssystems

Wie in Abschnitt D.II.1.a dargelegt, besagen die Überwachungspflichten nach § 107 Abs. 3 Satz 2 AktG nicht, dass der Prüfungsausschuss die Wirksamkeit der internen Kontrollsysteme des Unternehmens grundsätzlich selbst prüfen soll. Vielmehr setzt die Überwachungspflicht des Prüfungsausschusses an den Wirksamkeitskontrollen an, mit denen der Vorstand die Funktionsfähigkeit der Kontrollsysteme des Unternehmens überwacht und sicherstellt. Das zentrale Instrument für die vom Vorstand implementierten Wirksamkeitskontrollen ist in der Regel die Interne Revision. Als Stabsabteilung führt sie prozessunabhängige Kontrollen sämtlicher Kontrollsysteme im Unternehmen durch und steht somit im Fokus der Überwachungstätigkeit des Prüfungsausschusses: Schwächen in der Wirksamkeit des Internen Revisionssystems lassen erhebliche Zweifel zu, ob der Vorstand seiner Aufgabe zur Überwachung der Wirksamkeit des IKS und des RMS angemessen nachkommen kann und damit etwaige Schwächen in den Systemen erkannt und behoben werden können.

Die Vorschrift des § 107 Abs. 3 Satz 2 AktG, nach der der Prüfungsausschuss die Wirksamkeit des Internen Revisionssystems zu überwachen hat, impliziert das Vorhandensein einer derartigen Institution im Unternehmen. Eine gesetzliche Pflicht zur Einrichtung einer institutionalisierten Internen Revision besteht indes nicht.[38] Die Funktion der prozessunabhängigen Kontrollen kann auch »ausgelagert« werden, z. B. an einen Wirtschaftsprüfer oder ein Beratungsunternehmen mit entsprechender Qualifikation. Zudem können prozessunabhängige Kontrollen auch durch einzelne »über das Unternehmen verteilte« Stellen erfolgen, ohne dass eine separate Interne Revisionsab-

---

38 Vgl. Amling/Bantleon (2008), S. 1301.

teilung als Stabsabteilung eingerichtet wird. Diese Möglichkeiten werden vielfach von kleineren Unternehmen genutzt, bei denen eine eigene Abteilung für prozessunabhängige Kontrollen überdimensioniert wäre.

Ist eine Interne Revision eingerichtet, so ist sie – als wesentliches Überwachungselement – grundsätzlich als Stabsstelle organisatorisch direkt unterhalb des Vorstands angesiedelt. Der Vorstand ist somit direkter Auftraggeber und »Kunde« der Internen Revision, wobei sich jedoch die Berufsgruppe der Internen Revisoren zum Ziel setzt, einen Mehrwert nicht nur für Vorstand und Aufsichtsrat, sondern für die gesamte Unternehmensorganisation zu schaffen.[39] Diese Erweiterung des Adressatenkreises geht einher mit der allgemein zu beobachtenden Verschiebung des Aufgabenspektrums der Internen Revision in Richtung »interner Berater«: Während sich die klassischen Aufgaben der Internen Revision auf reine Prüfungsleistungen im Sinne von Soll-Ist-Vergleichen beschränkten, erbringt die Interne Revision heute in den meisten Unternehmen auch interne Beratungsleistungen und hinterfragt hierzu insbesondere die Effizienz und Zweckmäßigkeit der Prozesse.

Ausgangspunkt der praktischen Arbeit der Internen Revision ist der Jahresprüfungsplan, der vom Leiter der Internen Revision unter Berücksichtigung der bestehenden Risikofaktoren im Unternehmen erstellt und durch den Vorstand genehmigt wird. Die Auswahl der Prüffelder muss dabei systematisch erfolgen (bspw. nach einem Scoring-Modell) und dokumentiert werden.[40] Die Prüfung selbst erfolgt durch die Mitglieder der Internen Revisionsabteilung – ggf. ergänzt um externe Ressourcen – nach strukturierten Prüfungsplänen und zwar im Wesentlichen »vor Ort«. Dabei werden die Prüfungshandlungen und -feststellungen in Arbeitspapieren dokumentiert. Die Prüfungsnacharbeit umfasst die Abstimmung der Ergebnisse mit der geprüften Stelle im Unternehmen sowie die Erstellung des Revisionsberichts. Dieser enthält in der Regel sowohl die getroffenen Feststellungen als auch eine Klassifizierung der Feststellungen nach deren Bedeutungsgrad sowie Empfehlungen zu den zu treffenden Maßnahmen. Die Feststellungen und Empfehlungen beziehen sich dabei nicht nur auf die Erfüllung der Mindestanforderungen, sondern auch auf Möglichkeiten zur Effizienzsteigerung bzw. allgemein zur Optimierung der Prozesse. Adressaten der Revisionsberichte sind in erster Linie der Vorstand und die geprüfte Stelle im Unternehmen. Im Nachgang der Prüfung gehört es zu den Pflichten der Internen Revision, sich zu vergewissern, dass die geprüfte Stelle im Unternehmen tatsächlich Maßnahmen zur Behebung der festgestellten Schwächen einleitet.[41]

Die Überwachungstätigkeit des Prüfungsausschusses findet auch bezüglich der Internen Revision auf Systemebene statt. Das heißt, der Prüfungsausschuss wird nur im Ausnahmefall einzelne Vorgänge aus der Arbeit der Internen Revision zur Kenntnis nehmen und sich vielmehr davon überzeugen wollen, dass die Interne Revision als solche dazu in der Lage ist, ihre Aufgaben wahrzunehmen. Gleichzeitig werfen jedoch die Prüfungsergebnisse der Internen Revision und die vom Vorstand hierzu eingeleiteten Maßnahmen ein Schlaglicht auf die Wirksamkeit des IKS und des RMS – vorausgesetzt, das Interne Revisionssystem wird als wirksam beurteilt. Die folgenden Darstellungen beziehen sich daher nicht nur auf die Überwachung des Internen Revisionssystems selbst, sondern auch auf deren Arbeitsergebnisse, die sich der Prüfungsausschuss zu Nutze machen kann.

Die Ansatzpunkte für die Überwachungstätigkeit des Prüfungsausschusses können wie folgt strukturiert werden:

- Organisation und (personelle) Ressourcen der Internen Revision, einschließlich der Qualifikation der Revisoren
- Prüfungsplanung

---

39 Vgl. die Definition des Begriffs »Interne Revision« durch das Deutsche Institut für Interne Revision e.V. (IIR): IIR Revisionsstandard Nr. 1: Zusammenarbeit von interner Revision und Abschlussprüfer, S. 1.
40 Vgl. Deutsches Institut für interne Revision (2009): Internationale Standards für die berufliche Praxis der Internen Revision 2009, 1. Aufl., Wien 2009, Abschnitt 2010.A1.
41 Zur Darstellung der Organisation und Arbeit der Internen Revision in der Praxis siehe Amling/Bantling (2008), S. 1300 ff.

- Prüfungsergebnisse
- Eingeleitete Maßnahmen zur Behebung festgestellter Schwächen

Grundlegend für die Arbeit des Prüfungsausschusses ist auch in diesem Bereich der Zugang zu den erforderlichen Informationen, um sich ein Verständnis von der Organisation, Ausstattung und Arbeit der Internen Revision zu verschaffen. Primäre Informationsquellen sind:[42]

- Vorhandene Dokumentation zur Aufgabenstellung, zu den Befugnissen und der Verantwortung der Internen Revision im Unternehmen.
- Unterrichtung des Prüfungsausschusses vom Prüfungsplan der Internen Revision durch den Vorstand. Dies schließt die Kriterien ein, nach denen der Prüfungsplan erstellt wurde (risikoorientierte Auswahl der Prüfungsgebiete). Falls der Prüfungsausschuss Anregungen zur Gestaltung des Prüfungsplans hat, sollte er diese mit dem Vorstand als Auftraggeber der Internen Revision diskutieren.
- Bericht über die Organisation, Ressourcen sowie die wesentlichen Prüfungsergebnisse und eingeleiteten Maßnahmen zur Behebung festgestellter Schwächen durch den Vorstand.
- Gespräch mit dem Leiter der Internen Revision über die Organisation, Ausstattung und Arbeitsweise der Internen Revision sowie die wesentlichen Revisionsergebnisse und eingeleitete Maßnahmen – grundsätzlich sollte dieses Gespräch in Abstimmung mit dem Vorstand erfolgen (siehe Abschnitt D.II.1.b).
- Bericht des Abschlussprüfers über wesentliche Schwächen des IKS und RMS bezogen auf den Rechnungslegungsprozess im Rahmen der Bilanzsitzung (§ 171 Abs. 1 Satz 2 AktG).
  Das Interne Revisionssystem ist – auch bezogen auf den Rechnungslegungsprozess – kein eigenständiger Gegenstand der Abschlussprüfung. Der Abschlussprüfer muss allerdings im Rahmen der Entwicklung einer risikoorientierten Prüfungsstrategie eine vorläufige Einschätzung der Wirksamkeit der Internen Revision vornehmen. Eine wirksame Interne Revision ermöglicht es ihm, die Arbeitsergebnisse der Internen Revision zu verwenden und dadurch den Umfang der eigenen Prüfungshandlungen zu verringern.[43] Der Prüfungsausschuss kann somit davon ausgehen, dass sich auch der Abschlussprüfer intensiv mit der Struktur und Arbeitsweise der Internen Revision auseinandergesetzt hat und die dabei gewonnenen Erkenntnisse und Eindrücke für seine eigene Überwachungstätigkeit nutzen, indem er den Abschlussprüfer gezielt befragt.
- Ggf. ergänzende Einsichtnahme in Revisionsberichte, falls dies vor dem Hintergrund der anderweitig erhaltenen Informationen angezeigt erscheint.

Verschiedentlich erfolgt in der Praxis eine externe Beurteilung der Internen Revision, ggf. im Rahmen einer Zertifizierung, z. B. durch einen Wirtschaftsprüfer. Eine derartige externe Beurteilung unterstützt den Prüfungsausschuss bei der Wahrnehmung seiner Überwachungsaufgaben, ist jedoch keine Grundvoraussetzung.[44]

---

42 Vgl. Nonnenmacher/Pohle/v. Werder (2009), S. 1451; Arbeitskreis Externe Unternehmensrechnung (AKEU)/Arbeitskreis Externe und Interne Überwachung der Unternehmung (AKEIÜ) der Schmalenbach-Gesellschaft für Betriebswirtschaft e.V. (2009), S. 1282; Braiotta (2010), S. 257 ff.
43 Vgl. IDW PS 321: Interne Revision und Abschlussprüfung, Rz. 14 ff.
44 Vgl. Arbeitskreis Externe Unternehmensrechnung (AKEU)/Arbeitskreis Externe und Interne Überwachung der Unternehmung (AKEIÜ) der Schmalenbach-Gesellschaft für Betriebswirtschaft e.V. (2009), S. 1281; zum Thema Quality Assessment der Internen Revision, vgl. Cauers/Häge (2007), S. 1477 ff., Amling/Bantleon (2008), S. 1305.

Fragen für die Praxis

Als kritische Fragen zur Überwachung der Wirksamkeit des Internen Revisionssystems durch den Prüfungsausschuss kommen in Betracht:

- Verfügt die Interne Revision im Vergleich zur Größe und zur Komplexität des Gesamtunternehmens – auch im Branchen-/Unternehmensvergleich – über eine ausreichende Mitarbeiteranzahl?
- Ist die Unabhängigkeit der Mitarbeiter der Internen Revision von den zu prüfenden Sachverhalten/Abteilungen/Einheiten sichergestellt?
- Gibt es Hinweise darauf, dass die Interne Revision in ihrem Einsatzbereich und in ihrer Prüfungstiefe durch formelle oder informelle Einwirkungen des Managements eingeschränkt wird?
- Wird der Prüfungsplan der Internen Revision systematisch anhand von Risikofaktoren festgelegt und durchgeführt (z. B. Anfälligkeit für Fehlverhalten in bestimmten Regionen, hohe Fehler-/Abweichungshistorie bei bestimmten Einheiten, komplexes Geschäft wie Handel mit Derivaten)?
- Werden vor dem Hintergrund der zunehmenden Bedeutung von Corporate Governance-Themen mehr Ordnungsmäßigkeitsprüfungen (z. B. Antikartell-, Antikorruptionsvorschriften, interne Verhaltenskodizes) im Gegensatz zu Wirtschaftlichkeitsprüfungen durchgeführt?
- Wird die Beseitigung von festgestellten Mängeln konsequent nachverfolgt und überwacht?

Als kritische Fragen zum Selbstcheck des Prüfungsausschusses kommen in Betracht:

- Beurteilt der Prüfungsausschuss die Organisation, Ausstattung und Arbeitsweise der Internen Revision auf Basis entsprechender Berichte des Vorstands und eines persönlichen Gesprächs mit dem Leiter der Internen Revision?
- Lässt sich der Prüfungsausschuss vom Prüfungsplan der Internen Revision unterrichten, einschließlich der Kriterien, nach denen dieser erstellt wurde?
- Verschafft sich der Prüfungsausschuss einen Überblick über die wesentlichen Feststellungen der Internen Revision einschließlich der dazu veranlassten Maßnahmen des Vorstands zur Behebung der Feststellungen?
- Bezieht der Prüfungsausschuss weitere Informationsquellen ein, insbesondere den Abschlussprüfer?
- Nimmt der Prüfungsausschuss abschließend eine eigene Beurteilung des Internen Revisionssystems vor und überlegt, ob Ergänzungen, Erweiterungen oder Verbesserungen des Systems erforderlich sind?

e Überwachung der Wirksamkeit des »Compliance«-Systems

»Compliance« bezeichnet insgesamt die Einhaltung von Regeln, seien es unternehmensinterne Richtlinien, vertragliche Vereinbarungen oder gesetzliche Vorschriften.[45] Ein »Compliance«-System oder »Compliance Management System« (CMS) bezeichnet demnach abstrakt die »Grundsätze und Maßnahmen eines Unternehmens (…), die auf die Sicherstellung eines regelkonformen Verhaltens der gesetzlichen Vertreter und der Mitarbeiter des Unternehmens sowie ggf. von Dritten abzielen, d. h. auf die Einhaltung bestimmter Regeln bzw. die Verhinderung von wesentlichen Verstößen«.[46]

---

[45] Vgl. Entwurf IDW PS: Grundsätze ordnungsmäßiger Prüfung von Compliance Management-Systemen (IDW EPS 980), Rz. 5.
[46] Vgl. IDW EPS 980, Rz. 6.

Diese »Grundsätze und Maßnahmen« sind unschwer als integraler Bestandteil des unternehmensweiten Risikomanagements zu erkennen (siehe Darstellung des COSO II-Rahmenkonzepts in Abschnitt D.II.1.b). Daher kann es zunächst verwundern, dass gerade die eigentliche Selbstverständlichkeit »Einhaltung von Regeln« in der Fachliteratur wie auch im DCGK unter dem Begriff »Compliance« gesondert betrachtet und intensiv diskutiert wird.

Die Gründe hierfür lassen sich vielleicht zum Teil in der historischen Entwicklung finden, wo die Sicherstellung der Einhaltung von (gesetzlichen) Regeln aufgrund der hohen Strafbewehrung in den USA eine Vorreiterrolle bei der Etablierung von RMS eingenommen hat: Bereits seit 1991 ist in den USA ein milderes Strafmaß möglich, wenn das Unternehmen ein funktionierendes Compliance-System nachweisen kann.[47] Erheblicher ist jedoch, dass Gesetzesverstöße durch Unternehmensangehörige nicht nur wesentliche finanzielle Vermögensschädigungen für das Unternehmen mit sich bringen, sondern auch eine starke Öffentlichkeitswirkung entfalten können und damit – mehr als andere Zielobjekte des RMS – das Potenzial bergen, dem Unternehmensimage erheblichen Schaden zuzufügen. Schließlich werden gerade in jüngster Zeit die persönlichen Haftungsrisiken von Vorstand und Aufsichtsrat bezogen auf Compliance-Verstöße diskutiert, nachdem der BGH in einem viel beachteten Urteil die Garantenpflicht des Compliance Officers i.S.d. § 13 Abs. 1 StGB zur Verhinderung von Straftaten von Unternehmensangehörigen bejaht hat.[48]

Ob und inwieweit in Deutschland eine gesetzliche Pflicht des Vorstands zur Einrichtung eines Compliance-Systems besteht, ist in der Literatur umstritten, wird jedoch von der herrschenden Meinung abgelehnt.[49] Im »Soft-Law« DCGK findet sich in Ziffer 4.1.3 folgende Formulierung: »Der Vorstand hat für die Einhaltung der gesetzlichen Bestimmungen und der unternehmensinternen Richtlinien zu sorgen und wirkt auf deren Beachtung durch die Konzernunternehmen hin (Compliance).« In dieser Formulierung wird jedoch keine Empfehlung zur Einrichtung eines Compliance-Systems gesehen, sondern eine reine Gesetzesbeschreibung, die dem Umstand Rechnung tragen soll, dass ein wirksames Compliance-System Vorstand und Aufsichtsrat ermöglicht, die Business Judgement Rule in Anspruch zu nehmen und dadurch Haftungsrisiken zu vermeiden.[50]

Dessen ungeachtet umfasst die Verpflichtung des Prüfungsausschusses zur Überwachung der Wirksamkeit der Kontrollsysteme des Unternehmens nach § 107 Abs. 3 Satz 2 AktG unbestritten auch das Compliance-System. Hat der Vorstand kein Compliance-System eingerichtet, gilt – wie auch bei den übrigen Kontrollsystemen des Unternehmens – dass der Prüfungsausschuss zu hinterfragen hat, ob dessen Einrichtung notwendig ist.[51] Dies beinhaltet insbesondere, dass der Prüfungsausschuss eine umfassende Darstellung des Vorstands einfordert, wie dieser die Einhaltung von Vorschriften im Unternehmen sicherstellt. Im Regelfall sollte der Prüfungsausschuss zudem die Einrichtung eines Compliance-Systems beim Vorstand anregen.[52]

Dabei ist jedoch zu beachten, dass kein Compliance-System dazu in der Lage ist, Compliance-Verstöße 100%ig auszuschließen. Dementsprechend können auch bei Einrichtung eines angemessenen und funktionierenden Compliance-Systems Rechtsverstöße oder Verstöße gegen interne Richtlinien auftreten. Vorstand und Aufsichtsrat sollten jedoch in diesem Fall vor einer strafrechtlichen Verfolgung sicher sein.[53]

---

47 Vgl. Geißler (2004), S. 17.
48 Vgl. Withus (2010), S. 71.
49 Vgl. Liese (2008), S. 17 ff.; Kremer/Klahold (2010), S. 118 ff.
50 Vgl. Ringleb (2010), Rz. 618.
51 RegBegr. BilMoG, BT-Drucks. 16/10067, zu Art. 5 Nr. 4 (§ 107 AktG), S. 103.
52 Vgl. Nonnenmacher/Pohle/v. Werder (2009), S. 1451; Schürrle (2010), S. 17.
53 Vgl. Withus (2010), S. 75.

Zur praktischen Umsetzung der Einrichtung eines Compliance-Systems gibt es wiederum kein »Soll-System«. Vielmehr hat die Praxis unterschiedliche Organisationsmodelle entwickelt, die sich an drei Grundmodellen orientieren können:[54]

- Das Thema Compliance wird einer *unabhängigen Stabsstelle* überantwortet, die direkt dem Vorstand unterstellt ist (Compliance Office).
- Die Compliance-Funktion wird in die *Rechtsabteilung* integriert und dem Chef-Syndikus übertragen.
- Die Compliance-Funktion wird innerhalb der *Internen Revision* angesiedelt.

Jedes dieser Modelle hat sowohl Vor- als auch Nachteile, so dass die Entscheidung nur unternehmensindividuell getroffen werden kann. So hat die Einrichtung eines eigenständigen Compliance Office den Vorteil, unabhängig und mit einem klar abgegrenzten Pflichtenkreis arbeiten zu können, wobei sich jedoch Ineffizienzen durch erhebliche Überschneidungen der Verantwortungsbereiche mit anderen Funktionen ergeben können (insbesondere Recht, Personal, Interne Revision). Aus Effizienzgründen übernimmt daher oft der Chef-Justiziar gleichzeitig die Funktion des Chief Compliance Officers. Hiergegen wird jedoch zum Teil eingewandt, dass ein Chef-Justiziar, der gleichzeitig Chief Compliance Officer ist, in Interessenkonflikte geraten könnte, wenn er einerseits der Staatsanwaltschaft keine »Munition« durch eine vollständige Ermittlung und Dokumentation eines Verstoßes liefern möchte, andererseits als Chief Compliance Officer gerade hierzu verpflichtet wäre.[55] Für die Übernahme der Compliance-Funktion durch die Interne Revision spricht, dass Compliance Audits und Forensic Audits üblicherweise in deren normalen Prüfungsplan fallen und sie daher sowohl über das erforderliche Fachwissen als auch die erforderliche Akzeptanz im Unternehmen verfügt. Zu beachten ist jedoch, dass die Interne Revision bei dieser Alternative nicht über die erforderliche Unabhängigkeit verfügt, um die Überwachung der Compliance-Funktion ausführen zu können. Die Überwachung sollte dann extern, z. B. durch den Wirtschaftsprüfer, erfolgen.

Grundlegend für die Arbeit des Prüfungsausschusses ist auch im Bereich Compliance-Management der Zugang zu den erforderlichen Informationen, um sich ein Verständnis von der Organisation und Arbeitsweise der Funktionsträger des Compliance-Systems sowie von der Überwachung des Compliance-Systems durch den Vorstand zu verschaffen.

Einen grundlegenden Orientierungsrahmen auf theoretischer Ebene bieten die vom Institut der Wirtschaftsprüfer festgelegten »Grundsätze ordnungsmäßiger Prüfung von Compliance Management Systemen« (IDW EPS 980). Die Grundelemente des CMS umfassen danach:[56]

---

54 Vgl. Cauers et al. (2008), S. 2717 f.
55 Vgl. Kremer/Klahold (2010), S. 126.
56 Vgl. IDW EPS 980, Rz. 19.

Compliance Kultur

- Grundeinstellung und Verhaltensweisen des Management (»tone at the top«)
- Kultur beeinflusst die Bereitschaft der Mitarbeiter zu regelkonformen Verhalten

Compliance Ziele

- Festlegung von Teilbereichen
- Festlegung der in den Teilbereichen einzuhaltenden Regeln
- Grundlage für die Beurteilung von Compliance Risiken

Compliance Organisation

- Regelung von Rollen und Verantwortlichkeiten
- Festlegung der Aufbau- und Ablauforganisation
- Integraler Bestandteil der Unternehmensorganisation

Compliance Risiken

- Verfahren zur Risikoerkennung und -berichterstattung
- Analyse nach Eintrittswahrscheinlichkeit und Schadenshöhe

Compliance Programm

- Einführung von Grundsätzen und Maßnahmen
- Maßnahmen bei Compliance Verstößen
- Sicherstellung einer personenunabhängigen Funktionsweise

Compliance Kommunikation

- Information der Mitarbeiter über Rollen und Verantwortung
- Festlegung der Kommunikationswege
- Compliance Beauftragter

Überwachung u. Verbesserung

- Angemessenheit und Wirksamkeit ist zu überwachen
- Notwendigkeit einer angemessenen schriftlichen Dokumentation

Abb. 7: Die Grundelemente des CMS

Wesentliche Informationsquellen für die praktische Ausgestaltung des Compliance-Systems im Unternehmen sind:[57]

- Schriftliche und/oder mündliche Berichte des Vorstands über das eingerichtete Compliance-System und dessen Überwachung.
  Mit der Überwachung der Wirksamkeit des Compliance-Systems kann der Vorstand grundsätzlich die Interne Revision oder einen unabhängigen externen Prüfer beauftragen.[58] Im Falle einer Prüfung durch einen unabhängigen Sachverständigen bietet sich der eigene oder ein »fremder« Wirtschaftsprüfer an. Dieser prüft das CMS nach dem o.g. IDW EPS 980, wobei der Auftragsumfang unterschiedlich abgestuft sein kann:[59]
  - *Typ 1: Beurteilung der Konzeption und Dokumentation des CMS:*
    Ziel der Prüfung nach Typ 1 ist es, eine Beurteilung abzugeben, ob die Grundelemente des CMS *vorhanden* und sachgerecht *dokumentiert* sind.
  - *Typ 2: Aufbauprüfung des CMS:*
    Ziel der Prüfung nach Typ 2 ist die Beurteilung, ob die beschriebenen Maßnahmen in Übereinstimmung mit den angewandten Grundsätzen des CMS *geeignet* sind, Risiken für wesentliche Regelverstöße mit hinreichender Sicherheit rechtzeitig zu erkennen, Verstöße

---

57 Vgl. Nonnenmacher/Pohle/v. Werder (2009), S. 1451.
58 Vgl. Withus (2010), S. 76.
59 Vgl. Wustmann (2010), S. 10 f.

zu verhindern, und dass die Grundsätze und Maßnahmen zu einem bestimmten Zeitpunkt implementiert sind.[60]
- *Typ 3: Funktionsprüfung des CMS:*
In Ergänzung zu Typ 2 prüft der Wirtschaftsprüfer bei Typ 3, ob die in der Beschreibung des CMS dargestellten Grundsätze und Maßnahmen innerhalb eines bestimmten Zeitraums für ausgewählte Teilbereiche des CMS *wirksam* waren. Die Wirksamkeit des CMS ist nach IDW EPS 980 dann gegeben, »wenn die Grundsätze und Maßnahmen von den hiervon Betroffenen nach Maßgabe ihrer Verantwortung zur Kenntnis genommen und beachtet werden«.[61]
Falls der Vorstand eine entsprechende Prüfung des CMS durch einen sachverständigen Dritten durchführen lässt, sollte der Prüfungsausschuss darauf achten, dass dieser zum einen die dafür erforderliche Fachkompetenz mitbringt und zum anderen nicht übersehen wird, dass im Falle einer Beauftragung nach »Typ 1« oder »Typ 2« ergänzende Wirksamkeitskontrollen durchzuführen sind.

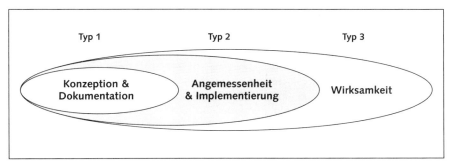

Abb. 8: Auftragstypen nach IDW EPS 980

- Bericht des Abschlussprüfers über wesentliche Schwächen des IKS und RMS bezogen auf den Rechnungslegungsprozess im Rahmen der Bilanzsitzung (§ 171 Abs. 1 Satz 2 AktG).
Eine Abschlussprüfung ist grundsätzlich nicht auf die Aufdeckung von Unregelmäßigkeiten außerhalb der Rechnungslegung ausgerichtet. Allerdings muss der Abschlussprüfer, wenn er im Rahmen seiner Tätigkeit Tatsachen feststellt, die schwerwiegende Verstöße außerhalb der Rechnungslegung erkennen lassen, diese im Prüfungsbericht darstellen.[62] Hieraus ergibt sich, dass der Abschlussprüfer für den Prüfungsausschuss bei der Überwachung der Wirksamkeit des Compliance-Systems von begrenztem Nutzen ist, nämlich nur insoweit, als sich das Compliance-System auf die Richtigkeit der Rechnungslegung bezieht. Jedoch sollte der Prüfungsausschuss – begrenzt auf diesen Bereich – die Erkenntnisse und Eindrücke des Wirtschaftsprüfers hinsichtlich des implementierten Compliance-Systems erfragen und diskutieren.
- Bericht des Compliance Officers über seinen Arbeitsbereich (Organisation, Ausstattung und Arbeitsweise des Compliance Office).

---

60 Kritisch hierzu Grüninger (2010), S. 141, der vertritt, dass ein CMS darauf ausgerichtet und geeignet sein muss, Verstöße aufzudecken und zu verhindern. Der Anspruch, Risiken für wesentliche Verstöße gegen die betreffenden Regeln zu erkennen, gehe an der Realität vorbei.
61 Vgl. IDW EPS 980, Rz. 17; kritisch hierzu Grüninger (2010), S. 141, der vertritt, dass mit einer realistischeren Wirksamkeits-Definition gearbeitet werden sollte, nach der Wirksamkeit dann gegeben ist, wenn das jeweilige Compliance-Instrument mindestens einmal in der Praxis angewendet wurde.
62 Vgl. IDW PS: Zur Aufdeckung von Unregelmäßigkeiten im Rahmen der Jahresabschlussprüfung (IDW PS 210), Rz. 11 ff.; Rz. 56. Siehe auch Kap. C »Abgrenzung der Aufgaben und Verantwortlichkeiten von Aufsichtsrat, Prüfungsausschuss und Abschlussprüfer«.

- Kenntnisnahme der wichtigsten Einzelvorfälle (Verstöße und Verdachtsmomente) sowie der Maßnahmen, die hierzu veranlasst wurden.
- Einholung und Diskussion von Informationen zu wesentlichen drohenden und anhängigen Rechtsstreitigkeiten sowie ggf. Prüfungen, erheblichen Beanstandungen und sonstigen außergewöhnlichen Maßnahmen von Aufsichtsbehörden.
- Ggf. Einholung weiterer Informationen von sachverständigen Dritten, z. B. im Rahmen der Aufklärung bedeutsamer Compliance-Fälle.

Die Überwachung der Wirksamkeit des Compliance-Systems durch den Prüfungsausschuss umfasst auf dieser Basis vor allem Folgendes:

- Kritische Auseinandersetzung mit den Berichten des Vorstands und des Compliance Officers zum implemetierten Compliance-System und der Überwachung von dessen Wirksamkeit. Mögliche Fragestellungen umfassen:
  - Wo bestehen Compliance-Risiken im Unternehmen (in bestimmten Rechtsgebieten, wie z. B. Kartellrecht oder in bestimmten Geschäftsbereichen bzw. operativen Prozessen, wie z. B. Ausschreibungen und Vergabe oder Provisionszahlungen)?
  - Wurden Unregelmäßigkeiten in Form von Manipulationen der Rechnungslegung festgestellt?
  - Welches sind die grundsätzlichen Instrumente, um Unregelmäßigkeiten vorzubeugen bzw. aufzudecken?
  - Ist die Anfälligkeit der Organisation für Unregelmäßigkeiten gestiegen (z. B. wegen Personalabbaus)?
- Kritische Auseinandersetzung mit kritischen Einzelfällen und den durch den Vorstand eingeleiteten Maßnahmen, um Rückschlüsse auf die Wirksamkeit des eingerichteten Compliance-Systems ziehen zu können.
- Ggf. Beauftragung von Unterstützung durch einen sachverständigen Dritten. Dies kann sich insbesondere dann anbieten, wenn das Risiko für Compliance-Verstöße im Unternehmen als hoch eingeschätzt wird, weil z. B. komplexe/undurchsichtige Strukturen bestehen oder Schwächen im Compliance-System vermutet werden. Der Sachverständige kann den Aufsichtsrat dabei unterstützen, indem er die intern durchgeführten Wirksamkeitskontrollen kritisch hinterfragt oder seinerseits Wirksamkeitskontrollen durchführt. Hierbei kommt wiederum der eigene oder ein »fremder« Wirtschaftsprüfer in Frage. Dieser würde die Wirksamkeitsprüfung nach den o.g. Grundsätzen des IDW EPS 980 ausführen, wobei zu beachten ist, dass in diesem Fall eine Beauftragung des Prüfungs-Typs 3 (Funktionsprüfung) erfolgen müsste.

Fragen für die Praxis
- Liegt eine Analyse vor, in der ausgehend von der Geschäftstätigkeit, der Unternehmensorganisation, der Internationalität sowie dem rechtlichen und regulatorischen Umfeld (z. B. Kartellrecht, Bestechungsverbote, Datenschutz, Exportvorschriften, Vergabevorschriften) Compliance-Risiken identifiziert werden?
- Berichtet der Vorstand an den Prüfungsausschuss über die Ausgestaltung und Wirksamkeitsprüfung des Compliance-Systems?
- Lässt sich der Prüfungsausschuss vom Compliance-Officer über seinen Arbeitsbereich berichten (Organisation, Ausstattung und Arbeitsweise)?
- Sofern der Vorstand kein Compliance-System eingerichtet hat, wurde vom Prüfungsausschuss ein solches angeregt oder zumindest eine umfassende Darstellung eingefordert, wie der Vorstand die Rechtmäßigkeit des Verhaltens im Unternehmen sicherstellt?
- Lässt sich der Prüfungsausschuss regelmäßig über wichtige Einzelvorfälle (Verstöße und Verdachtsmomente) berichten sowie über die Maßnahmen, die hierzu veranlasst werden?
- Diskutiert der Prüfungsausschuss, ob er zur Unterstützung der Erfüllung seiner Überwachungspflichten das Compliance-System durch einen unabhängigen Dritten validieren lässt?

- Nimmt der Prüfungsausschuss abschließend eine eigene Beurteilung der Wirksamkeit des Compliance-Systems vor und überlegt, ob Ergänzungen, Erweiterungen oder Verbesserungen des Systems erforderlich sind?

2 Durchsicht von Quartalsabschlüssen und Halbjahresfinanzberichten sowie von Pressemeldungen bei börsennotierten Unternehmen

Im Deutschen Corporate Governance Kodex (DCGK) wird empfohlen, dass Halbjahres- und etwaige Quartalsfinanzberichte vom Aufsichtsrat oder seinem Prüfungsausschuss vor der Veröffentlichung mit dem Vorstand erörtert werden sollen (Ziffer 7.1.2 DCGK). Diese Empfehlung wird von 100,0 % der DAX-, 92,3 % der TecDAX-, 97,2 % der MDAX- und 87,0 % der SDAX-Unternehmen umgesetzt[63] und hat sich damit als Best Practice etabliert. Neben der Überwachung der jährlichen Finanzberichterstattung in Form von Jahres- oder Konzernabschlüssen umfasst die Arbeit des Prüfungsausschusses also entsprechend auch die darüber hinausgehende Regelpublizität, z. B. in Form der Zwischenberichterstattung.

Erstellt ein Unternehmen auf freiwilliger oder gesetzlicher[64] Basis Zwischenberichte, z. B. in Form von Halbjahresfinanzberichten oder Quartalsfinanzberichten, so sollten diese entsprechend auch vom Prüfungsausschuss untersucht werden. Dies ist schon notwendig, damit der Prüfungsausschuss die unterjährige Entwicklung mitverfolgt und damit zum Ende des Geschäftsjahres im Rahmen der Abschlusserstellung weitestgehend eingearbeitet ist. Daneben ist diese Information Teil der originären Überwachungspflicht des Aufsichtsrats nach § 111 AktG, durch die er gegebenenfalls Maßnahmen gegen unvorteilhafte Entwicklungen initiieren kann.

Die Empfehlung des DCGK spricht von der Erörterung der Halbjahres- und etwaigen Quartalsfinanzberichte vom Aufsichtsrat oder seinem Prüfungsausschuss mit dem Vorstand vor deren Veröffentlichung. Aus der Verwendung des Wortes »erörtern« statt beispielsweise »behandeln« folgt, dass zumindest eine zustimmende Kenntnisnahme der Zwischenabschlüsse durch den Aufsichtsrat bzw. den Prüfungsausschuss empfohlen wird. Eine intensive Prüfung (Befassung) kann schon aus Zeitgründen nicht erfolgen.[65]

In Anlehnung an die Prüfung des Jahresabschlusses sollte der Ausschuss die verkürzten Abschlüsse und Zwischenlageberichte auf risikobehaftete Sachverhalte der Bilanzierung und die Aufwands- und Ertragsabgrenzung und Zwischenmitteilungen des Vorstands auf unerwartete, risikobehaftete Entwicklungen untersuchen. Hierbei sind die wesentlichen Grundlagen und Beurteilungen des Vorstands kritisch zu prüfen, die ihren Niederschlag in der Finanzberichterstattung bei der Aufstellung der Zwischenberichte fanden.

Hinsichtlich Bilanz sowie Gewinn- und Verlustrechnung sollte sich der Prüfungsausschuss Erläuterungen zu den wesentlichen Ereignissen und Transaktionen und deren Bilanzierung zukommen lassen. Es ist außerdem zu fragen, ob dieselben Rechnungslegungsmethoden wie im letzten Jahres- oder Konzernabschluss Verwendung finden und bei Abweichung sind eine Begründung sowie Erläuterungen zu den bilanziellen Auswirkungen zu fordern. Dasselbe gilt für die Änderungen von Schätzungen im Vergleich zum letzten Jahres- oder Konzernabschluss oder Zwischenabschluss.

Daneben sollten auch die Anhangangaben der Zwischenabschlüsse neben der inhaltlichen Richtigkeit auch auf Übersichtlichkeit sowie Vollständigkeit kritisch gelesen werden. Der Prü-

---

63 Vgl. Werder/Talaulicar (2010), S. 859.
64 Siehe dazu die §§ 37w, 37x Abs. 3 WpHG, §§ 10 Abs. 3, 10a Abs. 10 KWG, §§ 63, 78 BörsO FWB.
65 Vgl. Ringleb (2010), S. 345, Rdn. 1312.

fungsausschuss hat sich zu überzeugen, ob die Zwischenberichte ein richtiges Bild der Lage der Gesellschaft vermitteln und bespricht sie mit dem Vorstand insb. in Bezug auf Veränderungen zu den vorhergehenden Berichtszeiträumen sowie der bilanziellen Abbildung von außergewöhnlichen Geschäften.

Der Prüfungsausschuss gleicht die Angaben im Zwischenlagebericht mit seinen Kenntnissen über die Unternehmenslage ab. Es ist dabei zu fragen, was die wichtigsten Ereignisse des Berichtszeitraums im Unternehmen waren und welche Auswirkungen diese auf den Zwischenabschluss haben, insb. auf die Vermögens-, Finanz- und Ertragslage. Er sollte klären lassen, was die wesentlichen Veränderungen der Prognosen und sonstigen Aussagen zur voraussichtlichen Entwicklung im Vergleich zum letzten Lagebericht sind und worin die wesentlichen Chancen und Risiken der voraussichtlichen Entwicklung in den verbleibenden Monaten des betreffenden Geschäftsjahres bestehen.

Insgesamt muss der Prüfungsausschuss den Quartalsabschluss oder den Halbjahresabschluss auf Plausibilität und Konsistenz kritisch hinterfragen. Entsprechend ist es hilfreich, wenn viele qualifizierte und möglichst objektive Informationsquellen zur Verfügung stehen. In diesem Zusammenhang kommt den unternehmensexternen Sachverständigen und insb. dem Wirtschafts- bzw. Abschlussprüfer eine bedeutende Rolle zu.

Gesetzliche Pflichten zur Prüfung oder zur prüferischen Durchsicht eines Zwischenabschlusses bzw. eines Zwischenlageberichts nach WpHG durch einen Wirtschaftsprüfer existieren im Gegensatz zum KWG[66] nicht. Soll eine prüferische Durchsicht des Halbjahresfinanzberichts durch einen Wirtschaftsprüfer erfolgen, so gelten die Vorschriften über die Bestellung des Abschlussprüfers bei Wahl durch die Hauptversammlung entsprechend (§ 37w Abs. 5 Satz 2 WpHG) (siehe hierzu Kap. D.II.3 zur Überwachung der Abschlussprüfung). Dies gilt nicht für die Bestandteile eines Quartalsfinanzberichts. Gleichwohl ist es auch möglich und u.U. empfehlenswert, die Zwischenberichte einer Prüfung unterziehen zu lassen, die der gesetzlichen Jahresabschlussprüfung entspricht.

Tabelle 4 zeigt den Anteil an Gesellschaften aus DAX, MDAX und SDAX, die eine prüferische Durchsicht ihrer Halbjahresfinanzberichte durch einen Abschlussprüfer durchführen ließen:

Jahr	DAX	MDAX	SDAX
2010	67 %	48 %	36 %
2009	67 %	46 %	34 %

Tab. 4: Anteil an Gesellschaften mit einer prüferischen Durchsicht der Halbjahresfinanzberichte durch einen Abschlussprüfer.

Das Ergebnis der prüferischen Durchsicht findet den Abschluss in der Erteilung einer Bescheinigung des Abschlussprüfers mit bspw. folgendem Wortlaut: »… Auf der Grundlage unserer prüferischen Durchsicht sind uns keine Sachverhalte bekannt geworden, die uns zu der Annahme veranlassen, dass der verkürzte Zwischenabschluss der … AG in wesentlichen Belangen nicht in Übereinstimmung mit den IFRS für Zwischenberichterstattung, wie sie in der EU anzuwenden sind, oder dass der Zwischenlagebericht in wesentlichen Belangen nicht in Übereinstimmung mit den für Zwischenlageberichte anwendbaren Vorschriften des WpHG aufgestellt worden ist.«

Da die Halbjahresberichte ebenfalls Gegenstand der Prüfung durch die Deutsche Prüfstelle für Rechnungslegung (DPR) sind (§ 342b Abs. 2 Satz 1 HGB) und es hier regelmäßig zu Feststellungen

---

66 Eine gesetzliche Pflicht zur prüferischen Durchsicht eines Zwischenabschlusses besteht gem. §§ 10 Abs. 3 Satz 1 und 10a Abs. 10 Satz 1 KWG für ein Kredit- oder Finanzdienstleistungsinstitut bzw. für das übergeordnete Unternehmen einer Institutsgruppe oder einer Finanzholding-Gruppe gem. § 10a Abs. 1 bis 5 KWG.

kommt, ist eine Auseinandersetzung des Prüfungsausschusses mit diesen Rechenwerken sinnvoll, um negative Ergebnisse durch die DPR zu vermeiden.

Durch die gesetzliche Pflicht zur Prüfung des Jahresabschlusses nach § 171 Abs. 1 Satz 1 AktG sowie durch die Empfehlung des DCGK, Halbjahres- und Quartalsfinanzberichte zu erörtern, sind i.S.d. Best Practice auch die rechnungslegungsbezogenen Pressemitteilungen des Unternehmens durch den Prüfungsausschuss zu verfolgen. In seiner Konsistenz- und Plausibilitätsprüfung sollte der Prüfungsausschuss entsprechend auch diese Pressemitteilungen mit berücksichtigen. Er sollte abgleichen, ob die veröffentlichten Pressemeldungen über etwaige Aussagen, Dementis, Ereignisse, Produkte und Veranstaltungen sich mit den Informationen decken, die in die Erstellung der Zwischenberichterstattung einfließen sowie aus der Zwischenberichterstattung selbst entnommen werden können.

Fragen für die Praxis
- Werden die Zwischenberichte vor ihrer Veröffentlichung mit dem Vorstand erörtert und kritisch hinterfragt?
- Wie entwickelt sich das Unternehmen, was sind die wesentlichen Entwicklungen und Geschäftsvorfälle und welche Auswirkungen haben diese auf den Quartals- oder Halbjahresfinanzbericht?
- Sind die Entwicklungen plausibel und konsistent zu den Angaben der Geschäftsführung, insb. zu den Plandaten, den Forecasts und den Ausführungen des letzten Lageberichts?
- Diskutiert der Prüfungsausschuss, ob die Halbjahresfinanzberichte und die anderen Zwischenberichte auf freiwilliger Basis einer prüferischen Durchsicht durch einen Wirtschaftsprüfer unterzogen werden sollen?
- Werden die rechnungslegungsbezogenen Pressemitteilungen des Unternehmens in die Beurteilungen des Prüfungsausschusses mit einbezogen?

3 Überwachung der Abschlussprüfung

a Vorbereitung der Auswahl des Abschlussprüfers und Vorschlag

In den zentralen Aufgabenbereich des Prüfungsausschusses fällt nach §107 Abs. 3 Satz 2 AktG sowie Ziff. 5.3.2 DCGK insb. die Abschlussprüfung mit den Themengebieten Unabhängigkeit des Abschlussprüfers sowie dessen zusätzlich erbrachte Leistungen. Die Wahl des Abschlussprüfers erfolgt jährlich nach §119 Abs. 1 Nr. 4 AktG durch die Hauptversammlung, die sich hierbei gem. § 124 Abs. 3 Satz 1 und 2 AktG auf den Vorschlag des Aufsichtsrats stützt, der wiederum auf der Empfehlung des Prüfungsausschusses beruht. Es handelt sich explizit nicht um eine Vorbehaltsaufgabe des Aufsichtsratsplenums, sondern um eine (zumindest teilweise) zu delegierende Tätigkeit. Bereits vor Unterbreitung des Wahlvorschlags sollte der Prüfungsausschuss nach Ziff. 7.2.1 DCGK eine Erklärung über die Unabhängigkeit des vorgesehenen Abschlussprüfers einholen.

Um der Hauptversammlung bzw. dem Gesamtaufsichtsrat einen entsprechenden Vorschlag unterbreiten zu können, muss der Prüfungsausschuss vorab einen Abschlussprüfer auswählen. Die hierfür erforderlichen Überlegungen zur Eignung und zur Auswahl des Abschlussprüfers sollen grds. jährlich angestellt werden. Auch der Vorschlag an die Hauptversammlung und die Bestellung des Abschlussprüfers müssen jährlich erfolgen. Dies muss allerdings nicht zwangsläufig einen jährlichen Prüferwechsel bedeuten.

Grundlage für die Auswahl des Abschlussprüfers ist eine Zusammenstellung derjenigen Wirtschaftsprüfungsgesellschaften, die für den Prüfungsausschuss grundsätzlich in Frage kommen, und zwar aufgrund ihrer fachlichen und ggf. auch branchenspezifischen Kenntnisse sowie ihrer personellen Kapazitäten für die Abschlussprüfung. Nebenbedingung ist, dass diese Wirtschaftsprüfungsgesellschaften die gesetzlichen Unabhängigkeitsvoraussetzungen in Bezug auf das Unternehmen erfüllen.[67]

Nachdem nun die potenziellen Abschlussprüfer identifiziert worden sind, gilt es, deren fachliche und persönliche Eignung im Detail zu beurteilen, um eine Vorauswahl zu treffen.

Betreffend die *fachliche Eignung* kann der Prüfungsausschuss folgende Punkte in seine Erwägungen einbeziehen:

- Hat die Wirtschaftsprüfungsgesellschaft die notwendigen Branchenkenntnisse, die für die Abschlussprüfung erforderlich sind (z. B. aus vergangenen Abschlussprüfungen oder der Prüfung anderer Unternehmen der gleichen Branche)?
- Sind die Branchenkenntnisse nicht nur bei einzelnen Mitarbeitern der Wirtschaftprüfungsgesellschaft gebündelt, sondern auch in der Breite der vorzuhaltenden personellen Ressourcen vorhanden?
- Kann die Wirtschaftsprüfungsgesellschaft ggf. kurzfristig Spezialisten hinzuziehen (z. B. bei der Prüfung von Pensionen oder Hedge-Accounting)?
- Falls es sich um ein global aufgestelltes Unternehmen handelt: Hat die Wirtschaftsprüfungsgesellschaft ein internationales Netzwerk, das ggf. die Prüfung auch im Ausland aus einer Hand zulässt?

Bei der Überprüfung der *persönlichen Eignung* bietet es sich an, folgende Fragen zu beachten:

- Ist die Wirtschaftprüfungsgesellschaft unabhängig und besteht kein Grund zur Besorgnis der Befangenheit?
- Wurden die Regelungen zur internen Rotationspflicht befolgt?
- Ist die Reputation des Abschlussprüfers unzweifelhaft?
- Gibt es Erfahrungswerte aus der Vergangenheit (z. B. aus Abschlussprüfungen oder anderen erbrachten Leistungen), die an der persönlichen Eignung zweifeln lassen?
- Ist die zeitliche Verfügbarkeit des Kernteams sichergestellt?

Nach der Beurteilung der fachlichen und persönlichen Eignung der Kandidaten werden i. d. R. noch drei bis fünf Prüfungsgesellschaften in der engeren Auswahl sein. Zur Auswahl des letztlich vorzuschlagenden Abschlussprüfers wird regelmäßig ein Angebotsprozess mit den verbliebenen Kandidaten durchgeführt, bei dem die Wirtschaftsprüfungsgesellschaften ein umfassendes Angebot abgeben, ihr potenzielles Auftragsteam sowie die Wirtschaftsprüfungsgesellschaft selbst vorstellen und dem Prüfungsausschuss bei entsprechenden Treffen die Möglichkeit für Rückfragen geben.

Als Anhaltspunkte bei der Auswahl *kann* der Prüfungsausschuss folgende Punkte berücksichtigen:

- Welchen Zusatznutzen kann der Abschlussprüfer neben der eigentlichen Prüfung erbringen (z. B. Managementletter-Empfehlungen, Unterstützung bei der Überwachung von Tochterunternehmen)?
- War der Prüfungsausschuss in der Vergangenheit mit der Arbeit der WPG zufrieden?
- Kann die WPG entsprechende Referenzmandate oder persönliche Referenzen (z. B. Aufsichtsräte oder Finanzvorstände anderer Unternehmen) vorweisen?
- Wie hoch ist die voraussichtlich zu entrichtende Prüfungsgebühr?
- Ermöglicht das Honorar eine qualitativ hochwertige Abschlussprüfung?
- Wie verhält sich das Honorar zum erwarteten Prüfungsaufwand?

---

67 Die sogenannten »Ausschlussgründe« finden sich in § 319 Abs. 2 bis 4 HGB sowie bei Unternehmen von öffentlichem Interesse (d. h. kapitalmarktorientierten Unternehmen) zusätzlich in § 319a HGB.

- Wie verhält sich das Honorar zur Vergütung anderer Dienstleister (z. B. Rechtsanwälte, Steuerberater, Unternehmensberater) sowie dem Grad der Verantwortung des Abschlussprüfers sowie des Prüfungsausschusses und den jeweiligen Aufgaben?

Die Gewichtung der einzelnen Punkte obliegt dem eigenverantwortlichen Urteil des gewissenhaften Prüfungsausschusses. Welches Gewicht z. B. einem erwarteten günstigeren Honorar im Verhältnis zur Qualität oder zum Zusatznutzen der Abschlussprüfung zukommt, muss im Einzelfall im Prüfungsausschuss diskutiert werden.

Nachdem die geeignete WPG gefunden ist, wird diese Empfehlung an den Aufsichtsrat weitergegeben und von diesem der Hauptversammlung zur Wahl vorgeschlagen. Der Vorschlag des Prüfungsausschusses wird im Aufsichtsrat diskutiert. Grundsätzlich kann dieser bei seiner Entscheidung von der Empfehlung abweichen, wobei dies eher die Ausnahme darstellt. Gem. § 121 Abs. 3 Satz 2 AktG muss der Tagesordnungspunkt »Wahl des Abschlussprüfers« in der Einladung zur Hauptversammlung angekündigt werden. Meist wird in der Einladung bereits der konkrete Wortlaut der Empfehlung wiedergegeben: »Der Aufsichtsrat schlägt auf Empfehlung seines Prüfungsausschusses vor, zu beschließen: Die XY-Wirtschaftsprüfungsgesellschaft, Sitz, wird zum Abschlussprüfer und Konzernabschlussprüfer für das Geschäftsjahr 20XX bestellt.«

b Prüfungsauftrag

Der Aufsichtsrat erteilt gem. §111 Abs. 2 Satz 3 AktG dem Abschlussprüfer den Auftrag für die Prüfung des Jahres- und des Konzernabschlusses. Bei der Beauftragung ist der Aufsichtsrat an den Beschluss der Hauptversammlung zur Bestellung des Abschlussprüfers gebunden. Da die Erteilung des Prüfungsauftrags nach § 107 Abs. 3 Satz 3 AktG keine Vorbehaltsaufgabe des Gesamtaufsichtsrats ist, kann sie auf den Prüfungsausschuss übertragen werden.[68]

Die Auftragsvereinbarung wird schriftlich zwischen dem Aufsichtsrat bzw. Prüfungsausschuss und dem Abschlussprüfer getroffen. Hierbei wird i. d. R. ein nach berufsständischen Grundsätzen verfasstes Standardschreiben verwendet, welches den zwischen Aufsichtsrat bzw. Prüfungsausschuss und Abschlussprüfer verhandelten Inhalt enthält und von beiden unterschrieben wird. Die dem Auftrag zugrunde liegenden allgemeinen Auftragsbedingungen für Wirtschaftsprüfer und Wirtschaftsprüfungsgesellschaften i.d.F. v. 1. Januar 2002 sind ebenfalls nach berufsständischen Grundsätzen entwickelt worden.

Die Haftung des Prüfers im Rahmen einer gesetzlichen Abschlussprüfung ist durch § 323 Abs. 2 HGB auf Mio. EUR 1 beschränkt. Dieser Betrag erhöht sich bei AGs, deren Aktien zum Handel in einem regulierten Markt zugelassen sind, auf Mio. EUR 4.

Die Auftragsvereinbarung mit dem Aufsichtsrat umfasst grds. nur die Jahres- und ggf. die Konzernabschlussprüfung. Für weitere Leistungen neben der Pflichtprüfung (z. B. gesonderte Prüfung von Reporting Packages, Covenants-Bescheinigung – sog. prüfungsnahe Dienstleistungen) ist eine separate Auftragsvereinbarung mit dem Vorstand der Gesellschaft abzuschließen, da der Aufsichtsrat diesbezüglich keine Vertretungsmacht hat. Eine separate Auftragsvereinbarung ist auch erforderlich, da diese Leistungen nicht in den Anwendungsbereich der gesetzlichen Haftungsbegrenzung nach § 323 Abs. 2 HGB fallen. Für alle weiteren, nicht prüfungsnahen Leistungen (z. B. steuerliche Beratung) erfolgt die Beauftragung im Rahmen separater Auftragsvereinbarungen durch den Vorstand der Gesellschaft.

Der DCGK legt gewisse Anforderungen an die Beauftragung fest. Um in der Erklärung zum Corporate Governance Kodex nach § 161 AktG offenzulegende DCGK-Verstöße (comply or explain) zu vermeiden, sollten im Auftragsschreiben folgende Punkte explizit vereinbart werden:

---

68 Vgl. Habersack (2008), § 111 AktG, Rn. 86.

- die festgelegten Prüfungsschwerpunkte (Ziff. 5.3.2. DCGK),[69]
- unverzügliche Berichtspflicht des Abschlussprüfers an den Prüfungsausschussvorsitzenden hinsichtlich während der Prüfung auftretender möglicher Ausschluss- oder Befangenheitsgründe, die nicht unverzüglich beseitigt werden können (Ziff. 7.2.1. Abs. 2 DCGK),
- unverzügliche Berichtspflicht des Abschlussprüfers bei wesentlichen Feststellungen und Vorkommnissen, die sich bei der Abschlussprüfung ergeben (Ziff. 7.2.3 Abs. 1 DCGK), sowie
- Information des Aufsichtsrats durch den Abschlussprüfer und Vermerk im Prüfungsbericht, sofern Tatsachen festgestellt werden, welche eine Unrichtigkeit der von Vorstand und Aufsichtsrat abgegebenen Erklärung zum Kodex ergeben (Ziff. 7.2.3. Abs. 2 DCGK).

Um ggf. flexibler reagieren zu können ist es grds. möglich, die Prüfungsschwerpunkte separat vom Auftragsschreiben zu vereinbaren.

c   Überwachung der Unabhängigkeit des Abschlussprüfers

Eine der Kernaufgaben des Prüfungsausschusses ist gem. § 107 Abs. 3 Satz 2 AktG die Überwachung der Abschlussprüfung und hierbei insb. der Unabhängigkeit des Abschlussprüfers.

Der Abschlussprüfer muss unabhängig sein, um seine Prüfungsaufgabe sachgerecht erfüllen zu können. Von der Unabhängigkeit werden zum einen positive Auswirkungen auf die Qualität der Prüfung, zum anderen ein höheres Vertrauen der Öffentlichkeit (Adressatenkreis) in die Abschlussprüfung erwartet. Das Gesetz nennt in den §§ 319 Abs. 3 und Abs. 4, 319a HGB Ausschlusstatbestände, bei denen unwiderlegbar Besorgnis der Befangenheit vorliegt (z. B. Anteilsbesitz oder Erstellung des zu prüfenden Abschlusses). Als Auffangtatbestand umfasst § 319 Abs. 2 HGB alle weiteren Gründe, die die Besorgnis der Befangenheit begründen können und nennt exemplarisch geschäftliche, finanzielle oder persönliche Beziehungen.

Bereits vor Unterbreitung des Wahlvorschlags soll sich der Prüfungsausschuss nach Ziff. 7.2.1 DCGK vom potenziellen Abschlussprüfer eine Erklärung einholen, ob und ggf. welche geschäftlichen, persönlichen, finanziellen oder sonstigen Beziehungen zwischen ihm und dem Unternehmen bzw. seinen Organmitgliedern bestehen, die Zweifel an der Unabhängigkeit begründen können. Durch diese Erklärung erfasst der Prüfungsausschuss den Zeitraum bis zur Bestellung zum Abschlussprüfer. Um auch den Zeitraum nach der Bestellung abzudecken, soll der Aufsichtsrat mit dem Abschlussprüfer vereinbaren, dass dieser ihn unverzüglich informiert, sobald während der Prüfung Ausschluss- oder Befangenheitsgründe auftreten, die nicht sofort beseitigt werden können.

Was kann der Prüfungsausschuss tun, um seiner Verpflichtung zur Überwachung der Unabhängigkeit des Abschlussprüfers nachzukommen?

- Einholung der Erklärung des Abschlussprüfers nach Ziff. 7.2.1 Abs. 1 DCGK vor Unterbreitung des Wahlvorschlags,
- Schriftliche Vereinbarung der unverzüglichen Meldung des Abschlussprüfers nach Ziff. 7.2.1 Abs. 2 DCGK im Auftragsschreiben, für den Fall, dass nachträglich Ausschluss- oder Befangenheitsgründe auftreten,
- Befragung des Vorstands und des Aufsichtsratsplenums nach der Kenntnis finanzieller, persönlicher, geschäftlicher oder sonstiger Beziehungen zum Abschlussprüfer – sowohl des Organs bzw. der Mitglieder selbst als auch des Unternehmens oder seiner Mitarbeiter – sowie nach anderen Umständen, die Anlass zur Besorgnis der Befangenheit geben könnten. Diese Befragung sollte mindestens zweimal, zum einen im Rahmen des Auswahlprozesses vor Unterbreitung des

---

69 Hierzu verweisen wir auf die Ausführungen unter gesondertem Gliederungspunkt e. »Vorgabe und Abstimmung von Prüfungsschwerpunkten«.

Wahlvorschlages sowie zum anderen im Verlauf der Prüfung, spätestens im Zeitpunkt deren Beendigung, erfolgen,
- Reflektion der Erfahrungen mit dem Abschlussprüfer aus der Vergangenheit,
- Diskussion des Rotationsgedankens,[70]
- Abwägung der Vor- und Nachteile eines Joint Audit (Beauftragung von mindestens zwei WPG) und
- Vereinbarung einer angemessenen Vergütung.

d   Überwachung der zusätzlichen Leistungen des Abschlussprüfers

Der Prüfungsausschuss hat sich gem. § 107 Abs. 3 Satz 2 AktG mit den vom Abschlussprüfer neben der Pflichtprüfung erbrachten Leistungen zu befassen. Das Thema zusätzlich erbrachter Leistungen ist insb. unter Unabhängigkeitsgesichtspunkten zu beleuchten: Aufgrund zusätzlicher Aufträge kann z. B. die finanzielle Unabhängigkeit des Abschlussprüfers oder die Einhaltung des Selbstprüfungsverbots (insb. bei rechnungslegungsnahen Dienstleistungen) gefährdet werden. In der Erklärung nach Ziff. 7.2.1 DCGK, die der Prüfungsausschuss vor Unterbreitung des Wahlvorschlags vom potenziellen Abschlussprüfer einholen soll, wird daher auch über die im vergangenen Jahr erbrachten und für das kommende Jahr beauftragten zusätzlichen Leistungen berichtet.

Folgende Argumente werden für bzw. gegen die Beauftragung des Wirtschaftsprüfers mit zusätzlichen Leistungen ins Feld geführt:

Pro:
- Nutzung der beim Abschlussprüfer vorhandenen Unternehmenskenntnisse für eine effizientere Auftragsabwicklung.
- Anreiz des Abschlussprüfers, qualitativ hochwertige Leistung für das Unternehmen zu erbringen, da er seine Position als Abschlussprüfer nicht gefährden möchte.

Kontra:
- Potenzielle Gefährdung der Unabhängigkeit des Abschlussprüfers.
- Möglichkeit, durch Beauftragung eines anderen Wirtschaftsprüfers neue Impulse und Sichtweisen zu erlangen.

In der Literatur sind beide Sichtweisen ohne eindeutiges Ergebnis diskutiert worden. Im Rahmen verschiedener empirischer Analysen wurde allerdings immer wieder festgestellt, dass sich de facto keine nachweisbaren Auswirkungen auf die Unabhängigkeit des Abschlussprüfers ergeben haben, wohl aber die Wahrnehmung von der Unabhängigkeit negativ beeinflusst wurde. Auch die Wahrnehmung der Unabhängigkeit durch Aufsichtsräte war durch die Beratungsleistungen negativ beeinflusst, wobei dieser Einfluss mit steigender Erfahrung und Vertrauen in den Abschlussprüfer abnimmt.[71]

Auch die Praxis scheint bislang keine klare Meinung zu diesem Thema herausgebildet zu haben. Dies zeigt eine Analyse des Verhältnisses der Abschlussprüferhonorare zum Gesamthonorar für die DAX 30-Unternehmen (Abbildung 9).

---

70 Die Prüferrotation ist eine der denkbaren Maßnahmen, um die Unabhängigkeit des Abschlussprüfers zu steigern.
71 Vgl. vertiefend Quick (2006), S. 42-61 sowie Meuwissen/Quick (2009), S. 382-415.

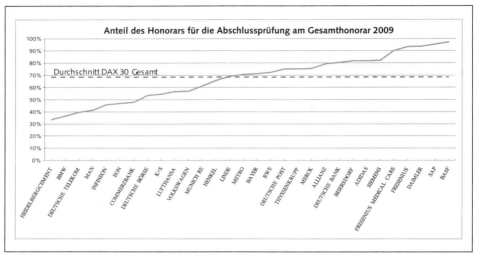

Abb. 9: Anteil des Honorars für Abschlussprüfung am Gesamthonorar 2009

Der Anteil der Prüfungshonorare bewegt sich gemessen am Gesamthonorar in einer sehr weiten Bandbreite von 30 % bis 97 %. Eine ergänzende Analyse zeigt, dass die einzelnen Unternehmen im Vergleich 2009 zu 2007 jeweils sehr ähnliche Verhältniszahlen aufweisen. So scheint es am oberen Ende der Bandbreite einige Unternehmen zu geben, die eine strikte Trennung von Abschlussprüfung und Beratungsleistungen bevorzugen (so z. B. BASF, SAP, Daimler, Fresenius Medical Care); ebenso gibt es allerdings offensichtlich auch einige Vertreter im unteren Drittel, die dieses Thema nicht ganz so strikt handhaben (so z. B. BMW, Deutsche Telekom, MAN, EON). Die Praxis unterstreicht folglich die theoretischen und empirischen Kenntnisse: Es gibt keine klare und allgemeingültige Entscheidung zu der Frage, ob der Abschlussprüfer mit zusätzlichen Leistungen beauftragt werden sollte.

Der Aufsichtsrat sollte das Thema Erbringung zusätzlicher Leistungen durch den Abschlussprüfer überwachen und sich im Einzelfall ein Urteil darüber bilden, ob die Ausweitung der Geschäftsbeziehungen zum Abschlussprüfer für das Unternehmen die beste Möglichkeit darstellt. Er sollte dabei stets im Auge behalten, dass – auch wenn keine Anhaltspunkte für eine tatsächliche Unabhängigkeitsgefährdung vorliegen – bei Dritten der Anschein entstehen kann, dass der Abschlussprüfer nicht unabhängig ist und dadurch die Außenwirkung des Testats beeinträchtigt werden kann.

Folgende Maßnahmen bieten sich für die Überwachung der zusätzlichen Leistungen des Abschlussprüfers an:

- Einholung der Erklärung des Abschlussprüfers nach Ziff. 7.2.1 Abs. 1 DCGK vor Unterbreitung des Wahlvorschlags,
- schriftliche Regelung/Beschluss darüber, welche sonstigen zusätzlichen Leistungen der Abschlussprüfer erbringen darf,
- Festlegung einer Grenze, ab der die Auftragsvergabe durch den Aufsichtsrat zustimmungspflichtig ist, sowie
- Einforderung von Erläuterungen des Vorstands, des Aufsichtsratsplenums und des Abschlussprüfers zu Inhalt und Umfang von zusätzlichen Leistungen des Abschlussprüfers.

e Vorgabe und Abstimmung von Prüfungsschwerpunkten

Der Prüfungsausschuss soll nach Ziff. 5.3.2 DCGK Prüfungsschwerpunkte für den Abschlussprüfer bestimmen. Diese Schwerpunkte für die Abschlussprüfung sollte er im Auftragsschreiben oder gesondert hiervon schriftlich mit dem Abschlussprüfer vereinbaren.

Die Prüfungsschwerpunkte definieren nicht den durch den Abschlussprüfer eigenverantwortlich zu bestimmenden Pflichtprüfungsumfang, sondern können diesen nur erweitern. Die vorgeschlagenen Prüfungsschwerpunkte werden neben den Pflichtprüfungshandlungen bearbeitet und über die gewonnenen Erkenntnisse wird in der Prüfungsausschuss- und/oder Aufsichtsratssitzung berichtet. Durch eine zweckmäßige Wahl der Prüfungsschwerpunkte kann der Aufsichtsrat ähnliche Erkenntnisse erzielen, wie mit einer unabhängig von der Abschlussprüfung beauftragten Sonderprüfung nach § 111 Abs. 2 Satz 2 AktG (allgemeines Einsichts- und Prüfungsrecht des Aufsichtsrats) oder zumindest ein Gespür dafür entwickeln, ob und bei welchen Punkten eine solche tatsächlich gewinnbringend wäre.

Denkbar sind als Schwerpunkte z. B. besondere Sachverhalte, Unternehmensbereiche (Tochtergesellschaften), Prozessbereiche oder Teile des IKS. Es ist auch denkbar mit einer Art Rotationsplan zu arbeiten und verschiedene Teilbereiche in Mehrjahresrhythmen auszuwählen. Bei der Bestimmung der Schwerpunkte für den Abschlussprüfer sollte der Prüfungsausschuss alle seine Erfahrungen und Unternehmenskenntnisse einsetzen. Als Anhaltspunkte für die Auswahl können folgende Punkte dienen:

- Nutzung der Erkenntnisse aus der Vergangenheit
  - Bereiche mit hoher Fehleranfälligkeit
  - Themengebiete, die erhebliche Gestaltungsspielräume bieten
  - Nachverfolgung von Managementletterpunkten des Abschlussprüfers
- Aktuelles wirtschaftliches Umfeld und Geschäftstätigkeit
  - Im Umbruch begriffene Geschäftsbereiche
  - Neue Tätigkeitsfelder
  - Komplexe und/oder unübliche Geschäftsvorfälle und Transaktionen
- Externe Informationsquellen
  - Prüfungsschwerpunkte aus den Veröffentlichungen der DPR
  - Dialog mit dem Abschlussprüfer
  - Gesetzesänderungen und neue Rechnungslegungsstandards

Unter Abwägung der spezifischen Situation des Unternehmens können sich exemplarisch folgende potenzielle Prüfungsschwerpunkte ergeben:

- Goodwill-Impairmenttest
- Beteiligungsbewertung
- Prognoseberichterstattung im Lagebericht
- Abbildung von »Off-Balance-Sheet«-Geschäften im Jahresabschluss und Lagebericht
- Latente Steuern
- Unternehmensplanung (Plausibilität, Planungsprämissen)
- Ausstattung und Qualität der Internen Revision

f Kommunikation mit dem Abschlussprüfer

Im Jahresverlauf kommt es regelmäßig zu einem *anlassbezogenen* Austausch zwischen Abschlussprüfer und Prüfungsausschuss, insbesondere im Rahmen der Teilnahme des Abschlussprüfers an der »Bilanzsitzung« des Prüfungsausschusses und/oder Aufsichtsrats gem. § 171 Abs. 1 Satz 2 AktG.

Diese periodisch stattfindenden Treffen unterliegen insoweit einer Routine, dass hierbei häufig die notwendigen Themen durchgesprochen werden, darüber hinaus allerdings (z. B. aufgrund stringenter Tagesordnungen bei Aufsichtsratssitzungen) wenig Raum besteht, weitere Themen zu diskutieren oder offene Diskussionen zu führen.

Anlassunabhängige Gespräche des Prüfungsausschusses oder des Aufsichtsrats mit dem Abschlussprüfer können die Zusammenarbeit zwischen den beiden Parteien intensivieren und verbessern die Zusammenarbeit regelmäßig erheblich. Die Vorgehensweise betreffend anlassunabhängige Kommunikation mit dem Abschlussprüfer ist zum einen abhängig von Größe, Branche und Philosophie des Unternehmens, zum anderen sicher auch beeinflusst durch den Umfang der Tätigkeiten des Abschlussprüfers: Während bei einer börsennotierten, sehr großen, internationalen AG, deren Quartals- und Halbjahresfinanzberichterstattung vom Abschlussprüfer geprüft oder reviewt wird, regelmäßig auch unterjährige Treffen (z. B. auch in festen Quartalsrhythmen) sinnvoll sind, kann bei einer nicht notierten Gesellschaft ein Gespräch im Rahmen der Prüfungsphase vor Ort genügen. Hierbei bietet es sich an, solche Gespräche auch schon während der sog. »Vorprüfung«, also vor dem eigentlichen Aufstellungs- und (Haupt-)Prüfungszeitraum zu führen, um besondere Effekte und abschlussspezifische Themen frühzeitig zu adressieren.

Wie oft, wie lange und wie intensiv solche Gespräche stattfinden sollen, muss jeder Aufsichtsrat und Prüfungsausschuss selbst entscheiden. Anhaltspunkte hierfür können folgende Aspekte sein:

- neue Rechnungslegungsstandards und Gesetze,
- Abschlussprüferwechsel,
- Vorstands- und/oder Aufsichtsratsneubesetzung bzw. -ausscheiden,
- gesamtwirtschaftliche Rahmenbedingungen,
- stark schwankender, extrem wachstumsstarker oder erheblich rückläufiger Geschäftsverlauf und/oder
- Besonderheiten im Abschluss.

Als Best Practice hat sich in den letzten Jahren herausgebildet, dass der Abschlussprüfer regelmäßig an den Sitzungen des Prüfungsausschusses teilnimmt und der Prüfungsausschuss mindestens einmal im Jahr in Abwesenheit des Vorstands eine Unterredung mit dem Abschlussprüfer führt.

Zu *unregelmäßiger* Kommunikation führen insb. folgende Themen:

- Unverzügliche Berichtspflicht des Abschlussprüfers an den Aufsichtsrat bzw. Prüfungsausschuss nach Ziff. 7.2.1. Abs. 2 DCGK über während der Prüfung auftretende mögliche Ausschluss- und Befangenheitsgründe,
- Berichtspflicht des Abschlussprüfers nach Ziff. 7.2.3 Abs. 2 DCGK bzgl. bei Durchführung der Abschlussprüfung festgestellter Tatsachen, die eine Unrichtigkeit der von Vorstand und Aufsichtsrat abgegebenen Erklärung zum Kodex ergeben, sowie
- Pflicht des Abschlussprüfers zum unverzüglichen Bericht über alle für die Aufgaben des Aufsichtsrats wesentlichen Feststellungen und Vorkommnisse, die sich bei der Durchführung der Abschlussprüfung ergeben nach Ziff. 7.2.3 Abs. 1 DCGK.

g Beurteilung der Qualität der Abschlussprüfung

Um seiner Aufgabe, die Abschlussprüfung zu überwachen, gerecht zu werden, muss der Aufsichtsrat die Qualität der Abschlussprüfung regelmäßig und systematisch beurteilen sowie seine weitere Tätigkeit hierauf ausrichten. Sollte er bspw. mit der Qualität unzufrieden sein, muss er im Unternehmensinteresse qualitätssteigernde Maßnahmen ergreifen. Hierneben ist zu beachten, dass sich bei nicht ordnungsgemäßer Durchführung der Abschlussprüfung der eigene Prüfungsumfang für den

Prüfungsausschuss und den Aufsichtsrat bei der Prüfung des Jahresabschlusses i.S.d. § 171 Abs. 1 Satz 1 AktG erhöht. Möglicherweise kann ein nicht ordnungsgemäß geprüfter Abschluss sogar zur Nichtigkeit des gesamten Abschlusses nach § 256 Abs. 1 Nr. 2 AktG – mit den entsprechenden Konsequenzen – führen.

aa Maßstäbe für die Qualität der Abschlussprüfung

Ziel der Abschlussprüfung ist es, ein Urteil darüber zu erlangen, ob der Abschluss nebst Lagebericht mit hinreichender Sicherheit frei von wesentlichen Fehlern ist und das Gesamturteil im Ergebnis der Prüfung (Bestätigungsvermerk und Prüfungsbericht) zusammenzufassen. Hieraus lässt sich ableiten, dass das erste Qualitätsmerkmal der Abschlussprüfung aus Sicht des Prüfungsausschusses darin liegt, ob das Urteil des Abschlussprüfers zuverlässig ist. Sollten hieran Zweifel bestehen oder sogar Umstände bekannt geworden sein, die dafür sprechen, dass der Abschlussprüfer (schuldhaft) ein falsches Urteil abgegeben hat, so lässt dies die Qualität der Abschlussprüfung fraglich erscheinen.

Neben dem rein gesetzlichen Zweck der Abschlussprüfung lässt sich allerdings noch ein über diese Zielsetzung hinausgehender Zusatznutzen der Abschlussprüfung für das Unternehmen bestimmen. Das zweite Qualitätsmerkmal umfasst dementsprechend alle Formen des Zusatznutzens, den eine Abschlussprüfung begründen kann.

Zusatznutzen einer Abschlussprüfung kann z. B. entstehen durch:

- konstruktive Empfehlungen im Rahmen des Managementletters (z. B. Prozessoptimierungen),
- Unterstützung des Aufsichtsrats bei dessen Überwachungstätigkeit,
- offener und konstruktiver Gedankenaustausch zwischen Prüfungsausschuss bzw. Aufsichtsrat und Abschlussprüfer ggf. unter Hinzuziehung des Vorstands,
- Ergebnisse aus der Verfolgung der mit dem Prüfungsausschuss bzw. Aufsichtsrat vereinbarten Prüfungsschwerpunkte,
- hohe Qualität des Prüfungsberichts oder
- umfassende zusätzliche Berichterstattung (z. B. bei der Bilanzausschusssitzung).

ab Überprüfung der Qualität durch den Prüfungsausschuss

Als Grundlage für die Überprüfung der Qualität der Abschlussprüfung muss der Prüfungsausschuss definieren, was für ihn die Qualität der Abschlussprüfung charakterisiert und wie er diese Qualitätsmerkmale gewichtet. Bei dieser Beurteilung der Prüfung anhand dieser Qualitätsmerkmale können die folgenden Ideen aufgegriffen werden:

- Zuverlässigkeit des Ergebnisses der Abschlussprüfung
  - Nachweis der geleisteten Arbeitsstunden des Abschlussprüfers: Wie viele Stunden hat die Wirtschaftsprüfungsgesellschaft für die Prüfung aufgewendet? Wie verteilen sich diese Stunden auf die verschiedenen Hierarchieebenen/Erfahrungsgrade der Teammitglieder? (Entsprechende Auswertungen des Abschlussprüfers sollten angefordert und ausgewertet werden)
  - Wurden die Erwartungen des Prüfungsausschusses hinsichtlich Berichterstattung erfüllt (z. B. Berichterstattung über wesentliche Bewertungsgrundlagen)?
  - Hat der Prüfungsausschuss Hinweise erhalten, die darauf hindeuten, dass der Abschlussprüfer nicht alle wesentlichen Themen umfassend gewürdigt hat?
  - Bestehen Uneinigkeiten hinsichtlich der bilanziellen Abbildung von wesentlichen Sachverhalten oder der Lageberichterstattung zwischen Abschlussprüfer, Prüfungsausschuss und Vorstand?

- Berichterstattung
  - Entspricht der Prüfungsbericht den Anforderungen des Prüfungsausschusses? Werden kritische Themen z. B. im Rahmen der wesentlichen Bewertungsgrundlagen klar und umfassend dargestellt? Ist die Berichterstattung aussagekräftig und vollständig[72]?
  - Ist der Umfang der Berichterstattung in der Bilanzsitzung ausreichend? Fühlt sich der Prüfungsausschuss zielgerichtet informiert?
  - Enthält der Managementletter interessante, neue Anhaltspunkte für Verbesserungen der Prozesse und Strukturen im Unternehmen?
- Zusatznutzen:
  - Informiert der Abschlussprüfer den Prüfungsausschuss über relevante Änderungen in den Bereichen Corporate Governance und künftige Entwicklung in der Rechnungslegung?
  - Erfolgt die Information des Prüfungsausschusses und Aufsichtsrats über aktuelle Themen adressatengerecht (klar, vollständig und komprimiert)?
  - Wurde den Prüfungsschwerpunkten entsprechend Beachtung geschenkt und sind bei deren Verfolgung präsentable Ergebnisse entstanden?

ac Qualitätssteigernde Maßnahmen

Eine positive Auswirkung auf die Qualität der Abschlussprüfung können z. B. folgende Maßnahmen entwickeln:

- Verständigung
  - klare Vorgaben hinsichtlich der Erwartungshaltung des Prüfungsausschusses zur Abschlussprüfung an den Abschlussprüfer kommunizieren,
  - Prüfungsschwerpunkte exakter definieren,
  - regelmäßige und frühzeitige Besprechungen mit dem Abschlussprüfer hinsichtlich des Prüfungsfortschritts und der kritischen Themen.
- Auswahl des Abschlussprüfers:
  - Abschlussprüferwechsel (Externe Rotation),
  - Rotation des verantwortlichen Wirtschaftsprüfers (Interne Rotation),
  - Abwägung der Vor- und Nachteile eines Joint Audits.

Gerade größere Wirtschaftsprüfungsgesellschaften führen regelmäßig »Client Service Assessments« bei ihren Mandanten durch, im Rahmen derer eine von der Prüfung selbst unabhängige Person Verantwortungsträger im Unternehmen und Mitglieder des Prüfungsausschusses zu ihrer Zufriedenheit mit der Abschlussprüfung und ggf. zusätzlich erbrachten Leistungen befragt. Diese Möglichkeit sollte der Prüfungsausschuss nutzen, um gezieltes Feedback zu geben und dadurch eine Steigerung der Prüfungsqualität zu erzielen.

h Würdigung der Ergebnisse der Abschlussprüfung

Im Rahmen der Beurteilung der Qualität der Abschlussprüfung sowie im Hinblick auf die persönliche Verpflichtung des Aufsichtsrats zur Prüfung des Jahresabschlusses gem. § 171 Abs. 1 Satz 1 AktG ist es notwendig, dass der Prüfungsausschuss die Ergebnisse der Abschlussprüfung würdigt. Sein Urteil umfasst hierbei zum einen die Validität der Abschlussprüfung sowie zum anderen deren Ergebnis.

---

72 Die Vollständigkeit kann der Prüfungsausschuss z. B. anhand seiner Kenntnisse aus Aufsichtsratssitzungen und Vorstandssitzungsprotokollen überprüfen.

Die *Validität* der Prüfung wird im Rahmen der Beurteilung der Qualität der Abschlussprüfung abgedeckt (siehe Abschnitt D.II.3.g, »Beurteilung der Qualität der Abschlussprüfung«).

Das *Ergebnis* der Abschlussprüfung ist nach § 322 HGB der Bestätigungsvermerk, der drei unterschiedliche Ausprägungen annehmen kann:

- uneingeschränkter Bestätigungsvermerk,[73]
- eingeschränkter Bestätigungsvermerk oder
- Versagungsvermerk.

Die Erteilung von eingeschränkten Bestätigungsvermerken oder Versagungsvermerken stellen einen Ausnahmefall dar. Sollte sich eine Einschränkung oder gar eine Versagung abzeichnen, wird der Abschlussprüfer frühzeitig das Gespräch mit Vorstand und Prüfungsausschuss suchen, damit die festgestellten Beanstandungen noch während der Prüfung behoben werden können. Spätestens wenn bei wesentlichen Fragestellungen zum Abschluss Uneinigkeit zwischen Vorstand und Abschlussprüfer herrscht, wird der Prüfungsausschuss hinzugezogen werden. Nur wenn es nach einem intensiven Austausch nicht zu einer Einigung mit dem Wirtschaftsprüfer kommt oder Vorstand und Aufsichtsrat die Einschränkung bzw. Versagung »in Kauf nehmen«, gibt es Fälle von eingeschränkten Bestätigungsvermerken oder Versagungsvermerken.

Auf Ebene des Abschlusses werden Testatseinschränkungen oder -versagungen oft mit dem Gedanken an die Nichtigkeit des Abschlusses in Verbindung gebracht, obwohl hier keine unmittelbare Verknüpfung besteht. Die potenzielle Nichtigkeit des Abschlusses bezieht sich zunächst ausschließlich auf Jahresabschlüsse. Eine Übertragung dieser Vorschriften auf Konzernabschlüsse ist nach h. M. nicht geboten, da dieser nicht festgestellt wird und ausschließlich Informationszwecken dient.[74] Bei Jahresabschlüssen wiederum kommt es ausschließlich in den in § 256 AktG geregelten Fällen zur Nichtigkeit; die möglichen Ursachen für eine Einschränkung des Bestätigungsvermerks oder die Erteilung eines Versagungsvermerks sind hingegen weiter gefasst.

Durch die Einschränkung oder Versagung des Bestätigungsvermerks ist der Aufsichtsrat demnach rechtlich nicht gehindert, den Jahres- und Konzernabschluss zu billigen, wenn er zu einem anderen Prüfungsergebnis kommt als der Abschlussprüfer. Er muss jedoch der Hauptversammlung ausführlich begründen, warum er im Gegensatz zum Wirtschaftsprüfer glaubt, keine Einwendungen erheben zu müssen.[75] Ist der festgestellte Abschluss jedoch nach § 256 AktG nichtig, so ist auch der entsprechende Gewinnverwendungsbeschluss nach § 253 AktG nichtig.

Zum Ergebnis der Prüfung gehört auch die Berichterstattung über sonstige Gesetzesverstöße, sachverhaltsgestaltende Maßnahmen und Unregelmäßigkeiten im Prüfungsbericht. Hieraus können sich z. B. Anhaltspunkte für Bereiche ergeben, denen im Rahmen der Aufsichtsarbeit mehr Aufmerksamkeit zu Teil werden sollte. Potenzielle Risikofaktoren – auch für die Folgeabschlüsse – lassen sich hieraus ableiten (z. B. Wertminderungstest für Beteiligungen im Berichtsjahr knapp oberhalb des Buchwerts, vorausschauend könnte hierin ein Wertminderungsrisiko für den Folgeabschluss vorliegen).

---

73 Möglicherweise ergänzt um Hinweise, die die Aufmerksamkeit der Adressaten auf besondere Erkenntnisse aus der Prüfung des Unternehmens oder auch wesentliche Unsicherheitsfaktoren hinsichtlich z. B. der Unternehmensfortführung lenken sollen.
74 Vgl. Beck'scher Bilanzkommentar (2010), § 342b, Rz. 47.
75 Vgl. Huwer (2008), S. 131.

4 Vorbereitende Prüfung des Jahresabschlusses

a Prüfungsumfang und -organisation

Die Prüfung des Jahresabschlusses obliegt gem. §171 Abs. 1 Satz 1 AktG dem Aufsichtsrat. Nach § 107 Abs. 3 Satz 3 AktG ist diese Prüfungsaufgabe nicht an den Prüfungsausschuss delegierbar. Die Pflicht zur Prüfung des Abschlusses ist eine persönliche Pflicht jedes einzelnen Aufsichtsratsmitglieds[76], somit trifft die Konsequenz bei Verletzung der entsprechenden Sorgfalts- und Prüfungspflichten nicht nur die Mitglieder des Prüfungsausschusses, sondern jedes einzelne Aufsichtsratsmitglied. Der Prüfungsausschuss kann allerdings den Jahresabschluss vorbereitend prüfen und Empfehlungen an den Gesamtaufsichtsrat geben. Eine Aufgabenverteilung mit entsprechender Haftungszuweisung an die Mitglieder des Prüfungsausschusses ist hingegen nicht möglich.

Neben dem Jahresabschluss nebst Lagebericht wird vom Aufsichtsrat und i. d. R. vorbereitend durch den Prüfungsausschuss gem. § 171 Abs. 1 Satz 1 AktG der Gewinnverwendungsvorschlag sowie – sofern Aufstellungspflicht besteht – der Konzernabschluss nebst Konzernlagebericht geprüft. Ziel der Prüfung ist, die betreffenden Abschlüsse festzustellen (bzw. zu billigen) und den Vorschlag zur Gewinnverwendung zu beschließen. Ohne ordnungsgemäße Prüfung kann der Jahresabschluss

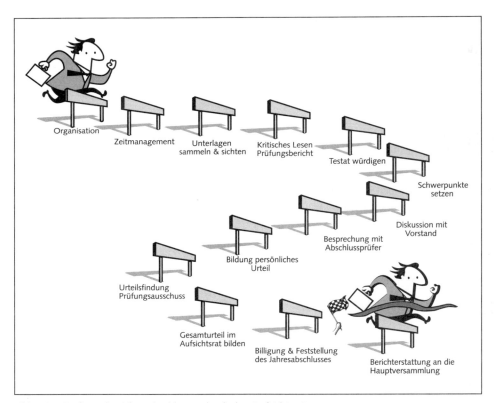

Abb. 10: Prüfung des Jahresabschlusses durch den Aufsichtsrat

---

76 Vgl. Buhleier/Krowas (2010), S. 1165 ff.

nicht festgestellt bzw. der Konzernabschluss nicht gebilligt werden. Mangels Feststellung kann keine wirksame Gewinnverwendung und Entlastung des Vorstands bzw. der Geschäftsführung sowie des Aufsichtsrats beschlossen werden. Eine trotz nicht ordnungsgemäßer Prüfung und Feststellung des Abschlusses erfolgte Ausschüttung ist nicht rechtswirksam. Der Aufsichtsrat muss bei seiner Prüfung zwei Zielrichtungen abdecken: Die Rechtmäßigkeit und die Zweckmäßigkeit des Abschlusses. Unter Rechtmäßigkeit wird die Konformität des Abschlusses mit den geltenden Gesetzen und Rechnungslegungsnormen verstanden, unter Zweckmäßigkeit hingegen wird die sachgerechte Ausübung von Wahlrechten und Ermessensspielräumen im Unternehmensinteresse subsumiert[77]. Nach erfolgter Prüfung hat der Aufsichtsrat gem. § 171 Abs. 2 Satz 1 AktG schriftlich an die Hauptversammlung zu berichten.

Die Organisation der Prüfung des Jahresabschlusses durch den Aufsichtsrat ist einer der zentralen Faktoren für die Effizienz und den Erfolg der Prüfung des Abschlusses durch den Aufsichtsrat. Die Zeit zur Erstellung und Prüfung des Abschlusses ist knapp bemessen, sodass auch für die Prüfung durch den Aufsichtsrat oft nur wenige Tage, i. d. R. maximal zwei bis drei Wochen, zur Verfügung stehen. In diesem Zeitraum müssen die Unterlagen gesichtet, Schwerpunkte gesetzt, Rückfragen mit Vorstand und Abschlussprüfer geklärt, Sitzungen abgehalten und dokumentiert werden. Neben der knapp bemessenen Zeit stellt der Umfang der Unterlagen ebenfalls eine kritische Größe dar: Ein HGB-Jahres- und ein IFRS-Konzernabschluss jeweils mit Lagebericht werden zusammen regelmäßig rund 300 Seiten umfassen, hierzu kommen zweimal je 50 weitere Seiten Prüfungsbericht des Abschlussprüfers. Folglich sind das Zeitmanagement und die Terminierung der entsprechenden Sitzungen des Prüfungsausschusses und des Gesamtaufsichtsrats von entscheidender Bedeutung.

b   Sichtung der Unterlagen und Fokussierung

Zu Beginn der Prüfung muss sich jedes Aufsichtsratsmitglied einen Überblick über sämtliche ihm vorliegenden Unterlagen verschaffen und in einem ersten »Grobdurchlauf« deren Umfang und Inhalt klassifizieren. Unterstützt durch die persönlichen Kenntnisse über das Unternehmen, dessen Geschäftstätigkeit, seine wirtschaftliche Gesamtsituation und die des Umfeldes werden Schwerpunkte für die Prüfung des Abschlusses festgelegt. Während Teile der Unterlagen ggf. durch kritisches Lesen hinreichend geprüft werden können, bedarf es in anderen Bereichen eingehender Nachfragen, Erläuterungen sowie Diskussionen. Der Prüfungsbericht des Abschlussprüfers sowie Gespräche mit diesem können Anhaltspunkte dafür liefern, welche Themengebiete als Prüfungsschwerpunkt einzustufen sind, insb. die Berichterstattung zu sachverhaltsgestaltenden Maßnahmen, entwicklungsbeeinträchtigenden oder bestandsgefährdenden Tatsachen, wesentlichen Bewertungsgrundlagen, Bilanzierungsänderungen oder Gesetzesverstößen sollte hierbei Beachtung finden. Der Wortlaut des Bestätigungsvermerks sollte ebenfalls beachtet werden, da im Testat durch den Abschlussprüfer auch Hinweise gegeben oder Ergänzungen getätigt werden können, wenngleich diese keine Einschränkung nach sich ziehen. Solche Hinweise werden vom Abschlussprüfer meist dann gewählt, wenn er den Adressaten auf eine besonders zentrale Annahme, auf der die Abschlusserstellung oder die Annahme der Unternehmensfortführung beruht, hinweisen möchte (z. B. Entwicklungsbeeinträchtigung wegen Auslaufen der Kreditlinien ohne Refinanzierungsmöglichkeit).

Eine Prüfung in gleicher Intensität wie die der Abschlussprüfung entsprechend § 317 HGB kann vom Aufsichtsrat nicht gefordert werden[78]. Der Aufsichtsrat hat jedoch alle notwendigen Maßnahmen zu ergreifen, um nach seiner eingehenden Prüfung dem Abschluss ein Gesamturteil zuzuweisen und das Risiko einer Fehlentscheidung hierbei zu minimieren. Von dieser der Prüfung

---

77 Vgl. Hüffer (2010), § 171 Rdn. 5 bis 7.
78 Vgl. Schulz (2007), § 171 Rdn. 3.

des Abschlussprüfers nachgelagerten, zweiten Prüfung durch den Aufsichtsrat verspricht sich der Gesetzgeber vor allem Impulse bei solchen Themen, die der Aufsichtsrat aufgrund seiner Vorkenntnisse aus der Aufsichtsratstätigkeit heraus anders einstuft oder in einen anderen Zusammenhang einbettet, als der Abschlussprüfer dies tut. Darüber hinaus soll die Prüfung durch den Aufsichtsrat das Thema der Zweckmäßigkeit des Abschlusses aufgreifen, da der Bestätigungsvermerk nur Aussagen zur Rechtmäßigkeit trifft und nicht dazu Stellung nimmt, ob die jeweils unternehmensindividuell optimale Lösung gewählt wurde.

Im Rahmen seiner pflichtgemäßen Wahrnehmung der Aufsichtsaufgabe ist der Aufsichtsrat dafür verantwortlich, den Abschluss unter Einbeziehung sämtlicher ihm bekannten Informationen auf Plausibilität hin zu untersuchen, ihn einer betriebswirtschaftlichen Analyse zu unterziehen sowie hierauf aufbauend das vermittelte Gesamtbild des Unternehmens zu würdigen. Sofern der Aufsichtsrat im Einzelfall andere bilanzielle Abbildungen im Unternehmensinteresse für zweckmäßiger hält oder sogar Zweifel an der Ordnungsmäßigkeit hat, muss er seine eigene Auffassung zunächst anhand entsprechender Nachweise verifizieren, um im Anschluss mit dem Vorstand (ggf. unter Hinzuziehung des Abschlussprüfers) die konträren Standpunkte zu diskutieren. Für eine den Anforderungen entsprechende Prüfung des Abschlusses werden neben Kenntnissen über das Unternehmen auch umfassende Rechnungslegungskenntnisse benötigt, die z. B. »Querchecks« zur Stimmigkeit der Informationen innerhalb der Unterlagen ermöglichen sollen. Sobald konkrete Anhaltspunkte für einen mangelhaften Abschluss vorliegen, müssen weiterführende Prüfungen (z. B. Stichprobenprüfungen einzelner Posten gem. § 111 Abs. 2 AktG) durchgeführt werden.

c Verwertung des Prüfungsberichts

Der Abschlussprüfer ist gem. § 321 HGB gesetzlich verpflichtet, über die Abschlussprüfung einen schriftlichen Prüfungsbericht abzufassen. Das Gesetz gibt für den Inhalt dieses Prüfungsberichts klare Leitlinien vor, die durch den IDW PS 450 über die Grundsätze ordnungsmäßiger Berichterstattung bei Abschlussprüfungen weitestgehend detailliert ausgefüllt werden. Entsprechend der strikten Vorgaben sind die Prüfungsberichte der Wirtschaftsprüfer weitestgehend standardisiert und vergleichbar. Trotz des vorgegebenen Aufbaus finden sich in der Detailtiefe teils erhebliche Unterschiede, die allerdings nicht alleine dem Abschlussprüfer zuzurechnen sind, sondern auch durch das zu prüfende Unternehmen beeinflusst werden. Wünscht sich der Vorstand oder der Aufsichtsrat bspw. einen ausführlicheren Bericht oder möchte er, dass z. B. unternehmensspezifische Kennzahlen aufgenommen werden, kann er auf den Abschlussprüfer innerhalb der durch das Gesetz gesetzten Grenzen der Berichterstattung durch entsprechende Auftragsvereinbarungen Einfluss nehmen.

Der Prüfungsbericht stellt ein nützliches Informationsinstrument für den Aufsichtsrat bei seiner eigenen Prüfung des Abschlusses dar, denn der Abschlussprüfer gibt nicht nur sein Gesamturteil in Form des Bestätigungsvermerks ab, sondern kommentiert letztlich den Abschluss aus seiner Sichtweise. Insb. werden neutrale Effekte gesondert ausgewiesen und ungewöhnliche Bilanzierungsweisen klar herausgestellt. Auch über anderweitige Verstöße und Unregelmäßigkeiten, die nicht die Rechnungslegung als solche betreffen, ihm aber bei seiner Prüfungstätigkeit bekannt werden, muss der Abschlussprüfer aufgrund seiner Redepflicht Bericht erstatten. Anhand der Gliederung des IDW PS 450, die weitestgehend derjenigen des Prüfungsberichts des Abschlussprüfers entspricht, werden im Folgenden die Inhalte der Berichtspassagen herausgearbeitet und dem Aufsichtsrat ein Einblick gewährt, was er aus dem Prüfungsbericht lesen kann, welche Abschnitte besonders informativ sind und wie er die Informationen für seine Tätigkeit nutzen kann. Sofern einzelne Teilbereiche beim jeweiligen Unternehmen nicht zutreffend sind, entfallen die entsprechenden Passagen und die Nummerierung wird entsprechend angepasst.

1. Prüfungsauftrag
In diesem ersten Abschnitt des Prüfungsberichts werden die Grundlagen des Prüfungsauftrags ausgeführt. Hier sind u. a. die Wahl zum Abschlussprüfer, das Auftragsschreiben mit Angaben zum Auftraggeber, der Art der Prüfung (Jahres- oder Konzernabschlussprüfung, Rechnungslegungsstandards) sowie einige Auftragsdaten zu finden. Abgesehen davon, dass der Aufsichtsrat die Angaben auf ihre Ordnungsmäßigkeit hin überprüfen kann, bietet dieser Abschnitt regelmäßig keine neuen Erkenntnisse für ihn.

2. Grundsätzliche Feststellungen
2.1. Lage des Unternehmens
2.1.1. Stellungnahme zur Lagebeurteilung der gesetzlichen Vertreter
Dieser zentrale Abschnitt zu Beginn des Berichts soll den Leser auf für die Beurteilung der wirtschaftlichen Lage besonders wichtigen Punkte hinweisen. Der Abschlussprüfer gibt hier an erster Stelle prägnant die wichtigsten Punkte aus der Lageberichterstattung der Geschäftsführung wieder. Es ist allerdings nicht seine Aufgabe, diese Kernaussagen zu werten, zu gewichten oder gar zu vervollständigen. Nicht im Lagebericht enthaltene Angaben führen ggf. zu Auswirkungen auf den Bestätigungsvermerk und können nicht durch Erläuterungen im Prüfungsbericht geheilt werden. Neben den Erläuterungen zur Entwicklung der Vermögens-, Finanz- und Ertragslage endet dieser Abschnitt des Berichts regelmäßig mit einem Ausblick auf die (beiden) kommenden Geschäftsjahre. Bereits an dieser Stelle ist ersichtlich, wie die Unternehmensleitung die weitere Entwicklung beurteilt und ob sowie in welchem Umfang es Risiken bzgl. der zukünftigen Entwicklung des Unternehmens gibt.

Sollte eine Bestandsgefährdung oder eine Entwicklungsbeeinträchtigung vorliegen, wird der Wirtschaftsprüfer auch hierüber bereits an dieser Stelle des Prüfungsberichts berichten. Meist wird, um der Gewichtigkeit eines solchen Punktes Rechnung zu tragen, ein eigener Gliederungspunkt (z. B. »2.1.2 Entwicklungsbeeinträchtigende Tatsachen«) eröffnet und es lässt sich bereits mit einem Blick in die Gliederung des Prüfungsberichts feststellen, ob erhöhte Risiken bei der zukünftigen Entwicklung bestehen. In den Ausführungen eines solchen Abschnittes berichtet der Abschlussprüfer wieder ausgehend von den Aussagen im Lagebericht, kann allerdings darüber hinaus weiterführende Details einfließen lassen. Während z. B. im Lagebericht auf ein Risiko aus der Finanzierung über kurzfristige Kreditlinien hingewiesen und ein alternatives Finanzierungskonzept dargelegt wird, kann der Abschlussprüfer diese Aussagen mit Zahlen und Fakten füllen. Hier ist allerdings anzumerken, dass die Angaben zu Risiken im Lagebericht ebenfalls zu quantifizieren und auszuführen sind, sollte eine deutlich umfangreichere Berichterstattung im Prüfungsbericht aufzufinden sein, deutet dies möglicherweise auf einen Mangel im Lagebericht hin. Auch ohne Mangel im Lagebericht und möglicherweise folgender Einschränkung des Testats werden entwicklungsbeeinträchtigende oder bestandsgefährdende Tatsachen häufig zu einem Hinweis im Bestätigungsvermerk führen. Dieser Hinweis bedeutet allerdings keine Einschränkung und kann auch bei vollständiger und ordnungsmäßiger Berichterstattung der Geschäftsführung im Abschluss angebracht sein, um entsprechendes Gewicht auf die Aussage zu Unsicherheitsfaktoren bei künftigen Entwicklungen zu legen. Eine Bestandsgefährdung bedeutet im Zweifel eine existenzbedrohende Lage im Verlauf des nächsten Geschäftsjahres ab dem Abschlussstichtag. Bei Entwicklungsbeeinträchtigungen sind die Risiken entweder nicht ganz so gravierend in ihrer Auswirkung oder sie werden erst zu einem späteren Zeitpunkt erwartet (i. d. R. binnen zwei Geschäftsjahren).

2.2. Unregelmäßigkeiten
Der Abschlussprüfer unterliegt einer Berichterstattungspflicht über ihm während der Prüfung bekanntgewordene Unregelmäßigkeiten oder Verstöße, auch soweit diese nicht die Rechnungslegung betreffen. Solche nicht die Rechnungslegung bzw. den Abschluss direkt betreffenden Sachverhalte haben meist keinerlei Auswirkungen auf den Abschluss und somit auch regelmäßig nicht auf den Bestätigungsvermerk.

Wenn dem Abschlussprüfer keinerlei Unregelmäßigkeiten im Laufe der Prüfung bekanntgeworden sind, entfällt der entsprechende Abschnitt. Auch hier kann der Aufsichtsrat folglich bereits durch einen Blick in die Gliederung feststellen, ob durch den Abschlussprüfer Verstöße identifiziert wurden und falls ja, ob diese die Rechnungslegung betreffen oder nicht.

2.2.1. Unregelmäßigkeiten in der Rechnungslegung
Hier wird über alle festgestellten Verstöße gegen andere Rechnungslegungsvorschriften berichtet, die i. d. R. zu einer Einschränkung oder Versagung des Testats geführt haben. Beispielhaft können hier fehlende Anhangangaben oder eine fehlerhafte Bewertung bei einer Rückstellung genannt werden.

2.2.2. Sonstige Unregelmäßigkeiten
Sonstige Unregelmäßigkeiten und Gesetzesverstöße betreffen häufig eine nicht oder nicht fristgerecht erfolgte Offenlegung gem. § 325 HGB. In diesem Fall ergibt sich beispielsweise zunächst keine Auswirkung auf den Bestätigungsvermerk. Auch andere Gesetzesverstöße, die nicht in einem so engen Zusammenhang zur Rechnungslegung stehen, werden hier näher erläutert (z. B. spezialgesetzliche Regelungen bei Kreditinstituten). Hierneben fallen unter den Begriff Unregelmäßigkeiten auch Verstöße gegen den Gesellschaftsvertrag oder fraudulente Handlungen aller Art: Täuschung, Vermögensschädigung oder Betrug. Viele der möglichen Inhalte werden zumindest in ihren Konsequenzen (z. B. Rechtsstreitigkeiten) auch Auswirkungen auf die Rechnungslegung haben und können somit indirekt Auswirkungen auf den Bestätigungsvermerk entfalten (z. B. fehlende Rückstellung für Rechtsstreitigkeiten).

Darüber hinaus berichtet der Abschlussprüfer in diesem Abschnitt über festgestellte Verstöße gegen Vorschriften des Deutschen Corporate Governance Kodex durch in den Konzernabschluss einbezogene börsennotierte Gesellschaften oder Gesellschaften, die sich freiwillig zur Beachtung des DCGK verpflichtet haben (Berichterstattungspflicht nach Ziffer 7.2.3 DCGK).

3. Gegenstand, Art und Umfang der Prüfung
In diesem Abschnitt wird die Vorgehensweise bei der Prüfung ausgehend vom Prüfungsgegenstand bis hin zur Prüfungstechnik und zum Prüfungszeitraum dargestellt. Hier werden z. B. die Prüfungsverfahren erläutert (Stichprobenprüfung vs. Prozessprüfung). Dieser meist formelhaft aufgebaute Abschnitt, der den Prüfungsansatz des Abschlussprüfers wiedergibt, bietet nur wenig Informationen für den Aufsichtsrat. Er kann allerdings darauf achten, dass die mit dem Abschlussprüfer vereinbarten Prüfungsschwerpunkte hier benannt werden. Hierneben wird der Abschlussprüfer darauf hinweisen, wenn bei der Prüfung einzelner Bilanzposten ein besonderes Prüfungsvorgehen gewählt wurde (z. B. Verwendung von Gutachten als Nachweis für die Rückstellungsbewertung, Inventurbeobachtung).

4. Feststellungen und Erläuterungen zur Rechnungslegung
4.1. Ordnungsmäßigkeit der Rechnungslegung
4.1.1. Buchführung und weitere geprüfte Unterlagen
4.1.2. Jahresabschluss
4.1.3. Lagebericht
Der Abschlussprüfer trifft in diesem Abschnitt Aussagen zur Ordnungsmäßigkeit des Abschlusses nebst Lagebericht. Meist wird dies in einer Bestätigung der entsprechenden Regelkonformität bestehen. Hieraus ergeben sich keine neuen Erkenntnisse für den Aufsichtsrat, da sich die wertenden Feststellungen und Beanstandungen bereits aus dem Bestätigungsvermerk ergeben.

4.2. Gesamtaussage des Jahresabschlusses
Dieser Abschnitt ist ein zentraler Berichtsteil, da er die Analyse des Abschlusses beinhaltet. Alle wesentlichen Beeinflussungen des Abschlusses, seien es Einmaleffekte, Sachverhaltsgestaltungen

oder bilanzpolitische Maßnahmen, werden hier genannt und quantifiziert. Neben den eher abschließenden Urteilen des Abschlussprüfers, wie sie im Rahmen des Bestätigungsvermerks oder bei den Aussagen zur Ordnungsmäßigkeit getroffen werden, kann der Aufsichtsrat diesem Berichtsteil entnehmen, in welchem Ausmaß die Geschäftsführung Einfluss auf den Abschluss genommen hat und in welchem Umfang Spielräume genutzt wurden.

4.2.1. Feststellungen zur Gesamtaussage des Jahresabschlusses
Der einleitende Abschnitt Feststellungen zur Gesamtaussage ist ähnlich den Ausführungen zur Ordnungsmäßigkeit eine formelmäßige Feststellung, welche bescheinigt, ob der Abschluss insgesamt ein den tatsächlichen Verhältnissen entsprechendes Bild von der Vermögens-, Finanz- und Ertragslage des Unternehmens vermittelt. Allerdings ist auch diese Gesamtaussage aus dem Bestätigungsvermerk ersichtlich. Sollte ein entsprechendes Bild nicht vermittelt werden, kann dies zu einer Einschränkung oder Versagung führen.

4.2.2. Wesentliche Bewertungsgrundlagen
Dieser insb. für die Prüfung der Zweckmäßigkeit des Abschlusses zentrale Abschnitt erläutert alle wesentlichen Bewertungsgrundlagen. Hierunter fallen alle Sachverhalte, bei denen die Bewertung in größerem Ausmaß von einzelnen gewählten Parametern oder der Ausübung von Wahlrechten bzw. Schätz- und Ermessensspielräumen abhängig ist. Typischerweise wird in diesem Abschnitt über die Bewertungsgrundlagen der folgenden Bilanzposten berichtet: selbstgeschaffene immaterielle Rechte und Werte, Geschäfts- oder Firmenwert, Sachanlagen (bei ungewöhnlichen Abschreibungsmethoden), Anteile an verbundenen Unternehmen, Vorräte, langfristige Forderungen und Ausleihungen, Pensionsrückstellungen, Altersteilzeit-Rückstellungen sowie andere sonstige Rückstellungen. Diese über die Angaben im Anhang hinausgehenden Erläuterungen können dem Aufsichtsrat z. B. Anhaltspunkte dafür geben, welche Bilanzposten besonders konservativ oder aggressiv bewertet wurden, in welchen Bereichen in den kommenden Geschäftsjahren mit Abwertungen zu rechnen ist und inwieweit das derzeitige Bilanzbild nachhaltig ist. Mit diesen Erkenntnissen kann der Aufsichtsrat die Diskussion der Zweckmäßigkeit des Abschlusses aufgreifen und die von der Geschäftsführung vorgegebene Richtung hinterfragen. Auch für die Gespräche mit dem Abschlussprüfer liefert dieser Abschnitt wichtige Anhaltspunkte, um den Abschlussprüfer z. B. nach seinem Standpunkt zu den gewählten Parametern zu befragen: Sind z. B. die vom Unternehmen gewählten Zinssätze im Branchenvergleich üblich?

4.2.3. Änderungen in den Bewertungsgrundlagen
Dieser Berichtsabschnitt ist nur dann einschlägig, wenn Änderungen bei den wesentlichen Bewertungsgrundlagen stattgefunden haben. Werden die Vorräte z. B. erstmalig nicht mehr nach einem Bewertungsvereinfachungsverfahren wie FIFO (First in first out), sondern nach dem Einzelbewertungsgrundsatz bewertet, werden in diesem Berichtsteil das alte und das neue Bewertungsverfahren erläutert und die Veränderung des Bilanzpostens (soweit quantifizierbar) aufgesplittet in den Effekt aus der Bewertungsänderung und der tatsächlichen Veränderung. Hier erlangt der Aufsichtsrat folglich neben den entsprechenden Erläuterungen im Anhang weitergehende Aussagen zu allen Bewertungsänderungen des Berichtsjahrs. Die Hintergründe sowie die Sinnhaftigkeit der Bewertungsänderungen kann der Aufsichtsrat überdenken und ggf. mit der Geschäftsführung diskutieren.

4.2.4. Sachverhaltsgestaltende Maßnahmen
Im Gegensatz zu bloßen Bewertungsänderungen oder unterschiedlicher Ausübung von Schätzspielräumen, liegen Sachverhaltsgestaltungen insbesondere zur Erreichung bilanzpolitischer Ziele gestaltete Sachverhalte zugrunde. Neben dem Factoring zählen folgende Gestaltungsvarianten typischerweise zum Kreis der Sachverhaltsgestaltungen: Mietkauf, Leasing, Asset Backed Securities,

Auslagerung von Vermögen oder Schulden in sog. Zweckgesellschaften. Während bspw. die Forderungen üblicherweise in der Bilanz des Rechnungsstellers ausgewiesen werden, kann dies im Falle eines Factorings anders sein. Folglich sind Kennzahlen wie z. B. die Umschlagshäufigkeit der Forderungen nicht aussagekräftig bzw. missverständlich. Sachverhaltsgestaltungen können, müssen allerdings nicht bilanziell motiviert sein. Während einige Gestaltungen tatsächliche Vorteile für das Unternehmen aufweisen z. B. im Falle des Factorings die Liquidität erhöhen und das Zahlungsziel verkürzen, gibt es wiederum andere, die ausschließlich durch die angestrebte Verbesserung vom Kennzahlen oder des allgemeinen Bilanzbilds getrieben sind.

Der Aufsichtsrat kann sich durch die kompakte Darstellung aller wesentlichen Sachverhaltsgestaltungen innerhalb kurzer Zeit einen umfassenden Überblick darüber verschaffen, wie viele solche Maßnahmen die Geschäftsführung ergriffen hat, wie sie begründet werden und ob sich hieraus ggf. bedenkliche Aussagen zur Lage der Gesellschaft ableiten lassen. Je umfangreicher die Sachverhaltsgestaltungen an sich und umso gravierender deren Auswirkungen auf Kennzahlen (vor allem solche, die die Kapitalgeber bzw. Banken im Fokus haben) sind, umso größer ist die Gefahr, dass der Abschluss kein den tatsächlichen Verhältnissen entsprechendes Bild abgibt oder die notwendigen, sehr umfangreichen Erläuterungen nicht vollständig sind sowie möglicherweise sogar die Entwicklung der Gesellschaft beeinträchtigt oder der Bestand gefährdet ist. Eine Vielzahl von Gestaltungen erschwert den Blick auf den tatsächlichen, möglicherweise schwachen Geschäftsverlauf.

4.2.5. *Aufgliederungen und Erläuterungen*
Dieser Abschnitt gliedert sich regelmäßig in eine Mehrjahresübersicht sowie Erläuterungen zur Vermögens-, Finanz- und Ertragslage. Sämtliche Lageerläuterungen beginnen meist mit einer Übersicht gefolgt von ausgewählten Kennzahlen und tiefergreifenden Erläuterungen zu einzelnen Bilanzposten. Auf diesen Abschnitt kann verzichtet werden, sofern die Darstellungen im Anhang und Lagebericht aussagekräftig und ausreichend detailliert sind.

Dieser Abschnitt dient einem umfassenden Überblick der wesentlichen Veränderungen gegenüber dem Vorjahr sowie der dominierenden Posten. Hier kann der Aufsichtsrat sein Wissen zu Inhalt und Hintergrund der Bilanz oder den Werttreibern der Ertragslage vertiefen, wie auch gezielt nach Erklärungen für Veränderungen in Posten des Abschlusses suchen.

5. *Feststellungen zum Risikofrüherkennungssystem*
Bei börsennotierten Gesellschaften ist das vom Vorstand nach § 91 Abs. 2 AktG einzurichtende RFS verpflichtend Gegenstand der Abschlussprüfung gem. § 317 Abs. 4 HGB. Die Berichterstattung findet im Falle einer solchen Prüfung in einem gesonderten Abschnitt statt. Alle anderen, vorhergehenden Berichtsteile befassen sich mit der Darstellung der wirtschaftlichen Lage des Unternehmens in Abschluss und Lagebericht oder mit der Abschlussprüfung als solche. Dieser Abschnitt ist der einzige, in dem der Abschlussprüfer ein explizites Urteil zur Innenorganisation des Unternehmens abgeben muss. Erkennt der Abschlussprüfer Mängel im RFS, muss dies keine Einschränkung oder Versagung des Bestätigungsvermerks zur Folge haben. Nur wenn diese Mängel auch zu Mängeln in der Rechnungslegung geführt haben oder aber das RFS derart mangelbehaftet ist, dass nicht mehr von einer funktionsfähigen Kontrollumgebung mit der Folge erheblicher Auswirkungen auf die Geschäftstätigkeit gesprochen werden kann, dann wird dies auch Auswirkungen auf den Bestätigungsvermerk haben.

Der Abschlussprüfer trifft in diesem Abschnitt die Feststellung, ob das RFS geeignet ist, Entwicklungen, die den Fortbestand des Unternehmens gefährden, frühzeitig zu erkennen und die ihm zugedachten Aufgaben erfüllen kann. Neben diesem Gesamturteil muss der Abschlussprüfer über ihm bekanntgewordene Mängel berichten und die Bereiche benennen, in denen Verbesserungen erforderlich sind.

Der Aufsichtsrat erlangt durch diese Prüfung des RFS und den Bericht die Möglichkeit, kritische Teilbereiche, soweit vorliegend, zu identifizieren, die er bei seiner unterjährigen Aufsichtsarbeit fokussieren kann, sowie Hinweise darauf, welche Problembereiche er beim Vorstand und Abschlussprüfer thematisieren sollte.

6. *Feststellungen aus Erweiterungen des Prüfungsauftrags*

Dieser Abschnitt ist nur Berichtsbestandteil, wenn der Prüfungsauftrag durch den Aufsichtsrat erweitert wurde. Bei sog. Ergänzungen hingegen wird regelmäßig in einem gesonderten Dokument Bericht erstattet. Erweiterungen des Prüfungsauftrags, über die hier zu berichten wäre, sind z. B. Prüfungen nach § 313 Abs. 3 AktG (Abhängigkeitsbericht), § 53 HGrG (Geschäftsführungsprüfung), § 10 EnWG (Prüfung von Energieversorgungsunternehmen) oder § 30 KHGG NRW (Verwendungsprüfung der Fördermittel). Bei folgenden Auftragsinhalten handelt es sich hingegen um einen gesonderten Auftrag, der in einem getrennten Auftragsschreiben vereinbart und über den gesondert Bericht erstattet wird: Prüfung der Einhaltung von sog. Financial Covenants, Werthaltigkeitsbescheinigungen, Prüfung eines zweiten Abschlusses (z. B. Jahres- und Konzernabschluss).

Der Prüfungsausschuss einer AG wird folglich eher selten mit diesem Berichtsabschnitt in Berührung kommen und wenn, dann meist im Falle der Prüfung des Berichts des Vorstands über Beziehungen zu verbundenen Unternehmen gem. § 313 AktG. Diesen Bericht muss der Vorstand einer abhängigen Gesellschaft erstellen, sofern kein Beherrschungsvertrag besteht. Zweck des Berichts ist es darzulegen, ob der Gesellschaft durch das Beherrschungsverhältnis Vor- oder Nachteile entstanden sind und ob etwaige Nachteile in ausreichendem Umfang ausgeglichen wurden. Der Abschlussprüfer hat die Angaben des Berichts auf Vollständigkeit und Richtigkeit hin zu überprüfen und zu hinterfragen.

Über festgestellte Verstöße gegen Vorschriften des DCGK (Ziffer 7.2.3 DCGK) wird regelmäßig im Abschnitt 2.2.2 Sonstige Unregelmäßigkeiten berichtet.

7. *Bestätigungsvermerk*

Die Formen des Bestätigungsvermerks (uneingeschränkt, eingeschränkt, Versagungsvermerk) sowie deren Inhalt sind gesetzlich in § 322 HGB verankert. Hinzu kommen die Vorgaben des Berufsstands der Wirtschaftsprüfer durch den »IDW PS 400: Grundsätze für die ordnungsmäßige Erteilung von Bestätigungsvermerken bei Abschlussprüfungen« (IDW PS 400). Aufgrund dieser strikten Vorgaben wird der Bestätigungsvermerk zum Großteil aus einer Art Standardtext bestehen. Dennoch gilt es für den Aufsichtsrat genauer hinzusehen, denn an der Überschrift Bestätigungsvermerk ist noch nicht zu erkennen, ob eine Einschränkung vorliegt, ein Hinweis ergänzt oder eine Bedingung eingebaut wurde. Sofern ein Versagungsvermerk erteilt wird, ist dieser hingegen bereits in der Überschrift als solcher gekennzeichnet.

Ein uneingeschränkter Bestätigungsvermerk ist durch folgenden Satz gekennzeichnet: »Unsere Prüfung hat zu keinen Einwendungen geführt.« Bei einer oder mehreren Einschränkungen wird der Text i. d. R. lauten:« Mit der/den folgenden Einschränkung(en) hat unsere Prüfung zu keinen Einwendungen geführt…«. Ein Hinweis, der keine Einschränkung darstellt, wird meist an derselben Stelle angebracht wie die Einschränkungen (»Ohne diese Beurteilung einzuschränken weisen wir darauf hin, dass…«). Eine aufschiebende Bedingung wird unmittelbar vor dem Beginn des einleitenden Abschnitts eingeschoben.

8. *Anlagen zum Prüfungsbericht*

Als Anlagen enthält der Prüfungsbericht regelmäßig den vollständigen Abschluss nebst Lagebricht, den Bestätigungsvermerk (da es sich bei dem im Prüfungsbericht abgedruckten Bestätigungsvermerk nur um eine Wiedergabe des Bestätigungsvermerks handelt) sowie rechtliche und wirtschaftliche Grundlagen. Im letzten Abschnitt werden vielfach Eckdaten des Unternehmens, insbesondere aus dem Handelsregister (Unternehmenszweck, Geschäftsjahr, Firma, Grundkapital etc.), Beschlüsse der Organe im Geschäftsjahr, Verbindungen zu anderen Unternehmen, Zusammenfassungen wesentlicher Verträge und eine Kurzdarstellung der steuerlichen Verhältnisse (Betriebsprüfungen, Veranlagungsart etc.) aufgeführt.

Grundsätzlich sollten diese Informationen für den Aufsichtsrat keine neuen Erkenntnisse bergen, dennoch sind sie eine hilfreiche Übersicht, um z. B. eine Vertragslaufzeit oder den Stand der steuerlichen Veranlagung nachzuschlagen.

Praktische Hinweise:
Der rote Faden eines Prüfungsberichts zieht sich von den grundsätzlichen Feststellungen in Abschnitt 2 über die Analyse des Abschlusses, die unter Abschnitt 4 dargestellt wird, hin zur Aufgliederung sowie Erläuterung der Abschlussposten und abschließend zum Bestätigungsvermerk. Daraus leitet sich folgende Empfehlung für das Lesen des Prüfungsberichts ab:

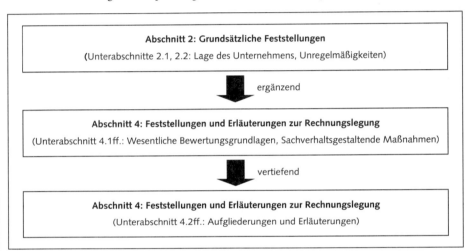

Abb. 11: Roter Faden des Prüfungsberichts

d Kommunikation mit dem Vorstand

Der Aufsichtsrat sollte zur Beurteilung der Zweckmäßigkeit des Abschlusses, des Lageberichts und des Gewinnverwendungsbeschlusses offene und direkte Diskussionen mit dem Vorstand pflegen. Die Verpflichtung, im Unternehmensinteresse zu handeln, die Aktionärsinteressen sowie die Interessen anderer Parteien vor dem Ziel der langfristigen, nachhaltigen Erfolgssicherung des Unternehmens zu vertreten, obliegt Vorstand und Aufsichtsrat gleichermaßen. Die Aufgabe des Aufsichtsrats ist es folglich, im Rahmen der Prüfung der Zweckmäßigkeit das »Vieraugenprinzip« zu gewährleisten und die vom Vorstand getroffenen Entscheidungen zu hinterfragen, zu verifizieren und zu untermauern. Im Rahmen der Prüfung sollen der Erfahrungsschatz des Aufsichtsrats und dessen Unabhängigkeit vom Erstellungsprozess genutzt werden, um neben unbewusst unterlaufenen Fehlern insb. bewusste Sachverhaltsgestaltungen (z. B. sog. »window dressing«) aufzuklären. Die Interessenkonflikte, die z. B. beim Vorstand dazu führen können, dass Missmanagement im Rahmen der Bilanzierung verschleiert wird, beeinträchtigen den Aufsichtsrat regelmäßig nicht.

Der Aufsichtsrat kann neben der Durchsicht der Unterlagen und dem Gespräch mit dem Vorstand sein umfassendes Einsichts- und Prüfungsrecht gem. § 111 Abs. 2 AktG sowie sein Recht auf Berichterstattung gem. § 90 Abs. 3 AktG geltend machen, um weitere Unterlagen, Erklärungen oder Nachweise zu fordern und diese im Nachgang selbst oder durch einen Sachverständigen zu prüfen. Hierdurch kann der Aufsichtsrat in Zweifelsfällen Klarheit über Hintergründe und Motivation für die gewählte Darstellungsweise erlangen oder aber das Maß an Sicherheit betreffend einzelnen Angaben erhöhen.

In das Gespräch mit dem Vorstand, aber auch für schriftliche Anfragen an diesen, kann der Aufsichtsrat – denkbar auch unter Hinzuziehung des Abschlussprüfers – z. B. folgende Überlegungen einbeziehen: [79]

- Mehrere Geschäftsjahre umfassende Diskussionsansätze:
  - Wurden Rechnungslegungsgrundsätze geändert oder im aktuellen Geschäftsjahr anders ausgelegt und welche Auswirkungen ergeben sich aus diesen Veränderungen?
  - Wie haben sich die Problemfälle bzw. als bedenklich erachtete Bewertungsgrundsätze des letzten Abschlusses im laufenden Geschäftsjahr entwickelt?
- Diskussionsansätze zum Stichtag:
  - Nach welchen Verfahren und Grundsätzen wird bei den verschiedenen Bilanzposten (z. B. Goodwill, immaterielle Werte, latente Steuern, Sachanlagen oder Beteiligungen) die Werthaltigkeit beurteilt und wie wird der Abwertungsbedarf konkretisiert bzw. quantifiziert?
  - Welche außerbilanziellen Geschäfte bestehen zum Stichtag? Wie würde ein Abschluss nach Aufnahme all dieser Geschäfte in den Abschluss aussehen? Welche Auswirkungen würden sich auf die Kennzahlen ergeben?
  - Gab es differierende Auffassungen über Bewertungsansätze oder Vorgänge innerhalb des Vorstands oder beim Abschlussprüfer? Erfolgte bei diesen kritischen Sachverhalten die Einholung einer unabhängigen, sachverständigen Meinung? Sind diese Differenzen restlos ausgeräumt?
  - Besteht Konsistenz der Beschreibung des Geschäftsverlaufs im Lagebericht, des Prognoseberichts bzw. Ausblicks mit anderen vom Vorstand vorgelegten Informationen (z. B. Unternehmensplanung und Grundlagen der Bonusbemessung)? Sind die beschriebenen prognostischen Teile plausibel und in sich stimmig?

e Einbeziehung des Abschlussprüfers

aa Prüfungsschwerpunkte

Die Vorgabe von Prüfungsschwerpunkten durch den Aufsichtsrat ermöglicht diesem, die Tätigkeit des Abschlussprüfers auf bestimmte Themenkomplexe zu fokussieren und in nach Auffassung des Aufsichtsrats kritischen Bereichen eine zusätzliche Sicherheit zu erlangen. Bei der Festlegung der entsprechenden Schwerpunkte kann der Aufsichtsrat sein Wissen über das Unternehmen und seine eigene Risikobeurteilung einbringen. Hat er bspw. bei der Prognoseberichterstattung oder dem Planungsprozess ein ungutes Gefühl oder erachtet diesen als besonders ausschlaggebend für den Abschluss, so kann er dem Abschlussprüfer diesen Bereich als Prüfungsschwerpunkt vorgeben. Der Abschlussprüfer muss den vorgegebenen Themen neben seinem gesetzlichen »Pflichtprogramm« nachgehen und über die Ergebnisse berichten. Hierdurch erlangt der Aufsichtsrat folglich über die Sicherheit hinaus, die eine gesetzliche Abschlussprüfung mit sich bringt, weitere Informationen, die das von ihm erkannte Risiko betreffen.

Die Zweckmäßigkeit von Themengebieten als Prüfungsschwerpunkt hängt positiv von der erwarteten oder tatsächlichen Fehleranfälligkeit und vom Umfang des Gestaltungsspielraums ab. Während z. B. bei der Aktivierung und Bewertung selbstgeschaffener immaterieller Vermö-

---

79 Buhleier/Krowas (2010), S. 1165 ff.

genswerte oder im Rahmen eines Goodwill-Impairment-Tests ein größerer Gestaltungsspielraum besteht, sind bspw. bei der Passivierung von Verbindlichkeiten gegenüber Kreditinstituten kaum Gestaltungsvarianten denkbar. Die Fehleranfälligkeit steigt mit abnehmender Anzahl der Geschäftsvorfälle, die gleichartig behandelt werden. Das Risiko bei einer jährlich zu bildenden Personalrückstellung wird weitaus geringer sein, als bei einer erstmalig zu bildenden Restrukturierungsrückstellung.

Zur Vorgabe und Abstimmung von Prüfungsschwerpunkten mit dem Abschlussprüfer siehe auch Abschnitt D.II.3.e.

ab Berichterstattung des Abschlussprüfers

Die Berichterstattung des Abschlussprüfers an den Aufsichtsrat setzt sich zum einen aus dem Prüfungsbericht[80] sowie zum anderen aus der mündlichen Berichterstattung in der Aufsichtsratssitzung und/oder Prüfungsausschusssitzung zum Abschluss, die meist durch Präsentationsunterlagen oder Handouts unterstützt wird, zusammen.

Die gesetzliche Verpflichtung aus § 171 Abs. 1 Satz 2 AktG verlangt vom Abschlussprüfer die Teilnahme an der Sitzung des Aufsichtsrats und/oder des Prüfungsausschusses über den Jahresabschluss sowie eine Berichterstattung in diesem Rahmen über die Ergebnisse seiner Prüfung, Schwächen im IKS und RMS, die Rechnungslegungsrelevanz besitzen, sowie über Umstände, die zur Besorgnis der Befangenheit führen können und von ihm neben der Abschlussprüfung erbrachte Leistungen. Der Aufsichtsrat sollte mit dem Abschlussprüfer vereinbaren, dass dieser an beiden Sitzungen teilnimmt, um die Erfüllung der persönlichen Prüfungspflicht jedes Aufsichtsratsmitglieds zu unterstützen sowie den Kontakt zwischen Prüfungsausschuss und Abschlussprüfer zu intensivieren. In diesem kleineren Kreis herrscht häufig ein geringerer Zeitdruck und die Möglichkeit fruchtbarer Diskussionen steigt bei geringerer Teilnehmerzahl sowie deren fachlicher Vorbildung an. Anlässlich der Präsentation des Abschlussprüfers sowie im anschließenden Gespräch sollte der Aufsichtsrat aktiv Fragen zu für den Abschluss und seine Überwachungsfunktion zentralen Themen wie Sachverhaltsgestaltungen und Durchbrechungen der Bilanzierungs- oder Bewertungsstetigkeit stellen. Auch Verständnisprobleme, die sich beim Durcharbeiten der Prüfungsberichte ergeben haben, sollten in diesem Rahmen aufgegriffen und geklärt werden. Anlässlich der Vorbereitung auf die Sitzung soll jedes Aufsichtsratsmitglied die Berichte des Abschlussprüfers gelesen oder zumindest kritisch durchgesehen haben, um festzustellen, ob z. B. etwaige Besonderheiten oder Formulierungen zu eingehenderen Fragen führen könnten. Neben dem Prüfungsbericht umfasst und pointiert auch die Präsentation des Abschlussprüfers nicht nur in Bezug auf die persönliche Prüfungspflicht des Aufsichtsrats, sondern auch für seine Überwachungsfunktion im Allgemeinen, bedeutungsvolle Themen. Bspw. enthalten die Managementletter-Punkte oder die übrige Berichterstattung zu Schwächen im IKS und RMS Hinweise, diese Bereiche im Rahmen seiner Tätigkeit aufzugreifen oder dem Abschlussprüfer für die nächste Abschlussprüfung als Schwerpunkt zuzuweisen.

Die Gespräche sollte der Aufsichtsrat nutzen, um die folgenden Bereiche zu thematisieren:[81]

- Bei welchen Punkten des Abschlusses hatte der Abschlussprüfer Mühe, die Ansichten des Vorstands zu teilen bzw. musste er definitiv widersprechen?
- Welche »Überraschungen« sind während der Prüfung aufgetreten? Worin bestanden diese und auf welche Art wurden die Sachverhalte schließlich geklärt?

---

80 Vgl. hierzu Ausführungen in Kap. D.II.4.c »Verwertung des Prüfungsberichts«.
81 Vgl. Buhleier/Krowas (2010), S. 1165 ff.

- Schätzt der Abschlussprüfer den Grad der Rechnungslegungspolitik insgesamt eher aggressiv oder eher konservativ ein? Wie fühlt sich der verantwortliche Abschlussprüfer »in seiner Haut« als Unterzeichner bzw. »kann er ruhig schlafen«?
- Wurden alle Auskunftspersonen stets als offen und aufrichtig gegenüber dem Abschlussprüfer empfunden? War ungehinderter Zugang zu den benötigten Unterlagen zeitnah möglich? Gab es Unterlagen oder Informationen, welche erst aufgrund erhöhten Drucks, mehrfachen Nachhakens oder unvollständig beschafft wurden? Welche Sachverhalte betraf dies und wie wurden die Verspätungen oder gar das Fehlen erläutert? Wie nimmt der Vorstand die Empfehlungen des Abschlussprüfers auf? Greift er sie auf und setzt er sie um? Wie wurde z. B. mit den Vorjahresempfehlungen umgegangen?

Der Urteilsfindungsprozess des Aufsichtsrats zur Rechtmäßigkeit des Abschlusses wird durch die Diskussionen zwischen Abschlussprüfer und Aufsichtsrat gestützt. Hierneben können die Gespräche auch neue Impulse und Sichtweisen für die Prüfung der Zweckmäßigkeit beisteuern. Darüber hinaus kann der Aufsichtsrat durch die Treffen und Gespräche die Qualität der Arbeit des Abschlussprüfers und deren Bedeutung für den Abschluss sowie die Optimierung der Geschäftsprozesse im Unternehmen besser einordnen.

Zur Kommunikation mit dem Abschlussprüfer siehe auch Abschnitt D.II.3.f.

f Bildung eines Gesamturteils

Anlässlich seiner Berichterstattung an die Hauptversammlung nach § 171 Abs. 2 AktG muss der Aufsichtsrat am Ende seiner Ausführungen über die Prüfung des Abschlusses ein abschließendes Gesamturteil abgeben, welches entweder in der Feststellung bzw. Billigung des Abschlusses oder in weitergehenden Erläuterungen zu den Einwendungen gegen diesen besteht. Zur Erfüllung dieser externen Berichtspflicht des Gesamtaufsichtsrats ist zunächst ein Beschluss des Gesamtaufsichtsrats über die Abschlüsse erforderlich. Die Aufgabe des Prüfungsausschusses besteht hierbei in der Vorbereitung der Beschlussfassung des Gesamtaufsichtsrats in der sog. Bilanzsitzung des Aufsichtsrats. Jedes einzelne Aufsichtsratsmitglied muss sich ein eigenes abschließendes Gesamturteil zum geprüften Abschluss bilden und entsprechend bei der Beschlussfassung für das gemeinsame Gesamturteil des Aufsichtsrats mitwirken. Sollte ein einzelnes Mitglied die Auffassung des Plenums zum Abschluss nicht teilen und wurde dieses Mitglied überstimmt, so hat es keinerlei Anrecht auf Berichterstattung seiner abweichenden Meinung im Bericht an die Hauptversammlung. Um eine persönliche Haftung zu vermeiden, sollte die Erfassung und Begründung der konträren Ansicht im Sitzungsprotokoll ausreichen, das Mitglied kann bei einer solch gravierenden Uneinigkeit im Aufsichtsrat auch die Amtsniederlegung erwägen[82]. Maßgeblich für das Gesamturteil ist letztlich der Gesamtaufsichtsrat, wenngleich die Prüfung des Abschlusses und die Vorbereitung der Beschlussfassung maßgeblich durch den Prüfungsausschuss geprägt sind.

Das Gesamturteil wird regelmäßig in der Feststellung bzw. Billigung des Abschlusses bestehen, es kann allerdings auch Einwendungen gegen den Abschluss umfassen. Diese Einwendungen können abgrenzbare Teile des Abschlusses (wie z. B. eine differierende Meinung zu einer Bilanzierungsentscheidung) oder auch den ganzen Abschluss (z. B. Annahme der Unternehmensfortführung) umfassen. Sollte der Aufsichtsrat den Abschluss in Einzelfällen nicht billigen, so geht das Feststellungsrecht gem. § 173 Abs.1 Satz 1 AktG auf die Hauptversammlung über.

---

82 Vgl. Adler/Düring/Schmalz (1994/2001), § 171 Rdn. 63.

III Berichterstattung über die Tätigkeit

1 In der Bilanzsitzung des Aufsichtsrats

a Die Berichterstattung an das Plenum

»Dem Aufsichtsrat ist regelmäßig über die Arbeit der Ausschüsse zu berichten« (§ 107 Abs. 3 Satz 4 AktG). Diese Vorschrift zur regelmäßigen Berichterstattung hat zum Ziel, dass der Gesamtaufsichtsrat seinen Überwachungspflichten hinsichtlich der Arbeit des Prüfungsausschusses nachkommen kann, indem er zeitnah über die getroffenen Entscheidungen und die zugrunde gelegten Entscheidungskriterien informiert wird. Beispiele hierfür sind der Bericht über die Entscheidung des Prüfungsausschusses über die Vereinbarung von Prüfungsschwerpunkten mit dem Abschlussprüfer oder die Honorarvereinbarung mit dem Abschlussprüfer. Daneben muss über die vorbereitenden Tätigkeiten des Prüfungsausschusses für den Gesamtaufsichtsrat berichtet werden, wie z. B. die Prüfung des Jahresabschlusses.

Im Falle einer vorbereitenden Tätigkeit des Prüfungsausschusses soll das Plenum darüber hinaus mit sämtlichen entscheidungsrelevanten Informationen versorgt werden, um den Beschlussvorschlag für den Gesamtaufsichtsrat hinreichend begründen zu können. Der Bericht an das Plenum wird somit im Falle einer vorbereitenden Tätigkeit des Prüfungsausschusses deutlich ausführlicher ausfallen als bei der Information des Plenums über bereits getroffene Entscheidungen. Grds. kann das Plenum aber zu jedem an den Prüfungsausschuss delegierten Themenbereich durch Beschluss umfassende Informationen verlangen.[83]

Die Form der Berichterstattung ist gesetzlich nicht geregelt. Es empfiehlt sich jedoch insb. bei vorbereitenden Tätigkeiten, einen schriftlichen Bericht über das Ergebnis der Ausschussarbeit mit den übrigen Sitzungsunterlagen vor der Aufsichtsratssitzung zu verteilen, um den Aufsichtsratsmitgliedern eine angemessene Vorbereitung zu ermöglichen und einen effizienten Ablauf der Aufsichtsratssitzung zu fördern.[84] Im Falle des Berichts über die getroffenen Entscheidungen genügt grds. auch ein mündlich vorgetragener Ergebnisbericht.[85] Die mündliche Berichterstattung erfolgt durch den Ausschussvorsitzenden oder ggf. durch den Aufsichtsratsvorsitzenden.

Generell ist es empfehlenswert und gängige Praxis, den Bericht des Prüfungsausschusses als gesonderten Punkt auf der Tagesordnung von jeder ordentlichen Sitzung des Aufsichtsrats aufzuführen.[86]

b Besonderheiten der Berichterstattung in der Bilanzsitzung des Aufsichtsrats

Hauptgegenstand der Bilanzsitzung des Aufsichtsrats ist die Prüfung des Jahres- und ggf. Konzernabschlusses, des Lageberichts und des Vorschlags für die Verwendung des Bilanzgewinns der AG sowie ggf. des Abhängigkeitsberichts. Hierbei handelt es sich um eine Vorbehaltsaufgabe des Gesamtaufsichtsrats, d. h., der Prüfungsausschuss bereitet die vom Gesamtaufsichtsrat zu treffenden Entscheidungen vor, kann diese aber nicht an seiner Stelle treffen (§ 107 Abs. 3 Satz 3 i. V. m. § 171 AktG). Die Einsetzung des Ausschusses und dessen vorbereitende Tätigkeiten befreien umgekehrt die einzelnen Mitglieder des Gesamtaufsichtsrats nicht von ihrer persönlichen Prüfungspflicht – unabhängig von ihrer jeweiligen Expertise auf dem Gebiet der Rechnungslegung und Prüfung.

---

83 Vgl. Drygala (2007), § 107, Rdn. 51.
84 Vgl. Semler/v. Schenck (2009), § 6, Rdn. 122.
85 Vgl. Habersack (2008), § 107, Rz. 155.
86 Vgl. Drygala (2007), § 107, Rdn. 51.

Für den Gesamtaufsichtsrat bestehen für seine Prüfungstätigkeit i. d. R. vor allem die folgenden wesentlichen Informationsquellen:

- die Prüfungsberichte des Abschlussprüfers,
- die mündliche Berichterstattung des Abschlussprüfers und dessen Auskünfte auf gezielte Fragestellungen,
- die Berichterstattung des Vorstands und
- die Berichterstattung des Prüfungsausschusses über dessen Beschlussempfehlung und die dabei zugrunde gelegten Informationen und Erwägungen.

Die Prüfung umfasst zum einen die Rechtmäßigkeit des Abschlusses nach den Vorschriften von Gesetz und Satzung sowie zum anderen die Zweckmäßigkeit der Bilanzierung (siehe hierzu Abschnitt D.II.4 »Vorbereitende Prüfung des Jahresabschlusses«).[87]

Die Berichterstattung des Prüfungsausschusses über dessen Vorprüfung des Jahres- und ggf. Konzernabschlusses sowie des Lageberichts (und ggf. Konzernlageberichts) sowie des Gewinnverwendungsvorschlags an das Aufsichtsratsplenum ist somit eine von mehreren zur Verfügung stehenden Informationsquellen, aufgrund der vorbereitenden Tätigkeit des Ausschusses jedoch i. d. R. die bedeutendste. Vor diesem Hintergrund sind an die Berichterstattung des Prüfungsausschusses besondere Anforderungen zu stellen.

Um den Aufsichtsratsmitgliedern eine angemessene Vorbereitung auf die Bilanzsitzung zu ermöglichen, reicht eine mündliche Berichterstattung über die vorbereitenden Tätigkeiten des Prüfungsausschusses möglicherweise nicht aus. Es wird sinnvoll sein, die Berichterstattung den Mitgliedern des Gesamtaufsichtsrats vor der Bilanzsitzung mit den anderen Sitzungsunterlagen zuzuleiten. Die Berichterstattung sollte dabei insb. folgende Aspekte enthalten:[88]

- entscheidungsrelevante Informationen und Erwägungen (z. B. wesentliche Feststellungen des Abschlussprüfers; eigene Analysen zur Ausnutzung von Ermessensspielräumen durch den Vorstand),
- als problematisch gesehene Sachverhalte, die nicht mit hinreichender Deutlichkeit im Prüfungsbericht des Abschlussprüfers hervorgehoben wurden,
- nicht gelöste Meinungsverschiedenheiten zwischen dem Prüfungsausschuss und dem Vorstand und
- Beschlussvorschläge.

Besondere Bedeutung kommt der Berichterstattung über die Prüfung zu, ob die Ermessensentscheidungen des Vorstands hinsichtlich der Bilanzpolitik nach Ansicht des Prüfungsausschusses im Interesse des Unternehmens sind und sie daher vom Prüfungsausschuss gebilligt werden können.

Der Aufbau der Berichterstattung kann sich an den vom Prüfungsausschuss durchgeführten Prüfungsschritten orientieren, wie sie im Abschnitt D.II.4 »Vorbereitende Prüfung des Jahresabschlusses« dargelegt sind.

---

87 Vgl. Huwer (2008), S. 127.
88 Vgl. Warncke (2010), S. 209.

2 In der externen Berichterstattung des Prüfungsausschusses

a Die Berichterstattung des Aufsichtsrats an die Hauptversammlung

Ebenso wie die Prüfungstätigkeit nach § 171 Abs. 1 Satz 1 AktG gehört die Berichterstattung an die Hauptversammlung zu den Vorbehaltsaufgaben des Aufsichtsratsplenums (siehe § 107 Abs. 3 Satz 3 i. V. m. § 171 Abs. 2 AktG). Der Prüfungsausschuss kann und darf diese Aufgabe demnach nicht für den Gesamtaufsichtsrat abschließend erledigen. Allerdings können auch hier im Innenverhältnis vorbereitende Aufgaben an den Prüfungsausschuss übertragen werden, wovon die Verantwortlichkeit des Gesamtaufsichtsrats unberührt bleibt.

Der Bericht des Aufsichtsrats umfasst nach § 171 Abs. 2 AktG:

- Das Ergebnis der Prüfung des Jahres- und ggf. Konzernabschlusses sowie des (Konzern-)Lageberichts und des Vorschlags für die Verwendung des Bilanzgewinns sowie ggf. das Ergebnis der Prüfung des Abhängigkeitsberichts nach § 312 AktG (siehe § 314 Abs. 2 AktG).
- Mitteilung, in welcher Art und in welchem Umfang der Aufsichtsrat die Geschäftsführung der Gesellschaft während des Geschäftsjahrs überprüft hat.
- Stellungnahme zum Ergebnis der Prüfung des Jahres- und ggf. Konzernabschlusses durch den Abschlussprüfer.
- Schlusserklärung, ob nach dem abschließenden Ergebnis der Prüfung durch den Aufsichtsrat Einwendungen zu erheben sind und ob der Aufsichtsrat den vom Vorstand aufgestellten Jahresabschluss und ggf. Konzernabschluss billigt.

Bei börsennotierten Unternehmen hat der Aufsichtsrat in seinem Bericht insb. anzugeben, welche Ausschüsse gebildet worden sind sowie die Zahl seiner Sitzungen und die der Ausschüsse.

Der DCGK empfiehlt darüber hinaus eine Information der Hauptversammlung über bei Aufsichtsratsmitgliedern aufgetretene Interessenkonflikte und deren Behandlung (Ziffer 5.5.3 DCGK) sowie eine Berichterstattung für den Fall, dass ein Mitglied des Aufsichtsrats an weniger als der Hälfte der Sitzungen des Aufsichtsrats teilgenommen hat (Ziffer 5.4.7 DCGK).[89]

Der schriftliche Bericht des Aufsichtsrats dient den Aktionären – über die Informationen im Lagebericht des Vorstands hinaus – als wesentliche Entscheidungsgrundlage für ihren Beschluss über die Entlastung des Vorstands und des Aufsichtsrats (§ 120 AktG) sowie die Wahl oder die Abberufung von Mitgliedern des Aufsichtsrats. Er stellt damit zum einen ein Informationsinstrument für die Aktionäre und zum anderen auch einen Rechenschaftsbericht des Aufsichtsrats über seine eigene Tätigkeit dar.[90] Aufgrund dieser grundlegenden Bedeutung muss die Verantwortlichkeit des Aufsichtsrats für den Berichtsinhalt formell dokumentiert werden, wie ein aktuelles BGH-Urteil unterstreicht:[91]

- Der Bericht muss durch einen Beschluss des Aufsichtsrats festgestellt worden sein; im Falle eines stillschweigenden Beschlusses wären die für das Zustandekommen des Beschlusses unerlässlichen Voraussetzungen der Beschlussfähigkeit, Zustimmung, Ablehnung oder Stimmenthaltung nicht feststellbar, und
- der amtierende Aufsichtsratsvorsitzende muss den Bericht persönlich unterschreiben.

Da der Prüfungsausschuss, insb. auf dem Gebiet der Prüfung des Jahresabschlusses, über deutlich detailliertere Kenntnisse verfügt als die Mitglieder des Gesamtaufsichtsrats, ist es – auch aus Effizienzgründen – in der Praxis üblich, dass der Prüfungsausschuss den schriftlichen Bericht des

---

89 Vgl. DCGK jeweils i. d. F. v. 26. Mai 2010. Die Berichtspflicht zur Teilnahme betrifft Aufsichtsratssitzungen, nicht Ausschusssitzungen, vgl. Ringleb (2008), Rdn. 1109.
90 Vgl. Lutter (2008), S. 1.
91 Henze (2010), S. 146.

Aufsichtsrats an die Hauptversammlung hierzu vorbereitet.[92] Zudem findet sich im Bericht des Aufsichtsrats meist ein gesonderter Abschnitt über die Tätigkeit seiner Ausschüsse im Geschäftsjahr, die von den jeweiligen Ausschüssen zweckmäßigerweise vorbereitet werden.

In der Praxis legt der Aufsichtsratsvorsitzende den gesamten Berichtsentwurf – ggf. in schon von ihm durchgesehener Form – den Mitgliedern des Aufsichtsratsplenums in deren Bilanzsitzung vor. Der Entwurf wird dann im Plenum geprüft, diskutiert und schließlich autorisiert.[93] Dabei hält die h. M. einen ausdrücklichen Beschluss des Gesamtaufsichtsrats über die Billigung des Berichtsentwurfs für erforderlich.[94]

Der Umfang der Berichterstattung steht grds. im Ermessen des Aufsichtsrats. Allerdings zeigt die Berichterstattungspraxis, bestärkt durch die jüngere Rechtsprechung und die herrschende Literaturmeinung, eine deutliche Tendenz dahingehend, den Aktionären eine immer konkretere Darstellung der Inhalte und Prozesse der Prüfungstätigkeit des Aufsichtsrats zu bieten. Gefordert wird dies insb. für den Fall einer wirtschaftlich schwierigen Unternehmenssituation, die eine Intensivierung der Überwachungspflichten des Aufsichtsrats und entsprechend ausführlichere Berichtspflichten nach sich zieht.[95]

b Beiträge des Prüfungsausschusses

aa Bericht über die Arbeit des Prüfungsausschusses im Geschäftsjahr

Ein gesonderter Abschnitt der Berichterstattung des Aufsichtsrats widmet sich meist der Arbeit in den Ausschüssen des Aufsichtsrats, darunter dem Prüfungsausschuss. In diesem Abschnitt werden i. d. R. folgende Aussagen getroffen:

- Anzahl der abgehaltenen Sitzungen des Prüfungsausschusses,
- Teilnehmer an den Sitzungen: Umfang der Teilnahme des Abschlussprüfers, des (Finanz-)Vorstands sowie leitender Mitarbeiter unterhalb der Vorstandsebene (z. B. Leiter der Innenrevision); Darstellung, inwieweit separate Treffen mit dem Abschlussprüfer und ggf. leitenden Mitarbeitern unterhalb der Vorstandsebene stattgefunden haben,
- Darstellung der wesentlichen Themen, die der Prüfungsausschuss behandelt hat. Neben unternehmensspezifischen Themenschwerpunkten umfassen diese i. d. R.:
    - Befassung mit den Abschlüssen und Lageberichten der Gesellschaft und des Konzerns sowie dem Gewinnverwendungsvorschlag,
    - Empfehlung für den Vorschlag des Aufsichtsrats an die Hauptversammlung zur Wahl des Abschlussprüfers,
    - Erteilung des Prüfungsauftrags an den Abschlussprüfer,
    - Überwachung der Unabhängigkeit und Qualifikation des Abschlussprüfers sowie der von ihm zusätzlich erbrachten Leistungen,
    - Festlegung des Honorars des Abschlussprüfers,
    - soweit zutreffend Durchsicht von Quartals- und Halbjahresfinanzinformationen,
    - Befassung mit dem Rechnungslegungsprozess, der Wirksamkeit des IKS, des RMS und des internen Revisionssystems.

---

92 Vgl. Huwer (2008), S. 131; Warncke (2010), S. 209 f.
93 Vgl. Semler (2007), S. 81.
94 Vgl. Gernoth/Wernicke (2010), S. 533.
95 Siehe ausführliche Darstellungen bei Huwer (2008), S. 129 ff.; Gernoth/Wernicke (2010), S. 531 ff.; sowie die empirische Untersuchung von Theisen/Linn (2007), S. 2493 ff.

Inwieweit im Zusammenhang mit diesen Tätigkeiten besondere Umstände eingetreten sind, die eine ergänzende Berichterstattung erfordern, kann nur im Einzelfall entschieden werden. Beispielsweise können sich derartige Umstände aus einem Prüferwechsel ergeben oder Entwicklungen betreffen, die zusätzliche Überwachungstätigkeiten des Prüfungsausschusses erforderlich gemacht haben (z. B. signifikante Fraud-Fälle).

Nimmt der Prüfungsausschuss im Rahmen seiner Tätigkeit Einsicht in die Bücher der Gesellschaft oder beauftragt er Sachverständige (§ 111 Abs. 2 AktG), so wird der Aufsichtsrat dies i. d. R. in allgemeiner Form an die Hauptversammlung berichten.[96]

ab Bericht über das Ergebnis der Jahres- und Konzernabschlussprüfung sowie des Gewinnverwendungsvorschlags

Die vorbereitende Prüfung des Jahres- und Konzernabschlusses sowie des Gewinnverwendungsvorschlags durch den Prüfungsausschuss haben wir ausführlich im Abschnitt D.II.4 dargelegt. Haben sich dabei und bei der anschließenden Prüfung durch den Gesamtaufsichtsrat – wie im Normalfall zu erwarten – keine Meinungsverschiedenheiten zwischen dem Aufsichtsrat und dem Vorstand ergeben, kann sich die Berichterstattung auf die Feststellung beschränken, dass der Aufsichtsrat mit dem aufgestellten Jahresabschluss und dem Gewinnverwendungsvorschlag einverstanden ist bzw. er keinen Anlass sieht, Einwendungen zu erheben. Andernfalls sollten die bestehenden (wesentlichen) Meinungsdivergenzen umfassend dargelegt und erläutert werden.[97]

ac Stellungnahme zum Ergebnis der Prüfung des Jahres- und ggf. Konzernabschlusses durch den Abschlussprüfer

Die Stellungnahme des Aufsichtsrats zum »Ergebnis« der Prüfung des Jahres- und ggf. Konzernabschlusses durch den Abschlussprüfer bezieht sich auf den vom Abschlussprüfer erteilten uneingeschränkten oder eingeschränkten Bestätigungsvermerk bzw. den Versagungsvermerk. Hat die eigene Prüfung der Abschlüsse durch den Aufsichtsrat – wie i. d. R. zu erwarten – keine wesentlichen Divergenzen zum Ergebnis der Abschlussprüfung ergeben, so kann die Berichterstattung zu diesem Bericht ebenfalls kurz gefasst werden.

Es sollte zunächst aus Gründen der Klarheit aufgeführt werden, durch welche Wirtschaftsprüfungsgesellschaft(en) die Prüfung erfolgt ist und welches Prüfungsergebnis sich ergeben hat. Dann erfolgt der Hinweis, dass der Aufsichtsrat mit dem Ergebnis der Prüfung durch den Abschlussprüfer übereinstimmt. Ergänzende Anmerkungen können zur Vorgehensweise bei der eigenen Prüfung erfolgen, insb. zu den zugrunde gelegten Informationen (Prüfungsberichte des Abschlussprüfers, mündliche Berichterstattung des Abschlussprüfers vor dem Prüfungsausschuss, Ergebnisse der Vorprüfung durch den Prüfungsausschuss).

Falls sich wesentliche Divergenzen zwischen den Ergebnissen der Abschlussprüfung und der Prüfung durch den Aufsichtsrat ergeben, müssen diese aufgezeigt und die aus Sicht des Aufsichtsrats daraus zu ziehenden Konsequenzen dargelegt werden. Gleiches gilt auch, wenn der Bestätigungsvermerk eingeschränkt wurde oder ein Versagungsvermerk erteilt wurde.[98]

---

96 Vgl. Huwer (2008), S. 132 f.
97 Vgl. Sünner (2008), S. 413 f.; Kopff (2003), § 171, Rdn. 149.
98 Vgl. Kopff (2003), § 171, Rdn. 164; Huwer (2008), S. 131.

ad Schlusserklärung

Die Schlusserklärung bezieht sich auf die Fragen, ob nach dem abschließenden Ergebnis der Prüfung durch den Aufsichtsrat Einwendungen zu erheben sind und ob der Aufsichtsrat den vom Vorstand aufgestellten Jahresabschluss (und ggf. Konzernabschluss) billigt.

Die »Einwendungserklärung« bezieht sich auf die gesamte Prüfungstätigkeit des Aufsichtsrats und umfasst damit den Jahresabschluss, den Lagebericht und den Gewinnverwendungsvorschlag. Im Normalfall, dass keine Einwendungen erhoben werden, kann z. B. die Formulierung lauten: »Nach dem abschließenden Ergebnis der Prüfung durch den Prüfungsausschuss und unserer eigenen Prüfung sind keine Einwendungen zu erheben«.

Die »Billigungserklärung« bezieht sich nur auf den Jahres- und ggf. Konzernabschluss.[99] Die Formulierung kann bspw. lauten »Der Aufsichtsrat hat die vom Vorstand aufgestellten Abschlüsse gebilligt. Der Jahresabschluss ist damit festgestellt.«

Falls sich Einwendungen ergeben, sind diese zu erläutern und zu begründen. Da diese Gründe ggf. auch Anlass dafür sein können, dass der Aufsichtsrat die Billigung ablehnt, kann im Rahmen der Billigungserklärung ohne weitere Erläuterungen hierauf verwiesen werden.

ae Weitere Bereiche der Mitwirkung des Prüfungsausschusses

Weitere mögliche Bereiche für eine Mitwirkung des Prüfungsausschusses an dem Bericht des Aufsichtsrats stellen sich wie folgt dar:[100]

- In Bezug auf Interessenkonflikte kann der Prüfungsausschuss für die Berichterstattung des Aufsichtsrats nach Ziffer 5.5.3 DCGK vorbereitend tätig werden, indem er die Unabhängigkeit seiner eigenen Mitglieder prüft und ggf. darlegt, welche Interessenkonflikte aufgetreten sind und wie diese behandelt wurden.
- Im Falle einer personellen Veränderung in der Person des Vorsitzenden des Prüfungsausschusses sollte der Aufsichtsrat der Hauptversammlung berichten, inwieweit der neue Vorsitzende gem. Ziffer 5.3.2 DCGK über »besondere Kenntnisse und Erfahrungen in der Anwendung von Rechnungslegungsgrundsätzen und internen Kontrollverfahren verfügt«, um der Hauptversammlung eine angemessene Beurteilung der Besetzung dieser Position zu ermöglichen. Diese Berichterstattung sollte durch den Prüfungsausschuss vorbereitet werden.

---

99 Zur Abgrenzung vgl. Sünner (2008), S. 415.
100 Vgl. Huwer (2008), S. 132.

E   Erfahrungsberichte von Praktikern

I   Das Audit Committee aus der Sicht von Warren Buffett

Die Investmentlegende Warren Buffett hat seinen Wohlstand mit intelligenter Kapitalanlage aufgebaut, die er seit 1965 über das von ihm als CEO geführte Investment-Unternehmen Berkshire Hathaway Inc., Omaha, USA, steuert. Daneben ist oder war er bei anderen Unternehmen Mitglied in Board of Directors oder deren Audit Committees. In seiner Funktion als CEO schrieb er erstmals im Jahr 1970 seine zwischenzeitlich berühmt gewordenen »Letters to the Shareholders of Berkshire Heathaway Inc.«, deren Ausgaben seit 1977 auf der Webseite von Bershire Heathaway Inc. abrufbar sind.[1]

Diese Briefe an die Aktionäre von Berkshire Hathaway, die gemeinsam mit dem Jahresbericht von Berkshire Hathaway Inc. veröffentlicht werden, zeichnen sich durch Objektivität, Klarheit und Buffetts ganz persönlichen Humor und Lebensweisheit aus.

Als Reaktion auf Bilanzskandale in den USA von Unternehmen wie Enron und Worldcom, die Verstrickung von Arthur Andersen in den Enron-Skandal sowie die Diskussion um die Einführung des Sarbanes-Oxley Acts von 2002, der unter anderem die Funktions- und Leistungsfähigkeit von US-amerikanischen Audit Committees durch formale Maßnahmen verbessern sollte, nahm Warren Buffett im Aktionärsbrief für das Geschäftsjahr 2002 Stellung zur Rolle des Audit Committees. Diese von Lebensweisheit geprägten grundlegenden und praktischen Ausführungen spiegeln seine Erfahrungen als Mitglied von US-amerikanischen Audit Committees sowie seine Erwartungen als Investor wider und sind daher im Kontext dieses Buches lesenswert. Der Text datiert vom 21. Februar 2003, ist auch heute noch bemerkenswert und daher nachfolgend im Original wiedergegeben:[2]

»Audit committees can't audit. Only a company's outside auditor can determine whether the earnings that a management purports to have made are suspect. Reforms that ignore this reality and that instead focus on the structure and charter of the audit committee will accomplish little.
As we've discussed, far too many managers have fudged their company's numbers in recent years, using both accounting and operational techniques that are typically legal but that nevertheless materially mislead investors. Frequently, auditors knew about these deceptions. Too often, however, they remained silent. The key job of the audit committee is simply to get the auditors to divulge what they know. To do this job, the committee must make sure that the auditors worry more about misleading its members than about offending management. In recent years auditors have not felt that way. They have instead generally viewed the CEO, rather than the shareholders or directors, as their client. That has been a natural result of day-to-day working relationships and also of the auditors' understanding that, no matter what the book says, the CEO and CFO pay their fees and determine whether they are retained for both auditing and other work. The rules that have been recently instituted won't materially change this reality. What will break this cozy relationship is audit committees unequivocally putting auditors on the spot, making them understand they will become liable for major monetary penalties if they don't come forth with what they know or suspect.
In my opinion, audit committees can accomplish this goal by asking four questions of auditors, the answers to which should be recorded and reported to shareholders. These questions are:
1. If the auditor were solely responsible for preparation of the company's financial statements, would they have in any way been prepared differently from the manner selected by management? This

---

1   Vgl. http://www.berkshirehathaway.com/letters/letters.html
2   Zitiert aus Berkshire Hathaway Inc., 2002 Annual Report, S. 19-20. Abrufbar unter http://www.berkshire-hathaway.com/reports.html.

question should cover both material and nonmaterial differences. If the auditor would have done something differently, both management's argument and the auditor's response should be disclosed. The audit committee should then evaluate the facts.
2. If the auditor were an investor, would he have received – in plain English – the information essential to his understanding the company's financial performance during the reporting period?
3. Is the company following the same internal audit procedure that would be followed if the auditor himself were CEO? If not, what are the differences and why?
4. Is the auditor aware of any actions – either accounting or operational – that have had the purpose and effect of moving revenues or expenses from one reporting period to another?

If the audit committee asks these questions, its composition – the focus of most reforms – is of minor importance. In addition, the procedure will save time and expense. When auditors are put on the spot, they will do their duty. If they are not put on the spot . . . well, we have seen the results of that.

The questions we have enumerated should be asked at least a week before an earnings report is released to the public. That timing will allow differences between the auditors and management to be aired with the committee and resolved. If the timing is tighter – if an earnings release is imminent when the auditors and committee interact – the committee will feel pressure to rubberstamp the prepared figures. Haste is the enemy of accuracy. [...]

The primary advantage of our four questions is that they will act as a prophylactic. Once the auditors know that the audit committee will require them to affirmatively endorse, rather than merely acquiesce to, management's actions, they will resist misdoings early in the process, well before specious figures become embedded in the company's books. Fear of the plaintiff's bar will see to that.«

Der von der Hauptversammlung von Berkshire Hathaway Inc. gewählte Abschlussprüfer ist die Deloitte & Touche LLP, die über die weltweite Deloitte-Organisation die globalen Aktivitäten von Berkshire Heathaway Inc. prüft.

II Die Rolle des Prüfungsausschusses aus der Sicht von Andrew Simon

Das folgende Gespräch über die Rolle und die Tätigkeit des Prüfungsausschusses wurde mit Andrew Simon[3] geführt. Herr Simon ist Mitglied verschiedener Prüfungsausschüsse in Großbritannien, Kanada sowie Deutschland und vermittelt eine internationale Perspektive zur Praxis von Prüfungsausschüssen.

Was ist der Wert des Prüfungsausschusses?
Der Prüfungsausschuss ist ausschlaggebend in der Festlegung des sogenannten »Tone at the Top«, d. h. des ethischen Hintergrundes, vor dem alle Aktivitäten sowie die Vorstands- und Unternehmensaktivitäten durchgeführt werden. Ein Prüfungsausschuss, der darauf abzielt, dem Unternehmen Werte zu vermitteln, indem er sicherstellt, dass allen handelnden Personen im Unternehmen bewusst ist, dass von ihnen eine vollständige Integrität in ihrer Aufgabenerfüllung erwartet wird, ist bereits auf einem guten Weg, die ultimativen Ziele der Sicherstellung der Verlässlichkeit sowie der Genauigkeit der Finanzberichterstattung des Unternehmens zu erreichen. Ein Prüfungsausschuss sollte sich nicht damit zufrieden geben, lediglich die Aufgaben zu bearbeiten, die zur Erfüllung der rechtlichen Anforderungen sowie der Anforderungen an die Unternehmensführung dienen. Dieses sollte als Mindestanspruch gesehen werden, jedoch nicht als vorbildliche Aufgabenerfüllung.

Wie sehen Sie die Rolle des Prüfungsausschusses in Deutschland im internationalen Vergleich?
Der Prüfungsausschuss ist in Deutschland eine relativ neue Institution, die erst seit acht Jahren besteht. In den angelsächsischen Ländern gibt es schon seit über 25 Jahren Prüfungsausschüsse, so dass es dort Zeit zur Weiterentwicklung bzw. Verfeinerung gab. Daher könnte man sagen, dass sich in Deutschland die Rolle des Prüfungsausschusses derzeit noch entwickelt. Allerdings ist der Entwicklungsprozess schnell, da erfolgreiche Praktiken aus anderen Ländern als Anregung dienen sowie dort bereits erfolgte Fehlentwicklungen vermieden werden können.

Der legale bzw. quasi-legale Rahmen, auf dem ein Prüfungsausschuss basiert, variiert von Land zu Land, was die Arbeitsweise eines Prüfungsausschusses beeinflusst. In Ländern mit einem monistischen System der Unternehmensverfassung, besonders in den angelsächsischen Ländern, kann der »Board of Directors« – man kann ihn auch als Verwaltungsrat bezeichnen – Aufgaben an den Prüfungsausschuss delegieren, wie z. B. die Auswahl eines Wirtschaftsprüfers und den Vorschlag zu dessen Beauftragung durch die jährliche Hauptversammlung. Der Prüfungsausschuss übernimmt damit die Verantwortung für die ihm übertragenen Aufgaben. In Ländern mit einem dualen System der Unternehmensverfassung, wie z. B. Deutschland, ist der Prüfungsausschuss ein Unterkomitee des Aufsichtsrats, das zur Arbeitsentlastung des Aufsichtsratsplenums gegründet wurde. Obwohl der Prüfungsausschuss über einige autonome Rechte in diesem dualen System verfügt, gibt es einige Entscheidungen, die vom gesamten Aufsichtsrat, basierend auf den Empfehlungen des Prüfungsausschusses, getroffen werden müssen, wie z. B. die Auswahl des vorgeschlagenen Wirtschaftsprüfers sowie die Feststellung des Jahresabschlusses.

---

3 Andrew Simon, OBE, MBA ist seit vielen Jahren Prüfungsausschussmitglied bei diversen börsennotierten Unternehmen unterschiedlicher Branchen in Großbritannien, Kanada und Deutschland, u. a. bei der Management Consulting Group PLC (UK) sowie der Finning International Inc. (Canada), und ist Prüfungsausschussvorsitzender der SGL Carbon SE, einem in Deutschland im M-DAX notierten Unternehmen. Darüber hinaus ist er Aufsichtsratsmitglied bei der Travis Perkins plc und war zuvor, in den Jahren 1980 bis 1993, Präsident und/oder Vorstandsvorsitzender der Evode Group plc. Zusätzlich war er Aufsichtsratsmitglied bei der Severn Trent Plc, der Ibstock PLC, der Laporte Plc, der Associated British Ports Holdings PLC sowie der Brake Bros Holdings Ltd.

In Deutschland gibt es als zusätzlichen Faktor die Arbeitnehmervertretung im Aufsichtsrat. Bei Aufsichtsräten mit Arbeitnehmervertretung gibt es auch immer einen Arbeitnehmervertreter im Prüfungsausschuss, was die Dynamik des Komitees verändern und auch den Diskussionsstil beeinflussen kann.

Die Angelegenheiten, mit denen sich ein Prüfungsausschuss beschäftigt, sind i. d. R. in den angelsächsischen Ländern weitreichender. Allerdings erweitert sich der Aufgabenbereich der Prüfungsausschüsse in Deutschland fortwährend und nähert sich somit dem angelsächsischen Konzept und der dortigen Praxis an. Der Prüfungsausschuss in den angelsächsischen Ländern beschäftigt sich nicht nur mit der Abschlussprüfung und dem Abschlussprüfer, sondern auch mit dem Risikomanagementsystem und der Internen Revision des Unternehmens, wobei diese Themen von den deutschen Prüfungsausschüssen derzeit noch nicht so tiefgreifend erfasst werden. Insbesondere in Bezug auf die Interne Revision entsteht durch das System der dualen Unternehmensverfassung eine immanente Spannung zwischen Vorstand und Prüfungsausschuss, da der Vorstand den Leistungsumfang der Internen Revision definiert und die Internen Revisoren an den Vorstand berichten. Trotzdem sind die Prüfungsergebnisse der Internen Revision für den Prüfungsausschuss von essenzieller Wichtigkeit in der Überwachung des IKS und RMS eines Unternehmens.

Wie kann der Prüfungsausschuss seine Ziele erreichen?

Der Prüfungsausschuss kann seine Ziele nicht allein durch die Sicherstellung der notwendigen Kompetenzen und Qualifikationen seiner Mitglieder erfüllen. Finanzexpertise, Wirtschaftserfahrung und Industriekenntnisse sind nur der Anfang; verschiedenartige Erfahrungen und eine internationale Diversifikation sind zusätzliche Bausteine, die die Effizienz eines Prüfungsausschusses verbessern können. Der vorrangige Bereich jedoch, den ein Prüfungsausschuss beherrschen muss, ist der Beziehungsaspekt. Dazu ist es aus meiner Sicht essenziell für den Prüfungsausschussvorsitzenden, sich informell sowohl mit dem CFO als auch separat ebenfalls informell mit dem Abschlussprüfer in entspannter Atmosphäre zu treffen, um relevante Themen zu diskutieren. Solche Treffen müssen nicht regelmäßig stattfinden, aber sie können zum Aufbau einer vertrauensvollen Beziehung sehr wichtig sein. Wenn der Prüfungsausschuss eine Beziehung zum Finanzbereich aufgebaut hat, in der ehrliche und offene Kommunikation gefördert wird, ist es wahrscheinlich, dass er über entstehende Themen zeitnah informiert wird. In einer Atmosphäre des Misstrauens oder der Angst ist die Motivation zur versuchten Verschleierung eines Fehlers oder einer Fehlentscheidung deutlich höher. Zusätzlich muss der Prüfungsausschuss ein offenes und ehrliches Verhältnis zum Abschlussprüfer haben, damit dieser nicht aus Angst vor Missbilligung versucht, Fehlerfeststellungen zu verdecken. Zudem sollte der Prüfungsausschuss seine Erwartungen kommunizieren, wie z. B. die frühzeitige Information über alle Feststellungen, wesentliche Themen, Meinungsdifferenzen und ähnliches, damit es im Finanzberichtsprozess nicht zu Überraschungen kommt.

Wie sollten Prüfungsausschusssitzungen am besten gestaltet werden?

Im Allgemeinen sollte sich der Prüfungsausschuss viermal pro Jahr treffen. In angelsächsischen Ländern hat sich dieser Turnus aufgrund der Diskussion der Quartals- sowie der Jahresabschlussberichte durch die Prüfungsausschüsse vor der jeweiligen Publikation entwickelt.

Prüfungsausschusssitzungen sollten nicht nur von den Ausschussmitgliedern besucht werden, sondern auch vom CFO oder dem Finanzmanagement des Unternehmens sowie vom Abschlussprüfer. Oft ist es hilfreich, den Leiter der Internen Revision in den Sitzungen einzubinden; es gibt sogar einige Prüfungsausschüsse, die den Leiter der Internen Revision zu allen Sitzungen einladen. Die Effizienz der formalen Prüfungsausschusssitzung kann durch Vorbesprechungen zwischen dem Prüfungsausschussvorsitzenden, dem CFO und dem Abschlussprüfer enorm gesteigert werden. In den Vorbesprechungen sollten die in der formalen Sitzung zu behandelnden Themen vorab diskutiert werden, wodurch der Prüfungsausschussvorsitzende optimal auf die Sitzungen vorbereitet wird und Überraschungen in den Sitzungen vermieden werden können.

Eine zusätzliche Praktik, die in den angelsächsischen Ländern weit verbreitet und durchaus empfehlenswert ist, ist die Durchführung sogenannter »in Camera«-Sitzungen, d. h. Sitzungen hinter verschlossenen Türen ohne Protokoll, nach Abschluss der formalen Sitzung. In der ersten »in Camera«-Sitzung, in der sich der Prüfungsausschuss mit dem Abschlussprüfer trifft (ohne den Vorstand oder die Interne Revision), wird der Abschlussprüfer nach seiner Beurteilung der Vorstandskompetenz sowie nach anderen für die Durchführung der Jahresabschlussprüfung relevanten Aspekten befragt. Die Tatsache, dass die meisten deutschen Prüfungsausschüsse Arbeitnehmervertreter enthalten, könnte einen Hinderungsgrund für die Einführung solcher Besprechungen darstellen: aus Angst, dass die Arbeitnehmervertreter die Kommentare des Prüfers zur Managementqualität des Vorstands missverstehen könnten. Nach der »in Camera«-Sitzung mit dem Abschlussprüfer wird normalerweise eine entsprechende Sitzung mit dem CFO abgehalten, um dessen Beurteilung zur Qualität und Organisation der Jahresabschlussprüfung durch den Abschlussprüfer zu hören. Ein weiteres Treffen mit dem Leiter der Internen Revision zum Erhalt einer weiteren Beurteilung des internen Jahresabschlussteams sowie des Abschlussprüfers könnte zusätzlich organisiert werden. Alle diese privaten Treffen dienen als informelles Kommunikationsinstrument oder Sicherheitsventil, die Probleme bzw. potenzielle Probleme ans Licht bringen könnten. Solche Treffen sind selbstverständlich nur effektiv, wenn ein Vertrauensverhältnis zwischen dem Prüfungsausschuss und den anderen involvierten Parteien besteht.

Was macht zusammengefasst einen guten Prüfungsausschuss aus?

Ein guter Prüfungsausschuss ist ausschlaggebend für die Festlegung des »Tone at the Top« und sollte sich nicht als reine Pflichtinstitution oder Pflichtübung zur Erfüllung der Anforderungen an die Corporate Governance verstehen. Er sollte anstreben, dem Unternehmen zusätzlich zu nutzen. Dies sollte durch den Aufbau einer vertrauensvollen Beziehung zur internen Finanzfunktionen und zum Abschlussprüfer erreicht werden. Durch die Betonung des Vertrauens in diese Parteien sowie durch die Organisation und den Stil seiner Sitzungen kann der Prüfungsausschuss einen entscheidenden Beitrag zur verlässlichen und korrekten Finanzberichterstattung leisten. Aus meiner Sicht sind informelle Beziehungen von größter Wichtigkeit, um eine solide, offene und konstruktive Arbeitsbeziehung zwischen dem Prüfungsausschuss, der Finanzorganisation und dem Abschlussprüfer zu erreichen. Derartige Rahmenbedingungen fördern das Stellen wichtiger und potenziell schwieriger Fragen an das Management, die Finanzabteilung und an den Abschlussprüfer. Ein Prüfungsausschuss sollte nicht nur zuhören und erhaltene Informationen einfach konsumieren, sondern auch kluge Fragen zu den von ihm zu verantwortenden Aufgaben und Themen stellen. Bei den hier hervorgehobenen Kriterien handelt es sich eindeutig um universale Qualitäten, unabhängig von dem Land, in dem sich der Prüfungsausschuss befindet, oder der Gerichtsbarkeit, in der er tätig ist.

III Die Sicht des Prüfungsausschuss-Praktikers
Dr. Eckart Sünner[4]

Prüfungsausschüsse in Deutschland blicken auf eine vergleichsweise junge Historie zurück. Durch die in den USA gelisteten deutschen Aktiengesellschaften wurde die Institution Prüfungsausschuss seit 2002 nach Deutschland übernommen und 2007 als Empfehlung in den Deutschen Corporate Governance Kodex (DCGK) aufgenommen. Ihre (optionale) Einrichtung wurde gesetzlich in Deutschland erstmals für 2009 durch das BilMoG geregelt. Wenn damit auch weiterhin keine Einrichtungspflicht besteht, hat sich ihr Nutzen doch schnell erwiesen. Bei den börsennotierten »großen« Aktiengesellschaften ist der Prüfungsausschuss heute Standard.

Zusammensetzung des Prüfungsausschusses
Durchgesetzt hat sich auch, den Prüfungsausschuss auf vier, maximal fünf Mitglieder zu begrenzen. Die Zahl ist damit groß genug, unterschiedlichen Strömungen im Aufsichtsrat Rechnung zu tragen. Andererseits aber so klein, dass eine intensive Behandlung auch strittiger Themen in Rede und Gegenrede möglich ist. Bei mitbestimmten Gesellschaften geht die Tendenz dahin, das für die Gesellschaft gültige Mitbestimmungsmodell auch im Ausschuss abzubilden: Bei paritätischer Mitbestimmung also ein paritätisch besetzter Ausschuss mit »casting vote« des regelmäßig von der Anteilseignerseite gestellten Vorsitzenden. Alternativ finden sich auch »Fünfer«-Ausschüsse, die mit drei Aufsichtsratsmitgliedern der Anteilseigner besetzt sind. Beide Lösungswege vermeiden eine auch für einen Ausschuss lähmende Pattsituation bei der Entscheidungsfindung.

Erforderliche Qualifikation der Mitglieder
Hinsichtlich der persönlichen Qualifikation der Ausschussmitglieder ist allein für kapitalmarktorientierte, d. h. insb. börsennotierte Gesellschaften vorgeschrieben, dass mindestens ein Mitglied »unabhängig« sein und »über Sachverstand auf den Gebieten Rechnungslegung oder Abschlussprüfung« verfügen muss (sog. unabhängiger Finanzexperte). Beide Kriterien sind unscharf. Entsprechend sind Erfahrungshintergrund und berufliche Ausbildung/Werdegang dieser Finanzexperten, aber auch ihre Bindung an die Gesellschaft durchaus unterschiedlich. Die sich daraus ergebende Besetzungsbreite hat – soweit ersichtlich – für die Ausschussarbeit keine Nachteile gebracht, sondern eher positiv gewirkt. Sie gibt insb. der Gesellschaft die notwendige Flexibilität bei der Auswahl der Ausschussmitglieder. Der unabhängige Finanzexperte ist häufig zugleich Vorsitzender im Prüfungsausschuss, dies muss aber nicht sein, wenngleich die Empfehlung des DCGK in diese Richtung geht. Die Forderung, dass auch eine Frau Mitglied im Prüfungsausschuss sein müsse, ist bislang nicht erhoben worden, läge aber im allgemeinen »Diversity-Trend« der Zeit.

Teilnahme Dritter an den Sitzungen des Prüfungsausschusses
Häufig ist der Aufsichtsratsvorsitzende zugleich Mitglied im Prüfungsausschuss. Z.T. wird auch berichtet, dass er formell nicht Mitglied ist, aber regelmäßig als Gast an den Sitzungen des Prüfungsausschusses teilnimmt. Auch wenn er im Ausschuss – einer Anregung des DCGK folgend – i. d. R. nicht den Vorsitz übernimmt, ist seine Mitwirkung nicht völlig spannungsfrei. Bei Kraft ihrer Persönlichkeit und Erfahrung herausragenden Aufsichtsratsvorsitzenden kann es vorkommen, dass sie den Ausschuss dominieren und de facto seine Führung übernehmen, ein zu Recht nicht gewünschtes Ergebnis. Hinzu kommt, dass der Aufsichtsratsvorsitzende wegen seiner zumeist intensiven Einbindung in das laufende Unternehmensgeschehen in seiner Haltung bereits weitgehend

---

4 Vorsitzender des Prüfungsausschusses der K+S Aktiengesellschaft, Kassel, Vorsitzender des Investitions-, Finanz- und Prüfungsausschusses der Infineon Technologies AG, Neubiberg bei München, sowie Chief Compliance Officer der BASF SE, Ludwigshafen am Rhein.

vorgeprägt ist und damit die Meinungsbildung im Ausschuss übermäßig beeinflusst. Erkennt der Aufsichtsratsvorsitzende allerdings seine Aufgabe im Ausschuss als die eines einfachen Mitglieds, so kann seine Mitwirkung und die Einbringung seiner Erfahrung eine große Unterstützung für den Ausschuss sein.

Nicht Mitglied des Prüfungsausschusses, aber regelmäßiger Teilnehmer an dessen Verhandlungen sind der Finanzvorstand der Gesellschaft und ein Protokollant, zumeist ein Mitglied der Rechtsabteilung oder – soweit dies eingerichtet ist – des Aufsichtsratsbüros. Ist der Aufsichtsratsvorsitzende Mitglied des Prüfungsausschusses, so findet häufig auch der Vorstandsvorsitzende einen Grund zur Teilnahme. Darin kommt nicht nur ein allgemeines Interesse des Finanzvorstands bzw. des Vorstandsvorsitzenden an den Verhandlungen des Ausschusses zum Ausdruck. Vielmehr ist deren Anwesenheit auch geboten, weil eine Vielzahl der Aufgaben des Ausschusses in die Ressorts von CEO und CFO fallen. Auch wenn hierzu häufig deren Mitarbeiter vortragen, ist es richtig und üblich, den Ressortleiter als primären Ansprechpartner und zugleich Verantwortlichen um Teilnahme zu bitten. Eine Hinzuziehung von Mitarbeitern ohne den zuständigen Ressortleiter bzw. dessen Einwilligung hierzu ist ein deutliches Misstrauenssignal, das nur bei wirklich bedeutendem Bedürfnis ausgelöst werden darf und wird.

Häufiger weiterer Teilnehmer an den Verhandlungen des Prüfungsausschusses ist der Abschlussprüfer. Auch dies ergibt sich aus den Aufgaben des Prüfungsausschusses, die eine Vielzahl von Interaktionen mit dem Abschlussprüfer erfordern. Der Prüfer ist hieran auch interessiert, weil es seine Kontakte zu Entscheidungsträgern der Gesellschaft verstärkt und er ggf. auch während des Jahres Gelegenheit erhält, die eigene Sichtweise mit derjenigen des Ausschusses abzugleichen und eventuellen Klärungsbedarf frühzeitig zu befriedigen. Auch für den Ausschuss ist eine Sitzungsteilnahme des Abschlussprüfers nützlich, steht dem Ausschuss damit doch auch über die Befassung mit dem Jahresabschluss hinaus eine mit dem Gesellschaftsgeschehen wohl vertraute Auskunftsperson zur Verfügung. Eine Übung oder gar eine Pflicht, den Abschlussprüfer grundsätzlich zu den Sitzungen des Ausschusses hinzu zu bitten, besteht aber nicht. Im Gegenteil: Die Beurteilung seiner Leistungen und die wiederkehrende Empfehlung eines Vorschlags zur Wahl des Abschlussprüfers erfordern geradezu seinen Ausschluss von den diesbezüglichen Verhandlungen des Prüfungsausschusses. Ähnliche Gesichtspunkte können auch dafür sprechen, die eine oder andere Sitzung ohne jede Teilnahme Dritter, also auch ohne Ressortleiter oder Protokollant durchzuführen. Hiervon wird in der Praxis allerdings nur selten Gebrauch gemacht.

Aufgabengebiete
Die dem Ausschuss zugeordneten Aufgaben haben in kurzer Zeit überaus zugenommen. Offensichtlich wird er vom Gesetzgeber als eine Art Allzweckwaffe des Aufsichtsrats zur Behandlung schwieriger Themen gesehen, die einer vertieften und besonders sachverständigen Befassung bedürfen. Waren die ersten aus USA »importierten« Prüfungsausschüsse noch im Wesentlichen auf den Rechnungslegungsprozess und die Überwachung des Abschlussprüfers und dessen Tätigkeit, das »Audit«, – daher der Name »Audit Committee« – beschränkt, so erweiterte schon der DCGK die Aufgaben um die Befassung mit dem Risikomanagement, der erforderlichen Unabhängigkeit des Abschlussprüfers, der Erteilung des Prüfungsauftrages, der Bestimmung von Prüfungsschwerpunkten und der Honorarvereinbarung mit dem Abschlussprüfer. Durch das BilMoG kamen die Überwachung des Internen Kontrollsystems (IKS), des Internen Revisionssystems und der vom Abschlussprüfer zusätzlich erbrachten Leistungen hinzu. Schließlich hat der Ausschuss dem Aufsichtsrat eine Empfehlung für dessen Vorschlag zur Wahl von Abschlussprüfern an die Hauptversammlung zu machen. Eine solche Aufgabe sieht das Gesetz zwar nicht vor, wie aber soll der Aufsichtsrat seiner Pflicht nachkommen, seinen Wahlvorschlag auf eine Empfehlung des Prüfungsausschusses zu stützen, wenn dieser keine Empfehlungen unterbreitet?

Schließlich wird der Ausschuss häufig vom Aufsichtsratsplenum mit weiteren Aufgaben betraut. Sachnah und wegen seiner Überwachung von Rechnungslegung und Jahresabschluss wahrscheinlich unabweisbar ist seine Beauftragung, sich mit der Quartals- und Halbjahresberichterstattung zu befassen, ggf. auch mit deren zuvor vorgenommener prüferischen Durchsicht durch den Abschlussprüfer. Ebenso ist der Ausschuss zumeist mit der Einforderung und Überwachung der dem Abschlussprüfer durch den DCGK gegenüber dem Aufsichtsrat auferlegten Verpflichtungen betraut. Darüber hinaus werden dem Ausschuss gelegentlich weitere Aufgaben, wie die Befassung mit Finanzierungsthemen, z. T. auch Investitionsfragen überantwortet.

Es ist klar, dass die Fülle dieser Aufgaben an die Mitglieder des Prüfungsausschusses erhebliche Anforderungen stellt. Dies gilt sowohl hinsichtlich der Kenntnisse und Erfahrungen der einzelnen Mitglieder als auch hinsichtlich ihrer arbeitsmäßigen Beanspruchung. Aufgaben wie Compliance, aber auch Risikomanagement- und – zumindest z. T. – Revisionssysteme erfordern einen deutlich anderen Hintergrund als Erfahrung in Rechnungslegung oder Abschlussprüfung. Hier sind – zumindest auch – juristischer Sachverstand sowie unternehmerisch/strategische Nähe zum Geschäftsmodell des Unternehmens gefragt. Die Entscheidung des Aufsichtsrats über die Zusammensetzung des Prüfungsausschusses verlangt deshalb einen vorausschauenden Blick auf die bei der jeweiligen Gesellschaft erwartbaren Aufgabenschwerpunkte – und auch Gespür dafür, die dem Ausschuss über das gesetzliche Maß hinaus zu überantwortenden Aufgaben an dem dort gegebenen Leistungsspektrum auszurichten.

Zeitliche Arbeitsbelastung

Die arbeitszeitliche Belastung für ein Prüfungsausschussmitglied etwa einer DAX-Gesellschaft lässt sich überschlägig wie folgt aufsummieren:

zwei bis vier Arbeitstage	Durchsicht und Durchsprache des Jahresabschlusses, des Prüfungsberichts und des Gewinnverwendungsvorschlags
mindestens drei Arbeitstage	Durchsicht und Durchsprache der Rechnungslegung und Berichterstattung für das erste, zweite und dritte Geschäftsquartal, ggf. einschließlich der prüferischen Durchsicht; das vierte Quartal endet mit dem Jahresabschluss
mindestens drei Arbeitstage	Befassung mit den dem Prüfungsausschuss überantworteten sonstigen Themen

Insgesamt ergeben sich damit im Jahresverlauf mindestens acht bis zehn Arbeitstage, die einem solchen Prüfungsausschussmitglied für seine Tätigkeit abverlangt sind, vom Vorsitzenden regelmäßig – schon wegen der zu führenden Korrespondenz und der Sitzungsvorbereitung – noch ein guter Teil mehr. Die Anfahrtszeiten zu i. d. R. drei bis sechs Sitzungen/Jahr sind hierbei nicht eingeschlossen. Diese Zeiten summieren sich im Wesentlichen – eine Überschneidung ergibt sich bei der Befassung mit dem Jahresabschluss – zu der für die »normale« Aufsichtsratstätigkeit erforderlichen Zeitspanne hinzu. Sie gelten nur, wenn » alles gut läuft«, also weder bei den Abschlussarbeiten noch bei den sonstigen Aufgabenstellungen des Prüfungsausschusses Probleme auftauchen, die ggf. eine weit intensivere Befassung – und damit erheblich größeren Zeitbedarf – erfordern können. Und sie gelten nur, wenn sich der Prüfungsausschuss streng an die gesetzliche Vorgabe hält, die ihm die Überwachung des IKS, des RMS und des Internen Revisionssystems auferlegt, also allein auf eine Systemprüfung abstellt. Eine inhaltliche Überwachung und Ergebnisverfolgung der internen Kontrollen, des Risikomanagements und der Internen Revision ist – von der Befassung mit wirklich gravierenden Verstößen, die das System als solches in Frage stellen können, abgesehen – vom Prüfungsausschuss nicht verlangt und jedenfalls innerhalb des geschilderten Zeitrahmens nicht zu leisten.

Dieser zusätzlichen Arbeitsbelastung entspricht auch ein deutliches Mehr sowohl an Verantwortung als auch an Haftung für das Prüfungsausschussmitglied im Vergleich zu einem »normalen« Aufsichtsratsmitglied.

Verhältnis zwischen Prüfungsausschuss und Aufsichtsrat

Die vom Prüfungsausschuss nach Gesetz oder DCGK wahrzunehmenden Aufgaben werden ihm durch den Aufsichtsrat per Einzelbeschluss oder Zuordnung im Rahmen der Geschäftsordnung des Prüfungsausschusses zum ganz großen Teil abschließend übertragen. Gleiches gilt – nach Maßgabe des Beauftragungsbeschlusses – für eventuelle zusätzlich vom Plenum dem Ausschuss zugewiesene Aufgaben. Der Ausschuss behandelt diese Aufgaben für und anstelle des Plenums, dem lediglich regelmäßig über die Tätigkeiten des Ausschusses zu berichten ist. Dies schließt Beschlussfassungen ebenso mit ein wie deren Verlautbarung mit Bindungswirkung nach außen. Der Ausschuss übernimmt damit zugleich die Verantwortung für diese Aufgabenbereiche des Aufsichtsrats und seine Mitglieder haften für eventuelle Fehlentscheidungen oder Überwachungsfehler. Die Intensität der Überwachungspflicht des Aufsichtsratsplenums ist in der Konsequenz, verglichen mit der Überwachungspflicht ohne Einsetzung eines Prüfungsausschusses, geringer mit der entsprechenden Folge für die Verantwortung und Haftung der Aufsichtsratsmitglieder, die nicht dem Prüfungsausschuss angehören.

Allerdings ist hiervon für das nach wie vor wichtigste Aufgabengebiet des Prüfungsausschusses, der Befassung mit dem Jahresabschluss, eine Ausnahme zu machen. Denn die Tätigkeit des Ausschusses ist hier lediglich eine vorbereitende für die Verhandlungen des Gesamtaufsichtsrats. Dessen Pflichten haben sich durch die Einsetzung eines Prüfungsausschusses insoweit nicht geändert – zumindest rechtlich. Tatsächlich ist aber auch hier eine deutliche Verantwortungsverschiebung hin zum Prüfungsausschuss festzustellen. Die Erwartung geht dahin, dass der Ausschuss nach Maßgabe seiner eigenen Berichterstattung sich intensiv mit der Thematik befasst und am Ende das Ergebnis gutgeheißen hat. Es fällt dann leicht, sich nach nur kurzer eigener Befassung mit den zumeist voluminösen Unterlagen der Meinung der Experten anzuschließen. Ob dies am Ende reichen wird, im Falle eines deutlichen Regelverstoßes dennoch aus der Haftung entlassen zu werden, wird wohl noch gerichtlich zu klären sein.

Die damit übernommene Verantwortung und die Fülle der dem Ausschuss so übertragenen Aufgaben führt dazu, dass die Befassung der Ausschussmitglieder mit einzelnen wichtigen Geschäftsfeldern wie der Rechnungslegung, der Berichterstattung nach außen, wichtigen Fragen des Risikomanagements u. Ä. deutlich zunimmt, während sie insoweit bei den übrigen Aufsichtsratsmitgliedern stagniert oder zurückgeht. Dies ist so lange in Ordnung, als eine angemessene Arbeitsteilung unter den Aufsichtsratsmitgliedern praktiziert wird, die alle Mitglieder einbezieht, also eine gleichgewichtige Spezialisierung stattfindet. Dem trägt die Praxis dadurch Rechnung, dass sonstige wichtige Ausschüsse des Aufsichtsrats, insb. der Personalausschuss, der Strategieausschuss und das Präsidium regelmäßig mit Aufsichtsratsmitgliedern besetzt werden, die nicht dem Prüfungsausschuss angehören. Eine Ämterhäufung oder gar die Herausbildung eines »Superministers« findet nicht statt; und das ist auch gut so.

F Sonderthemen

I Informationsversorgung

Der Prüfungsausschuss ist zur Wahrnehmung und sachgerechten Erfüllung der ihm zugewiesenen Aufgaben auf eine Vielzahl an Informationen angewiesen, die von ihm analysiert werden müssen.

Grundlage der Informationsversorgung sind die in den §§ 90 und 111 AktG definierten Informationsrechte des Aufsichtsrats, nach denen er über einen Anspruch auf Regel- und Sonderberichte, die Unterlagen zum Jahres- bzw. Konzernabschluss sowie über umfassende Einsichts- und Prüfungsrechte verfügt.[1]

Der Prüfungsausschuss führt aber keine Prüfungen wie beispielsweise die Interne und Externe Revision durch. Er soll es auch nicht. Zwar hat er die Rechenwerke sorgfältig zu sichten. Den Großteil der notwendigen Informationen für seine Plausibilitätsbeurteilungen, Vergleiche und Analysen erhält er allerdings durch die Berichterstattung Dritter.

Als Ausschuss des Aufsichtsrats stehen dem Prüfungsausschuss im Hinblick auf die ihm zugewiesenen Tätigkeitsbereiche die gleichen Informations- und Berichtsrechte wie dem Plenum zu und damit auch das Recht auf sämtliche Informationen über alle Angelegenheiten des Unternehmens. Letztendlich muss der Aufsichtsrat dem Ausschuss sämtliche notwendigen Befugnisse einräumen, um die Bereitstellung der dazu benötigten Unterlagen und Informationen sicherzustellen (§§ 111 Abs. 2 Satz 2 und 107 Abs. 3 AktG).

Der Prüfungsausschuss muss in diesem Zusammenhang aus Gründen der Effizienz selbst definieren, welche Informationen ihm in welcher Qualität, Quantität und in welchen zeitlichen Abständen übermittelt werden sollen (i.S.v. Ziffer 3.4 DCGK). Grds. hat er dabei durch seine Sorgfaltspflicht und Verantwortlichkeit eines Aufsichtsratsmitglieds gem. § 116 AktG sämtliche zulässigen Informationsquellen zu berücksichtigen, die zur Aufgabenerfüllung notwendig sind. Eine entsprechende Festlegung innerhalb der Geschäftsordnung des Prüfungsausschusses, wer wann welche Berichte an den Ausschuss liefert, ist dabei hilfreich.

In Bezug auf die thematischen Inhalte sollten die Berichte zunächst so ausgestaltet sein, dass sie insgesamt einen ganzheitlichen und aufschlussreichen Überblick über das Unternehmen geben, was auch der Standardinformation eines allgemeinen Aufsichtsratsmitglieds entspricht. So bedarf es an Informationen über die strategische Unternehmensplanung (z. B. Unternehmensziele und -strategie; Geschäfts-, Branchen- und Umweltentwicklung) sowie über unternehmensfunktionale Informationen (Investition und Finanzierung; Forschung und Entwicklung; Beschaffung, Produktion/Produkte, Absatz/Marketing/Kunden, Mitarbeiter der verschiedenen Ebenen). Weiterhin sollten die Berichte Auskünfte über die Erfolgsermittlung (z. B. Umsatz, Aufträge, Nachfrageentwicklung, Ergebnisse, Cashflows und Liquidität), Kennzahlen (z. B. wertorientiert, Eigen- und Gesamtkapitalrentabilität, Börsenkurs, Kurs-Gewinn-Verhältnis) sowie Risiken (Risikomanagement, -bericht) liefern.

Daneben wird der Prüfungsausschuss den Großteil der notwendigen Informationen aus den Unterlagen im Zusammenhang mit dem Jahres- bzw. Konzernabschluss erhalten (z. B. Bilanz, Gewinn- und Verlustrechnung, Anhang, Lagebericht, Kapitalflussrechnung, Segmentberichterstattung, Managementletter, Prüfungsbericht, Steuerbilanz, Ergebnisverwendung).

Letztendlich muss der Prüfungsausschuss die erhaltenen Informationen, soweit sie dieselben Themengebiete umfassen, miteinander vergleichen, auf Konsistenz prüfen und auswerten, sodass er sich ein eigenes Urteil bilden kann.

---

[1] Vgl. hierzu und im Folgenden auch Koprivica (2009), S. 130 f. m.w.N.

1 Information durch den Vorstand

Die wichtigste Informationsquelle des Aufsichtsrats und damit auch des Prüfungsausschusses ist der Vorstand. Darunter fällt zunächst die Berichtspflicht des Vorstands nach § 90 AktG, wonach dem Aufsichtsrat über die beabsichtigte Geschäftspolitik und die Unternehmensplanung, die Rentabilität der Gesellschaft, den Gang der Geschäfte und die Lage der Gesellschaft berichtet werden muss. Ebenso muss er über Geschäfte von erheblicher Bedeutung der Gesellschaft hinsichtlich der Rentabilität und Liquidität informieren.

Die Berichte des Vorstands an den Aufsichtsrat sind i. d. R. in Textform zu erstatten (§ 90 Abs. 4 Satz 2 AktG). Diese Informationspflicht gilt auch dann gegenüber dem Prüfungsausschuss in Bezug auf die ihm delegierten Aufgaben, wenn ihm der Aufsichtsrat sein kollektives Informationsrecht übertragen hat. Allerdings sollten die Vorstandsberichte an den Prüfungsausschuss über die Berichterstattung an den Aufsichtsrat hinausgehen und sich wegen der besonderen Aufgaben auch auf die Finanzsteuerung und Liquiditätsplanung erstrecken.

Entsprechend sollte der Prüfungsausschuss die Informations- und Berichtspflichten des Vorstands näher festlegen (gem. Ziffer 3.4 DCGK). Hierzu sollte am besten eine Informationsordnung zwischen Vorstand und Prüfungsausschuss vereinbart werden, welche die wesentlichen Kriterien in Hinblick auf die Quantität, Qualität und Frequenz der Berichterstattung beinhaltet. So müssen die Berichte einerseits sämtliche Informationen enthalten, die zur vollständigen Ergründung der Sachverhalte notwendig sind. Dies beinhaltet neben reinen Zahlenwerken auch entsprechende Erläuterungen. Andererseits darf eine zu hohe Informationsdichte nicht den Überblick behindern und die wesentlichen Kernpunkte verdecken. Daneben muss erkenntlich sein, wann es sich um Fakten und wann es sich um Prognosen der Geschäftsleitung handelt.

Standardmäßig hat der Vorstand dem Prüfungsausschuss mindestens Berichte über den Jahres-, Halbjahresabschluss und die Quartalsabschlüsse, die Interne Revision, das IKS, RFS sowie über das RMS zu übermitteln. Unabhängig von der Regelberichterstattung sollte mit dem Vorstand ebenfalls vereinbart werden, den Prüfungsausschuss zeitnah in Kenntnis zu setzen, falls z. B. bestimmte Arten von (wesentlichen) Geschäften eingegangen werden oder aktuelle und relevante Informationen bezüglich der Überwachungssysteme des Unternehmens vorliegen.

2 Information durch unternehmensinterne Personen

Generell stellen die Mitarbeiter des Unternehmens eine Informationsquelle des Prüfungsausschusses dar, die zur Auskunft herangezogen werden können (§ 109 Abs. 1 Satz 2 AktG). Insb. die leitenden Angestellten, wie z. B. die Leiter der Internen Revision, der Compliance- oder der Rechtsabteilung, sind von Bedeutung.

Dabei ist allerdings zu beachten, dass die Mitarbeiter dem Vorstand unterstellt sind. Um die Gratwanderung von Überwachung und vertrauensvoller Zusammenarbeit in der Aufgabenerfüllung zu bewältigen, muss sich der Prüfungsausschuss der Grenzen der jeweiligen Verantwortungen bewusst sein. So sollten die Mitarbeiter des Unternehmens oder deren Berichte über den Vorstand angefragt werden und im Falle von mündlichen Gesprächen nur ausnahmsweise in Abwesenheit des Vorstands befragt werden, um den Mitarbeiter nicht in einen Loyalitätskonflikt zu bringen.

Als unternehmensinterne Informationsquelle dienen zunächst die Berichte der Internen Revision, die herangezogen werden müssen. Schließlich soll sich der Prüfungsausschuss mit der Internen Revision befassen (§ 107 Abs. 3 Satz 2 AktG) und sich entsprechend über die Arbeit der Internen Revision erkundigen, insb. über die Planungen, Prüfungsschwerpunkte und Prüfungsergebnisse.

Der Fokus liegt auf dem Überblick der wesentlichen Feststellungen (einschließlich aller gewichtigeren Fälle von Betrug, Unterschlagung, Veruntreuung) und den dazu veranlassten Maßnahmen der hierfür verantwortlichen Vorstandsmitglieder.

Ebenso sollten die Berichte des Chief Compliance Officers oder der entsprechend verantwortlichen Person der Compliance-Abteilung sowie die der Leiter der Rechtsabteilung, des Rechnungs- und Finanzwesens regelmäßig durch den Prüfungsausschuss gesichtet werden, da auch hier der Aufgabenbereich des Prüfungsausschusses berührt wird.

Wie bereits erwähnt, kann die Berichterstattung durch den Vorstand oder mit Zustimmung des Vorstands unmittelbar durch die Angestellten schriftlich und mündlich erfolgen. Eine direkte Berichterstattung durch den jeweiligen Mitarbeiter in einer Sitzung des Prüfungsausschusses ist allerdings vorzuziehen, da hierdurch der Informationsfluss qualitativ hochwertiger sein dürfte und die Gelegenheit zu direkten Nachfragen besteht. In diesem Zusammenhang könnte festgelegt werden, dass der jeweilige verantwortliche Mitarbeiter mindestens einmal im Jahr über seinen Arbeitsbereich und seine Befunde berichtet und befragt werden kann.

3 Information durch den Abschlussprüfer

Wichtigster unternehmensunabhängiger Ansprechpartner des Prüfungsausschusses ist der Abschlussprüfer. Dies ergibt sich schon aus dem Aufgabenbereich des Prüfungsausschusses, der sich in weiten Teilen mit der Tätigkeit des Abschlussprüfers überschneidet. Daneben unterliegt der Abschlussprüfer gegenüber dem Aufsichtsrat bzw. Prüfungsausschuss der Redepflicht. Die Informationen des unternehmensunabhängigen Abschlussprüfers dienen dem Prüfungsausschuss für seine Plausibilitätsbeurteilungen sowie insb. zum Abgleich mit den von den unternehmensinternen Personen erhaltenen Angaben. Dazu müssen dem Abschlussprüfer allerdings die unternehmensindividuellen Besonderheiten verdeutlicht werden, damit er sie im Prüfungsbericht einbeziehen kann.

Grundlage der Informationsversorgung bilden der Prüfungsbericht (§ 321 HGB) und die mündliche Berichterstattung nach § 171 Abs. 1 Satz 2 AktG des Abschlussprüfers. Darüber hinaus können auch ergänzende Informationen angefordert werden.

Insb. der Prüfungsbericht gibt dem Prüfungsausschuss für seine Überwachungsaufgabe einen umfassenden Überblick über die Gesellschaft (siehe dazu ausführlich Kap. D.II.4.c zur Verwertung des Prüfungsberichts). Er bietet u. a. Informationen über die Lage des Unternehmens, festgestellte Unrichtigkeiten oder Verstöße gegen gesetzliche Vorschriften sowie über bestandsgefährdende Tatsachen. Wesentlich sind auch die Informationen über die Rechenwerke z. B. in Bezug auf Gesetz-, Satzungs- und Ordnungsmäßigkeit, Bewertungsgrundlagen sowie Bilanzierungs- und Bewertungswahlrechte und über das interne Überwachungssystem.

Im Ganzen wird dem Prüfungsausschuss mit dem Prüfungsbericht eine gute Grundlage für die eigenen Beurteilungen sowie für die Diskussionen mit dem Vorstand bereitgestellt. Entsprechend ist eine intensive Beschäftigung seitens der Prüfungsausschussmitglieder erforderlich.

Daneben hat der Abschlussprüfer an den Verhandlungen des Aufsichtsrats oder des Prüfungsausschusses über den Jahresabschluss teilzunehmen und über die wesentlichen Ergebnisse seiner Prüfung, insb. wesentliche Schwächen des IKS und des RMS bezogen auf den Rechnungslegungsprozess, zu berichten (§ 171 Abs. 1 Satz 2 AktG).

Neben diesen gesetzlich definierten Informationen liefert der Abschlussprüfer im Rahmen seiner Tätigkeit weiteres Informationsmaterial (z. B. Fach-Präsentationen, Bericht über die Summe nicht gebuchter Fehler, ggf. Managementletter) und der Prüfungsausschuss kann individuell vereinbaren, welche weiteren Informationen durch den Abschlussprüfer bereitgestellt werden sollen.

Darüber hinaus kann der Prüfungsausschuss den Abschlussprüfer zur Klärung von Sachverhalten mit Sonderprüfungen beauftragen, um notwendige Informationen zur Beurteilung zu erhalten.

Generell empfiehlt es sich auch, direkte Gespräche mit dem Abschlussprüfer – bei Bedarf auch ohne den Vorstand – zu führen.

4 Information durch weitere unabhängige Dritte

Zwar bieten die Berichte des Vorstands, der weiteren unternehmensinternen Personen und des Jahresabschlussprüfers eine wesentliche Quelle zur Information, jedoch sollte der Prüfungsausschuss immer abwägen, ggf. auch weitere, unternehmensexterne Meinungen einzuholen, insb. dann, wenn es sich um kritische Sachverhalte handelt.

Besteht Bedarf nach weiteren Informationen, kann der Prüfungsausschuss unternehmensexterne Sachverständige und Auskunftspersonen zur Beratung über einzelne Gegenstände hinzuziehen (§ 109 Abs. 1 Satz 2 AktG). Entsprechend bedarf es nicht ausschließlich einer spezifischen Qualifikation, wie sie ein Sachverständiger aufweist. Durch den Gesetzeswortlaut wird dem Prüfungsausschuss explizit die Möglichkeit gegeben, jede andere Person zur Informationsgewinnung heranzuziehen, von der er glaubt, Hinweise zur Klärung von Sachverhalten zu erhalten.

5 Allgemeine Informationen

Neben den Berichten von unternehmensinternen sowie -externen Personen muss sich der Prüfungsausschuss auch über öffentliche Quellen informieren. Darunter fallen beispielsweise öffentliche Medien, wie die Berichterstattung über Zeitungen bzw. Nachrichten, oder veröffentlichte Studien, etwa zur Entwicklung von Märkten und Branchen. Auch sollten die zugänglichen Berichte von konkurrierenden Unternehmen mit einbezogen werden.

6 Art und Weise der Information und Kommunikation

Zunächst sind in erster Linie die schriftlichen Berichte der verschiedenen Auskunftspersonen von Relevanz. Daneben ist aber auch der Austausch innerhalb von Gesprächen bzw. Diskussionen ausgesprochen wichtig. Diese erfolgen insb. in den Sitzungen des Prüfungsausschusses. Es sollte aber ebenfalls erwogen werden, den Dialog außerhalb der Sitzungen und damit in besonders vertrauter Atmosphäre zu suchen. Dies betrifft z. B. den Prüfungsausschussvorsitzenden und den Abschlussprüfer.

Generell ist auf eine angemessene Beziehung zu den Auskunftspersonen zu achten. Die Kommunikation in schriftlicher wie auch mündlicher Form zwischen den Parteien sollte ein gesundes und offenes Ausmaß annehmen, weitestgehend direkt und nicht ausschließlich formell erfolgen. Die offene Kommunikation und die daraus resultierende Information fördern das Vertrauen zwischen den Parteien und stärken die Position des Prüfungsausschusses im Unternehmen.

Fragen für die Praxis
- Hat der Prüfungsausschuss definiert, welche Informationen er regelmäßig erhalten will (schriftlich, mündlich; z. B. durch eine Informationsordnung) bzw. informiert er sich auch aktiv selbst?
- Ist die Berichterstattung der verschiedenen Ansprechpartner an den Prüfungsausschuss vollständig, qualitativ hochwertig, verständlich, wesentlich und regelmäßig bzw. zeitnah?
- Wird bei der Festlegung der Tagesordnung für die jeweils nächste Sitzung des Prüfungsausschusses überlegt, ob Bedarf nach Informationen zu Ad-hoc-Themen besteht?
- Werden die verschiedenen Berichte miteinander verglichen und auf Konsistenz geprüft, insb. in Bezug auf kritische Sachverhalte?
- Wird erwogen, bestimmte Sachverhalte durch unabhängige Dritte überprüfen zu lassen, um eine objektive Bewertung zu erhalten?
- Kann sich der Prüfungsausschuss aufgrund der aus den erhaltenen Berichten gewonnenen Informationen eine eigene Bewertung zu den zu beurteilenden Sachverhalten bilden?

II Geschäftsordnung

Jeder auf Dauer eingerichtete Ausschuss hat grds. das Recht – jedoch keine ausdrückliche gesetzliche Pflicht – sich eine eigene Geschäftsordnung zu geben.[2] Auch der DCGK äußert sich zum Thema »Geschäftsordnung für Ausschüsse« nicht, empfiehlt jedoch in Ziffer 5.1.3, dass sich der Aufsichtsrat als Plenum eine Geschäftsordnung geben soll. Im Gegensatz hierzu verlangen die Notierungsbedingungen der NYSE und der NASDAQ, dass Audit Committees der bei ihnen notierten Gesellschaften über eine eigene Geschäftsordnung verfügen.[3]

In der Praxis stellt sich somit die Frage, ob es sinnvoll erscheint, eine Geschäftsordnung speziell für den Prüfungsausschuss zu erlassen. Zur Beurteilung dieser Frage hilft es zunächst, sich vor Augen zu führen, welche möglichen Regelungsbereiche es gibt und welche Regelungsspielräume sich jeweils eröffnen können.

Prüfungsausschüsse dienen der Übertragung bestimmter Pflichten des Aufsichtsrats auf ein kleineres Teilgremium, dessen Mitglieder hierfür besonders qualifiziert sein sollten. Dabei kann der Umfang der zu übertragenden Aufgaben und Kompetenzen weitestgehend frei gestaltet werden und stellt sich in der Praxis entsprechend vielfältig dar. Die genaue Definition der *Kompetenzen und Aufgaben* des Prüfungsausschusses bietet sich somit als Kernregelungsbereich der Geschäftsordnung für den Prüfungsausschuss an. Hiermit verbunden ist die Regelung der *Informationsrechte* des Prüfungsausschusses, z. B. die Berechtigung zur Einholung von Auskünften vom Vorstand und Abschlussprüfer. Ein weiterer wesentlicher Regelungsbereich bezieht sich auf die *innere Ordnung* des Ausschusses, d. h. die Verfahren und die Beschlussfassung (z. B. Sitzungsturnus, Einladungsfristen, Möglichkeit zum Stichentscheid). Schließlich können die *Besetzung* des Prüfungsausschusses und dessen *Berichterstattung* an den Gesamtaufsichtsrat Gegenstand der Geschäftsordnung des Prüfungsausschusses sein.[4]

Betrachtet man nun den Regelungsspielraum, der sich zu den genannten Bereichen bietet, hilft es zunächst, sich den Rahmen vor Augen zu führen, in dem sich der Prüfungsausschuss bewegt (siehe hierzu auch Abschnitt B »Rechtliche Rahmenbedingungen«): Der Gesamtaufsichtsrat ist für sämtliche ihm übertragenen Aufgaben letztverantwortlich und hat daher das alleinige Recht zu bestimmen, in welchem Umfang er – unter Beachtung der bestehenden Delegationsverbote – Aufgaben und Kompetenzen auf einen Prüfungsausschuss überträgt. Diese Delegations- und Organisationsautonomie kann nicht durch die Satzung eingeschränkt werden. Ebenso kann der Prüfungsausschuss selbstverständlich nicht eigenständig über seine Aufgaben und Kompetenzen entscheiden und nur im Rahmen der ihm zugewiesenen Kompetenzen tätig werden.

Regelungen zu den *Aufgaben und Kompetenzen* des Prüfungsausschusses können somit nur vom Gesamtaufsichtsrat beschlossen werden – egal ob sie in einer gesonderten Geschäftsordnung des Prüfungsausschusses niedergelegt sind oder in der Geschäftsordnung des Gesamtaufsichtsrats. Aus der Vielfalt der möglichen Kompetenzen und Aufgaben des Prüfungsausschusses ergibt sich, dass deren exakte schriftliche Definition die Kommunikation deutlich erleichtert und Missverständnissen vorbeugt. In der Kommentarliteratur wird aus diesem Grund auch die Ansicht vertreten, dass der Aufsichtsrat zur sachgerechten Erfüllung seiner Aufgaben verpflichtet ist, eine Geschäftsordnung für den Prüfungsausschuss zu erlassen. Das Recht des Aufsichtsrats zur Selbstorganisation würde sich demnach an dieser Stelle zur Pflicht verdichten.[5]

---

2 Vgl. Habersack (2006), § 107 AktG, Rdn. 148.
3 Vgl. Huwer (2008), S. 259.
4 Vgl. Warncke (2010), S. 159 f.; zur Berichterstattung an das Plenum bestehen bereits gesetzliche Regelungen in § 107 Abs. 3 S. 4 AktG, so dass diese Frage in der Praxis auch oft offen gelassen wird; Semler/v. Schenk (2009), § 6, Rdn. 71.
5 Vgl. Huwer (2008), S. 260.

Etwas komplexer stellt sich die Situation bei den Regelungen zur *inneren Ordnung* des Prüfungsausschusses dar. Hierzu gibt es zunächst in einigen Bereichen abschließende Bestimmungen im AktG, die sowohl auf den Gesamtaufsichtsrat als auch auf dessen Ausschüsse anwendbar sind, z. B. § 108 Abs. 2 AktG zur Beschlussfähigkeit. Darüber hinaus können die Aktionäre in der Satzung Vorschriften zur inneren Ordnung des Prüfungsausschusses erlassen, wofür i. d. R. eine Dreiviertelmehrheit erforderlich ist. Schließlich ist der Gesamtaufsichtsrat dazu berechtigt, verbleibende Regelungsspielräume zur inneren Ordnung des Prüfungsausschusses zu schließen, da er sich letztlich die Arbeit des Prüfungsausschusses zurechnen lassen muss. Verbleiben danach noch Regelungsspielräume, kann sich der Prüfungsausschuss selbst für bestimmte Regelungen zu seiner inneren Ordnung entscheiden. Eine Pflicht des Prüfungsausschusses zur Selbstorganisation durch Erlass einer Geschäftsordnung kann sich ergeben, wenn dies zur sachgerechten Erfüllung seiner Aufgaben notwendig ist.[6]

Gibt es keine gesonderte Geschäftsordnung für den Prüfungsausschuss, gelten die gesetzlichen und statuarischen Regelungen sowie die Regelungen der Geschäftsordnung des Aufsichtsrats entsprechend für die Ausschussarbeit.[7]

Die Niederlegung der gesonderten Regelungen bzw. Geschäftsordnung für den Prüfungsausschuss kann verschiedenen Grundkonzepten folgen:[8]

- Die Geschäftsordnung des Gesamtaufsichtsrats enthält einen gesonderten Passus, der die Aufgaben- und Kompetenzzuweisung sowie ggf. spezielle Regelungen zur inneren Ordnung des Prüfungsausschusses enthält. Dieses Modell wird in der Praxis vieler Unternehmen verfolgt.[9]
- Es wird eine gesonderte Geschäftsordnung für den Prüfungsausschuss erstellt, der nur die speziellen Regelungen für dessen Arbeit enthält und im Übrigen auf die relevanten Regelungen, insb. in der Geschäftsordnung des Gesamtaufsichtsrats, verweist.
- Der Prüfungsausschuss erhält eine umfassende eigene Geschäftsordnung, in der sämtliche relevanten Regelungen, insb. zur inneren Ordnung und zur Aufgaben- und Kompetenzzuweisung, enthalten sind.

Eine umfassende Geschäftsordnung für den Prüfungsausschuss bietet den Mitgliedern eine verlässliche und einfach zu handhabende Arbeitsgrundlage, auf die sie bei Unklarheiten zurückgreifen können, und verbessert dadurch die Effizienz bei der Klärung von Zweifelsfragen. Allerdings müssen bei diesem Konzept Änderungen in der Satzung oder der Geschäftsordnung des Gesamtaufsichtsrats, die für den Prüfungsausschuss einschlägig sind, jeweils auch in der Geschäftsordnung des Prüfungsausschusses berücksichtigt werden, so dass höhere Verwaltungsaufwendungen entstehen.

Aus Investor Relations-Sicht wird von der Sinnhaftigkeit einer gesonderten Geschäftsordnung für den Prüfungsausschuss regelmäßig auszugehen sein: Ihr Erlass findet Eingang in die Erklärung zur Unternehmensführung nach § 289a HGB, die auf der Internetseite oder im Lagebericht der Gesellschaft veröffentlicht wird, und trägt dazu bei, der Kapitalmarktöffentlichkeit einen positiven Eindruck von der »good corporate governance« des Unternehmens zu vermitteln. Darüber hinaus legen einige Unternehmen die Geschäftsordnung(en) des Gesamtaufsichtsrats und ggf. des Prüfungsausschusses selbst offen, indem sie diese auf ihre Internetseite stellen.[10]

Insgesamt kann die Sinnhaftigkeit bzw. gar eine mögliche Pflicht zum Erlass einer gesonderten Geschäftsordnung für den Prüfungsausschuss nur unternehmensindividuell auf Basis der Kom-

---

6 Vgl. Warncke (2010), S. 157.
7 Vgl. Habersack (2008), § 107 AktG, Rdn. 148; Mertens (2006), § 107 AktG, Rdn. 164.
8 Vgl. Warncke (2010), S. 158 f.; Huwer (2008), S. 260 f.
9 Siehe auch Vorlage für die Geschäftsordnung für den Aufsichtsrat II im Beck'schen Formularhandbuch, § 11.
10 Derzeit haben beispielsweise die folgenden Unternehmen ihre Geschäftsordnung für den Prüfungsausschuss auf ihre Internetseiten gestellt: Daimler AG, Deutsche Bank AG, Deutz AG, KWS Saat AG, Siemens AG und ThyssenKrupp AG.

plexität der übertragenen Aufgaben, der vorhandenen Regelungstiefe in der Satzung und der Geschäftsordnung des Aufsichtsrats sowie der verfolgten Investor Relations-Strategie beurteilt werden.

Hat sich der Aufsichtsrat bzw. der Prüfungsausschuss grds. für eine gesonderte Geschäftsordnung des Prüfungsausschusses entschlossen, stellen sich die praktischen Fragen, welches Gremium für deren Erlass, Änderung und Aufhebung zuständig ist und welche Folgen im Falle einer Nichtbeachtung der Regelungen eintreten.

Grundsätzlich muss die Geschäftsordnung des Prüfungsausschusses vom Gesamtaufsichtsrat erlassen, geändert und aufgehoben werden, weil nur er über deren wesentlichen Inhalt, nämlich die Zuweisung der Aufgaben und Kompetenzen an den Prüfungsausschuss, entscheiden darf. Vor diesem Hintergrund hat der Gesamtaufsichtsrat auch das jederzeitige Recht, die Geschäftsordnung für den Prüfungsausschuss zu ändern oder aufzuheben.[11]

Wie bereits dargelegt, ist der Prüfungsausschuss selbst nur in eingeschränktem Umfang befugt, sich eine Geschäftsordnung zu geben. Seine Regelungskompetenz erfasst Regelungen zur inneren Ordnung des Prüfungsausschusses, soweit diese nicht durch Gesetz, Satzung oder den Gesamtaufsichtsrat getroffen wurden. Da der Gesamtaufsichtsrat stets die Letztverantwortung für die Arbeit des Prüfungsausschusses trägt, können Geschäftsordnungsbestimmungen, die sich der Ausschuss selbst gegeben hat, jederzeit vom Plenum »kassiert« oder geändert werden.[12]

Die Geschäftsordnung für den Prüfungsausschuss gilt bis zu ihrer Änderung oder Aufhebung fort. Wechsel in der Besetzung des Prüfungsausschusses haben keine Auswirkungen auf die Geschäftsordnung, da der Prüfungsausschuss als Kollegialorgan ununterbrochen weiterarbeitet.

Für den Erlass, die Änderung und die Aufhebung der Geschäftsordnung für den Prüfungsausschuss sind jeweils die allgemeinen Regeln über die Beschlussfassung anwendbar, wonach i. d. R. eine einfache Stimmenmehrheit genügt.[13]

Für den Fall einer Nichtbeachtung der Regelungen der Geschäftsordnung für den Prüfungsausschuss ist zu unterscheiden: Der Gesamtaufsichtsrat als erlassendes Gremium kann sich über die von ihm beschlossenen Regeln für den Prüfungsausschuss durch einen entsprechenden Einzelbeschluss hinwegsetzen – auch ohne dass diesem Beschluss eine Änderung der Geschäftsordnung folgt. Hierfür ist jedoch ein gesonderter Tagesordnungspunkt erforderlich.[14]

Aus Sicht des Prüfungsausschusses ist zu differenzieren:

- Überschreitet der Prüfungsausschuss die Kompetenzen, die ihm in der Geschäftsordnung für den Prüfungsausschuss zugewiesen wurden, sind die entsprechenden Beschlüsse bis zu ihrer Bestätigung durch den Gesamtaufsichtsrat schwebend unwirksam.[15]
- Ein Verstoß des Prüfungsausschusses gegen die (höherrangige) Geschäftsordnung des Aufsichtsrats führt zur Unwirksamkeit des Ausschussbeschlusses. Dies gilt nicht bei reinen Ordnungsverstößen.[16]
- Regelungen, die sich der Prüfungsausschuss in einer Geschäftsordnung selbst gegeben hat, haben den Verbindlichkeitsgrad eines einfachen Beschlusses. Sie zeichnen sich »nur« durch ihre intendierte Dauerhaftigkeit aus. Allerdings sind sie – wie einfache Beschlüsse – jederzeit änderbar und aufhebbar, ohne dass dies einen förmlichen Aufhebungsbeschluss voraussetzt. Ein Beschluss des Prüfungsausschusses, der gegen dessen eigene Geschäftsordnung verstößt, bleibt demnach wirksam.[17]

---

11 Vgl. Huwer (2008), S. 261.
12 Vgl. Münchener Kommentar, § 107, Rdn. 148; Semler/ v. Schenk (2009), § 6, Rdn. 52.
13 Vgl. Lutter/Krieger (2008), § 11, Rdn. 653.
14 Vgl. Semler/ v. Schenk (2009), § 6, Rdn. 53.
15 Vgl. Huwer (2008), S. 262.
16 Vgl. Münchener Kommentar, § 107, Rdn. 166.
17 Vgl. Mertens (1996), § 107 AktG, Rdn. 171.

Eine Muster-Vorlage für eine Geschäftsordnung für den Prüfungsausschuss findet sich im Anhang dieses Buchs (Anhang D. »Muster einer Geschäftsordnung«).

III Überwachung im Konzern

Konzerne sind heutzutage gängige Wirtschaftspraxis. Sie sind durch wirtschaftliche Einheit und rechtliche Vielfalt geprägt. Ein Konzern wird gebildet, indem ein herrschendes und ein oder mehrere abhängige Unternehmen unter der einheitlichen Leitung des herrschenden Unternehmens zusammengefasst sind oder indem rechtlich selbständige und voneinander unabhängige Unternehmen unter einheitlicher Leitung zusammengefasst sind. Die einzelnen Unternehmen sind Konzernunternehmen (§ 18 AktG).

Abhängig von der jeweiligen Art und Größe der einzelnen Konzernunternehmen ist auch die Existenz mehrerer Prüfungsausschüsse innerhalb eines Konzerns möglich. Damit stellt sich die Frage, welche Besonderheiten sich für die Prüfungsausschüsse der jeweiligen Konzernunternehmen ergeben, insb. bei der Differenzierung zwischen Konzernobergesellschaft bzw. herrschenden Unternehmen und übrige Konzernunternehmen.

1 Prüfungsausschuss der Konzernobergesellschaft bzw. des herrschenden Unternehmens

Die Überwachungspflicht des Aufsichtsrats bzw. des Prüfungsausschusses einer Konzernmutter bezieht sich nicht nur auf die Konzernobergesellschaft, sondern auch auf den gesamten Konzern. Bei seiner Informationssammlung über die Tochtergesellschaften sind der Aufsichtsrat der Konzernobergesellschaft und damit auch dessen Prüfungsausschuss gegenüber den Vorständen der Tochterunternehmen nicht weisungsbefugt. Entsprechend läuft die Berichterstattung weitestgehend über den Konzernvorstand, der über den Konzern genauso wie über die Konzernobergesellschaft zu berichten hat, sowie den Konzernabschlussprüfer. Die Überwachung des Konzerns ist insoweit von wesentlicher Bedeutung, da die wirtschaftlichen Schieflagen und Zusammenbrüche mit ihren oftmals verheerenden Folgen i. d. R. bei den Tochtergesellschaften passieren, wie z. B. bei der Metallgesellschaft, bei Thyssen Krupp, Siemens und bei MAN.

Risikomanagement

Der Prüfungsausschuss der Konzernobergesellschaft muss zunächst die Entwicklung der einzelnen Tochtergesellschaften beobachten und abwägen, ob und welche Risiken für das Mutterunternehmen resultieren. Dies gilt besonders im Falle von Tochterunternehmen, mit denen ein Gewinnabführungsvertrag abgeschlossen wurde.

In diesem Zusammenhang steht die Überwachung des konzernweiten Risikoüberwachungssystems, das der Vorstand der Obergesellschaft einzurichten hat, um bestandsgefährdende Risiken erkennen und begegnen zu können. Wichtigste Informationsquelle zur Beurteilung des Systems sind entsprechend die Berichte des Vorstands der Obergesellschaft, da dieser in seinen Berichten auch auf Tochterunternehmen und auf Gemeinschaftsunternehmen (§ 310 Abs. 1 HGB) einzugehen hat, wenn die Gesellschaft Mutterunternehmen (§ 290 Abs. 1 und 2 HGB) ist (§ 90 Abs. 1 Satz 2 AktG). Als weitere Informationsquelle dienen die Berichte des Konzernabschlussprüfers, da dieser die Maßnahmen nach § 91 Abs. 2 AktG konzernweit zu beurteilen hat (§ 321 Abs. 4 HGB).

Bezüglich der Überwachung des konzernweiten Risikoüberwachungssystems gelten generell die Ausführungen des Kapitels D.II.3 zur Überwachung der Wirksamkeit des RMS.

Konzernrechnungslegung

Eine wesentliche Aufgabe des Prüfungsausschusses der Konzernobergesellschaft ist seine Prüfung des Konzernabschlusses. Da der Konzernabschluss binnen 90 Tagen nach Geschäftsjahresende öffentlich zugänglich sein soll (Ziffer 7.1.2 DCGK), empfiehlt sich eine zeitnahe Auseinandersetzung mit dem Rechenwerk.

Der Konzernabschluss ist ein reines Informationsinstrument und dient im Gegensatz zum Jahresabschluss nicht der Bemessung von Dividenden und der Besteuerung. Wie bei der Prüfung des Jahresabschlusses erstreckt sich die Prüfung des Konzernabschlusses allerdings ebenfalls auf die Rechtmäßigkeit wie auch auf die Zweckmäßigkeit (siehe hierzu auch Kap. D.II.4 über die vorbereitende Prüfung des Jahresabschlusses). Insbesondere muss sich der Prüfungsausschuss der Zweckmäßigkeitsprüfung widmen, da mit der Erstellung des Konzernabschlusses zahlreiche bilanzpolitische Spielräume verbunden sind.

Weil der Konzernabschluss die Vermögens-, Finanz- und Ertragslage des Konzerns so zeigen soll, als seien die in den Abschluss einbezogenen Unternehmen eine einzige wirtschaftliche Einheit, resultieren ggf. aus der Transformation von der Handelsbilanz I zur Handelsbilanz II durch den Grundsatz der Einheitlichkeit, aus dem sich u. a. die Neuausübung von Ansatz- und Bewertungswahlrechten ergibt, erhebliche bilanzpolitische Spielräume. Weitere bilanzpolitische Möglichkeiten entstehen beispielsweise durch die verschiedenen Verfahren im Zusammenhang mit der Währungsumrechnung.[18]

Der Prüfungsausschuss sollte die Konzernbilanz mit der Bilanz vergleichen, die sich durch eine gegenteilige Ausübung der genutzten Wahlrechte ergäbe, und sich ein Bild über die Verwendung von Gliederungswahlrechten machen, um insgesamt sicherzustellen, dass sich die Bilanzpolitik auf Konzernebene nicht negativ auf die Transparenz des Abschlusses auswirkt. Dabei sollte er sich auch Erklärungen über die vom Vorstand ergriffenen Maßnahmen zur Sicherung der konzernweit einheitlichen Anwendung der Regelungen zur Bilanzierung und Bewertung einholen. In diesem Zusammenhang sollte der Prüfungsausschuss die Konzernrichtlinie heranziehen, in der Fragen der Rechnungslegung nach dem Recht und der Methoden der Konzernmutter für alle Konzernunternehmen einheitlich geregelt werden.

Außerdem müssen die Anhangangaben des Konzernabschlusses neben der inhaltlichen Richtigkeit auch auf Übersichtlichkeit sowie Vollständigkeit kritisch durchgesehen werden.

2 Prüfungsausschuss des abhängigen Unternehmens bzw. der anderen Konzernunternehmen

Prüfung des Jahresabschlusses einer nach § 264 Abs. 3 HGB befreiten Gesellschaft

Eine Kapitalgesellschaft, die Tochterunternehmen eines nach § 290 HGB zur Aufstellung eines Konzernabschlusses verpflichteten Mutterunternehmens ist, kann nach § 264 Abs. 3 HGB unter bestimmten Voraussetzungen von der gesetzlichen Pflichtprüfung des Jahresabschlusses durch einen Abschlussprüfer absehen. Wird aufgrund der Inanspruchnahme der Befreiungsmöglichkeit des § 264 Abs. 3 HGB auf die Abschlussprüfung verzichtet, ergeben sich für den Aufsichtsrat und den Prüfungsausschuss der Tochtergesellschaft besondere Anforderungen in seiner Aufgabenerfüllung. Denn die Pflicht zur Prüfung des Jahresabschlusses und des Lageberichts durch den Aufsichtsrat nach § 171 Abs. 1 Satz 1 AktG und damit bei entsprechender Delegation vorbereitend durch den Prüfungsausschuss besteht weiterhin (siehe auch Kap. D.II.4 über die vorbereitende Prüfung des Jahresabschlusses).[19] Gleichwohl entfallen jedoch das Prüfungsergebnis (Testat) sowie der Prüfungsbericht des Abschlussprüfers, die für den Prüfungsausschuss ein wesentliches Mittel zur In-

---

18 Vgl. hierzu und im Folgenden auch Koprivica (2009), S. 99 m.w.N.
19 Die Prüfung des Vorschlags zur Verwendung des Bilanzgewinns durch den Aufsichtsrat nach § 171 Abs. 1 Satz 1 AktG entfällt bei Vorliegen eines Ergebnisabführungsvertrags.

formation und damit eine essenzielle Grundlage für die eigene Prüfung darstellen. Ebenfalls entfällt so der Diskussionspartner in den unterjährigen Sitzungen des Prüfungsausschusses sowie in der Bilanzsitzung des Aufsichtsrats oder des Prüfungsausschusses, in der er über die wesentlichen Ergebnisse seiner Prüfung, insb. wesentliche Schwächen des IKS und des RMS bezogen auf den Rechnungslegungsprozess, zu berichten hätte (§ 171 Abs. 1 Satz 2 AktG).[20]

Aufgrund der Sorgfaltspflicht und Verantwortlichkeit eines ordentlichen und gewissenhaften Aufsichtsrats (§ 116 Satz 1 i. V. m. § 93 AktG) folgt hieraus, dass den einzelnen Mitgliedern des Prüfungsausschusses eine höhere Verantwortung und damit ein höherer Arbeitsaufwand zukommt. Denn er muss trotzdem sicherstellen, dass die vom Vorstand vorgelegten Abschlussunterlagen einerseits gesetz- und ordnungsmäßig sind, also dass die gesetzlichen Vorschriften und ergänzenden Bestimmungen des Gesellschaftsvertrags oder der Satzung beachtet worden sind. Andererseits erstreckt sich die Prüfung auch auf die Untersuchung der Geschäftsführung sowie auf die Zweckmäßigkeit der von der Geschäftsführung gewählten Bilanzierung.

Bei hinreichend kleiner Größe und damit einhergehender Übersichtlichkeit der Gesellschaft können die sorgfältige Durchsicht und Plausibilitätsbeurteilungen des Prüfungsausschusses zur sachgerechten Erfüllung der Aufgaben ausreichen. Weist die Gesellschaft allerdings eine komplexere Struktur mit entsprechenden Geschäftsvorfällen auf, wird der Prüfungsausschuss seine umfassenden Einsichts- und Prüfungsrechte nach § 111 AktG ausnutzen müssen, um zu einem angemessenen Urteil kommen zu können. Dies bedeutet schlichtweg, dass er materielle Prüfungshandlungen durchzuführen hat, die denen der Internen Revision und des Abschlussprüfers in ihrer Intensität nahekommen.

Dies kann aber auch zu einer zeitlichen Herausforderung führen. Denn der Konzernabschluss soll innerhalb von 90 Tagen nach Geschäftsjahresende öffentlich zugänglich sein (Ziffer 7.1.2 DCGK). Das fordert eine zeitnahe und vor allem schnelle Prüfung des Abschlusses des Tochterunternehmens, da auch die Konzernspitze eine angemessene Zeit in die Erstellung und Prüfung des Konzernabschlusses aufbringen muss, auch wenn sie damit in der Praxis nicht solange wartet, bis alle Rechenwerke der Tochtergesellschaften final vorliegen.

Unterstützende Informationen und Prüfungsergebnisse können in diesem Fall durch den Konzernabschlussprüfer eingeholt werden, da er faktisch die Abschlüsse der Tochterunternehmen prüfen muss, auch wenn die Prüfung der Reporting Packages der Konzerntöchter an die Konzernspitze i. d. R. die internationalen Rechnungslegungsstandards berücksichtigt. Diese Prüfungsergebnisse liegen im Allgemeinen auch dem Vorstand der Tochtergesellschaft vor.

Ein weiteres Augenmerk sollte der Prüfungsausschuss auf den Ausgleichsanspruch bei entsprechendem Vorliegen eines Ergebnisabführungsvertrags zwischen der Konzernspitze und der Tochtergesellschaft richten und sich über die hieraus resultierenden Sachverhalte informieren, z. B. die Werthaltigkeit der Forderung an die Konzernspitze im Falle eines Verlustausgleichs.

Zur Vermeidung zeitlicher Engpässe und vor allem zur Minderung des Haftungsrisikos des Prüfungsausschusses und des Aufsichtsrats der Tochtergesellschaft kann es daher insgesamt empfehlenswert sein, gem. § 111 Abs. 1 Satz 2 AktG bestimmte Aufgaben Sachverständigen zu übertragen. Demzufolge sollte es erwogen werden, zur Unterstützung des Prüfungsausschusses entweder einzelne Sachverhalte durch Experten klären zu lassen oder den Jahresabschluss durch einen Wirtschaftsprüfer mindestens einer prüferischen Durchsicht zu unterziehen. Die bestmögliche Erfüllung der Aufgabe besteht in der Ausführung einer freiwilligen Jahresabschlussprüfung im Umfang der gesetzlichen Abschlussprüfung.

---

20 Vgl. hierzu und im Folgenden auch Prangenberg (2007), S. 154-155.

Abhängigkeitsbericht

Eine weitere Besonderheit besteht in der Prüfung des Abhängigkeitsberichts. Übt ein Unternehmen einen beherrschenden Einfluss auf die Gesellschaft aus und besteht kein Beherrschungs- oder Gewinnabführungsvertrag, hat der Vorstand einen Abhängigkeitsbericht aufzustellen (§ 312 Abs. 1 Satz 1 AktG). In dem Bericht sind alle Rechtsgeschäfte und Maßnahmen aufzuführen, welche die Gesellschaft im vergangenen Geschäftsjahr mit dem herrschenden Unternehmen, einem mit ihm verbundenen Unternehmen, auf Veranlassung oder im Interesse dieser Unternehmen vorgenommen bzw. getroffen oder unterlassen hat (§ 312 Abs. 1 Satz 2 AktG). Dieser Abhängigkeitsbericht ist vom Abschlussprüfer und vom Aufsichtsrat zu prüfen (§ 313 Abs. 1 u. § 314 Abs. 2 AktG).[21]

Ist der Prüfungsausschuss hier vorbereitend tätig, um eine Empfehlung für den Aufsichtsrat zu geben, ob dieser Einwände erheben soll oder nicht (§ 314 Abs. 3 AktG), kann er entsprechend den Bericht des Abschlussprüfers zur Information in seine eigene Prüfung mit einbeziehen.

Die Untersuchung durch den Prüfungsausschuss erstreckt sich auf die Kontrolle der Vollständigkeit und Richtigkeit des Abhängigkeitsberichts. Dies stellt eine schwierige Aufgabe dar, da die Vollständigkeitsprüfung selbst nicht Gegenstand der Prüfung durch den Abschlussprüfer ist. Deshalb empfiehlt sich zur Unterstützung eine Erweiterung des Prüfungsauftrags an den Abschlussprüfer. Insb. ist die Abgrenzung des Kreises verbundener Unternehmen, die Vollständigkeit der berichteten Rechtsgeschäfte und Maßnahmen und die Richtigkeit der Angaben zu prüfen. Ebenso sollte eine Analyse der anzugebenden Leistung und Gegenleistung bei den Rechtsgeschäften und bei den Maßnahmen die Gründe der Maßnahme und deren Vorteile und Nachteile für die Gesellschaft (§ 312 Abs. 1 Satz 3 AktG) erfolgen. Der Prüfungsausschuss sollte dabei insb. auf die Behandlung wesentlicher oder außergewöhnlicher geschäftlicher Vorgänge achten.

Für seine vorbereitende Prüfung des Abhängigkeitsberichts kann sich der Prüfungsausschuss auch an IAS 24 über die Angaben über Beziehungen zu nahe stehenden Unternehmen und Personen orientieren.

> **Fragen für die Praxis**
> - Verfügt der Konzern über ein angemessenes Risikoüberwachungssystem?
> - Widmet sich der Prüfungsausschuss bei seiner Prüfung des Konzernabschlusses insb. der Zweckmäßigkeit des Abschlusses?
> - Sollen zur Unterstützung des Prüfungsausschusses bei seiner Prüfung des Abschlusses einer nach § 264 Abs. 3 HGB befreiten Gesellschaft einzelne Sachverhalte durch Sachverständige geprüft werden und werden hierzu auch Informationen über die Prüfung des Konzernabschlussprüfers eingeholt?
> - Wird erwogen, den Jahresabschluss einer nach § 264 Abs. 3 HGB befreiten Gesellschaft durch einen Abschlussprüfer prüfen zu lassen?
> - Wird im Rahmen der Prüfung des Abhängigkeitsberichts der Bericht des Abschlussprüfers zur Information zu Hilfe genommen oder der Prüfungsauftrag des Abschlussprüfers diesbezüglich erweitert?

---

21 Vgl. hierzu und im Folgenden auch Koprivica (2009), S. 101 f. m.w.N.

IV Andere potenzielle Felder der Überwachung

Aufgrund der weitreichenden Aufgabenbereiche, die dem Prüfungsausschuss durch das AktG und den DCGK zugewiesen werden, ergeben sich für den Prüfungsausschuss weitere potenzielle Tätigkeitsfelder, die in Verbindung zu den originär vorgesehenen Aufgaben stehen bzw. Überschneidungen mit ihnen aufweisen.

1 Unternehmensplanung

Die Unternehmensplanung wird in § 90 Abs. 1 Satz 1 Nr. 1 AktG explizit als Gegenstand der Berichterstattung an den Aufsichtsrat genannt. Der Vorstand muss regelmäßig über die beabsichtigte Geschäftspolitik und andere Fragen der Unternehmensplanung (insb. die Finanz-, Investitions- und Personalplanung) berichten. Abweichungen der tatsächlichen Entwicklung von früher berichteten Zielen sind zu nennen und zu begründen. Der Aufsichtsrat kann Form und Ausmaß der Berichterstattung individuell und anhand seiner konkreten Informationsbedürfnisse, z. B. im Rahmen einer Informationsordnung (siehe Tz. 3.4 DCGK), festlegen.[22] Dieses Gestaltungsrecht sollte der Aufsichtsrat auch konsequent nutzen. Denn die gebotene präventive Überwachung der Geschäftsführung setzt voraus, dass sich der Aufsichtsrat intensiv und fortlaufend mit den in der Unternehmensplanung dokumentierten Zielen des Vorstands, den für die Zielerreichung geplanten Maßnahmen und den zur Realisierung vorgesehenen Mitteln auseinandergesetzt hat. Aber auch die vergangenheitsbezogene Kontrolle der vom Vorstand erbrachten Leistung ist ohne Plan-Ist-Vergleich sinnlos. Erst der Abgleich der realisierten Ergebnisse mit der Ausgangsplanung ermöglicht es dem Aufsichtsrat, die Geschäftsführung und Leistung des Vorstands zu beurteilen.

Der Planungsprozess und die konkrete Ausgestaltung des Planungssystems ist Geschäftsführungsaufgabe und obliegt dem Vorstand. Das Aktienrecht gewährt insoweit dem Vorstand einen breiten Beurteilungs- und Ermessensspielraum. Insb. bilden nach wohl herrschender Rechtsauffassung die im betriebswirtschaftlichen Schrifttum entwickelten Grundsätze ordnungsmäßiger Unternehmensplanung nur grobe Orientierungsmuster ohne normative Verbindlichkeit.[23] Es sollte jedoch unstreitig sein, dass das Planungssystem einer größeren Aktiengesellschaft folgende Mindestelemente aufzuweisen hat:[24]

Langfristige Zielfestlegung
Die langfristige und strategische Zielausrichtung des Unternehmens bildet das Fundament der Unternehmensplanung. Sie bestimmt die weitere Umsetzungsplanung. Auch bereits realisierte Maßnahmen sollten primär anhand ihres Zielerreichungsbeitrags beurteilt werden. Der Aufsichtsrat ist in die Zielfestlegung einzubinden, er hat die Ziele zu prüfen und sich ein eigenes Urteil zu bilden. Es erscheint auf Grund der Bedeutung der Zielfestlegung für das Unternehmen angemessen, wenn der Aufsichtsrat die Billigung der Ziele formell beschließt.[25]

---

22 Vgl. m.w.N. Spindler (2008), § 90 AktG Rn. 90.
23 Vgl. Fleischer (2006), § 7 Rn. 39; Hüffer (2010), § 90 AktG Rn. 40a.
24 Zu Systementwürfen für Grundsätze ordnungsmäßiger Unternehmensplanung siehe Institut der Unternehmensberater IdU im Bundesverband Deutscher Unternehmensberater BDU e.V. (2009) und Groß/Amen (2003), S. 1161-1180.
25 Vgl. Kropff (1998), S. 615-619; Albach (1997), S. 32-40.

Mittelfristige Planung (1 bis 5 Jahre)
Der zweckmäßige Umfang der mittelfristigen Planungsinstrumente wird durch die Komplexität und Größe der Gesellschaft determiniert. Es ergibt sich aber bereits aus § 91 Abs. 2 AktG, dass die Planungsrechnungen geeignet sein müssen, bestands- und zielgefährdende Entwicklungen frühzeitig zu erkennen. Zielgefährdende Entwicklungen liegen vor, wenn die langfristig gesetzten Unternehmensziele in absehbarer Zeit nicht erreicht werden können. Die Umsetzungsplanung sollte daher überdacht und die strategische Zielsetzung ggf. neu festgelegt werden. Bestandsgefährdende Entwicklungen gefährden sogar unmittelbar die Unternehmensfortführung.

Kurzfristige Planung (1 bis 2 Jahre)
Im Rahmen der kurzfristigen Planung sind Detailpläne für die wesentlichen Zielgrößen (Absatzplanung, Investitionsplanung, Personalplanung etc.) zu erstellen. Als Mindeststandard gilt eine jährlich im voraus verabschiedete integrierte Ergebnis-, Finanz- und Vermögensplanung mit fortlaufendem Plan-Ist-Vergleich. Eine Ausweitung der integrierten Unternehmensplanung auf einen Planungszeitraum von bis zu drei Jahren ist üblich, so dass sie auch für die mittelfristige Planung und Risikofrüherkennung Verwendung findet.

Die Unternehmensplanung ist für Prüfungsausschuss und Aufsichtsrat in mehrfacher Hinsicht von Bedeutung. Die Planungsdaten bilden zum einen sinnvolle Vergleichsdaten bei der (vorbereitenden) Prüfung von Jahresabschluss und Lagebericht sowie der Festlegung der Vorstandsbezüge. Zum anderen kann der Aufsichtsrat den Prüfungsausschuss beauftragen, die Angemessenheit und Ausgestaltung von Planungsprozess und -instrumenten zu kontrollieren. Diese Überwachungs- und Beratungstätigkeit sollte u. a. in der Festlegung eines konkreten Anforderungsprofils an Form, Häufigkeit und Ausmaß der Vorstandsberichte zur Unternehmensplanung münden.

a   Unternehmensplanung als Instrument zur Überwachung von Bilanzierung und Lageberichterstattung

Die Unternehmensplanung bildet die Datenbasis für die Prüfung von zukunftsbezogenen Aussagen in Jahresabschluss und Lagebericht. Erforderlich ist weiter eine Analyse der gesamtwirtschaftlichen und branchenspezifischen Rahmenbedingungen. Die Planungsdaten und die implizit im Abschluss und Lagebericht enthaltenen Annahmen über die künftige Unternehmensentwicklung dürfen nicht voneinander abweichen. Andernfalls ist entweder die Unternehmensplanung oder sind der Abschluss und der Lagebericht nicht realitätsgerecht erstellt worden. Beides kann die Integrität des Vorstands in Frage stellen. Es ist allerdings anzumerken, dass inhaltliche Divergenzen zwischen Planung und Abschlussdaten häufig nur auf eine mangelnde Kommunikation und Abstimmung zwischen internem und externem Rechnungswesen zurückzuführen sind. Solche unbeabsichtigten Divergenzen sind als einfaches Organisationsversagen, also als Systemmangel zu qualifizieren. Im einzelnen weisen insb. folgende Prüffelder einen starken Zukunftsbezug auf, so dass hier die Unternehmensplanung die geeignete Grundlage zur Überwachung von Bilanzierungsentscheidungen bzw. Aussagen im Lagebericht ist:

Angemessenheit der Annahme der Unternehmensfortführung
Die vom Vorstand zu jedem Abschlussstichtag zu treffende Annahme über die Unternehmesfortführung im nächsten Geschäftsjahr entscheidet über die für den Jahres- und Konzernabschluss maßgeblichen Ansatz- und Bewertungsmaßstäbe (§ 252 Abs. 1 Nr. 2 HGB, IAS 1.25). Gibt es Anzeichen für eine akute Bestandsgefährdung der Gesellschaft, müssen Prüfungsausschuss und Aufsichtsrat die Angemessenheit und Plausibilität der durch den Vorstand getroffenen Annahme der Unternehmensfortführung sowie der nachfolgenden Ansatz- und Bewertungsentscheidungen be-

urteilen. Diese Beurteilung ist nur durch Rückgriff auf die Unternehmesplanung möglich, an deren Aktualität, Validität und Detailgrad in solchen Fällen hohe Anforderungen zu stellen sind. Neben den Konsequenzen aus einer nicht gegebenen oder bedrohten Fortführung der Unternehmenstätigkeit für Ansatz und Bewertung sind die Auswirkungen auf den Lagebericht (§§ 289, 315 HGB) und das Risikofrüherkennungssystem (§ 91 Abs. 2 AktG) zu berücksichtigen.

Werthaltigkeit von Unternehmensbeteiligungen, Geschäftswerten und sonstigen langfristigen Investitionswerten

Die Werthaltigkeit von in der Bilanz aktivierten Unternehmensbeteiligungen, Geschäftswerten und sonstigen langfristigen Investitionswerten (z. B. Produktionsanlagen) wird maßgeblich durch die Ertragskraft der Vermögenswerte, also ihre Fähigkeit zur Erwirtschaftung von künftigen Einzahlungsüberschüssen bestimmt. Die im Rahmen der bilanziellen Wertminderungsprüfungen verwendeten Annahmen müssen mit den Prognosewerten der Unternehmensplanung übereinstimmen. Sind in der Vergangenheit die Zielgrößen der Planung nur selten erreicht worden, was anhand eines mehrjährigen Plan-Ist-Vergleichs leicht nachgeprüft werden kann, ist Vorsicht geboten. Der Prüfungsausschuss muss ggf. hinterfragen, ob die Unternehmensplanung realitätsnahe Planwerte generieren kann.

Werthaltigkeit von aktiven latenten Steuern, insb. von latenten Steuern auf steuerliche Verlustvorträge

Latente Steuern sind in der Bilanz anzusetzen, wenn Ansatz- und Bewertungsunterschiede zwischen Steuerbilanz und Jahres- bzw. Konzernabschluss oder steuerliche Verlustvorträge bestehen und diese Unterschiede künftige Steuerbelastungen oder -entlastungen bei der Gesellschaft bewirken. Für erwartete künftige Steuerentlastungen sind latente Steuern zu aktivieren und für künftige Steuerbelastungen zu passivieren. Aktive latente Steuern sind nur werthaltig, soweit sich die künftige Steuerentlastung auf Grund hinreichender künftiger steuerpflichtiger Einkünfte auch tatsächlich realisieren kann. Ob hinreichende künftige zu versteuernde Einkünfte vorliegen werden, muss anhand einer auf die Unternehmensplanung aufbauenden Steuerplanung entschieden werden. Der Prüfungsausschuss kann die Bilanzierungsentscheidung des Vorstands nur prüfen, indem er sich von der Plausibilität der Steuerplanung und den zu Grunde liegenden Annahmen überzeugt. So vertrauter die Ausschussmitglieder mit den Daten der allgemeinen Unternehmensplanung sind, um so einfacher können sie naturgemäß ihre Prüfungsentscheidung treffen.

Berichterstattung im Lagebericht über die voraussichtliche Entwicklung der Gesellschaft

Der Vorstand muß im Lagebericht seine Erwartungen über die voraussichtliche Entwicklung der Gesellschaft mit ihren wesentlichen Chancen und Risiken unter Angabe der zu Grunde liegenden Annahmen erläutern und zu einer Gesamtaussage verdichten (§§ 289, 315 HGB). Die Erläuterung der voraussichtlichen Entwicklung sollte grds. die Entwicklung der beiden nächsten Geschäftsjahre umfassen und insb. auf die erwarteten wirtschaftlichen Rahmenbedingungen, die Branchenaussichten, beabsichtigte Änderungen der Geschäftspolitik, neue Absatzmärkte oder Änderungen des Produktportfolios eingehen. In der Praxis ist zu beobachten, dass Vorstände ihre Erwartungen und Planwerte häufig nicht vollständig offenlegen möchten. Sie befürchten, dass Wettbewerber oder andere Interessengruppen (Arbeitnehmer, Lieferanten, Behörden) die Informationen zum Nachteil der Gesellschaft verwenden könnten. Hier muss der Prüfungsausschuss immer sorgfältig abwägen, ob solche Begründungen gerechtfertigt sind. Verstöße gegen die gesetzlichen Vorgaben sollten grundsätzlich nicht toleriert werden. Auch die Deutsche Prüfstelle für Rechnungslegung (DPR) und die Rechtsprechung zeigen eine nur geringe Toleranzschwelle bei festgestellten Verstößen.[26]

---

26 Vgl. Gödel (2010), S. 431-435.

b Bedeutung der Unternehmensplanung für die Festsetzung der Vorstandsbezüge

Die Unternehmensplanung ist auch für die Festsetzung der Bezüge der Vorstandsmitglieder bedeutsam. § 87 Abs. 1 AktG legt u. a. fest, dass die Bezüge der Vorstandsmitglieder in einem angemessenen Verhältnis zu ihren Aufgaben und Leistungen sowie zur Lage der Gesellschaft stehen müssen. Bei börsennotierten Gesellschaften ist die Vergütungsstruktur ferner an der nachhaltigen Unternehmensentwicklung auszurichten, so dass variable Vergütungsbestandteile eine mehrjährige Bemessungsgrundlage haben sollten (siehe auch Tz. 4.2.3 DCGK). Der Aufsichtsrat wird darüber hinaus durch § 87 Abs. 2 AktG zur Herabsetzung der Vorstandsvergütung verpflichtet, wenn sich die Lage der Gesellschaft nach Festsetzung der Vorstandsvergütung so verschlechtert hat, dass die Weitergewährung der (vollen) Bezüge für die Gesellschaft unbillig wäre.

Die Festsetzung der Vorstandsbezüge ist eine unternehmerische Entscheidung des Aufsichtsrats, die uneingeschränkt der Business Judgment Rule unterfällt (§§ 116 Satz 1, 93 Abs. 1 Satz 2 AktG).[27] Der Aufsichtsrat muss jedoch auf der Grundlage angemessener Informationen handeln, um sachgerechte Vergleichsmaßstäbe entwickeln zu können. Hierzu müssen unternehmens- und marktbezogene Informationen miteinander kombiniert werden. In diesem Zusammenhang bilden Zielerfüllung und Anspruchsniveau der Zielfestlegung wesentliche Kriterien der Leistungsbeurteilung. Diese Kriterien können nur mit Leben gefüllt werden, wenn eine ordnungsmäßige Unternehmensplanung vorhanden ist. So erfordert die verlässliche Beurteilung des Zielerfüllungsgrads einen Plan-Ist-Vergleich. Aber auch die Ausrichtung der Vergütungsstruktur an der nachhaltigen Unternehmensentwicklung setzt voraus, dass die Unternehmensziele zuvor durch Vorstand und Aufsichtsrat festgelegt wurden. Denn es gilt: Der Vorstand muss sich an seiner Planung auch messen lassen.

c Unternehmensplanung als eigenständiger Überwachungsgegenstand

Die wesentlichen Informationen zur Vermögens-, Finanz- und Ertragslage der Gesellschaft erhält der Aufsichtsrat aus den Jahresabschlüssen, Lageberichten und den Vorstandsberichten zur Unternehmensplanung. Form, Häufigkeit und Ausmaß der Berichterstattung sollten vorab festgelegt werden. Die Erstellung eines entsprechenden Anforderungskatalogs kann an den Prüfungsausschuss delegiert werden, weil er die Rechnungslegungs-, Kontroll- und Planungsprozesse des Unternehmens i. d. R. genau kennt.

Es kann darüber hinaus mit guten Gründen vertreten werden, dass sich der Prüfungsausschuss auch mit der Ordnungsmäßigkeit des Planungssystems befassen muss. Denn insb. bei komplexen und in einem volatilen Umfeld tätigen Gesellschaften stellt die Planung eine bedeutsame Geschäftsführungsaufgabe dar. Das Planungssystem ist oft untrennbar mit dem IKS und dem RMS verknüpft, so dass die Überwachung des Planungssystems bereits unter die in § 107 Abs. 3 Satz 2 AktG gesetzlich definierten Überwachungsaufgaben subsumiert werden kann. Das Planungssystem sollte dabei als eigener Überwachungsgegenstand angesehen werden, der bestimmte Ordnungsmäßigkeitskriterien erfüllen muss. Allgemeine Mindestanforderungen ergeben sich durch die Grundätze ordnungsmäßiger Planung. Hierzu zählen insb. die Grundsätze der Vollständigkeit, Wesentlichkeit, Folgerichtigkeit und Nachvollziehbarkeit.[28]

---

27 Vgl. m.w.N. Spindler (2008), § 87 AktG Rn. 20.
28 Vgl. detailliert Institut der Unternehmensberater IdU im Bundesverband Deutscher Unternehmensberater BDU e.V. (2009), S. 9–11; Groß/Amen (2003), S. 1176 f.

Fragen für die Praxis
- Ist die Unternehmensplanung vollständig, widerspruchsfrei und schlüssig?
- Weichen die der Planung zu Grunde liegenden Annahmen von den allgemeinen Branchen- und Markterwartungen ab? Wenn ja, warum?
- Waren in der Vergangenheit häufiger wesentliche und insb. negative Planungsabweichungen zu beobachten? Wie ist die Prognosequalität des Planungssystems insgesamt zu beurteilen?

2 Steuern

Zur Ausnutzung von Synergieeffekten und zur Abrundung des Überwachungsfelds kann sich der Prüfungsausschuss mit den steuerlichen Angelegenheiten des Unternehmens befassen. Gerade im Zusammenhang mit IFRS-Abschlüssen und der insb. damit verbundenen Bilanzierung latenter Steuern ist diese Thematik von relevanter Bedeutung, an der der Prüfungsausschuss deswegen kaum vorbei kommen wird.

Die Auseinandersetzung mit den Steuerangelegenheiten würde speziell die steuerliche Planung des Unternehmens, die steuerlichen Risiken im Zusammenhang mit dem RMS, IKS und Compliance-System sowie die Steuerbilanzierung und Offenlegung betreffen.

Steuerliche Situation des Unternehmens

Zunächst muss sich der Prüfungsausschuss einen Überblick über die steuerliche Situation der Gesellschaft verschaffen. Erste Informationen können hierzu aus der Durchsicht bzw. Analyse der in den Rechenwerken abgebildeten latenten Steuern und laufenden Besteuerung gewonnen werden. Anschließend kann das Gespräch mit dem Leiter der Steuerabteilung sowie ggf. mit dem Steuerberater gesucht werden, einschließlich der Durchsicht der entsprechenden Berichte an den Vorstand und Bestätigungen.

Weiterhin sollte er sich kritisch die entsprechenden Rechenwerke und Unterlagen durchsehen, insb. deren einschlägige steuerlichen Maßgrößen (Handels- und Steuerbilanz, entsprechende Überleitungsrechnung, zu versteuerndes Einkommen, Steueraufwand/-ertrag, Verlustvorträge). Daneben sind auch die Steuerbescheide und die Berichte der Betriebsprüfungen (insb. Veranlagungszeitpunkte) zur Information heranzuziehen.

Insgesamt sollten die gewonnenen Informationen plausibel und konsistent zueinander sein.

Steuerliche Planung des Unternehmens

Ggf. haben die Unternehmen zur Sicherung einer effektiven Ausübung und Beaufsichtigung der steuerlichen Angelegenheiten eine entsprechende schriftliche Richtlinie entwickelt. In dieser Richtlinie sollte dann auch die steuerliche Planung des Unternehmens geregelt werden, die auf die individuellen operationalen und finanziellen Ziele des Unternehmens ausgerichtet ist. Liegt eine solche Richtlinie vor, kann sie zur Information über die steuerliche Planung herangezogen werden.

Der Prüfungsausschuss sollte sich einmal im Jahr im Beisein des Vorstands vom verantwortlichen Leiter der Steuerabteilung berichten und sich die steuerliche Planung erläutern lassen. Ebenso kann der externe Steuerberater um seine Einschätzungen gebeten werden. Die Berichte sollten insb. Informationen über den Stand der Steuerplanung, die steuerlichen Risiken und Möglichkeiten, Belastungen und Konflikte enthalten. Ggf. sollte der Prüfungsausschuss für seine Beurteilung einen eigenen Sachverständigen hinzuziehen.

Darüber hinaus ist in diesem Zusammenhang die Aufmerksamkeit auch auf »Briefkastenfirmen« sowie Zweckgesellschaften zu richten, und es sollte hinterfragt werden, welche Funktionen diese haben und welche Konsequenzen aus ihnen resultieren.

Von wesentlicher Bedeutung ist die *Konzernsteuerquote*. Sie ergibt sich aus dem Verhältnis von Steueraufwand zum Jahresergebnis vor Steuern in der Konzernbilanz und ist damit eine unternehmensspezifische Kennzahl zur Höhe der Ertragsteuerbelastung des Konzerns. Sie wird als Gradmesser für die Effizienz der Konzernsteuerplanung verwendet und gilt als wichtige Kennziffer zur Messung des Erfolgs eines Unternehmens, seines Managements oder seiner Steuerabteilung.[29] Die Bedeutung dieser Kennzahl steigt mit zunehmender Kapitalmarktorientierung der Unternehmen. Denn für Konzernabschlüsse, die nach internationalen Rechnungslegungsgrundsätzen aufgestellt werden, besteht nach IAS 12.81 die Verpflichtung zur Veröffentlichung dieser Maßgröße im Konzernanhang bzw. deren Entwicklung durch Überleitungsrechnungen. Im Rahmen der Überleitungsrechnung ergeben sich Anknüpfungspunkte zur Reduzierung der Kennzahl. Dadurch erhält man Gestaltungsmöglichkeiten der Kennzahl *Earnings per Share*, die sich aus der Sicht der Kapitalgeber mit einer Verminderung der Konzernsteuerquote erhöht. Aus diesen Gründen sollte sich der Prüfungsausschuss auch mit der Konzernsteuerquote kritisch auseinandersetzen und sich das Zustandekommen dieser Kennzahl erläutern lassen.

Steuerliche Risiken im Zusammenhang mit dem RMS, IKS und Compliance-System

Im Rahmen des RMS hat der Vorstand auch die steuerlichen Risiken zu identifizieren, einzuschätzen, zu vermeiden oder zu minimieren. Da sich der Prüfungsausschuss auch mit dem Risikomanagement befassen soll, wird er sich auch entsprechend mit den steuerlichen Risiken auseinandersetzen, z. B. die Werthaltigkeit gebildeter aktiver latenter Steuern auf steuerliche Verlustvorträge. Zur Vorgehensweise siehe hierzu Kap. D.II.1.c über die Überwachung des RMS.

In diesem Zusammenhang stehen auch das IKS sowie das Compliance-System des Unternehmens. Der Prüfungsausschuss sollte sich vergewissern, dass effektive Systeme zur Kontrolle der steuerlichen Angelegenheiten und zur Einhaltung der für das Unternehmen geltenden steuerlichen gesetzlichen Regelungen eingerichtet sind. Hierzu braucht der Prüfungsausschuss eine verlässliche Einschätzung zum Aufbau und zur Funktionsweise des IKS und des Compliance-Systems. Neben den Berichten des Vorstands kann sich der Prüfungsausschuss auch durch die Interne Revision oder durch den Abschlussprüfer informieren. Es gelten die Ausführungen der Kap. zum IKS (D.II.1.b) sowie zum Compliance-System (D.II.1.e).

Steuerbilanzierung und Offenlegung

Im Rahmen der Bilanzierung und Offenlegung haben die Unternehmen über die steuerlichen Positionen, latente Steuern sowie über die steuerlichen Risiken und Unsicherheiten zu berichten, die einen wesentlichen Einfluss auf den finanziellen Erfolg des Unternehmens ausüben können. In diesem Zusammenhang muss der Prüfungsausschuss seine Informationen auf Konsistenz zur tatsächlichen Bilanzierung und Offenlegung prüfen. Zur Stärkung der unabhängigen Informationsbeschaffung sollte der Abschlussprüfer zur Diskussion herangezogen werden. Zudem sollte der Prüfungsausschuss sich vom Leiter der Steuerabteilung berichten lassen, insb. über den Fortgang und die Ergebnisse der Steuererklärungen sowie der steuerlichen Betriebsprüfungen und steuerlichen Rechtsstreitigkeiten. Neben der Möglichkeit der Einschätzung der steuerlichen Bilanzierung und Offenlegung kann der Prüfungsausschuss hieraus weitere Informationen gewinnen, die ihm darüber hinaus zur Beurteilung des IKS und Compliance-Systems in Bezug auf die steuerlichen Angelegenheiten dienen.

Verrechnungspreise

Die zunehmende internationale Ausrichtung der Geschäftstätigkeit der Unternehmens führt zu einem stetigen Anstieg des Transaktionsvolumens, das innerhalb eines Konzernverbunds abgewickelt

---

29 Siehe hierzu und im Folgenden Zielke (2006), S. 2585-2594.

wird (z. B. Warentransaktionen, Dienstleistungen, Darlehen, Mitarbeiterentsendungen, Übertragung oder Lizenzierung immaterieller Wirtschaftsgüter). Im Rahmen der Konzernüberwachung ist vom Prüfungsausschuss demnach in steuerlicher Hinsicht auch die Angemessenheit der Verrechnungspreise innerhalb des Konzerns zu überwachen.

Der Prüfungsausschuss sollte sich in seiner Kontrollfunktion einen Überblick verschaffen, welche Arten von konzerninternen Transaktionen im jeweiligen Unternehmensverbund stattfinden, und ob darauf geachtet wird, dass die veranschlagten Verrechnungspreise dem Fremdvergleichsgrundsatz (»Arm's Length Principle«) entsprechen.[30]

Insb. kann er seinen Fokus darauf legen, ob eine verwertbare Dokumentation (Sachverhalts- und Angemessenheitsdokumentation) für vergangene ungeprüfte Geschäftsjahre existiert, damit die Konzernunternehmen im Prüfungsfall ihren gesetzlichen Verpflichtungen nachkommen können.

Bzgl. geplanter und laufender konzerninterner Transaktionen sollte der Prüfungsausschuss kritisch hinterfragen, ob diese Transaktionen einer Systematik unterliegen (z. B. gem. einer konzerninternen Verrechnungspreisrichtlinie basierend auf Fremdvergleichsdaten), wodurch künftige Anpassungsrisiken bei Betriebsprüfungen im In- und Ausland minimiert werden können.

Besonderer Aufmerksamkeit bedürfen insb. geplante oder bereits durchgeführte Umstrukturierungen, Verlagerungen oder Übertragungen immaterieller Wirtschaftsgüter im Konzern, da in derartigen Transaktionen ein sehr kostspieliges steuerliches Anpassungsrisiko liegen kann. Hierbei ist vor allem auf eine ausreichende Dokumentation und Angemessenheitsanalyse zu achten.

Fragen für die Praxis
- Wie ist die steuerliche Situation der Gesellschaft und ist die steuerliche Unternehmensplanung in Bezug auf die operationalen und finanziellen Unternehmensziele angemessen?
- Werden die steuerlichen Risiken durch das RMS erfasst und greifen in diesem Zusammenhang das IKS und das Compliance-System?
- Erfolgt eine korrekte Steuerbilanzierung mit entsprechender Offenlegung?
- Sind die Verrechnungspreise für Transaktionen innerhalb des Konzerns angemessen oder bestehen Verrechnungspreisrisiken?

3 Informations- und Kommunikationstechnologie

Die Informations- und Kommunikationstechnologie (IT) ist grundlegend für das Management der Unternehmenstransaktionen und zur Information, um die Geschäftstätigkeit der Gesellschaft nachhaltig aufrechtzuerhalten und zu steigern. Die IT schlägt sich in allen Tätigkeitsbereichen bzw. Überwachungsfeldern des Prüfungsausschusses nieder. Insofern sollte sich der Prüfungsausschuss auch über die Funktionsfähigkeit und Verlässlichkeit des IT-Systems informieren, denn letztlich werden beinahe alle Informationen über die IT generiert, die der Prüfungsausschuss zur Wahrnehmung seiner Überwachungsfunktion benötigt. Zu diesem Zweck liegt ein Fokus auf den Aktivitäten der Geschäftsführung mit Bezug zur IT.

Der Prüfungsausschuss sollte sich bei der Geschäftsführung informieren bzw. von ihr schriftlich berichten lassen, wie es zur IT und seiner Bedeutung steht, ob eine angemessene Leitung eingerichtet ist und ob geeignete organisatorische Strukturen und Prozesse bereitgestellt werden, die eine zweckmäßige IT sicherstellen.

---

30 Vgl. hierzu und im Folgenden Eigelshoven/Rasch (2010), S. 16.

Die IT muss ihren Erwartungen an ihren Beitrag zur Geschäftstätigkeit des Unternehmens gerecht werden und Risiken aus Fehlfunktionen sind zu vermeiden. In diesem Zusammenhang kann sich der Prüfungsausschuss zunächst über die Struktur und Verlässlichkeit der IT erkundigen:

- Wie oft wurden Fehlfunktionen beobachtet und wie ist das Verhältnis von Nutzen und Problemen der IT?
- Sind die Benutzer der IT mit der von der IT gelieferten Qualität zufrieden?
- Stehen ausreichend Ressourcen, eine angemessene Infrastruktur, Kompetenzen und ein zweckmäßiges Budget für die IT zur Verfügung?

Weiterhin sollte sich der Prüfungsausschuss informieren, welche Maßnahmen speziell von der Geschäftsführung in Bezug auf die IT unternommen werden:

- Sind die Ziele des Unternehmens mit der IT abgestimmt?
- Wie wird der Beitrag der IT zur Geschäftstätigkeit des Unternehmens gemessen?
- Welche Maßnahmen hat die Geschäftsführung unternommen, um die Instandhaltung im Verhältnis zum physischen Wachstum des Unternehmens zu sichern und ist man zu entsprechenden Investitionen bereit?
- Welches Verhältnis hat das Unternehmen zur IT (Pionier, zeitnaher Anwender oder Nachzügler)?
- Lässt sich die Geschäftsführung regelmäßig über die Notwendigkeit und den Fortgang von IT-Projekten informieren?
- Ist man sich den Risiken im Zusammenhang mit dem Umgang mit der IT bewusst und existieren Maßnahmen zur Risikovermeidung und -handhabung?
- Gibt es in diesem Kontext eine Risikoinventur und werden die Risiken den Verantwortlichen kommuniziert?
- Holt sich die Geschäftsführung unabhängige und sachverständige Meinungen über die IT und der hieraus resultierenden Risiken ein?

Im Rahmen der Befassung mit der Leitung und Überwachung der IT durch das Management sollte der Prüfungsausschuss auch die Effektivität von allgemeinen Computer- und Anwendungskontrollen betrachten, wie z. B. Backup- und Recovery-Prozesse, Trennung der Aufgaben- und Verantwortungsbereiche, Zugangsberechtigungen oder Datenschutz.

Der Prüfungsausschuss sollte sich über den Vorstand oder den Leiter der Internen Revision über die Ressourcen und Kapazitäten der Internen Revision zu EDV-Prüfungen sowie über den EDV-Prüfungsplan erkundigen. Entsprechend sollte mit dem Abschlussprüfer diskutiert werden, insb. im Zusammenhang mit zur Verfügung stehenden Experten. Gerade die Ergebnisse der Internen Revision und des Abschlussprüfers liefern wertvolle Informationen zur eigenen Beurteilung der IT.

Fragen für die Praxis
- Besteht eine zweckmäßige und verlässliche IT-Struktur, um die strategischen Ziele des Unternehmens zu erreichen, und ist diese angemessen?
- Wie hoch sind die laufenden IT-Kosten und wie oft gibt es Kostenüberschreitungen bei IT-Projekten?
- Wird über den Fortschritt wesentlicher IT-Projekte regelmäßig berichtet?
- Gibt es eine Übersicht der IT-Risiken, denen das Unternehmen ausgesetzt ist?

V Der Prüfungsausschuss und die Deutsche Prüfstelle für Rechnungslegung

Seit Juli 2005 prüft die Deutsche Prüfstelle für Rechnungslegung (DPR) Abschlüsse von Unternehmen, die den regulierten Kapitalmarkt in Deutschland in Anspruch nehmen. Auslöser für die Einführung der so genannten Enforcement-Verfahren in Deutschland war die viel zitierte Serie von Bilanzskandalen (Enron, WorldCom u. a.), die das Vertrauen der Anleger in die ihnen zugänglichen Finanzinformationen erschüttert und dadurch zu erheblichen Marktverzerrungen geführt hat.

Das Enforcement-Verfahren soll vor diesem Hintergrund Unregelmäßigkeiten bei der Rechnungslegung kapitalmarktorientierter Unternehmen aufdecken und diese zudem vor allem durch konkrete Hinweise zur zukünftigen Rechnungslegung und die erhoffte Abschreckungswirkung einer möglichen Fehlerfeststellung präventiv verhindern.[31]

Konkret ist die Prüfungsaufgabe der DPR wie folgt definiert:

»Die Prüfstelle prüft, ob der zuletzt festgestellte Jahresabschluss und der zugehörige Lagebericht oder der zuletzt gebilligte Konzernabschluss und der zugehörige Konzernlagebericht sowie der zuletzt veröffentlichte verkürzte Abschluss und der zugehörige Zwischenlagebericht eines Unternehmens (…) den gesetzlichen Vorschriften einschließlich der Grundsätze ordnungsmäßiger Buchführung oder den sonstigen durch Gesetz zugelassenen Rechnungslegungsstandards entspricht.« (§ 342b Abs. 2 Satz 1 HGB)

Die DPR ist mithin als zusätzliche Prüfungsinstanz neben den Abschlussprüfer und den Aufsichtsrat getreten. Allerdings sind die DPR-Prüfungen nicht als »Vollprüfungen« angelegt und sollen die Prüfungsarbeit von Abschlussprüfer und Prüfungsausschuss weder ergänzen noch ersetzen. Andererseits können jedoch Fehlerfeststellungen der DPR nicht nur die Arbeit von Vorstand und Abschlussprüfer in Frage stellen, sondern auch die des Prüfungsausschusses.[32] Nicht zuletzt deshalb sollte der Prüfungsausschuss das Thema »Enforcement« keinesfalls aus den Augen verlieren – sowohl zwischen als auch während der DPR-Verfahren.

1 Hintergrundinformationen zu DPR-Verfahren

a Betroffene Unternehmen und Prüfungsinstanzen

Dem Enforcement unterliegen nach § 342b Abs. 2 Satz 2 HGB ausschließlich alle in- und ausländischen Unternehmen, deren Wertpapiere[33] an einer inländischen Börse am regulierten Markt[34] zugelassen sind.

In Deutschland wurde ein zweistufiges Enforcement-Verfahren umgesetzt:

- Auf der ersten Stufe steht die Deutsche Prüfstelle für Rechnungslegung e.V. als privatrechtliches Gremium. Die 18 Prüfer der DPR (Stand Oktober 2010) sind hauptverantwortlich für die Abwicklung des Enforcement-Verfahrens.

---

31 Vgl. Hein (2010), S. 2265.
32 Vgl. Gödel (2010), S. 434 f.
33 I.S.d. § 2 Abs. 1 Satz 1 WpHG, also insbesondere Aktien und Schuldtitel
34 Ein regulierter Markt zeichnet sich dadurch aus, dass die Zulassungsvoraussetzungen und Folgepflichten gesetzlich geregelt sind. Nicht darunter fällt somit der börsenregulierte Freiverkehr. Eine »Liste der durch das Enforcement zu prüfenden Unternehmen« findet sich auf der Homepage der BaFin (www.bafin.de).

- Auf der zweiten Stufe steht die Bundesanstalt für Finanzdienstleistungsaufsicht (BaFin). Die BaFin greift jedoch in der Regel nur dann ein, wenn das Unternehmen die Prüfung durch die DPR ablehnt oder mit einer Fehlerfeststellung durch die DPR nicht einverstanden ist oder aber auf Seiten der BaFin erhebliche Zweifel an der Richtigkeit des Prüfungsergebnisses der DPR oder an der ordnungsgemäßen Durchführung der Prüfung der DPR bestehen.

b   Prüfungsanlässe und Auswahlverfahren

Das Enforcement-Verfahren sieht nach § 342b Abs. 2 Satz 3 HGB drei Prüfungsanlässe vor:

1. Anlassprüfung bei Vorliegen konkreter Anhaltspunkte für einen Verstoß gegen Rechnungslegungsvorschriften,
2. Verlangensprüfung, falls der BaFin derartige Anhaltspunkte vorliegen,
3. Reguläre Stichprobenprüfung ohne besonderen Anlass.

Die DPR wird somit nicht nur im Verdachtsfall tätig, sondern deckt anlassunabhängig in Stichproben sämtliche Unternehmen ab, die dem Enforcement unterliegen. Die Stichprobenauswahl wird wie folgt vorgenommen:[35]

- Auf der ersten Stufe erfolgt eine *risikoorientierte* Auswahl auf der Basis von Kapitalmarktveröffentlichungen. Besonders risikobehaftete Umstände, wie z. B. erstmaliges Listing oder außergewöhnliche Transaktionen oder Sachverhaltsgestaltungen erhöhen somit die Wahrscheinlichkeit, für eine DPR-Prüfung ausgewählt zu werden.
- Auf der zweiten Stufe erfolgt eine *geschichtete Zufallsauswahl*:
  - Unternehmen aus dem DAX, MDAX, SDAX und TecDAX werden innerhalb von vier bis fünf Jahren geprüft,
  - alle übrigen Unternehmen innerhalb von acht bis zehn Jahren.

Dies bedeutet, dass ab dem Jahr 2010 bei Unternehmen des DAX, MDAX, SDAX und TecDAX im Rahmen der regulären Stichprobenprüfung bereits die zweite DPR-Prüfung durchgeführt wird.

c   Prüfungsablauf und Prüfungsschwerpunkte

Die DPR-Prüfung beginnt formal mit einem Einleitungsschreiben der DPR, in dem sie um Mitteilung bittet, ob das Unternehmen zur Mitwirkung an der Prüfung bereit ist. Entscheidet sich das Unternehmen – wie in der Regel der Fall – zur Mitwirkung, sind der DPR zunächst Auskunftspersonen zu benennen und erste Unterlagen einzureichen (i. d. R. Geschäfts- und Prüfungsberichte sowie die »Erklärung der gesetzlichen Vertreter über nicht gebuchte Prüfungsdifferenzen«, die ggf. gegenüber dem Abschlussprüfer abzugeben war). Die DPR teilt dem Unternehmen hierauf den für die Prüfung zuständigen »fallverantwortlichen Prüfer« mit.

Nach Sichtung der eingereichten Unterlagen bittet der fallverantwortliche Prüfer das Unternehmen um sachverhaltsbezogene Erläuterungen sowie in der Regel um die Einreichung weiterer Unterlagen. Diese angeforderten Unterlagen können im Einzelfall sehr umfänglich sein und auch die Arbeit des Prüfungsausschusses betreffen. So kommt es durchaus vor, dass die DPR die Sitzungsprotokolle des Aufsichtsrats und/oder Prüfungsausschusses (einschließlich Anlagen) anfordert oder auch die interne Risikoberichterstattung. Dies ermöglicht dem Prüfer, den »top down«-Blickwinkel

---

35 Vgl. »Grundsätze für die stichprobenartige Prüfung gemäß § 342b Abs. 2 Satz 3 Nr. 3 HGB«, beschlossen von der Prüfstelle und Erteilung des Einvernehmens durch das Bundesministerium der Justiz und das Bundesministerium der Finanzen am 20. April 2009.

der Aufsichtsgremien einzunehmen und auf dieser Basis mögliche Schwachstellen in der Rechnungslegung zu identifizieren.

Die Prüfung der DPR orientiert sich grundsätzlich an bestimmten Prüfungsschwerpunkten, die die DPR jährlich vorab mitteilt.[36] »Dauerbrenner« sind dabei insbesondere die Werthaltigkeit von Vermögenswerten (IAS 36) sowie die Bilanzierung von Unternehmenszusammenschlüssen (IFRS 3). Die Prüfungsschwerpunkte richten sich jedoch auch nach neuen Bilanzierungsvorschriften (z. B. Segmentberichterstattung nach IFRS 8) und den bilanziellen Auswirkungen der gesamtwirtschaftlichen Entwicklung (z. B. die Überprüfung der Werthaltigkeit von materiellen und immateriellen Vermögenswerten inkl. Goodwill im Hinblick auf die Konjunkturaussichten).

Für die Jahre 2010 und 2011 hat die DPR folgende Prüfungsschwerpunkte ausgewählt:

Prüfungsschwerpunkte für das Jahr 2010	Prüfungsschwerpunkte für das Jahr 2011
1. *Unternehmenserwerbe* und damit verbundene Kaufpreisallokationen, Bewertungen und Anhangangaben	1. *Unternehmenserwerbe* und damit verbundene Kaufpreisallokationen, Bewertungen und Anhangangaben sowie die Behandlung bedingter Kaufpreiszahlungen
2. Überprüfung der *Werthaltigkeit* von materiellen und immateriellen Vermögenswerten inkl. Goodwill im Hinblick auf die Konjunkturaussichten (einschließlich nachvollziehbarer Dokumentation, Anhangangaben)	2. *Werthaltigkeit* von Vermögenswerten inkl. Goodwill einschließlich Anhangangaben und nachvollziehbarer Dokumentation (Plausibilität der Annahmen für die Berechnung des erzielbaren Betrags einschließlich Kapitalkostensatz)
3. Bilanzierung und Bewertung von *Finanzinstrumenten*, Anhangangaben zu Bewertungsprämissen und -änderungen sowie IFRS 7-Angaben	3. Werthaltigkeit von zum Fair Value bilanzierten *Finanzinstrumenten* einschließlich nachvollziehbarer Dokumentation (Plausibilität der wesentlichen Bewertungsprämissen)
4. (Konzern-) *Lagebericht* einschließlich Risiko- und Prognoseberichterstattung (unter besonderer Berücksichtigung des DSR-Hinweises vom 27. März 2009)	4. Werthaltigkeit von als Finanzinvestition gehaltenen und zum Fair Value bilanzierten *Immobilien* einschließlich nachvollziehbarer Dokumentation (Plausibilität der wesentlichen Bewertungsprämissen)
5. *Segmentberichterstattung* nach IFRS 8	5. *Konzernlagebericht* einschließlich Chancen- und Risikoberichterstattung (§ 315 Abs. 1 HGB, DRS 15, DRS 5)
6. *Anhangangaben zu Bewertungsprämissen* bei geschätzten Werten in der Rechnungslegung und damit verbundenen Unsicherheit im Abschluss, beispielsweise bei der Bewertung von Pensionsverpflichtungen (IAS 19.120 A) und der Bewertung der Immobilien zum Fair Value (IAS 40.75d)	6. *Abgrenzung von Eigenkapital zu Fremdkapital* (IAS 32), insbesondere Behandlung der Eigenkapital-Beschaffungskosten und der Ergebnisanteile von Kommanditisten
7. Darstellung und Erläuterung wesentlicher finanzieller Risiken im Zusammenhang mit *Financial Covenants* (§ 315 Abs. 1 HGB, DRS 15, DRS 5; IFRS 7.18f. und IFRS 7.31)	7. Darstellung wesentlicher zukunftsbezogener *Annahmen und Schätzungsunsicherheiten* (IAS 1.125 ff.)

Abb. 12: DPR-Prüfungsschwerpunkte für die Jahre 2010 und 2011

---

36 Die Prüfungsschwerpunkte werden jährlich im Oktober für das Folgejahr auf der Internetseite der DPR veröffentlicht (www.frep.info).

Für die Beantwortung der jeweiligen »Fragerunden« wird den Unternehmen regelmäßig eine Frist von ca. 14 Tagen eingeräumt. Ggf. finden bei komplexen Bilanzierungsfragen auch direkte Gespräche zwischen Unternehmensvertretern und dem DPR-Prüfer statt. Bahnt sich im Laufe des Verfahrens eine Fehlerfeststellung an, so versendet die DPR eine »vorläufige Fehlerfeststellung« und gibt damit dem Unternehmen die Möglichkeit zur abschließenden Stellungnahme.

Das Verfahren endet auf der ersten Stufe mit der Feststellung der DPR, ob und ggf. inwieweit die Rechnungslegung fehlerhaft ist. Ergänzend kann die DPR Hinweise auf ausgewählte Bereiche geben, die vom Unternehmen beachtet werden sollen, da sie sich zukünftig zu Fehlern entwickeln können. Die Hinweise liegen unterhalb der Fehlerschwelle.

Im Falle einer Fehlerfeststellung fragt die DPR, ob sich das Unternehmen mit dieser einverstanden erklärt. Ist dies der Fall, verordnet die BaFin regelmäßig eine Veröffentlichung des Fehlers im elektronischen Bundesanzeiger und einem überregionalen Börsenpflichtblatt oder über ein elektronisch betriebenes Informationsverbreitungssystem. Der zu veröffentlichende Text enthält auch die wesentlichen Teile der Begründung der Fehlerfeststellung.[37]

Bis einschließlich 2009 wurden bei insgesamt 23% der geprüften 507 Unternehmen wesentliche Rechnungslegungsfehler festgestellt. Diese bezogen sich vornehmlich auf die Abbildung von Unternehmenstransaktionen, Angaben in der Berichterstattung (u.a. der Risiko- und Prognoseberichterstattung) sowie Anhangangaben.[38]

2 Die Rolle des Prüfungsausschusses

a Vor dem DPR-Verfahren

Aufgrund der bereits dargestellten teilweisen Zielkonformität zwischen der Arbeit des Prüfungsausschusses und der Aufgabe der DPR kann und sollte sich der Prüfungsausschuss die von der DPR bereitgestellten Informationen zu Nutze machen. Dies betrifft insbesondere die von der DPR festgelegten Prüfungsschwerpunkte und ggf. auch Fehlerfeststellungen bei anderen Unternehmen, die wertvolle Hinweise für die Rechnungslegung des eigenen Unternehmens geben können.

Die jährlich festgelegten *Prüfungsschwerpunkte* sollte der Prüfungsausschuss – soweit für das Unternehmen inhaltlich einschlägig – in seinen Fragenkatalog für die Bilanzsitzung aufnehmen und mit dem Vorstand sowie dem Abschlussprüfer kritisch diskutieren.

- Systembezogene Fragestellungen, z.B.: »Werden die jährlich veröffentlichten Prüfungsschwerpunkte der Deutschen Prüfstelle für Rechnungslegung (DPR) bei der Abschlusserstellung explizit berücksichtigt und besondere Qualitätssicherungsmaßnahmen aufgesetzt, um das Risiko von Beanstandungen zu minimieren?«
- Gezielte Fragestellungen zu einzelnen Rechnungslegungssachverhalten, z.B.:
  - Abbildung von Unternehmenszusammenschlüssen,
  - Impairment-Tests, insbesondere von Goodwill,
  - Bilanzierung von latenten Steuern bei Verlustvorträgen,
  - Risikoberichterstattung und Prognosebericht.

Die Orientierung der Fragestellungen an den DPR-Prüfungsschwerpunkten unterstützt nicht nur die sachgerechte Prüfung des Abschlusses durch den Prüfungsausschuss, sondern stärkt auch das

---

37 Eine ausführliche Darstellungen zu den Grundlagen und zum Ablauf einer DPR-Prüfung findet sich u.a. im Beck'schen Bilanzkommentar (2010), § 342b oder bei Brinkmann/Rilling (2008), S. 13-17.
38 Eine Übersicht über die Prüfungsergebnisse findet sich im jährlich erscheinenden Tätigkeitsbericht der DPR. Dieser ist auf der Homepage der DPR abrufbar (www.frep.info). Vgl. Meyer (2010), S. 153 ff.

Bewusstsein des Vorstands für das Thema Enforcement und trägt dazu bei, dass das Unternehmen besser auf die nächste DPR-Prüfung vorbereitet ist.

Des Weiteren erscheint es lohnenswert, sicherzustellen, dass aktuelle *Fehlerfeststellungen* der DPR im Rahmen der Abschlusserstellung bzw. -prüfung berücksichtigt wurden, soweit sie für das Unternehmen einschlägig sind. Grundlage für die Tätigkeit des Prüfungsausschusses können hier neben den Tätigkeitsberichten der DPR auch Fachartikel über prominente Fehlerfeststellungen sein, wie zuletzt über die vom OLG Frankfurt bestätigte Beanstandung des Verzichts eines DAX-30-Unternehmens auf quantitative und qualitative Aussagen zur zukünftigen Entwicklung im Lagebericht.[39]

Im Rahmen ihrer präventiven Arbeit hat die DPR im November 2009 zudem die Möglichkeit geschaffen, so genannte »*fallbezogene Voranfragen*« (Pre-Clearance) an die DPR zu adressieren. Das Unternehmen kann auf diesem Wege konkrete Bilanzierungsprobleme vorabstimmen und dadurch das Risiko späterer Fehlerfeststellungen verringern.[40] Der Prüfungsausschuss sollte mit dem Vorstand und dem Abschlussprüfer abstimmen, ob und inwieweit es Bilanzierungsfragen gibt, die das Unternehmen im Rahmen von fallbezogenen Voranfragen abstimmen sollte und ggf. den Pre-Clearance-Prozess eng verfolgen.

Auf prozessualer Ebene sollte der Prüfungsausschuss beim Vorstand die Erstellung einer *Enforcement-Richtlinie* anregen, in der der Ablauf einer DPR-Prüfung dargestellt und die Zuständigkeiten im Unternehmen geregelt werden. Eine derartige Enforcement-Richtlinie empfiehlt sich insbesondere deshalb, weil DPR-Verfahren regelmäßig straff organisiert sind und vielfach innerhalb kurzer Antwortfristen eine erhebliche Fülle an (qualitätsgesicherten) Informationen zusammenzustellen ist.

Aus eben diesem Grund sollte das Unternehmen auch zeitnah eine sorgfältige Dokumentation sämtlicher wesentlicher Bilanzierungssachverhalte nachhalten. Die Verantwortlichen sollten sich bewusst sein, dass Dokumentationslücken, die erst im Laufe des DPR-Verfahrens erkannt werden, kaum mit der hinreichenden Qualität geschlossen werden können. Insofern sollte der Prüfungsausschuss regelmäßig hinterfragen, ob eine angemessene fortlaufende Dokumentation der wesentlichen Bilanzierungssachverhalte vorgenommen wird.

b Während eines DPR-Verfahrens

Auf Seiten des Unternehmens ist der Vorstand als gesetzlicher Vertreter »Herr« des DPR-Verfahrens und gleichzeitig direkter Ansprechpartner der DPR. Der Prüfungsausschuss sollte das Verfahren jedoch eng begleiten, da sein Ausgang Reputations- und Haftungsrisiken nicht nur für das Unternehmen, sondern auch für die Mitglieder des Aufsichtsrats und des Prüfungsausschusses mit sich bringen kann.

Die Einbindung des Prüfungsausschusses beginnt bereits bei der Einleitung des Verfahrens, wenn zu entscheiden ist, ob das Unternehmen an der Prüfung durch die DPR mitwirkt. In der Regel wird die Gesellschaft ihre Mitwirkung erklären, da andernfalls eine Prüfung durch die BaFin erfolgen würde, deren Anordnung zudem mit Begründung im elektronischen Bundesanzeiger bekannt gemacht werden könnte (§ 37o Abs. 1 Satz 5 WpHG).

Im weiteren Verlauf sollte sich der Prüfungsausschuss angesichts der Bedeutung des Verfahrens zeitnah über die von der DPR hinterfragten Bilanzierungssachverhalte und die vom Unternehmen eingereichten Erläuterungen informieren.[41] Hauptansprechpartner ist hierbei zunächst

---

39 Vgl. Gödel (2010), S. 431 ff.
40 Die wesentlichen Voraussetzungen sowie den Ablauf einer fallbezogenen Voranfrage stellt die DPR in ihrer Pressemitteilung vom 19. November 2009 dar, abrufbar auf der Internetseite der DPR (www.frep.info).
41 Vgl. Huwer (2008), S. 209 f., Warncke (2010), S. 288 f.

der (Finanz-)Vorstand, jedoch auch der Abschlussprüfer des Unternehmens. Letzterer unterstützt das Unternehmen i. d. R. bei der Beantwortung der Anfragen der DPR und kann auch als direkter Ansprechpartner gegenüber der DPR angegeben werden. Allerdings ist der Abschlussprüfer grundsätzlich weder der DPR noch dem Unternehmen gegenüber verpflichtet oder berechtigt, am Enforcement-Verfahren in der ersten Stufe unmittelbar mitzuwirken. Das Enforcement-Verfahren ist von der Abschlussprüfung grundsätzlich losgelöst. Der Ausgang des Enforcement-Verfahrens betrifft den Abschlussprüfer jedoch indirekt, da die DPR eine Fehlerfeststellung – im Falle abweichender Prüfungsergebnisse – als Tatsache wertet, die auf das Vorliegen einer Berufspflichtverletzung durch den Abschlussprüfer schließen lässt, und sie dann an die Wirtschaftsprüferkammer übermittelt (§ 342b Abs. 8 Satz 2 HGB). Die Wirtschaftsprüferkammer leitet in diesem Fall ein Aufsichtsverfahren gegen die unterzeichnenden Wirtschaftsprüfer ein.

Konkret kann die Einbindung des Prüfungsausschusses in das Enforcement-Verfahren – in Abhängigkeit vom Verfahrensverlauf – insbesondere Folgendes umfassen:

- Durchsicht der Fragen und Informationsanforderungen der DPR,
- Diskussion mit dem Vorstand, wer das Verfahren begleiten soll. Neben den Verantwortlichen im Unternehmen kommen hier der Abschlussprüfer und weitere externe Spezialisten (z. B. andere Wirtschaftsprüfer oder Rechtanwaltskanzleien) in Frage.
- Durchsicht der vom Unternehmen vorbereiteten Antworten vor deren Versendung,
- Durchsicht von Gesprächsprotokollen im Falle direkter Gespräche mit der DPR – im Ausnahmefall auch eigene Teilnahme von Mitgliedern des Prüfungsausschusses an den Gesprächen (mit Einwilligung des Vorstands),
- Ergänzende Diskussionen mit dem Vorstand und dem Abschlussprüfer über den Fortgang des Verfahrens.

c Zum Abschluss eines DPR-Verfahrens

Am Schluss des Enforcement-Verfahrens auf der ersten Stufe teilt die DPR dem Unternehmen das Ergebnis der Prüfung mit. Falls es zu einer Fehlerfeststellung kommt, steht die Entscheidung an, ob das Unternehmen der Fehlerfeststellung zustimmt. Im Falle einer Nichteinverständniserklärung leitet die BaFin i. d. R. ihrerseits eine Prüfung ein (§ 37p Abs. 1 Satz 2 Nr. 1 WpHG). In die Entscheidung sollte der Vorstand den Prüfungsausschuss einbeziehen. Folgende Aspekte scheinen in diesem Zusammenhang erwägenswert:

- Die BaFin ist nicht an die Beurteilungen der DPR gebunden. Das heißt, im Falle einer Prüfung durch die BaFin besteht grundsätzlich das Risiko zusätzlicher Fehlerfeststellungen.[42]
- Die Prüfung durch die BaFin ist für das Unternehmen kostenpflichtig, sofern die BaFin nicht – entgegen dem Prüfungsergebnis der DPR – die Fehlerlosigkeit der Rechnungslegung feststellt.
- Die bisherigen Erfahrungen zeigen, dass die BaFin in der überwiegenden Zahl der Fälle die Feststellungen der DPR bestätigt. So hat die BaFin bis September 2010 insgesamt 24 Verfahren abgeschlossen, bei denen sich das Unternehmen nicht mit der Fehlerfeststellung durch die DPR einverstanden erklärt; nur in vier dieser Fälle hat die BaFin das Verfahren ohne Fehlerfeststellung abgeschlossen.[43]

Erklärt sich das Unternehmen mit der Fehlerfeststellung einverstanden, kommt es in der Regel zur Anordnung der Fehlerbekanntmachung wie unter Abschnitt F. V.1.c »Prüfungsablauf und Prü-

---

[42] Vgl. Hein (2010), S. 2267.
[43] Angaben beruhen auf einem Vortrag eines BaFin-Vertreters auf dem DAI-Seminar »Bilanzkontrolle 2011 durch DPR und BaFin: Recht und Praxis«, gehalten am 21.10.2010.

fungsschwerpunkte« dargestellt. Nur in seltenen Ausnahmefällen kann hiervon abgesehen werden, nämlich falls ein öffentliches Interesse an der Bekanntmachung fehlt oder die Bekanntmachung geeignet ist, den berechtigten Interessen des Unternehmens zu schaden (§ 37q Abs. 2 Satz 2 und 3 WpHG).

Falls die DPR Fehler festgestellt oder Hinweise zur zukünftigen Rechnungslegung gegeben hat, sollte der Prüfungsausschuss zum einen die Folgen für zukünftige Bilanzierung mit dem Vorstand und dem Abschlussprüfer diskutieren. Zum anderen wäre zu hinterfragen, inwieweit die Fehlerfeststellung Rückschlüsse auf Verbesserungspotenzial in den Abläufen (z. B. Organisation des IKS, Einbeziehung von externen Sachverständigen bei der IFRS-Rechnungslegung) oder der personellen Besetzung bestimmter Rollen erlaubt.[44]

Die Tätigkeit des Prüfungsausschusses mit Bezug auf das DPR-Verfahren kann – je nach Arbeitsintensität – Gegenstand der Berichterstattung des Aufsichtsrats an die Hauptversammlung über die Arbeit der Ausschüsse nach § 171 Abs. 2 Satz 2 AktG sein.

Fragen für die Praxis
- Vor dem DPR-Verfahren:
  - Berücksichtigt der Prüfungsausschuss bei seiner vorbereitenden Prüfung des Jahresabschlusses die Prüfungsschwerpunkte und die aktuellen Fehlerfeststellungen der DPR, soweit sie für die Gegebenheiten des Unternehmens einschlägig sind?
  - Fragt der Prüfungsausschuss den Vorstand, ob für wesentliche Bilanzierungssachverhalte eine angemessene Dokumentation vorhanden ist?
  - Sind für den Fall einer DPR-Prüfung die Zuständigkeiten und Verfahrensabläufe im Unternehmen wirksam geregelt?
- Während und nach eines DPR-Verfahrens:
  - Wird der Prüfungsausschuss in allen Phasen des DPR-Verfahrens zeitnah vom Vorstand über den Verfahrensverlauf unterrichtet und in die zu treffenden Entscheidungen einbezogen?
  - Werden aus dem Verlauf und den Ergebnissen der DPR-Prüfung – soweit möglich – Lehren für die zukünftige Bilanzierung und die organisatorische Abbildung des Rechnungslegungsprozesses gezogen?

---

44 Vgl. Warncke (2010), S. 290.

VI Effizienzprüfung des Prüfungsausschusses

Der DCGK empfiehlt Aufsichtsräten in Ziffer 5.6, regelmäßig eine Effizienzprüfung durchzuführen. Dabei umfasst die Selbstevaluation des Aufsichtsrats auch die Struktur und Tätigkeit seiner Ausschüsse.[45] Gerade der Prüfungsausschuss steht hier im Fokus, da er mittlerweile einen Standard in der Unternehmenspraxis bildet und einen breiten und verantwortungsvollen Aufgabenkatalog bewältigen muss. Zuletzt wurden ihm durch das BilMoG essenzielle Aufgaben wie die Beurteilung der Wirksamkeit des IKS oder RMS zugewiesen. Zudem verfügt der Prüfungsausschuss vielfach über eine vom Aufsichtsrat übertragende abschließende Entscheidungskompetenz, z. B. die Festlegung der Prüfungsschwerpunkte des Abschlussprüfers oder die Überprüfung der Unabhängigkeit des Abschlussprüfers.

Das Ziel der Effizienzprüfung ist die systematische Beurteilung der Tätigkeit des Prüfungsausschusses. Dabei erstreckt sich die Evaluation sowohl auf die Effektivität, also die Frage, ob der Prüfungsausschuss auch das tut, was er tun soll (»Die richtigen Dinge machen«; Zielerreichung), wie auch auf die Effizienz an sich, also auf die Frage, auf welche Weise man den Aufgaben nachkommt (»Die Dinge richtig machen«; Ziel-Mittel-Relation).

Die regelmäßige Umsetzung einer Selbstevaluation bietet erheblichen Nutzen. So können Effizienzprüfungen die Leistungsfähigkeit des Gremiums deutlich steigern, wenn beispielsweise hierdurch identifizierte Schwachstellen beseitigt werden und sich ein permanenter Lernprozess entwickelt. Weiterhin kann sich nicht nur der Ausschuss selbst, sondern auch der Gesamtaufsichtsrat durch eine Effizienzprüfung einen objektiven Eindruck von der Arbeit des Prüfungsausschusses verschaffen. Des Weiteren belegen die Mitglieder des Prüfungsausschusses mit regelmäßigen Effizienzprüfungen, dass sie ihrer Verantwortung gerecht werden, und vermindern hierdurch persönliche Haftungsrisiken oder Schädigungen der persönlichen Reputation.

Die praktische Durchführung einer Selbstevaluation wird im Corporate Governance Kodex nicht behandelt. Damit eröffnet sich bzgl. der Umsetzung ein breiter Spielraum und die Effizienzprüfung kann damit an die individuellen Gegebenheiten des Unternehmens ausgerichtet werden. Auf der anderen Seite birgt dies aber auch die Gefahr, die Evaluation falsch auszuführen.

Generell besteht eine Effizienzprüfung aus vier Schritten. Zunächst ist der Gegenstand der Evaluation festzulegen. Anschließend müssen die Bewertungskriterien bestimmt werden. Es folgt die Aufnahme des Ist-Zustandes und letztendlich der Vergleich mit dem Sollzustand. Dabei ist es essenziell, dass sich die Effizienzprüfung nicht nur auf eher formale bzw. quantitative Kriterien beschränkt, sondern auch und vor allem qualitative bzw. prozessdynamische Aspekte der Ausschusstätigkeit mit berücksichtigt.

Beispiele für formale, quantitative Fragestellungen:
Verfügt der Prüfungsausschuss über eine Geschäftsordnung, die insb. die Aufgaben des Ausschusses sowie dessen Befugnisse genau beschreibt? Erledigt der Prüfungsausschuss die ihm zugeteilten Aufgaben? Stellt er dabei die richtigen Fragen? Wie oft tagt der Ausschuss? Kommt der Ausschuss seinen Berichtspflichten gegenüber dem Aufsichtsrat nach? Ist der Vorsitzende des Prüfungsausschusses nicht zugleich Vorsitzender des Aufsichtsrats?

---

45 Auch die EU-Kommission sieht für Aufsichtsräte eine jährliche Selbstbeurteilung vor, die sich auch auf die Kompetenz und Leistung seiner Ausschüsse erstrecken soll. Vgl. Empfehlung der Kommission v. 15. Februar 2005 zu den Aufgaben von nicht geschäftsführenden Direktoren/Aufsichtsratsmitgliedern/börsennotierter Gesellschaften sowie zu den Ausschüssen des Verwaltungs-/Aufsichtsrats (2005/162/EG), Amtsblatt L 52, Art. 8 (abrufbar unter: http://eur-lex.europa.eu/LexUriServ/LexUriServ.do?uri=OJ:L:2005:052:0051:0063:DE:PDF).

Beispiele für qualitative, prozessdynamische Fragestellungen:
Wie ist die Diskussionskultur im Prüfungsausschuss? Auf welchem Niveau befinden sich die Kooperation und der Informationsfluss der Prüfungsausschussmitglieder untereinander sowie mit den relevanten Ansprechpartnern (z. B. Gesamtaufsichtsrat, Vorstand, Leiter Interne Revision, Leiter Rechtsabteilung, Abschlussprüfer)? Wie verhalten sich die Betroffenen bei Meinungsverschiedenheiten? Werden Informationsasymmetrien aufgebaut und Machtpositionen ausgenutzt? Sind alle Mitglieder des Prüfungsausschusses engagiert?

In der Praxis haben sich bzgl. der Umsetzung einer Effizienzprüfung dem Handlungsspielraum entsprechend vielfältige Herangehensweisen entwickelt. So kann die Evaluation beispielsweise einfach durch eine informelle interne Diskussion im Prüfungsausschuss unter Leitung des Vorsitzenden stattfinden. Grundsätzlich bieten sich folgende gängige Alternativen an, die unterschiedlich dazu geeignet sind, Quantität und Qualität zu erfassen:

Standardisierte Fragebögen
Standardisierte Fragebögen ermöglichen dem Prüfungsausschuss, die Evaluation mit wenig Aufwand selbst durchzuführen. Die Prüfungsausschussmitglieder beantworten die einzelnen Fragen jeweils selbständig. Die Auswertung kann anonym durch ein Prüfungsausschussmitglied, einen Wirtschaftsprüfer oder einen anderen externen Berater erfolgen. Die Ergebnisse und deren Implikationen werden anschließend im Ausschuss diskutiert und danach dem Aufsichtsratsplenum vorgestellt.

Von der Natur her werden mit derartigen Fragenkatalogen eher allgemeine Sachverhalte abgeprüft, oft in Kombination mit einer Bewertungsskala. Auch ist die Berücksichtigung der qualitativen Merkmale der Ausschusstätigkeit zwar möglich, eine weitere Untersuchung jedoch aufgrund des starren Fragenkatalogs praktisch begrenzt.

Entsprechende Ressourcen werden i. d. R. von den großen Wirtschaftsprüfungsgesellschaften zur Verfügung gestellt, z. B. die Checklisten zur Effizienzprüfung des Aufsichtsrats oder speziell für den Prüfungsausschuss des Centers für Corporate Governance von Deloitte.

Individualisierte Fragebögen
Individualisierte Fragebögen setzen i. d. R. auf standardisierte Fragenkataloge auf. Allerdings werden hier die unternehmensspezifischen Besonderheiten berücksichtigt. Des Weiteren kann der Prüfungsausschuss vorgeben, welche Themengebiete im Speziellen untersucht werden sollen und die Intensität der Befragung festlegen. Damit lässt sich im Vergleich zum Standardfragebogen eine wesentlich höhere Qualität der Effizienzprüfung realisieren.

Board Review durch einen externen Berater
Ein maximaler Nutzen bei der Durchführung der Effizienzprüfung ergibt sich durch die ganzheitliche kritische Betrachtung im Rahmen eines umfassenden Board Review durch einen qualifizierten Berater. Der Board Review zeichnet sich durch eine detailliert weitgreifende und ganzheitliche Analyse der Aufsichtsratstätigkeit aus. Durch den hier ausgeprägten informellen Charakter des Evaluationsprozesses ergibt sich im Vergleich zur Effizienzprüfung anhand von Fragebögen ein enormer Spielraum. So kann in persönlichen und intensiven Gesprächen mit den einzelnen Mitgliedern des Prüfungsausschusses die Tätigkeit des Gremiums detailliert untersucht werden, da eine flexible Reaktion auf die Antworten der Befragten möglich ist.

In der Praxis des Deloitte Centers für Corporate Governance hat sich die Kombination aus Fragebögen und Board Review bewährt. Hierdurch können schnell die eher formal quantitativen sowie in Ansätzen die qualitativen Aspekte der Prüfungsausschusstätigkeit durch den Fragebogen beurteilt werden. Anschließend befasst man sich intensiver mit den qualitativen Sachverhalten und bezieht dabei die Ergebnisse der Fragenkataloge mit ein.

Unabhängig von der Methode der Durchführung der Effizienzprüfung ist es generell vorteilhaft, den Evaluationsprozess durch einen unabhängigen Experten moderieren oder durchführen zu lassen und auf die spezifische Situation des Unternehmens und seines Aufsichtsrats auszurichten, wie es in den angelsächsischen Ländern bereits üblich ist. Dies ermöglicht eine Bewertung über die eigenen Blickwinkel und Unternehmensgrenzen hinaus und damit ein strukturiertes Benchmarking der Effizienz der Aufsichtsratstätigkeit mit der anderer Gremien oder Best Practice. Außerdem können hierdurch eine objektive Durchführung der Evaluation und vor allem eine objektive Auswertung der Ergebnisse erfolgen. Gerade bei der Diskussion der Resultate ist es zweckmäßig, wenn ein neutraler »Sparring«-Partner zur Verfügung steht. Für die Befragten ist es dann i. d. R. einfacher, mit einer neutralen und zur Verschwiegenheit verpflichteten Person über problematische Sachverhalte oder Missstände zu sprechen.

Dabei genügt es nicht, wenn der Berater Kenntnisse über Prozessabläufe oder Interviewdurchführung besitzt. Er muss sich insb. mit den rechtlichen Verantwortlichkeiten der Unternehmensorgane auskennen, auch mit den Aufgabengebieten Rechnungslegung, Rechnungslegungsprozess, interne Überwachungssysteme und Abschlussprüfung.

Letztendlich stellt sich die Frage nach der Häufigkeit der Effizienzprüfung. Die Bedeutung des Begriffs »regelmäßig« wird im Kodex zwar nicht explizit definiert, sie wird aber im Allgemeinen mit »jährlich« ausgelegt. Wie oft eine Effizienzprüfung ausgeführt wird, hängt in erster Linie von der gewählten Art und Weise der Evaluation ab. Während eine Evaluation auf Basis von Checklisten einmal im Geschäftsjahr durchgeführt werden kann, erscheint bei einem umfassenden Board Review ein Zeitraum von drei Jahren sinnvoll. Unabhängig von der Art der Durchführung ist eine Festlegung von Schwerpunkten in den folgenden Evaluationen, insb. bei der Anwendung von Checklisten bzw. bei jährlichen Effizienzprüfungen, zu empfehlen. Daneben sollte eine Aufsichtsratsevaluation immer dann durchgeführt werden, wenn der Aufsichtsrat vor neuen Herausforderungen bzw. Aufgaben steht wie z. B. eine Neubesetzung oder Erweiterung des Gremiums oder eine Änderung in der Strategieausrichtung des Unternehmens.

Fragen für die Praxis
- Wird der Prüfungsausschuss regelmäßig evaluiert?
- Soll die Evaluation intern oder zur Verbesserung der Objektivität durch einen externen Moderator durchgeführt werden?
- Soll die Evaluation durch Diskussion, Fragenbögen oder durch einen umfassenden »Board Review« durchgeführt werden?
- Werden identifizierte Schwachstellen angegangen bzw. gibt es einen permanenten Lernprozess?

VII Einarbeitung neuer Mitglieder

Neue Mitglieder des Prüfungsausschusses müssen zügig in dessen Arbeit eingewiesen werden. Dabei ist es dienlich, wenn die neuen Mitglieder aufgrund der dem Prüfungsausschuss zugewiesenen Aufgabengebiete bereits das Geschäft der Gesellschaft und die in diesem Geschäft vorherrschenden Risiken kennen. Entsprechend sollte i. d. R. ein neu in den Aufsichtsrat eingetretenes Mitglied nicht direkt in den Ausschuss gewählt werden.[46]

Wird doch ein neues, vorher unternehmensexternes Mitglied des Aufsichtsrats direkt auch in den Prüfungsausschuss gewählt, sollte von der jeweiligen Gesellschaft für eine vertiefte Branchen- und Unternehmenskompetenz ein spezielles unternehmens- und branchenspezifisches Einführungsprogramm angeboten werden,[47] da auch qualifizierte Personen i. d. R. zunächst kaum über die Besonderheiten des Unternehmens informiert sein dürften.

So sollten dem neuen Mitglied des Prüfungsausschusses, das gleichzeitig auch neues Mitglied des Aufsichtsrats ist, mindestens folgende Unterlagen zur Verfügung gestellt und es sollte verschiedenen Kernfragen nachgegangen werden, die für eine Aufsichtsratstätigkeit im Allgemeinen notwendig sind:

- Letzter Geschäftsbericht
    - Welche Informationen finden sich in den Geschäftsberichten und was sind die Kernelemente? Wie sind die Berichte zu lesen und wie sind die wesentlichen, zu diskutierenden Inhalte zu erkennen?
- Zwischenberichte der letzten vier Quartale;
    - Wie entwickelt sich die Gesellschaft quartalsweise und im Anschluss an den letzten Geschäftsbericht? Welche (kritischen) Sachverhalte werden voraussichtlich zum nächsten Jahresabschluss berücksichtigt werden müssen?
- Informationen über die Branche und über die Geschäftstätigkeit des Unternehmens
    - Welche Kapitalmarktbeziehungen bestehen? Was sind die wesentlichen Branchenrisiken? Wie ist die Unternehmensstrategie? Was ist die aktuelle Wettbewerbsposition der Gesellschaft? Liegt eine SWOT-Analyse[48] vor? Welche Verkaufskanäle und Lieferantenketten sind vorhanden? Was sind weitere wesentliche Geschäftssachverhalte?
- Satzung und Geschäftsordnung des Aufsichtsrats
    - Was sind die Verantwortlichkeiten und Pflichten des Aufsichtsrats? Welche Autoritäten bestehen? Wie ist dessen Struktur und Arbeitsweise (Sitzungen)? Welche spezifischen Aufgaben kommen dem Vorsitzenden zu?
- Protokolle des Aufsichtsrats aus dem letzten Geschäftsjahr
    - Wie oft tagte der Aufsichtsrat? Was waren die Inhalte der Aufsichtsratstätigkeit? Wie liefen die Entscheidungsprozesse ab und zu welchen Ergebnissen führten die Sitzungen?

---

46 Vgl Koprivica (2009), S. 56 m.w.N.
47 Vgl. in diesem Sinne auch die Kodex-Kommission in ihren Pressemitteilungen v. 10. und 11. Februar 2010 zur Professionalisierung von Aufsichtsräten (abrufbar unter: http://www.corporate-governance-code.de/ger/news/index.html) sowie die Empfehlung der Kommission v. 15. Februar 2005 zu den Aufgaben von nicht geschäftsführenden Direktoren/Aufsichtsratsmitgliedern/börsennotierter Gesellschaften sowie zu den Ausschüssen des Verwaltungs-/Aufsichtsrats (2005/162/EG), Amtsblatt L 52, Anhang 1, Abschnitt 4.3.1 (abrufbar unter: http://eur-lex.europa.eu/LexUriServ/LexUriServ.do?uri=OJ:L:2005:052:0051:0063:DE:PDF).
48 SWOT steht für Strengths and Weaknesses, Opportunities and Threats. Die SWOT-Analyse ist ein Instrument der strategischen Unternehmensführung. Sie untersucht die aus der Umwelt des Unternehmens resultierenden Chancen und Risiken und stellt diese den unternehmenseigenen Stärken und Schwächen gegenüber. Auf dieser Basis können Strategien abgeleitet werden, um den langfristigen Erfolg des Unternehmens sicherzustellen.

- Ergebnisse der letzten Selbstevaluation des Aufsichtsrats
  - Wo liegen die Stärken und die Schwächen des Aufsichtsrats (Struktur, Arbeitsweise, Diskussionskultur)? Worauf muss zukünftig mehr geachtet bzw. was muss verbessert werden?

Neben der Einarbeitung in die allgemeine Aufsichtsratstätigkeit bedarf es der Einarbeitung in die Aufgaben des Prüfungsausschusses im Speziellen. Zusätzlich sollten demnach dem neuen Mitglied des Ausschusses zur Orientierung in die Arbeit des Prüfungsausschusses spezielle Informationen über dessen Aufgaben und Prozesse und Arbeitsergebnisse zur Verfügung gestellt werden:

- Satzung und Geschäftsordnung des Prüfungsausschusses
  - Was sind die Befugnisse, Verantwortlichkeiten und Pflichten des Prüfungsausschusses? Welche Arbeitsweise wird gepflegt und wie wird diese ausgestaltet (Sitzungen)? Welche spezifischen Aufgaben kommen dem Vorsitzenden zu?
- Protokolle der Sitzungen des Prüfungsausschusses aus dem letzten Geschäftsjahr
  - Wie oft tagte der Prüfungsausschuss? Wie lang waren die Sitzungen und was waren die Inhalte sowie die Ergebnisse der Prüfungsausschusstätigkeit? Wie liefen die Entscheidungsprozesse ab? Welche Beschlüsse waren vorbereitend und welche endgültig?
- Unterlagen über die beabsichtigten Sitzungstermine sowie Arbeitsschritte des Prüfungsausschusses
  - Gibt es eine Jahresplanung mit vordefinierten Themen und Terminen? Wann findet die nächste Sitzung statt? Was wird der Inhalt sein? Gibt es aktuell besonders diskussionswürdige Sachverhalte? Welche Gesprächspartner sind geladen?
- Unterlagen und Informationen über die dem Prüfungsausschuss zugewiesenen Aufgabengebiete
  - *Rechnungswesen und Finanzberichterstattung*: Gibt es kritische Bilanzierungsmethoden? Warum wurden diese gewählt, welcher Ermessensspielraum wurde ausgeschöpft und welche Auswirkungen ergeben sich hieraus auf die Finanzberichterstattung? In diesem Zusammenhang: wie ist die finanzielle Lage des Unternehmens und wie verhält es sich mit dem Erreichen von Analystenprognosen?
  - *Interne Überwachungssysteme*: Was sind die Unternehmensrisiken? Wie ist das Kontrollumfeld aufgebaut? Wie ist der »Tone at the Top«? Wie geht die Unternehmensführung mit Risiken um? Wie überwacht die Unternehmensführung die Überwachungssysteme und welche Kontrollschwächen sind bekannt?
  - *Compliance-System*: Was sind die Kernpunkte des Compliance-Systems? Was sind die Compliance-Risiken des Unternehmens? Bestehen zurzeit kritische Compliance-Fälle?
  - *Interne Revision und Abschlussprüfer*: Welche Kapazitäten liegen jeweils vor? Was sind die Aufgaben, wie ist deren Prüfungsplan, welche Prüfungsschwerpunkte wurden gelegt und welche sind für das aktuelle Geschäftsjahr vorgesehen? Wie sind die Beziehung und das Verhalten zum Prüfungsausschuss, insb. im Zusammenhang mit der Berichterstattung? Gab es und gibt es kritische Prüfungsergebnisse? Was waren die Inhalte der Kommunikation an den Prüfungsausschuss, insb. vom Abschlussprüfer (z. B. Prüfungsberichte, Präsentation in der Bilanzsitzung des Prüfungsausschusses bzw. des Aufsichtsrats, Management Letter)?
  - *Rechtliches Umfeld*: Was sind die wesentlichen rechtlichen Rahmenbedingungen und gibt es aktuelle rechtliche Verfahren, die die Arbeit sowie die Arbeitsgebiete des Prüfungsausschusses beeinflussen?
- Unterlagen zu den Ressourcen des Prüfungsausschusses
  - Welche Ressourcen stehen dem Prüfungsausschuss zur Verfügung (finanziell und organisatorisch)? Wer sind die dafür verantwortlichen Ansprechpartner?
- Ergebnisse der letzten Selbstevaluation des Prüfungsausschusses
  - Wo liegen die Stärken und die Schwächen des Prüfungsausschusses (Struktur, Arbeitsweise, Diskussionskultur)? Worauf muss zukünftig mehr geachtet bzw. was muss verbessert werden?

Zur Realisation der wesentlichen Prozesse und kritischen Erfolgsfaktoren des Unternehmens empfehlen sich auch Betriebsbesichtigungen. Denn nur, wenn eine konkrete Vorstellung vorliegt, was sich hinter den Vorgängen und Zahlen an tatsächlichen Sachverhalten und Prozessen verbirgt, kann der Prüfungsausschuss zur Abgabe seiner Beurteilungen kommen, beispielsweise zur Angemessenheit und Wirksamkeit des Überwachungssystems oder zur zutreffenden bilanziellen Abbildung der Geschäftsvorgänge.

Zur Betriebsbesichtigung können etwa Besuche oder Besichtigungen der operativen Bereiche der Gesellschaft zählen, z. B. bei den Produktionsstätten oder auch der Verkaufsabteilung, um das Verständnis der von dem Unternehmen vertriebenen Produkte und Dienstleistungen sowie der relevanten Märkte zu erhöhen.

Daneben können im Beisein des Vorstands Treffen mit den Führungskräften von Geschäftseinheiten, Controllern, den Verantwortlichen der Compliance- und der Rechtsabteilung sowie mit der Finanzabteilung und der Internen sowie externen Revision stattfinden. Die hieraus resultierenden Gespräche verbessern das Verständnis über das Unternehmen, dessen operative Tätigkeit, dessen Management, wesentliche Unternehmensrisiken und das Verständnis von für das Finanz- und Rechnungswesen bedeutsamen Entwicklungen. Außerdem erhalten die Mitglieder des Prüfungsausschusses einen ersten Überblick über die für sie wichtigsten Ansprechpartner und über deren Persönlichkeit, Fachwissen und Erfahrung.

Derartige Orientierungsprogramme sollten nicht nur auf neue Mitglieder des Prüfungsausschusses beschränkt bleiben. Regelmäßige Betriebsbesichtigungen einschließlich der damit verbundenen Gespräche mit den Mitarbeitern des Unternehmens fördern generell die Effektivität des Prüfungsausschusses und sollten entsprechend regelmäßig von sämtlichen Mitgliedern in Anspruch genommen werden.

> **Fragen für die Praxis**
> - Erfolgt für jedes neue Mitglied des Prüfungsausschusses eine zeitnahe und ausführliche Einführung in das Unternehmen und in die Arbeit des Prüfungsausschusses?
> - Haben die Mitglieder des Prüfungsausschusses ein ganzheitliches Verständnis und ein globales Bild sowohl von der Prüfungsausschusstätigkeit wie auch von dem zu überwachenden Unternehmen?

VIII Fort- und Weiterbildung

Für einen wirksamen Prüfungsausschuss ist insbesondere der Sachverstand der Ausschussmitglieder von Bedeutung.[49] Die Fachkenntnis bzw. die Qualifikation einer Person bedarf allerdings der Aneignung sowie des ständigen Trainings. Denn der Prüfungsausschuss muss nicht nur einer wachsenden Komplexität der operativen Unternehmenstätigkeit gerecht werden, sondern er sieht sich auch immer wieder neuen gesetzlichen Anforderungen gegenüber – zuletzt durch das BilMoG und das Gesetz zur Angemessenheit der Vorstandsvergütung.

Um immer einen aktuellen Wissensstand aufzuweisen, ist es daher notwendig, dass sich die Prüfungsausschussmitglieder ständig fortbilden. Gerade im Hinblick auf die sich stets ändernde internationale Rechnungslegung und die fortlaufende Entwicklung der Corporate Governance ist eine entsprechende Weiterbildung zur adäquaten Pflichterfüllung unumgänglich. Dies erfordert zum einen den Besuch regelmäßiger Schulungen und zum anderen ein engagiertes Selbststudium durch die Prüfungsausschussmitglieder.

Einen konkreten Hinweis hinsichtlich der Fort- und Weiterbildung der Aufsichtsratsmitglieder im Allgemeinen gibt Ziffer 5.4.1 Abs. 4 DCGK. Dort findet sich die Feststellung, nach der die Mitglieder des Aufsichtsrats die für ihre Aufgaben erforderlichen Aus- und Fortbildungsmaßnahmen eigenverantwortlich wahrzunehmen haben. Diese Feststellung bedarf zwar keiner Kommentierung nach § 161 Abs. 1 Satz 1 AktG, allerdings wird deren Umsetzung durch die Empfehlung in Ziffer 5.4.1 Abs. 4 Satz 2 DCGK wieder mit der Erklärungspflicht indirekt verbunden, nach der die Unternehmen diese Aus- und Fortbildungsmaßnahmen angemessen unterstützen sollen. In erster Linie dürfte es hierbei um die finanzielle Förderung der Fort- und Weiterbildungsmaßnahmen gehen.

Wie die Fort- und Weiterbildungsmaßnahmen ausgestaltet und wahrgenommen werden sollen, wird im Kodex nicht erläutert. Damit ergibt sich für die Aufsichtsräte sowie für die Unternehmen ein entsprechend flexibler Handlungsspielraum, wenn auch die Kodex-Kommission durch Pressemitteilungen Hinweise zu den als sinnvoll erachteten Inhalten abgab. So sollten die Fort- und Weiterbildungsmaßnahmen für künftige und amtierende Aufsichtsräte fundierte theoretische wie praxisbezogene aktuelle Informationen vor allem zu den Bereichen rechtliche Grundlagen, Konzernrechnungslegung und Risikocontrolling sowie zur praktischen Arbeit im Aufsichtsrat vermitteln:[50]

Rechtliche Grundlagen
Auf dem Gebiet der rechtliche Grundlagen der Aufsichtsratstätigkeit könnten z. B. vertiefende Informationen zu den Rechten, Pflichten und der Verantwortung von Aufsichtsräten auf der Basis von AktG und DCGK gegeben werden, die auch Haftungsfragen einschließen.

Konzernrechnungslegung und Risikocontrolling
Innerhalb der Konzernrechnungslegung und des Risikocontrollings könnte der Schwerpunkt auf der Verbesserung des Verständnisses von Bilanzen und Prüfungsberichten aus der Sicht des Aufsichtsrats gelegt werden. Darüber hinaus sollte eine Einführung in die Bedeutung und die Methodik des Risikocontrollings aus Sicht des Aufsichtsrats erfolgen.

Praktische Arbeit im Aufsichtsrat
Ein Schwerpunkt könnte auch auf den Einblick in die praktische Arbeitsweise eines Aufsichtsrats gelegt werden. Hierzu zählen z. B. die Arbeitsweise der Ausschüsse, die Aufgabe der sog. Vorbe-

---

49 Vgl. zur Qualifikation auch Koprivica (2009), S. 41-62 m.w.N.
50 Vgl. hierzu und im Folgenden die Pressemitteilungen der Kodex Kommission v. 10. und 11. Februar 2010. Abrufbar unter: http://www.corporate-governance-code.de/ger/news/index.html

sprechungen, das Berichtswesen und Überprüfungsmechanismen, aber auch praktische Hinweise für die Arbeit in mitbestimmten Aufsichtsräten sowie die Behandlung von Interessenkonflikten.

Von besonderer Bedeutung sei hierbei laut Kommission, dass die Weiterbildungsmaßnahmen auch die Einbettung der Arbeit im Aufsichtsrat in das gesellschaftspolitische Umfeld behandelt. In diesem Zusammenhang sollten die Aspekte des Unternehmensinteresses, dem der Aufsichtsrat gesetzlich verpflichtet ist, und ihre praktische Umsetzung dargestellt werden.

Aufgrund der dem Prüfungsausschuss zugewiesenen besonderen Aufgaben geht die Qualifikation der Ausschussmitglieder über das von einem anderen Mitglied des Aufsichtsrats geforderte Mindestmaß an Kenntnissen und Fähigkeiten, die notwendig sind, um alle normalerweise anfallenden Geschäftsvorgänge auch ohne fremde Hilfe verstehen und sachgerecht beurteilen zu können, hinaus. Denn neben den Anforderungen an die Aufsichtsratsmitglieder im Allgemeinen müssen die Prüfungsausschussmitglieder für eine zielgerichtete Wahrnehmung ihrer Aufgaben zusätzlich hohen Anforderungen der Qualifikation Rechnung tragen. Nur ausgezeichnete Sachkenntnis erlaubt es den einzelnen Mitgliedern, die Fülle an Berichten (Konzernberichte, Prüfungsberichte, Zwischenberichte, Vorstandsberichte) über das weite Aufgabenspektrum des Ausschusses sachgerecht zu verarbeiten, in einen fundierten Dialog mit den internen sowie externen Prüfern zu treten und auf Basis der erhaltenen Informationen eine eigenständige Stellungnahme über die Qualität des Rechnungswesens bzw. des IKS abzugeben, die dem Gesamtaufsichtsrat als Entscheidungsgrundlage dient.

Entsprechend sollte der Prüfungsausschuss regelmäßig selbst kritisch hinterfragen, ob Weiterbildungsbedarf mindestens innerhalb der ihm durch Kodex und Gesetz vorgesehenen Aufgabengebiete besteht (Rechnungslegung und Rechnungslegungsprozess, IKS, RMS und Revisionssystem, Compliance, Abschlussprüfung und prüfungsnahe Leistungen des Abschlussprüfers).[51]

Im Fokus der Betrachtung, die entweder innerhalb der regulären Sitzungen oder in einem eigens dafür vorgesehenen Treffen vollzogen wird, stehen insb. Entwicklungen in folgenden Bereichen:

- Rechnungslegung und Finanzberichterstattung,
- Geschäfts- und Branchenumfeld,
- Geschäftstätigkeit und Struktur des Unternehmens,
- Risikoidentifikation und -management,
- Informationssysteme und -prozesse, insb. die damit verbundenen Kontrollsysteme des Unternehmens,
- Corporate Governance,
- Compliance und rechtliche Anforderungen, die maßgeblich für das Unternehmen sind, insb. im Zusammenhang mit der Jahresabschlussprüfung,
- andere Anforderungen im Zusammenhang mit der Tätigkeit eines Prüfungsausschusses.

Bei der Beurteilung des Bedarfs an Fort- und Weiterbildung können folgende Überlegungen in Betracht gezogen werden:

- Gibt es neue Gesetze, Rechtsprechungen, Standards, Kodizes, Branchentrends, etc.?
- Was sind Sinn und Zweck der Neuerungen?
- Was sind die für den Prüfungsausschuss wesentlichen inhaltlichen Kernpunkte der Neuerungen?
- Haben sich das Unternehmensumfeld oder die Unternehmenstätigkeit geändert oder erweitert?

---

51 Auch die EU-Kommission empfiehlt den Gesellschaften, den Mitgliedern des Prüfungsausschusses regelmäßige Schulungen anzubieten. Vgl. Empfehlung der Kommission v. 15. Februar 2005 zu den Aufgaben von nicht geschäftsführenden Direktoren/Aufsichtsratsmitgliedern/börsennotierter Gesellschaften sowie zu den Ausschüssen des Verwaltungs-/Aufsichtsrats (2005/162/EG), Amtsblatt L 52, Anhang 1, Abschnitt 4.3.1.

- Was sind die Konsequenzen aus den Neuerungen bzw. Änderungen und resultiert hieraus Anpassungsbedarf in den Tätigkeitsgebieten und in der Art und Weise der Aufgabenerfüllung des Prüfungsausschusses?

Die einfachste Möglichkeit zur Überprüfung und Aktualisierung der eigenen Sachkenntnis besteht in der Lektüre der zur Verfügung stehenden Fachliteratur, insb. der regelmäßig erscheinenden Fachzeitschriften. Ebenfalls sollten die Wirtschaftsnachrichten aufmerksam verfolgt werden.

Den Mitgliedern des Prüfungsausschusses bietet sich dabei eine Vielzahl potenzieller Quellen zur Information über ihre Aufgaben, Verantwortlichkeiten oder die aktuellen wirtschaftlichen Rahmenbedingen. Jede der großen Wirtschaftsprüfungsgesellschaften stellt entsprechende Ressourcen zur Verfügung, z. B. das Center für Corporate Governance von Deloitte (http://www.corpgov.deloitte.com/site/GerDe oder http://www.deloitte.com/de/cg).

Ebenfalls bieten die großen Wirtschaftsprüfungsgesellschaften i. d. R. entsprechende Informationsbroschüren an, um die Aufsichtsrats- und Prüfungsausschussmitglieder in ihrer Tätigkeit zu unterstützen, z. B. der Newsletter »Corporate-Governance-Forum – Informationen für Aufsichtsrat und Prüfungsausschuss« von Deloitte.

Daneben fördert die Interaktion mit anderen Aufsichtsratsmitgliedern, den Vorständen, den Leitern der unternehmensinternen Abteilungen (z. B. Interne Revision, Compliance) sowie mit dem Wirtschafts- bzw. Abschlussprüfer das Fachwissen. Dies stellt überdies eine ausgezeichnete Möglichkeit dar, gleichzeitig den Kontakt und die vertrauensvolle Zusammenarbeit mit den jeweiligen Personengruppen zu pflegen und direkt einen Überblick über den Status des zu überwachenden Unternehmens zu erhalten.

Darüber hinaus sollte die Teilnahme an Schulungen, Seminaren und Tagungen oder Konferenzen in Erwägung gezogen werden, die durch unternehmensinternes Personal durchgeführt werden können oder durch qualifizierte externe Personen organisiert und angeboten werden. Insb. bieten sich durch Externe durchgeführte Veranstaltungen an, da hierdurch die Inhalte durch Sichtweisen externer Fachleute vermittelt werden, die über die Grenzen der eigenen Unternehmensperspektive hinausgehen.

Im Falle der Inanspruchnahme von Fort- und Weiterbildung anhand der Teilnahme von fachlich relevanten Veranstaltungen ist abzuwägen, ob, abhängig von dem persönlichen Weiterbildungsbedarf des Prüfungsausschussmitglieds, öffentliche oder individuell ausgerichtete Veranstaltungen in Betracht kommen.

- Bei »öffentlichen« Veranstaltungen besteht die Möglichkeit, verschiedene Teilnehmer zu treffen. Neben interessierten Experten finden sich i. d. R. z. B. auch Vorstände oder Aufsichtsräte anderer Unternehmen, die neben den Referenten ebenfalls praktische Erfahrung und Ansichten hinsichtlich aktueller Diskussionspunkte bieten. Derartige Veranstaltungen geben den Teilnehmern auch die Gelegenheit, sich innerhalb von Diskussionen und Gesprächen informell auszutauschen und Einsicht zu erhalten, wie andere Aufsichtsräte bzw. Prüfungsausschüsse mit speziellen Sachverhalten umgehen.
- Individuell ausgerichtete Veranstaltungen werden von unternehmensinternen oder -externen Referenten durchgeführt und stimmen ihre Inhalte speziell auf die Unternehmenssituation sowie auf die Bedürfnisse der jeweiligen Prüfungsausschussmitglieder ab. Daher sind derartige Veranstaltungen ausgesprochen effektiv. Durch die vertrauliche Atmosphäre ist innerhalb solcher Veranstaltungen ebenfalls die Diskussion von Sachverhalten möglich, die für unternehmensexterne Personen nicht bestimmt sind, da sie beispielsweise im Zusammenhang mit sensiblen Unternehmensdaten oder -gegebenheiten besprochen werden.

Eng mit der Fort- und Weiterbildung ist die Einarbeitung neuer Mitglieder des Prüfungsausschusses verbunden, in deren Rahmen unternehmensspezifische Orientierungsprogramme durchgeführt werden sollten (siehe dazu auch Kap. F.VII zur Einarbeitung neuer Mitglieder). Solche Orientierungsprogramme sollten nicht auf neue Mitglieder des Prüfungsausschusses beschränkt bleiben, sondern regelmäßig von allen Mitgliedern in Anspruch genommen werden.

Insgesamt stehen die Mitglieder der Aufsichtsräte und insb. des Prüfungsausschusses grds. in der Verantwortung, potenzielle Defizite hinsichtlich ihrer Qualifikation selbstkritisch zu identifizieren und entsprechende Aus- und Fortbildungsmaßnahmen wahrzunehmen. Dabei soll eine Unterstützung durch die Unternehmen erfolgen, da diese regelmäßig ein hohes Interesse an gut ausgebildeten Aufsichtsräten haben. Falls notwendig, sollte auf eine entsprechende Unterstützung bestanden werden. Unabhängig davon muss bei den Mitgliedern des Prüfungsausschusses die Bereitschaft bestehen, den Weiterbildungsmaßnahmen die erforderliche Zeit zu widmen und diese zeitnah durchzuführen.

Fragen für die Praxis
- Wird abgewogen, ob ein potenzieller aufgabenbezogener Weiterbildungsbedarf der Mitglieder des Prüfungsausschusses besteht, ggf. im Rahmen einer eigens dafür vorgesehenen Sitzung?
- Falls Weiterbildungsbedarf als notwendig erachtet wird, welche Maßnahme ist dabei angemessen (Selbststudium, internes oder externes Seminar, Orientierungsprogramm)?

IX Problembereiche für den Prüfungsausschuss

Ein gut funktionierender Prüfungsausschuss bietet dem Aufsichtsrat und damit der Unternehmensüberwachung zahlreiche Vorteile und Nutzeffekte. Die Implementierung von Prüfungsausschüssen birgt jedoch auch potenzielle Gefahren und Probleme, die allerdings durch Umsicht vermieden werden können.[52]

Prüfungsausschuss und Aufsichtsrat

Mit einem aktiven Prüfungsausschuss geht die Gefahr einher, dass sich der restliche Aufsichtsrat nicht mehr in dem gebotenen Maße seinen Überwachungsaufgaben widmet. Die Einrichtung eines Prüfungsausschusses soll zwar dem Aufsichtsrat die Arbeit erleichtern. D. h. allerdings nicht, dass sich die restlichen Aufsichtsratsmitglieder von ihrer Verantwortung lösen dürfen. Gerade bei beschlussvorbereitenden Tätigkeiten des Prüfungsausschusses bzw. bei Tätigkeiten, die dem Prüfungsausschuss nicht endgültig übertragen werden können, wie etwa die Prüfung des Jahresabschlusses nach § 171 Abs. 1 Satz 1 AktG, muss der Gesamtaufsichtsrat auf Basis der vom Ausschuss bereitgestellten Unterlagen und Informationen weiterhin mit der von ihm geforderten Sorgfalt eine eigene Entscheidung treffen. Keinesfalls darf er nur die Berichte des Prüfungsausschusses »konsumieren«, ergänzend eventuell noch ein paar Fragen stellen und den zu diskutierenden Sachverhalt unter der Begründung absegnen, der Prüfungsausschuss habe sich eingehend damit beschäftigt und dessen Mitglieder seien dafür die Spezialisten.

Jedes Mitglied des Aufsichtsrats muss sich auch bei einem gut funktionierenden Prüfungsausschuss persönlich mit den vom Gesetz her dem Aufsichtsrat auferlegten Überwachungsaufgaben beschäftigen. Die Aufsichtsratsmitglieder müssen sich damit ein eigenes Bild und eine eigene Meinung erarbeiten, auch von den Themengebieten, die dem Prüfungsausschuss zur Bearbeitung übertragen wurden.

Mit dieser Problematik geht auch die Gefahr einher, dass ein Informationsgefälle zwischen Prüfungsausschussmitgliedern und Nicht-Ausschussmitgliedern entsteht. Bei den für den Gesamtaufsichtsrat vorbereitend tätigen Ausschüssen könnte die Informationssammlung und die Diskussion aus dem Plenum hinaus verlagert und dem Gesamtaufsichtsrat ggf. nur selektierte Informationen weitergegeben werden, was dazu führen kann, dass der Aufsichtsrat in seinen Entscheidungen vom Prüfungsausschuss gelenkt wird. Bei einem beschließenden Prüfungsausschuss könnte die Informationsversorgung sogar gänzlich minimiert werden.

Entsprechend ist eine klare Berücksichtigung und Festlegung der Berichtspflichten des Prüfungsausschusses an den gesamten Aufsichtsrat in der Geschäftsordnung des Aufsichtsrats oder des Prüfungsausschusses zu empfehlen, um diese Problematik zu mindern.

Prüfungsausschuss und Geschäftsführung

Der Aufsichtsrat hat die Geschäftsführung zu überwachen (§ 111 Abs. 1 AktG). Zur Steigerung seiner Effizienz soll ihm der Prüfungsausschuss dabei helfen und sich u. a. mit der Überwachung des Rechnungslegungsprozesses, der Wirksamkeit des IKS, des RMS und des internen Revisionssystems befassen (§ 107 Abs. 3 Satz 2 AktG). Die Kernzuständigkeit zur Ordnungsmäßigkeit und Funktionsfähigkeit hinsichtlich dieser Bereiche liegt allerdings beim Vorstand, der die Gesellschaft unter eigener Verantwortung zu leiten hat (§ 76 Abs. 1 AktG i. V. m. § 91 AktG). Entsprechend muss der Prüfungsausschuss die Grenzen der eigenen Verantwortlichkeiten zu denen der Geschäftsleitung beachten und darf sich nicht in das Management des Unternehmens einmischen, wenn dies über den Überwachungs- und Beratungsauftrag des Aufsichtsrats hinausgeht. So darf er beispielsweise nicht die interne Kontrolle im Rechnungslegungsprozess oder das Risikomanagement übernehmen.

---

52 Vgl. im Folgenden auch Böckli (2003), S. 567 ff. sowie Koprivica (2009), S. 155-159 m.w.N.

Umgekehrt muss der Prüfungsausschuss darauf achten, dass der Vorstand ihm nicht vorab schwierige Sachverhalte zur Begutachtung bzw. zur Absegnung und damit zur Vorentscheidung vorlegt, die wiederum der Entscheidungskompetenz des Vorstands unterliegen, um den Ausschuss zu lenken oder um potenziell zukünftige Diskussionen zu vermeiden. Beispiele hierfür bieten sich u. a. im Umgang mit Finanzderivaten oder generell in der Intensität von Bilanzpolitik.

Dadurch würde es zu einer Verschiebung der Eigenverantwortlichkeit vom Vorstand zum Prüfungsausschuss bzw. zum Aufsichtsrat kommen. Allerdings ist auch hier zu beachten, dass es nicht vermeidbar sein wird, innerhalb der Zusammenarbeit zwischen Prüfungsausschuss und Vorstand bestimmte Fragen und Sachverhalte im Vorfeld zu besprechen und abzustimmen.

Prüfungsausschuss, in- und externe Prüfer und Compliance

Der Prüfungsausschuss soll sich zwar mit der Wirksamkeit des IKS, des RMS und des internen Revisionssystems sowie mit der Compliance und der Abschlussprüfung befassen, aber auch hier muss er die Grenzen der eigenen Verantwortlichkeiten beachten.

Entsprechend ist beispielsweise die Abschlussprüfung und deren systematisches Vorgehen Sache des dafür vorgesehenen Abschlussprüfers. Wie dieser die Prüfung technisch durchführt, ist nicht durch den Prüfungsausschuss diktierbar, solange der Prüfer die in den Berufsstandards kodifizierten Grundsätze ordnungsmäßiger Abschlussprüfung beachtet. Dies ist auch nicht notwendig. Denn den konstruktiven Einfluss auf die in- und externen Prüfungen erhält der Prüfungsausschuss aus der Vorlage der Prüfungspläne sowie der sich daraus ergebenden Möglichkeit der Festlegung von Prüfungsschwerpunkten der Jahresabschlussprüfung und der Koordination der Prüfer untereinander.

Gerade hinsichtlich der Internen Revision, die ein Instrument des Vorstands ist, darf der Prüfungsausschuss seine Verantwortlichkeit nicht überschreiten, um das Verhältnis der Internen Revision zum Vorstand nicht zu schädigen. Auch im Rahmen der Compliance überwacht der Prüfungsausschuss das entsprechende System, er selbst setzt aber nicht die Compliance an sich durch.

Inhaltliche Tätigkeit des Prüfungsausschusses

Zunächst muss festgehalten werden, dass der Prüfungsausschuss i. d. R. keine Prüfungen selbst durchführt, wie es die interne und externe Revision tun. Die Tätigkeit des Prüfungsausschusses wird vor allem durch Plausibilitätsbeurteilungen von Planungs- und Dokumentationsunterlagen sowie deren Analyse und Vergleich geprägt sein. Prüfungen der Bücher, Schriften und Vermögensgegenstände der Gesellschaft sowie die entsprechende Beauftragung eines Sachverständigen gem. § 111 Abs. 2 AktG dürften eher die Ausnahme sein.

Diese Aufgabendurchführung verführt schnell zu einer oberflächlichen Durchsicht der notwendigen und umfangreichen Unterlagen. Ggf. bedient sich der Prüfungsausschuss hierzu auch der Hilfe von Checklisten. Diese können zwar erheblichen Nutzen bringen und den Ausschuss auch konstruktiv unterstützen, sie verleiten aber auch zu einem bloßen und raschen Abhaken.

Ein derartiges Abfallen von der eigentlich erwarteten Arbeitsweise ist zu vermeiden. Ungeachtet davon, dass bestimmte Sachverhalte sicherlich durch schnelle Analysen überprüft werden können, müssen sich die Mitglieder des Prüfungsausschusses stets bewusst sein, was die relevanten Kernpunkte im Rahmen ihrer Verantwortlichkeiten waren, welche Konsequenzen sich daraus ergeben können und ggf. wie diese in Zukunft verbessert oder vermieden werden können.

Gleichwohl ist ein zu hohes bzw. übereifriges Engagement zu verhindern. Im Rahmen seiner Überwachungstätigkeit darf der Prüfungsausschuss nicht zu forsch agieren, insb. da er sich einen wesentlichen Teil der benötigten Informationen aus Gesprächen mit dem Vorstand und ggf. den Mitarbeitern des Unternehmens sowie unbedingt mit dem Abschlussprüfer einholt. Deshalb ist zu beachten, dass das für eine gute Zusammenarbeit notwendige, vertrauensvolle Verhältnis nicht beeinträchtigt wird.

Überforderung und Überschätzung des Prüfungsausschusses

Das Aufgabenspektrum des Prüfungsausschusses ist von der Komplexität und der Bedeutung der jeweiligen Aufgabengebiete enorm (Rechnungslegung und Rechnungslegungsprozess, IKS, RMS und Revisionssystem, Compliance, Abschlussprüfung und prüfungsnahe Leistungen des Abschlussprüfers). Damit geht ebenfalls die Notwendigkeit einer intensiven Beschäftigung in sachlicher wie auch zeitlicher Hinsicht einher. So wird man sich zunehmend die Frage stellen müssen, ob die Tätigkeit als Prüfungsausschussmitglied noch im Rahmen eines »Nebenamts«, wie die Aufsichtsratstätigkeit von vielen noch verstanden wird, überhaupt noch durchzuführen ist, ohne die jeweiligen Mitglieder zu überfordern.

Hiermit ist ebenfalls das Problem einer übersteigerten Erwartungshaltung gegenüber dem Prüfungsausschuss verbunden, die eine falsche Vorstellung von der Rolle des Prüfungsausschusses und der Verlässlichkeit der Finanzinformationen weckt. Der Prüfungsausschuss kann nicht als Garant für das gesamte Finanz- und Rechnungswesen verstanden werden. Damit ist zu überdenken, entsprechende Informationen zur Aufklärung zur Aufgabe des Prüfungsausschusses, zu seinen Chancen zur Verbesserung der Aufsichtsratstätigkeit sowie seinen Grenzen bereitzustellen, etwa im Rahmen einer öffentlichen Geschäftsordnung z. B. auf der Internetseite der Gesellschaft.

Fragen für die Praxis
- Sind die Verantwortlichkeiten und Pflichten des Prüfungsausschusses, insb. die Berichtspflichten an den Gesamtaufsichtsrat, explizit geregelt, z. B. in einer eigenen Geschäftsordnung, und sind sich die übrigen Aufsichtsratsmitglieder der Ausschussaufgaben sowie ihrer eigenen Verantwortlichkeiten und Pflichten bewusst?
- Beachtet der Prüfungsausschuss die Grenzen der eigenen Verantwortlichkeiten zu denen der Geschäftsleitung, der internen Prüfer und des Abschlussprüfers?
- Besteht die Tätigkeit des Prüfungsausschusses NICHT in einer oberflächlichen Durchsicht und einem flüchtigen Abhaken von Checklisten?
- Sind die Prüfungsausschussmitglieder ihren Aufgaben in sachlicher sowie in zeitlicher Hinsicht gewachsen?

X Besonderheiten bei der SE

Mit der Möglichkeit der Gründung einer SE (Societas Europaea) wird der internationalen Ausrichtung der Gesellschaften, insb. in der Europäischen Union (EU), entsprochen. Die SE oder Europäische AG kann innerhalb der EU nach den Vorschriften der SE-VO[53] gegründet werden und ist eine rechtsfähige AG (Art. 1 Abs. 3 SE-VO). Der Sitz der SE muss in dem Mitgliedsstaat liegen, in dem sich die Hauptverwaltung der SE befindet (Art. 7 SE-VO). Der Sitz kann in einen anderen Mitgliedsstaat verlegt werden (Art. 8 SE-VO) und es findet das Recht des Sitzstaats der SE Anwendung (Art. 3 SE-VO). Wurde eine SE mit Sitz in Deutschland gegründet, gelten für diese zunächst die SE-VO und anschließend die deutschen Ausführungsgesetze für gesellschaftsrechtliche Fragen (SEAG) und für die Beteiligung von Arbeitnehmern an der SE (SEBG). Die nationalen Regelungen, bspw. das deutsche Aktien- und Umwandlungsrecht, gelten schließlich in Ergänzung.

Durch die internationale Ausrichtung kann die SE aus zwei verschiedenen Leitungssystemen bzw. Systemen der Unternehmensverfassung wählen (Art. 38 SE-VO). Danach verfügt die SE über eine Hauptversammlung der Aktionäre und entweder ein Aufsichtsorgan und ein Leitungsorgan (dualistisches System) oder ein einheitliches Verwaltungsorgan (monistisches System).

Das dualistische System entspricht, abgesehen von den besonderen Regelungen der Arbeitnehmerbeteiligung, der deutschen Struktur der Corporate Governance, nämlich die operative Leitung durch einen Vorstand sowie die Überwachung durch einen Aufsichtsrat. Durch die Anwendung des Rechts des Sitzstaats der SE sind beim dualen System entsprechend die nationalen gesetzlichen Vorschriften in Bezug auf den Prüfungsausschuss anzuwenden, da diesbezüglich in der SE-VO sowie dem SEAG keine Regelungen enthalten sind. Dagegen folgt das monistische System dem angloamerikanischen Board System (Art. 38-45 SE-VO). Es besteht nur ein Führungsgremium, der Verwaltungsrat, dessen Mitglieder das Unternehmen leiten und zugleich für die Überwachung zuständig sind. Bei den börsennotierten deutschen SE wird in der bisherigen Praxis die Form des dualistischen Systems beibehalten.

In Deutschland enthalten die §§ 20 bis 49 SEAG detaillierte Regelungen für das monistische System, die anstelle der §§ 76 bis 116 AktG gelten. Danach leitet der Verwaltungsrat u. a. die Gesellschaft, bestimmt die Grundlinien ihrer Tätigkeit und überwacht deren Umsetzung (§ 22 Abs. 1 SEAG). Er hat dafür zu sorgen, dass die erforderlichen Handelsbücher geführt werden und hat geeignete Maßnahmen zu treffen, insb. ein Überwachungssystem einzurichten, damit den Fortbestand der Gesellschaft gefährdende Entwicklungen frühzeitig erkannt werden (§ 22 Abs. 3 SEAG). Er kann die Bücher und Schriften der Gesellschaft sowie die Vermögensgegenstände, namentlich die Gesellschaftskasse und die Bestände an Wertpapieren und Waren, einsehen und prüfen und damit auch einzelne Mitglieder oder für bestimmte Aufgaben besondere Sachverständige beauftragen. Zudem erteilt er dem Abschlussprüfer den Prüfungsauftrag für den Jahres- und Konzernabschluss gem. § 290 HGB (§ 22 Abs. 4 SEAG).

Die Tagesgeschäfte werden von einem oder mehreren geschäftsführenden Direktoren geführt, die die SE auch nach außen vertreten (§ 40 Abs. 2 Satz 1 SEAG). Sie werden vom Verwaltungsrat bestellt und sind von diesem weisungsabhängig (§ 40 Abs. 1 Satz 1 SEAG). Dabei können die Mitglieder des Verwaltungsrats selbst zu geschäftsführenden Direktoren[54] bestellt werden, sofern die Mehrheit des Verwaltungsrats weiterhin aus nicht geschäftsführenden Mitgliedern[55] besteht (§ 40 Abs. 1 Satz 2 SEAG).

---

53 Verordnung (EG) Nr. 2157/2001 des Rates v. 8. Oktober 2001 über das Statut der Europäischen Gesellschaft (SE) (ABl. L 294 vom 10.11.2001).
54 Executive directors oder inside directors.
55 Non-executive directors oder outside directors.

Die geschäftsführenden Direktoren haben den Jahresabschluss und den Lagebericht unverzüglich nach ihrer Aufstellung dem Verwaltungsrat vorzulegen (§ 47 Abs. 1 Satz 1 SEAG). Für die Prüfung des Jahresabschlusses durch den Verwaltungsrat gilt § 171 Abs. 1 und 2 des AktG entsprechend (§ 47 Abs. 3 SEAG). Billigt der Verwaltungsrat den Jahresabschluss, so ist dieser festgestellt, sofern nicht der Verwaltungsrat beschließt, die Feststellung des Jahresabschlusses der Hauptversammlung zu überlassen (§ 47 Abs. 5 Satz 1 SEAG).

Die Größe des Verwaltungsrats kann bis zu 21 Mitglieder betragen (§ 23 SEAG). Entsprechend kann aus Effizienzgründen die Bildung von Ausschüssen sinnvoll sein. So kann der Verwaltungsrat gem. § 34 Abs. 4 SEAG aus seiner Mitte einen oder mehrere Ausschüsse bestellen, namentlich, um seine Verhandlungen und Beschlüsse vorzubereiten oder die Ausführung seiner Beschlüsse zu überwachen. Bestimmte Aufgaben können einem Ausschuss nicht an Stelle des Verwaltungsrats zur Beschlussfassung überwiesen werden.[56] Dabei ist dem Verwaltungsrat regelmäßig über die Arbeit der Ausschüsse zu berichten (§ 34 Abs. 4 Satz 3 SEAG).

Nach § 34 Abs. 4 Satz 4 ff. SEAG kann der Verwaltungsrat auch einen Prüfungsausschuss einrichten, dem insb. die Aufgaben nach § 107 Abs. 3 Satz 2 AktG übertragen werden können. Er muss mehrheitlich mit nicht geschäftsführenden Mitgliedern besetzt werden. Richtet der Verwaltungsrat einer SE im Sinn des § 264d HGB einen Prüfungsausschuss ein, muss mindestens ein Mitglied des Prüfungsausschusses die Voraussetzungen des § 100 Abs. 5 AktG erfüllen, d. h. er muss unabhängig und sachkundig sein, und der Vorsitzende des Prüfungsausschusses darf nicht geschäftsführender Direktor sein. Zur Aufgabenerfüllung können Sachverständige und Auskunftspersonen zur Beratung über einzelne Gegenstände zugezogen werden (§ 36 Abs. 1 Satz 2 SEAG).

Damit verfügt der europäische Prüfungsausschuss mindestens über dieselben Kompetenzen wie der aktienrechtliche Prüfungsausschuss. Darüber hinaus ist der SE-Prüfungsausschuss gegenüber den Mitarbeitern der Gesellschaft weisungsberechtigt, was zu einer unkomplizierteren Vorgehensweise in der formalen Erfüllung der Überwachungsaufgabe im Vergleich zur AG führt. So wird die Befragung der Mitarbeiter der Gesellschaft, wie z. B. des Leiters der Internen Revision oder des Chief Compliance Officers, innerhalb von Gesprächen erleichtert und muss nicht aus Gründen potenzieller Loyalitätskonflikte im Beisein der geschäftsführenden Direktoren stattfinden.

Von besonderer Bedeutung ist bei der Besetzung des SE-Prüfungsausschusses die Unabhängigkeit der Ausschussmitglieder. Da der Verwaltungsrat sowohl aus geschäfts- wie auch aus nichtgeschäftsführenden Direktoren bestehen kann, sollten aus Gründen einer guten Corporate Governance die Mitglieder des SE-Prüfungsausschusses insb. unabhängig von der Geschäftsführung sein. Insofern sollten keine geschäftsführenden Direktoren Mitglied des SE-Prüfungsausschusses werden.

> **Fragen für die Praxis**
> - Sollte aus Effizienz- und Effektivitätsgründen ein Prüfungsausschuss in der SE implementiert werden?
> - Erfüllen die Mitglieder des SE-Prüfungsausschusses die persönlichen Kriterien einer guten Corporate Governance, insb. in Bezug auf deren Unabhängigkeit?

---

56 Dies betrifft die Aufgaben nach § 34 Abs. 1 Satz 1, § 22 Abs. 1 und 3, § 40 Abs. 1 Satz 1 und § 47 Abs. 3 SEAG und die nach § 68 Abs. 2 Satz 2, § 203 Abs. 2, § 204 Abs. 1 Satz 1, § 205 Abs. 2 Satz 1 und § 314 Abs. 2 und 3 AktG.

XI Besonderheiten bei der mitbestimmten GmbH

Im Gegensatz zur AG hat eine GmbH nach dem GmbHG nur zwei Organe. Zum einen die Gesellschafterversammlung und zum anderen die Unternehmensleitung durch einen bzw. mehrere Geschäftsführer. Damit bestehen zunächst kein obligatorischer Aufsichtsrat und damit auch keine Vorgaben oder Empfehlungen zur Einrichtung eines Prüfungsausschusses. Allerdings kann durch die Gesellschafter im Gesellschaftsvertrag festgelegt werden, einen Aufsichtsrat einzuführen (§ 52 GmbHG). Ist nach dem Gesellschaftsvertrag ein Aufsichtsrat zu bestellen, so sind weitestgehend die Rechte und Pflichten des aktienrechtlichen Aufsichtsrats zu befolgen, sofern in der Satzung nicht etwas anderes bestimmt wird (§ 52 Abs. 1 GmbHG).

Je nach Struktur der Gesellschafter und Komplexität des Unternehmens mit seiner Geschäftstätigkeit kann die freiwillige Einführung eines Aufsichtsrats zweckmäßig sein (fakultativer Aufsichtsrat). Aufgrund der nicht zwingenden Verweisung auf das Aktienrecht nach § 52 GmbHG können sich die Gesellschafter am Aktienrecht orientieren, grundsätzlich sind aber die Kompetenzen und die Struktur frei bestimmbar. Dies gilt auch für die Einrichtung eines Prüfungsausschusses.

Unter bestimmten Voraussetzungen wird die Bildung eines Aufsichtsrats durch das Investmentgesetz (§ 6 Abs. 2 InvG) und vor allem durch die Mitbestimmungsgesetze vorgeschrieben. So ist ab einer Größe von über 500 Arbeitnehmern die Bildung eines paritätisch besetzten Aufsichtsrats gesetzlich vorgeschrieben. Wie auch beim fakultativ eingerichteten Aufsichtsrat sind dann die Rechte und Pflichten des Aufsichtsrats der GmbH den aktienrechtlichen Vorschriften angepasst.[57] Allerdings verändert die Einrichtung eines Aufsichtsrats durch die Mitbestimmung nicht die hierarchische Organisation der GmbH. Die Gesellschafterversammlung bleibt das oberste weisungsberechtigte Organ und die Geschäftsführung leitet das Unternehmen nicht eigenständig wie in der AG.[58] Eine Pflicht zur Einrichtung eines Prüfungsausschusses gilt zudem für kapitalmarktorientierte GmbHs im Sinne des § 324 Abs. 1 HGB.

Wird ein Aufsichtsrat nach dem Investmentgesetz oder den Mitbestimmungsgesetzen eingerichtet, hat dieser wie der Aufsichtsrat der AG die Geschäftsführung zu überwachen. Diese Aufgabe beinhaltet auch die Prüfung des Jahresabschlusses, die Beauftragung des Abschlussprüfers bei einer prüfungspflichtigen GmbH sowie die Überwachung des von der Geschäftsführung einzurichtenden RFS (§§ 171 Abs. 1 Satz 1, 124 Abs. 3 Satz 1 AktG, § 318 Abs. 1 Satz 4 HGB, § 111 Abs. 1 Satz 1 AktG). Dies sind Aufgabenbereiche, die dem aktienrechtlichen Prüfungsausschuss durch das Aktiengesetz sowie dem DCGK eigens zugewiesen werden (§ 107 Abs. 3 Satz 2 AktG, Ziffer 5.3.2 DCGK) bzw. mit denen er sich befassen soll. Gerade bei dem nach § 25 Abs. 1 Nr. 2 MitbestG und § 1 Abs. 1 Nr. 3 DrittelbG obligatorisch vorgeschriebenen Aufsichtsrat gelten die Aufgaben des Prüfungsausschusses nach § 107 Abs. 3 Satz 2 AktG.

Für den fakultativen Aufsichtsrat nach § 52 Abs. 1 GmbHG gelten allerdings nicht explizit die gesetzlichen Aufgaben nach § 107 Abs. 3 Satz 2 AktG, mit Ausnahme der Pflicht, die Abschlussprüfung und die Unabhängigkeit des Abschlussprüfers und seiner zusätzlich erbrachten Leistungen zu überwachen.[59]

Je nachdem, wie groß der Aufsichtsrat der GmbH ist, kann oder muss dieser sich direkt an der Aufgabenerfüllung des aktienrechtlichen Prüfungsausschusses orientieren oder aus Effektivitäts- und Effizienzgründen einen entsprechenden eigenen Prüfungsausschuss einrichten. Aufgrund der originären Kontrolle durch die Gesellschafterversammlung wird der Prüfungsausschuss vornehmlich vorbereitend tätig sein und eine ausführliche Festlegung seiner Kompetenzen sollte in einer

---

57 Siehe dazu § 3 Abs. 2 MontanMitbestG, § 3 Abs. 1 Satz 2 MitbestErgG i. V. m. § 3 Abs. 2 MontanMitbestG, § 1 Abs. 1 Nr. 3 Satz 2 DrittelbG, § 25 Abs. 1 Satz 1 Nr. 2 MitbestG.
58 Vgl. hierzu und im Folgenden auch Lutter/Krieger (2008), S. 401-409, Rdn. 1114-1131 m.w.N.
59 Vgl. Braun/Louven (2009), S. 968.

Geschäftsordnung erfolgen (siehe hierzu Kap. F.II zur Geschäftsordnung sowie im Anhang das Muster einer Geschäftsordnung für den Prüfungsausschuss).

Im Rahmen der Spezifizierung der Kompetenzen des Prüfungsausschusses sollten auch dessen Informationspflichten und insbesondere dessen Informationsrechte gegenüber der Geschäftsführung vorgegeben werden. Hier kann die Regelung zur Informationsordnung nach Ziffer 3.4 DCGK ein Hinweis sein. Denn die GmbH-Geschäftsführung ist mit Ausnahme der Weisungen durch das Montanmitbestimmungsgesetz zu keiner fortdauernden Regelberichterstattung gebunden.

Besonderheiten eines Prüfungsausschusses in der mitbestimmten GmbH ergeben sich auch im Zusammenhang mit dessen Besetzung. Im Speziellen betrifft dies die Unabhängigkeit seiner Mitglieder vor dem Hintergrund der paritätischen Arbeitnehmervertretung (siehe hierzu Kap. B.III.4 über die Mindestanforderungen an die Mitglieder des Prüfungsausschusses (Financial Expert, Unabhängigkeit). Sowohl für den fakultativen als auch für den obligatorischen Aufsichtsrat einer kapitalmarktorientierten GmbH gilt die Regelung des § 107 Abs. 4 AktG, nach der mindestens ein unabhängiges Mitglied des Prüfungsausschusses über Sachverstand auf den Gebieten Rechnungslegung oder Abschlussprüfung verfügen muss (§ 324 Abs. 1 HGB).

Grundsätzlich gilt jedoch, dass für die Besetzung des Prüfungsausschusses, im Sinne einer Konzentration von für die dem Ausschuss zugewiesenen Aufgaben sachverständigen Personen, die Qualifizierung ausschlaggebend sein sollte.

Fragen für die Praxis
- Sollte aus Effizienz- und Effektivitätsgründen ein Prüfungsausschuss in der GmbH implementiert werden?
- Erfüllen die Mitglieder des GmbH-Prüfungsausschusses die persönlichen Kriterien einer guten Corporate Governance, insbesondere in Bezug auf deren Unabhängigkeit?

XII Besonderheiten in Familienunternehmen

Familienunternehmen, oft auch als kleine und mittlere Unternehmen (KMU) bezeichnet,[60] sind Unternehmen, deren Geschäftstätigkeiten und Entwicklungen maßgeblich von einer Familie oder einem zahlenmäßig eingeschränkten Eigentümerkreis beeinflusst werden. Sie lassen sich in verschiedenen Rechtsformen, Größenordnungen und Finanzierungsformen finden und sind i. d. R. durch die Einheit von Eigentum und Leitung geprägt. Ggf. leiten die Eigentümer das Unternehmen gemeinsam mit Fremdmanagern. Daneben kann auch eine Trennung zwischen Eigentum und Leitung bestehen. Das Unternehmen wird dann jedoch weiterhin von einer absehbaren Anzahl natürlicher Personen oder Familien kontrolliert und ist oftmals durch eine Unternehmenskultur der Eigentümerfamilie geprägt.

Damit unterscheidet sich die Corporate Governance von Familienunternehmen von der Corporate Governance der AG, in der die gesetzliche Trennung von Unternehmensführung und -kontrolle durch den Vorstand und den Aufsichtsrat vorgeschrieben ist. Gleichwohl sind hier Parallelen zu erkennen, die die potenzielle Implementierung eines Beirats oder Gesellschafterausschusses sinnvoll erscheinen lassen. Denn auch in Familienunternehmen bedarf es geeigneter Kontrollstrukturen, die das Ziel der eigenen Corporate Governance fördern, nämlich die Sicherung der verantwortungsvollen Einflussnahme der Eigentümer auf ihr Unternehmen, die Stärkung des Zusammenhalts der Familie und die generationsübergreifende Steigerung des Unternehmenswerts.

Die Ausübung der Kontrolle obliegt bei Familienunternehmen grds. den Gesellschaftern bzw. Eigentümern. Ein Beirat ist in keinem Gesetz explizit als Organ definiert und kann unabhängig von der Rechtsform des Unternehmens freiwillig als zusätzliches Gremium gebildet werden. Spätestens dann, wenn das Familienunternehmen mehrere Gesellschafter hat, sollten auch diejenigen Familienunternehmen, die dazu gesetzlich nicht verpflichtet sind, ein freiwilliges Kontrollorgan einrichten. Dies kann in Form eines Beirats, Verwaltungsrats, Aufsichtsrats oder Gesellschafterausschusses erfolgen (Ziffer 4.1 Governance Kodex für Familienunternehmen).[61]

Das Kontrollorgan soll den Erfolg der Tätigkeit der Geschäftsführung überwachen. Dabei sollte es sich insb. auf die von der Geschäftsführung erstellten Berichte stützen (Ziffer 4.3.3 Governance Kodex für Familienunternehmen), was eine adäquate Qualifikation voraussetzt. Die Größe des Kontrollorgans und seine interne Organisation sollten sich dann nach der Größe des Unternehmens und der Schwere der Aufgabe richten. Geschäftsführung und Kontrollorgan sollten vertrauensvoll und organisiert zusammenarbeiten (Ziffern 4.2.1 und 4.4.1 Governance Kodex für Familienunternehmen).

Entsprechend sollten die Beiräte von einer effektiven Größe des Gremiums zwischen drei und fünf, höchstens sieben Mitgliedern ausgehen, was der zahlenmäßigen Besetzung eines Prüfungsausschusses weitestgehend gleichkommt, denn kleine Gremien mit höherer Sitzungsfrequenz arbeiten im Allgemeinen effektiver und effizienter. Wird ein größerer Beirat eingerichtet, sollte es entsprechend erwogen werden, einen Unterausschuss zu bilden.

Der Fokus des Beirats oder Gesellschafterausschusses liegt jedoch im Gegensatz zum aktienrechtlichen Aufsichtsrat, der primär die Überwachungsfunktionen nach § 111 AktG übernimmt, wegen der freiwilligen Einrichtung neben der Kontrolle des operativen Geschäfts vor allem im Bereich der Beratung und Begleitung aus unternehmerischer Perspektive.

---

60 Zwar werden die Begriffe regelmäßig synonym verwendet, jedoch sind kleine und mittlere Unternehmen durch bestimmte quantitative Größengrenzen festgelegt, z. B. die Anzahl der Beschäftigten und/oder die Höhe des Umsatzes. Familienunternehmen an sich unterliegen keinen Größenbeschränkungen. In der Praxis findet sich jedoch häufig bei kleinen und mittleren Unternehmen gleichzeitig die Organisation als Familienunternehmen.

61 Zu Beiräten, deren Struktur und Aufgaben im Mittelstand aus Sicht der Praxis siehe auch Deloitte (2010): Beiräte im Mittelstand.

Unabhängig von der Beratungsfunktion können bezüglich der Überwachungs- bzw. Kontrollfunktion zur Besetzung bzw. zu den Eigenschaften der Mitglieder eines Beirats oder Gesellschafterausschusses weitestgehend die Anforderungen des aktienrechtlichen Prüfungsausschusses als Maßstab übertragen werden, z. B. hinsichtlich der Unabhängigkeit, Qualifikation oder des zeitliches Engagements. Je nach Ausprägung des Familienunternehmens in der Struktur, Geschäftstätigkeit, Berichterstattung und Organisation ist ebenso eine Orientierung an der Aufgabenwahrnehmung des aktienrechtlichen Prüfungsausschusses möglich.

Fragen für die Praxis
- Sollte aus Gründen der Effektivität und Effizienz zur Kontrolle und Beratung der Geschäftsführung des Familienunternehmens ein Beirat oder ein Unterausschuss des Beirats in Anlehnung an den aktienrechtlichen Prüfungsausschuss implementiert werden?

XIII Besonderheiten bei Banken und Versicherungen

Der Banken- und Versicherungsbereich zählt zu den am stärksten regulierten Branchen in Deutschland. Entsprechend umfangreich sind die zu beachtenden Vorschriften und Hinweise der Finanzdienstleistungsaufsicht, auch im Bereich der Anforderungen an Aufsichts- und Verwaltungsorgane. Im Folgenden werden die wichtigsten Besonderheiten dargestellt.

1 Ergänzende Vorschriften für Kreditinstitute und Finanzdienstleistungsinstitute

Alle kapitalmarktorientierten Kreditinstitute haben gem. § 340k Abs. 5 HGB den § 324 HGB anzuwenden und dementsprechend einen Prüfungsausschuss einzurichten.[62] Dies gilt auch für Kreditinstitute, die nicht in der Rechtsform einer Kapitalgesellschaft betrieben werden, wenn sie kapitalmarktorientiert i.S.d. § 264d HGB sind.

Ergänzend zu den Regelungen des HGB und des DCGK wurden mit dem Gesetz zur Stärkung der Finanzmarkt- und der Versicherungsaufsicht Regelungen zur Kontrolle von Mitgliedern von Aufsichts- und Verwaltungsorganen von Finanzdienstleistern eingeführt. Geregelt sind die Anzeigepflichten nach § 24 Abs. 1 Nr. 15 KWG und die materiellen Anforderungen sowie Maßnahmen in § 36 Abs. 3 KWG. Hierzu hat die BaFin ein Merkblatt verfasst, wie die Anforderungen aus Sicht der Aufsichtsbehörden zukünftig geprüft werden.[63] Allerdings lassen die materiellen Anforderungen auch Spielräume, die von den Aufsichtsorganen am einzelnen Fall entschieden werden.

Ein Institut ist gem. § 24 Abs. 1 Nr. 15 KWG verpflichtet, die Bestellung eines Mitglieds des Verwaltungs- oder Aufsichtsorgans der BaFin und der Deutschen Bundesbank anzuzeigen (unter Angabe der zur Beurteilung der Zuverlässigkeit und Sachkunde erforderlichen Tatsachen). Die materiellen Anforderungen an die Mitglieder des Verwaltungs- oder Aufsichtsorgans sind in § 36 Abs. 3 Satz 1 KWG geregelt. Demnach müssen die Mitglieder zuverlässig sein und die erforderliche Sachkunde besitzen, um die getätigten Geschäfte des Instituts oder der Finanzholding-Gesellschaft zu verstehen und deren Risiken zu beurteilen. Seiner Kontroll- und Überwachungsfunktion kann ein Mitglied nur mit ausreichender fachlicher Qualifikation gerecht werden.[64] Die erforderliche Sachkunde von Mitgliedern von Aufsichts- und Verwaltungsorganen richtet sich nach dem Umfang und der Komplexität der vom Institut schwerpunktmäßig getätigten Geschäfte.[65] Die Mitglieder können bereits durch ihre vorherige Tätigkeit über die notwendige fachliche Eignung verfügen.[66] Aber auch eine Person, die eine Tätigkeit in einer anderen Branche in der öffentlichen Verwaltung oder aufgrund von politischen Mandaten ausgeübt hat, kann fachlich geeignet sein, sofern die Tätigkeit maßgeblich auf wirtschaftliche und rechtliche Fragestellungen ausgerichtet war.[67]

---

62 Vgl. Ernst/Naumann (2009), S. 341.
63 Vgl. Merkblatt zur Kontrolle von Mitgliedern von Verwaltungs- und Aufsichtsorganen gemäß KWG und VAG v. 22. Februar 2010, www.bafin.de, Abrufdatum: 10.08.2010.
64 Vgl. Regierungsentwurf zum Gesetz zur Stärkung der Finanzmarkt- und der Versicherungsaufsicht v. 03.04.2009, www.bundesfinanzministerium.de, Abrufdatum: 11.08.2010.
65 Vgl. § 36 Abs. 3 Satz 2 KWG sowie Regierungsentwurf zum Gesetz zur Stärkung der Finanzmarkt- und der Versicherungsaufsicht v. 03.04.2009, www.bundesfinanzministerium.de, Abrufdatum: 11.08.2010.
66 Vgl. Merkblatt zur Kontrolle von Mitgliedern von Verwaltungs- und Aufsichtsorganen gemäß KWG und VAG v. 22. Februar 2010, www.bafin.de, Abrufdatum: 10.08.2010.
67 Vgl. Regierungsentwurf zum Gesetz zur Stärkung der Finanzmarkt- und der Versicherungsaufsicht v. 03.04.2009, www.bundesfinanzministerium.de, Abrufdatum: 11.08.2010 sowie Merkblatt zur Kontrolle von Mitgliedern von Verwaltungs- und Aufsichtsorganen gemäß KWG und VAG v. 22. Februar 2010, www.bafin.de, Abrufdatum: 10.08.2010.

Das Merkblatt zur Kontrolle von Mitgliedern von Verwaltungs- und Aufsichtsorganen gem. KWG und VAG der BaFin weist auf eine Besonderheit für Vertreter in mitbestimmten Aufsichts- und Verwaltungsorganen und sog. »geborene« Mitglieder von Aufsichts- und Verwaltungsorganen hin. Die notwendige fachliche Eignung soll bei solchen Vertretern, die unmittelbar an den wirtschaftlichen und rechtlichen Abläufen des täglichen Geschäftes des Unternehmens beteiligt sind, sowie bei »geborenen« Mitgliedern (z. B. Hauptverwaltungsbeamten einer Gebietskörperschaft, die Tätigkeiten ausüben oder ausgeübt haben, die maßgeblich auf wirtschaftliche und rechtliche Fragestellungen ausgerichtet sind) regelmäßig anzunehmen sein.[68] Allerdings wird diese Besonderheit von der BaFin und der Deutschen Bundesbank zunehmend kritisch hinterfragt.

Sollte die erforderliche Sachkunde nicht vorliegen, so ist eine Tätigkeit in einem Aufsichts- oder Verwaltungsorgan nicht vollständig ausgeschlossen. In Abhängigkeit von Größe und Komplexität des Unternehmens kann sich das Mitglied die erforderliche Sachkunde im Rahmen einer Fortbildung auch noch nach der Bestellung aneignen.[69] Falls die Qualifikation zum Zeitpunkt der Bestellung noch nicht vorliegt, sollte die Fortbildung innerhalb von sechs Monaten erfolgen und nach Abschluss der Maßnahme unverzüglich eine Teilnahmebestätigung bei der BaFin eingereicht werden. Der Inhalt der Fortbildung muss individuell die Größe und Komplexität des betreffenden Unternehmens berücksichtigen. Deshalb kann von der BaFin auch nur im Einzelfall entschieden werden, ob bei einer Fortbildung die erforderlichen Kenntnisse vermittelt werden. Die Regelungen bzgl. der Sachkunde und der Fortbildung gelten entsprechend für Stellvertreter der Mitglieder sowie für Ersatzmitglieder.

Neben den materiellen Anforderungen der Sachkunde tritt für die Mitglieder von Verwaltungs- und Aufsichtsorganen die Anforderung der Zuverlässigkeit. Die Zuverlässigkeit ist nicht gegeben, wenn nach der allgemeinen Lebenserfahrung persönliche Umstände Grund zu der Annahme geben, dass die sorgfältige und ordnungsgemäße Wahrnehmung des Kontrollmandats beeinträchtigt werden könnte. Ein solcher Umstand wird potenziell in einem Interessenkonflikt des Mitglieds zu seiner eigenen wirtschaftlichen Tätigkeit gesehen, vor allem, wenn das Mitglied ein Ausfall gefährdeter Kreditnehmer des zu überwachenden Unternehmens ist.

Die Einführung von Zuverlässigkeit unter Berücksichtigung von möglichen Interessenkonflikten und Sachkenntnis als Qualifikationsvoraussetzung für Aufsichtsräte im Rahmen der Umsetzung des Gesetzes zur Stärkung der Finanzmarkt- und Versicherungsaufsicht reiht sich ein in eine zu beobachtende Entwicklung zur zunehmenden Berücksichtigung von ethischen Aspekten bei Regelungen zur Corporate Governance. So enthält der DCGK bspw. eine Empfehlung zur Berücksichtigung von Vielfalt bei Besetzung von Führungsfunktionen im Unternehmen (Ziffer 4.1.5 und 5.1.2 DCGK). Auch werden zunehmend Vermögensdelikte wie Steuerhinterziehung als Hinweis auf eine fehlende Zuverlässigkeit im Hinblick auf die Ausübung des Kontrollmandats gesehen. Untadeliges Verhalten und ein guter Leumund werden in Zukunft bei der Beurteilung der Zuverlässigkeit eine größere Rolle spielen.

Für die Übergangszeit ist vorgesehen, dass bei den bereits vor dem 01. August 2009 bestellten Mitgliedern von Verwaltungs- und Aufsichtsorganen keine Anzeige und Prüfung des Vorliegens der materiellen Anforderungen erfolgen, da lediglich die Erstbestellung anzeigepflichtig ist[70]. Die BaFin kann jedoch im Falle von Auffälligkeiten bei Wahrnehmung des Mandats eine Abberufung des entsprechenden Mitglieds verlangen, da die Gesetzesbegründung vorsieht, dass die materiellen Anforderungen auch für vor dem 01. August 2009 bestellte Mitglieder gelten.

---

68 Vgl. Merkblatt zur Kontrolle von Mitgliedern von Verwaltungs- und Aufsichtsorganen gemäß KWG und VAG v. 22. Februar 2010, www.bafin.de, Abrufdatum: 10.08.2010.
69 Vgl. Merkblatt zur Kontrolle von Mitgliedern von Verwaltungs- und Aufsichtsorganen gemäß KWG und VAG v. 22. Februar 2010, www.bafin.de, Abrufdatum: 10.08.2010.
70 Vgl. Merkblatt zur Kontrolle von Mitgliedern von Verwaltungs- und Aufsichtsorganen gemäß KWG und VAG v. 22. Februar 2010, www.bafin.de, Abrufdatum: 10.08.2010.

In der Praxis sollen Sachkenntnisse und Zuverlässigkeit durch die BaFin anhand von Lebenslauf, Straffreiheitserklärung sowie Führungszeugnis überprüft werden. Es steht der BaFin frei, im Einzelfall darüber hinaus Unterlagen anzufordern.[71]

Verletzen die Mitglieder von Aufsichts- und Verwaltungsorganen ihre Pflichten, so hat die BaFin die Möglichkeit, eine Verwarnung auszusprechen. Im Wiederholungsfall oder bei wesentlichen Pflichtverletzungen, die die materiellen Anforderungen des Mitglieds in Frage stellen, besteht die Möglichkeit eines Abberufungsverlangens oder eines Tätigkeitsverbots.

Neben diesen persönlichen Voraussetzungen sind auch inhaltliche Besonderheiten in der Arbeit von Aufsichts- und Verwaltungsorganen bei Kredit- und Finanzdienstleistungsinstituten zu beachten. Grundlage bilden zusammen mit den allgemeinen aktienrechtlichen Regelungen (§§ 84, 87, 89, 107, 111, 171, 172 AktG) die Mindestanforderungen an das Risikomanagement (MaRisk).[72] Die MaRisk bilden den zentralen Baustein für eine prinzipienorientierte Finanzaufsicht, die von einer ganzheitlichen Risikobetrachtung ausgehen. Für die Risikosteuerungs- und -controllingprozesse definieren die MaRisk grundsätzlich vier Risikoarten, die bei einer effektiven Überwachung bei Kreditinstituten zu beachten sind. Hierzu zählen

- die Adressenausfallrisiken,
- die Marktpreis- inklusive der Zinsänderungsrisiken,
- die Liquiditätsrisiken und
- die operationellen Risiken.

Je nach Geschäftsmodell des Kredit- und Finanzdienstleistungsinstituts sind diese Risiken unterschiedlich stark ausgeprägt. Damit das einzelne Mitglied des Prüfungsausschusses/ Aufsichtsrats seine inhaltlichen Pflichten überhaupt wahrnehmen kann, muss es sich nach seiner Wahl, unabhängig von gesetzlichen Regelungen, über die einzelnen Risikoarten des Instituts zeitnah einen Überblick verschaffen.

Die Aufsichtsorgane sind über diese besonderen Geschäftsrisiken gemäß den MaRisk vierteljährlich schriftlich durch die Geschäftsleitung zu informieren. Daneben hat eine jährliche Information über die wesentlichen Mängel, die durch die interne Revision festgestellt worden sind, zu erfolgen. Um auch eine vorstandsunabhängige Informationsversorgung zu ermöglichen, sollten die Aufsichtsorgane bei Bedarf die Möglichkeit haben, direkt mit dem Leiter der internen Revision Kontakt aufzunehmen.

Diese umfangreichen Überwachungsaufgaben erfordern ein speziell für den Prüfungsausschuss aufgebautes Reportingsystem, das in Bezug auf die Ausgestaltung in Deutschland noch recht heterogen ist.[73] Dies ist nicht weiter verwunderlich, da der Gesetzgeber anders als bspw. in den USA keine detaillierten gesetzlichen Vorgaben für den Aufbau eines solchen Reportingsystems erlassen hat. Gerade seit den Diskussionen um eine verschärfte Haftung von Aufsichtsräten beobachten wir ein verstärktes Interesse von Aufsichtsräten nach Systemen zur Messung und Steuerung der speziellen Risiken von Kreditinstituten.

Um diese Informationen dem Prüfungsausschuss/ Aufsichtsrat transparent darstellen zu können, sind zunächst die wesentlichen rechnungslegungsrelevanten Prozesse zu definieren und die hierfür entscheidenden Kontrollen zu ermitteln. In einem weiteren Schritt muss der Prüfungsausschuss/ Aufsichtsrat in die Lage versetzt werden, eine belastbare Aussage hinsichtlich der Effektivität der

---

71 Vgl. Merkblatt zur Kontrolle von Mitgliedern von Verwaltungs- und Aufsichtsorganen gemäß KWG und VAG v. 22. Februar 2010, www.bafin.de, Abrufdatum: 10.08.2010.
72 Vgl. hierzu ausführlich Deloitte, MaRisk ein Vergleich mit den MaK, MaH und MaIR, München 2006.
73 Vgl. App (2010), S.139.

Kontrolle treffen zu können. Dies ist in der Regel nur möglich, wenn die Kontrollverantwortlichen ihre Tätigkeiten entsprechend dokumentieren und erläutern.

Seit der Verabschiedung des BilMoG ist festzustellen, dass die Unternehmen der Kreditwirtschaft erkannt haben, dass sie ihre Systeme erweitern müssen, um eine effektive Überwachung und damit letztendlich eine ordnungsgemäße Arbeit der Aufsichtsgremien sicherstellen zu können.

2 Ergänzende Vorschriften für Versicherungsunternehmen und Pensionsfonds

Für Versicherungsunternehmen sind die materiellen Anforderungen an die Mitglieder des Aufsichtsrats bei Versicherungsunternehmen in § 7a Abs. 4 VAG geregelt. Eine wesentliche Anforderung ist die erforderliche Sachkunde, die ein Mitglied des Aufsichtsrats besitzen muss, um die Geschäfte des Unternehmens und damit verbundene Risiken angemessen beurteilen und überwachen zu können. Die Anforderungen an die Sachkunde sind dabei an der Größe, Komplexität und systemischen Relevanz des Unternehmens zu messen. Ob ein Mitglied des Aufsichtsrats die erforderliche Sachkunde besitzt, beurteilt die Aufsichtsbehörde BaFin. Über Sachkunde verfügen kann ein Aufsichtsorganmitglied durch Tätigkeiten in derselben Branche oder durch gesammelte Erfahrungen in einem vergleichbaren beaufsichtigten Unternehmen. Auch andere Tätigkeiten können die erforderliche Sachkunde begründen, wenn diese im Wesentlichen auf wirtschaftliche und rechtliche Fragestellungen ausgerichtet sind.[74]

Die BaFin weist in ihrem Merkblatt auf einige Besonderheiten im Zusammenhang mit der Beurteilung der Sachkunde hin. Bei mitbestimmten Aufsichtsorganen ist für die eingebundenen Mitarbeiter das Vorliegen der Sachkunde anzunehmen. Zudem berücksichtigt die Aufsichtsbehörde gem. § 7a Abs. 4 Satz 2 VAG die Besonderheiten von Einrichtungen der betrieblichen Altersversorgung im Hinblick auf eine Besetzung des Aufsichtsrats durch Vertreter der Arbeitgeber und der Arbeitnehmer der Trägerunternehmen. Liegt die erforderliche Sachkunde zum Zeitpunkt der Bestellung zum Aufsichtsrat nicht vor, so können die Kenntnisse innerhalb von sechs Monaten nach Bestellung durch entsprechende Fortbildung erworben werden. Hier wird im Einzelfall von der Aufsichtsbehörde entschieden, ob eine Fortbildung die notwendigen Kenntnisse zufriedenstellend vermittelt.[75]

Eine weitere wichtige materielle Anforderung an die Mitglieder des Aufsichtsrats ist ihre Zuverlässigkeit. Dazu müssen Interessenkonflikte zur eigenen wirtschaftlichen Tätigkeit des Mitglieds ausgeschlossen werden. Darüber hinaus dürfen auch die persönlichen Umstände nicht zu einer Beeinträchtigung der Wahrnehmung des Kontrollmandats führen.[76]

Die Bestellung von Mitgliedern von Aufsichtsorganen ist bei der BaFin anzuzeigen und ein Lebenslauf sowie eine Straffreiheitserklärung einzureichen. Zudem sind andere Mandate des Mitglieds anzugeben, da nach § 7a Abs. 4 Satz 4 VAG niemand zum Aufsichtsrat bestellt werden kann, der bereits fünf Kontrollmandate bei unter der Aufsicht der BaFin stehenden Unternehmen ausübt. Nicht berücksichtigt werden dabei Unternehmen derselben Versicherungs- oder Unternehmens-

---

74 Die BaFin beschreibt in ihrem »Merkblatt zur Kontrolle von Mitgliedern von Verwaltungs- und Aufsichtsorganen gemäß KWG und VAG« v. 22.02.2010 entsprechende Regelungen bezüglich der materiellen Anforderungen, Anzeigepflichten und Maßnahmen.
75 Vgl. BT-Drucks. 16/13684, S. 40 ff.
76 Vgl. BaFin, Merkblatt zur Kontrolle von Mitgliedern von Verwaltungs- und Aufsichtsorganen gemäß KWG und VAG v. 22. Februar 2010.

gruppe. Eine weitere Einschränkung macht das VAG dahingehend, dass höchstens zwei ehemalige Geschäftsleiter als Mitglieder des Aufsichtsorgans fungieren dürfen (§ 7a Abs. 4 Satz 3 VAG), was auch den Bestimmungen des DCGK entspricht.

Die Mitglieder eines Aufsichtsorgans haben ihren Pflichten jederzeit nachzukommen. Sie müssen ihre »Überwachungs- und Kontrollfunktion sorgfältig ausüben, um wesentliche Verstöße der Geschäftsleiter gegen die Grundsätze einer ordnungsgemäßen Geschäftsführung zu entdecken und zu beseitigen.«[77] Diese Pflichten lassen sich aus § 87 Abs. 8 VAG ableiten. Die Überwachungs- und Kontrollfunktion geht demnach über die Teilnahme an den Sitzungen des Aufsichtsrats und deren Vorbereitung hinaus. Vor allem bei einer veränderten Risikosituation sollte die Beobachtung und Einschätzung der Entwicklung des Unternehmens auch zwischen den Sitzungen von den Mitgliedern des Aufsichtsorgans fokussiert werden.[78]

Die Aufgaben des Aufsichtsrats von Versicherungen umfassen neben den allgemeinen sich aus dem AktG ergebenden Aufgaben eines Aufsichtsorgans (§§ 84, 87, 89, 111, 171, 172 AktG) weitere versicherungsspezifische Aufgabenbereiche. Dazu zählen die Bestellung des Treuhänders (§ 70 VAG), die Bestellung und Abberufung des verantwortlichen Aktuars (§ 11a VAG) sowie die Entgegennahme der MaRiskVA Geschäfts- und Risikostrategie (§ 64a VAG).

Im Rundschreiben 3/2009 (VA) der BaFin bzgl. der Mindestanforderungen an das Risikomanagement (MaRisk VA) wird § 64a VAG (und § 104s VAG für Finanzkonglomerate) konkretisiert.[79] Die Geschäfts- und Risikostrategie ist hiernach vom Vorstand an den Aufsichtsrat zu berichten und zu erörtern (7.1 Abs. 4 MaRisk VA).[80]

Die MaRisk erweitern die bereits bestehenden Anforderungen an das Risikomanagement. Der Ansatz der »ganzheitlichen Risikobetrachtung« wird weiter ausgebaut. Dazu zählt einerseits die Berücksichtigung von Wechselwirkungen zwischen verschiedenen Risikoparametern, andererseits werden auch die Anforderungen an das Risikomanagement auf Gruppenebene präzisiert. Direkter Adressat der MaRisk VA ist der Aufsichtsrat nicht, es ergeben sich allerdings auch Auswirkungen auf die Tätigkeit der Aufsichtsorgane. Die BaFin hat in ihrem Rundschreiben 3/2009 MaRisk VA deutlich formuliert, dass eine angemessene Einbindung des Aufsichtsorgans gefordert ist und durch die MaRisk auch dessen Überwachungsfunktion gestärkt werden soll.

Die i. V. m. den MaRisk erkennbaren Pflichten des Aufsichtsrats betreffen unter anderem die Überwachung und Prüfung des RFS und des Risikoberichts (vgl. §§ 317, 321 HGB, §§ 111 Abs. 1, 116 AktG). Der Geschäftsleitung wird empfohlen, die Risikostrategie regelmäßig einer kritischen Qualitätsanalyse (einem sog. Strategieaudit) zu unterziehen. Diese Analyse kann in Zusammenarbeit mit der internen Revision oder dem Aufsichtsorgan erfolgen.[81]

Eine weitere Besonderheit für Versicherungen betrifft die Anforderungen an Vergütungssysteme im Versicherungsbereich, welche die BaFin in der VersVergV konkretisiert.[82]

Vergütungen für die Tätigkeit als Aufsichts- oder Verwaltungsmitglied müssen abschließend durch Satzung oder Beschluss der Hauptversammlung bzw. der obersten Vertretung festgelegt wer-

---

77 Vgl. BaFin, Merkblatt zur Kontrolle von Mitgliedern von Verwaltungs- und Aufsichtsorganen gemäß KWG und VAG, Kapitel III. Pflichten von Mitgliedern von Aufsichts- und Verwaltungsorganen.
78 Vgl. BaFin, Merkblatt zur Kontrolle von Mitgliedern von Verwaltungs- und Aufsichtsorganen gemäß KWG und VAG v. 22. Februar 2010.
79 Vgl. BaFin, Rundschreiben 3/2009 (VA) – Aufsichtsrechtliche Mindestanforderungen an das Risikomanagement (MaRisk VA) v. 22. Januar 2009.
80 Vgl. Ellenbürger et al. (2009), S. 18.
81 Vgl. BaFin, Rundschreiben 3/2009 (VA) – Aufsichtsrechtliche Mindestanforderungen an das Risikomanagement (MaRisk VA) v. 22. Januar 2009.
82 Vgl. BaFin, Verordnung über die aufsichtsrechtlichen Anforderungen an Vergütungssysteme im Versicherungsbereich (Versicherungs-Vergütungsverordnung VersVergV) v. 6. Oktober 2010.

den (vgl. § 113 AktG, §§ 35, 53 VAG i. V. m. § 32 BGB). Vergütungen neben der Aufsichtsrats- und Verwaltungsratsvergütung bedürfen einer vertraglichen Grundlage unter Zustimmung der zuständigen Gremien. Sie können nur in Betracht kommen, wenn der Betreffende dem Unternehmen regelmäßig einen nennenswerten Teil seiner Arbeitskraft zur Verfügung stellt. Die Gefahr der Interessenkollision durch mehrfache Tätigkeit soll grds. vermieden werden.

XIV Besonderheiten bei Unternehmen in öffentlicher Hand

Mit Inkrafttreten des BilMoG gilt auch für Unternehmen in öffentlicher Hand, soweit sie gem. § 264d HGB kapitalmarktorientiert sind, die Pflicht zur Bildung eines Prüfungsausschusses. Sind sie nicht kapitalmarktorientiert, kann ein Prüfungsausschuss als Teil des Aufsichtsrats gem. § 107 Abs. 3 S. 2 AktG freiwillig eingerichtet werden. Aufgrund der Ausstrahlung dieser aktienrechtlichen Vorschrift sollte auch bei Kontrollgremien von Unternehmen in anderen Rechtsformen, bei denen Aufsichtsräte, Beiräte und Verwaltungsräte bestehen, zu deren Einrichtung die Gebietskörperschaft verpflichtet ist, darüber nachgedacht werden, ob die Einrichtung eines Prüfungsausschusses sachgerecht ist. Der Public Corporate Governance Kodex des Bundes, in dem dieser seine Grundsätze zur guten und verantwortungsvollen Führung von Unternehmen fixiert hat, empfiehlt abhängig von der Größe des Überwachungsorgans und den wirtschaftlichen Gegebenheiten des Unternehmens die Einrichtung eines Prüfungsausschusses, dessen Mitglieder für die dort zu behandelnden Themen eine hohe fachliche Eignung aufweisen müssen.[83]

Für die von § 107 Abs. 3 Satz 2 AktG ausdrücklich angesprochenen Aufgaben des Prüfungsausschusses, der Überwachung des Rechnungslegungsprozesses, des IKS, des RMS, dem System der Internen Revision und der Abschlussprüfung ergeben sich bei Unternehmen, die mehrheitlich im Besitz der öffentlichen Hand stehen, einige Besonderheiten.

Um dem treuhänderischen Charakter des in öffentlichen Unternehmen verwalteten Vermögens Rechnung zu tragen, fordert der Gesetzgeber ein hohes Maß an Transparenz. So dürfen sich Gebietskörperschaften nur dann an Unternehmen in Privatrechtsform beteiligen, wenn sie auch unterhalb der Schwelle des § 267 HGB wie große Kapitalgesellschaften Rechnung legen (z. B. § 65 Abs. 1 Nr. 4 Bundeshaushaltsordnung).

Durch § 53 Abs.1 HGrG wird der Gegenstand der Abschlussprüfung bei öffentlichen Unternehmen erweitert. Primäres Ziel des § 53 HGrG ist, der beteiligten Gebietskörperschaft ein zusätzliches Informations- und Kontrollinstrument zur Verfügung zu stellen. Der Abschlussprüfer und seine Berichterstattung über die Abschlussprüfung unterstützt aber auch das Aufsichtsorgan bei seiner Aufgabe der Überwachung der Geschäftsführung. Umso wichtiger ist eine Auseinandersetzung des Prüfungsausschusses mit den Ergebnissen der Prüfung nach § 53 HGrG und die Einbindung dieser Prüfung in die eigenen Überwachungsaktivitäten.

Gleichzeitig gibt der Gesetzgeber dem Aufsichtsorgan in Unternehmen der öffentlichen Hand eine weitere Informationsquelle für die Überwachungstätigkeit an die Hand: die Rechnungsprüfung. Ihr Gegenstand ist aber auch die Wahrnehmung der Überwachungsaufgabe durch das Aufsichtsorgan selber.

1 Erweiterung der Abschlussprüfung

Befindet sich die Mehrheit der Anteile an einem Unternehmen mit zivilrechtlichem Organisationsstatut in der Hand des Bundes, der Länder oder von Kommunen und erreicht mindestens eine dieser Gebietskörperschaften einen Anteil von 25 % so können diese gem. § 53 Abs.1 HGrG verlangen, dass die Abschlussprüfung um die Gegenstände des § 53 Abs.1 Nr.1 und 2 HGrG erweitert

---

83 Vgl. Ziffer 5.1.7 Grundsätze guter Unternehmens- und Beteiligungsführung im Bereich des Bundes Teil A Public Corporate Governance Kodex. Abrufbar unter: http://www.bundesfinanzministerium.de/nn_39010/sid_D6DB5EE8F50F48A03F3FD4E2BE217D60/DE/Wirtschaft__und__Verwaltung/Bundesliegenschaften__und__Bundesbeteiligungen/Public__corporate__governance__Kodex/010709__publGov__anl,templateId=raw,property=publicationFile.pdf

wird. Dazu ist es nicht erforderlich, dass die Gebietskörperschaft die Anteile unmittelbar hält. Ihr werden gem. § 53 Abs. 2 HGrG auch Anteile zugerechnet, die entweder von Sondervermögen oder von Beteiligungen der Gebietskörperschaft gehalten werden, soweit diese selber mehrheitlich in der Hand von Gebietskörperschaften sind und mindestens einen Anteil von 25 % erreicht. Die Städte, Gemeinden und Landkreise sind aufgrund von Regelungen in den Gemeinde- und Landkreisordnungen gehalten, diese Erweiterung zu verlangen.[84] Bund und Länder können darauf verzichten.[85] Das zuständige Unternehmensorgan muss dafür Sorge tragen, dass der Auftrag an den Abschlussprüfer entsprechend erweitert wird.

§ 53 Abs.1 Nr.1 HGrG verlangt eine Prüfung der Ordnungsmäßigkeit der Geschäftsführung und § 53 Abs. 1 Nr. 2 HGrG eine Darstellung der wirtschaftlichen Verhältnisse des Unternehmens durch den Abschlussprüfer. Für diese Erweiterung der Abschlussprüfung hat das Institut der Wirtschaftsprüfer (IDW) zusammen mit Vertretern des Bundesfinanzministeriums (BMF), des Bundesrechnungshofs und der Landesrechnungshöfe den IDW Prüfungsstandard 720 (IDW PS 720) erarbeitet.[86] Hauptbestandteil ist ein Fragenkatalog, mit dessen Beantwortung das Ergebnis der Prüfung dokumentiert wird. Der Fragenkatalog ist grds. auf alle Unternehmen anzuwenden, muss aber abhängig von Rechtsform, Größe und Unternehmenstätigkeit angepasst werden. So können einzelne Fragen oder Fragenkreise, die für das Unternehmen nicht einschlägig sind, weggelassen werden, wenn dies begründet wird. Der Abschlussprüfer kann im Rahmen einer jährlich wechselnden Prüfungsplanung einzelne Fragen und Fragenkreise einer intensiveren Prüfung unterziehen als andere. Auf diese Prüfungsschwerpunkte sollte der Prüfungsausschuss Einfluss nehmen, um die Unterstützung durch den Abschlussprüfer bei der eigenen Überwachungsaufgabe zu optimieren.

a   Prüfung der Ordnungsmäßigkeit der Geschäftsführung

Für die Prüfung der Ordnungsmäßigkeit der Geschäftsführung differenziert der Fragenkatalog des IDW PS 720 in die Teilbereiche Geschäftsführungsorganisation, Geschäftsführungsinstrumentarium und Geschäftsführungstätigkeit. Die Fragen lassen sich aber überwiegend auch den Aufgaben des Prüfungsausschusses gem. § 107 Abs. 3 Satz 2 AktG zuordnen.

aa   Fragen mit besonderem Bezug zur Überwachung des IKS

Im Zuge der Überwachung des IKS hat der Prüfungsausschuss die Frage zu beantworten, ob es seinen Zwecken, nämlich der Sicherung der Wirksamkeit und Wirtschaftlichkeit der Geschäftstätigkeit, insb. dem Schutz des Vermögens, der Ordnungsmäßigkeit und Verlässlichkeit der internen und externen Rechnungslegung sowie der Einhaltung der für das Unternehmen maßgeblichen rechtlichen Vorschriften (IDW PS 261 Tz. 19) gerecht wird (siehe hierzu auch Kap. D.II.1.b zur Überwachung des Rechnungslegungsprozesses sowie des IKS).

Mit dem Aspekt der Wirksamkeit der Geschäftstätigkeit beschäftigen sich im Rahmen der Prüfung nach § 53 HGrG die Fragen nach der Angemessenheit und der Einhaltung der Regelungen zur internen Organisation. So hat der Abschlussprüfer die Angemessenheit und die Einhaltung der Regelungen für die innere Organisation der Organe und ihre Beziehungen untereinander (Fragenkreis 1a und Fragenkreis 7) und für die Aufbauorganisation und wesentliche Teile der Ablauforganisation des gesamten Unternehmens (Fragenkreis 2a, b, d, e) zu beurteilen. Ausdrücklich anzusprechen sind das Controlling und die Steuerung von Beteiligungsunternehmen (Fragen 3g, h).

---

84 Z.B. § 123 Abs. 1 Nr. 1 Hessische Gemeindeordnung; § 105 Abs. 1 Nr. 1 Gemeindeordnung Baden-Württemberg.
85 Z.B. Art. 68 Abs. 2 Landeshaushaltsordnung Bayern, § 68 Abs. 2 Bundeshaushaltsordnung.
86 IDW PS 720: Berichterstattung über die Erweiterung der Abschlussprüfung nach § 53 HGrG.

Zum Aspekt des Vermögensschutzes gehören die Fragen nach den Vorkehrungen zur Korruptionsprävention (Fragenkreis 2c, 6c), für einen vollständigen und zeitnahen Einzug der Entgelte (Frage 3f), einem funktionierenden Finanzmanagement (Frage 3e) und zum Umgang mit Finanzinstrumenten (Fragenkreis 5).

Dem Aspekt der Einhaltung der für das Unternehmen maßgeblichen rechtlichen Vorschriften ist die Frage nach der Einhaltung der Vergabevorschriften zuzuordnen (Frage 8b und Fragenkreis 9). Bei Unternehmen der öffentlichen Hand handelt es sich zumeist gleichzeitig um öffentliche Auftraggeber gem. § 98 GWB. Sie sind verpflichtet bei der Beschaffung von Leistungen oberhalb der EU-Schwellenwerte das europarechtlich geprägte Vergaberecht zu beachten. Wegen der besonderen Bedeutung dieser Vorschriften unter dem Gesichtspunkt der Wirtschaftlichkeit der Beschaffung, der Korruptionsbekämpfung und der mit der Verletzung verbundenen Risiken sollte ihre Einhaltung branchen- und rechtsformübergreifend im Fokus des Prüfungsausschusses stehen. Die Feststellung des Abschlussprüfers, dass sich keine Anhaltspunkte für eindeutige Verstöße gegen Vergaberegelungen ergeben haben, kann daher nicht von eigenen Überwachungsmaßnahmen entbinden.

Im Zusammenhang mit der Ordnungsmäßigkeit der Rechnungslegung steht die Frage nach der Angemessenheit des Rechnungswesens einschließlich der Kostenrechnung (Frage 3c).

ab Fragen zum Risikofrüherkennungssystem

Aus dem Gemeinwohlauftrag öffentlicher Unternehmen wird für die Geschäftsführung eine besondere Verpflichtung zur Aufrechterhaltung der Funktionsfähigkeit des Unternehmens abgeleitet. Sie ist daher unabhängig von der Rechtsform und Größe des Unternehmens gehalten, ein nach den Verhältnissen des Einzelfalls angemessenes RFS einzurichten (IDW PS 720 Tz. 8) (siehe hierzu auch Kap. D.II.1.c zur Überwachung der Wirksamkeit des RMS).

Dieses RFS ist deshalb nicht nur unter den Voraussetzungen des § 317 Abs. 4 HGB Gegenstand der Abschlussprüfung, sondern auch im Rahmen der Erweiterung gem. § 53 HGrG. Der Abschlussprüfer trifft im Fragenkreis 4 Feststellungen, ob im Unternehmen ein System eingerichtet wurde, mit dem bestandsgefährdende Risiken rechtzeitig erkannt werden können und ob dieses System kontinuierlich und systematisch überprüft und an sich verändernde Gegebenheiten angepasst wird. Er beurteilt die Eignung und Angemessenheit der Maßnahmen und deren Dokumentation.

Allerdings wird im Rahmen der Prüfung des RFS nicht die Reaktion der Geschäftsleitung und nachgeordneter Entscheidungsträger auf so erkannte Risiken beurteilt. Der Abschlussprüfer beurteilt damit nicht das RMS des öffentlichen Unternehmens in seiner Gesamtheit. Zur Sachgerechtigkeit und Wirtschaftlichkeit des Umgangs mit diesen Risiken wird keine Aussage vom Abschlussprüfer getroffen. Hier muss der Prüfungsausschuss im Rahmen seiner Tätigkeit ansetzen.

ac Wirtschaftsplanung

Wichtigster Bestandteil des RMS von öffentlichen Unternehmen ist die Unternehmensplanung. Die Gemeinde- und Landkreisordnungen verlangen zur besseren Einbindung in die Haushaltsplanung der Gesellschafter-Kommune vom öffentlichen Unternehmen eine formalisierte Unternehmensplanung, die sich an der Planung für Eigenbetriebe orientiert.[87]

Die Unternehmensplanung hat eine kurzfristige und eine mittelfristige Komponente. Die kurzfristige besteht aus einem Erfolgsplan und einem Vermögensplan. Der Erfolgsplan stellt eine Plan-Gewinn- und Verlustrechnung für das kommende Wirtschaftsjahr dar. Im Vermögensplan werden die Einzahlungen und Auszahlungen aufgrund der Investitions- und Finanzierungstätigkeit für

---

[87] Z.B. § 122 Abs. 4 Nr. 1 Hessische Gemeindeordnung; § 108 Abs. 2 Nr. 1 a, b Gemeindeordnung Nordrhein-Westfalen.

dieses Jahr abgebildet. Grundlage für die Prognose der Investitionstätigkeit bildet ein mittelfristiges Investitionsprogramm mit einem Planungshorizont von zumeist drei Jahren, in dem die Maßnahmen einzeln aufgeführt werden. Dieses Instrument wird ergänzt durch eine ebenfalls mittelfristige Ergebnis- und Finanzplanung. Die Geschäftsführung muss dem Aufsichtsorgan mindestens halbjährlich über die Erfüllung bzw. Abweichungen vom Erfolgs- und Vermögensplan berichten (Z.B. §§ 14 bis 19 EigenbetriebsVO Bayern).

Ihrer Funktion als Instrument der Risikofrüherkennung kann die Unternehmensplanung nur gerecht werden, wenn sie verlässlich ist und ihre Prognosen und Schätzungen eine hohe Qualität aufweisen. Dies muss vom Prüfungsausschuss durch den Vergleich mit den Ist-Zahlen der Zwischenberichterstattung sowie des Jahresabschlusses und durch Beobachtung der Planänderungen im Zeitraum der mittelfristigen Planung überwacht werden. Abweichungen und Änderungen sind daher daraufhin zu prüfen, ob zum Zeitpunkt der Planung alle bekannten und relevanten Informationen verarbeitet wurden, und ob die Planung insgesamt auf konsistenten Annahmen beruht.

Der Abschlussprüfer unterstützt den Prüfungsausschuss, indem er im Rahmen der Prüfung nach § 53 HGrG die grundsätzliche Eignung des Planungswesen beurteilt und die Durchführung von Abweichungsanalysen feststellt (Fragen 3a und b) und einige Aspekte bei der Planung von Investitionen vertieft (Fragen 8a, c, d).

ad Fragen zur Arbeit der Internen Revision

Bei der Aufgabe der Überwachung der Wirksamkeit der Internen Revision kann sich der Prüfungsausschuss im Rahmen der Prüfung nach § 53 HGrG auch auf die im Fragenkreis 6 dargestellten Prüfungsergebnisse stützen. Dort ist insb. zu beurteilen, ob die Einrichtung der Internen Revision den Bedürfnissen des Unternehmens entsprechend ausreichend ausgestattet ist, und ob bei den Mitarbeitern die Gefahr von Interessenkonflikten besteht. Beschrieben werden die wesentlichen Tätigkeitsschwerpunkte der Internen Revision im abgelaufenen Geschäftsjahr und dabei aufgedeckte bemerkenswerte Mängel.

Von besonderer Bedeutung für die Beurteilung der Wirksamkeit der Internen Revision ist die Frage, wie im Unternehmen mit deren Feststellungen und Empfehlungen umgegangen wird und von ihr selbst die Umsetzung von Empfehlungen kontrolliert wird (Frage 6 f).

Die Interne Revision ist im Übrigen nicht nur ein Instrument der Geschäftsführung, sondern kann auch vom Prüfungsausschuss eingesetzt werden, um bestimmten Fragen im Zusammenhang mit der Überwachungstätigkeit nachzugehen.

b Darstellung der wirtschaftlichen Verhältnisse

§ 53 Abs.1 Nr. 2 HGrG verlangt eine Darstellung der wirtschaftlichen Verhältnisse des Unternehmens durch den Abschlussprüfer. Neben der Darstellung und Analyse der Vermögens-, Finanz- und Ertragslage, die der Abschlussprüfer regelmäßig im Bericht vornimmt, nimmt er im Fragebogen detailliert Stellung, insb. zur Entwicklung der Vermögens- und Ertragslage sowie zur Liquidität und Rentabilität der Gesellschaft und zum offenkundig nicht betriebsnotwendigen Vermögen (Fragenkreise 11 bis 14). Er beschreibt verlustbringende Geschäfte sowie die Ursachen bedeutsamer Verluste und die Ursachen eines in der Gewinn- und Verlustrechnung ausgewiesenen Jahresfehlbetrages (Fragenkreis 15 und 16).

Bei der Beurteilung der wirtschaftlichen Verhältnisse eines Unternehmens der öffentlichen Hand ist immer zu berücksichtigen, dass vorrangiges Unternehmensziel nicht die Gewinnmaximierung, sondern die wirtschaftliche Erfüllung des öffentlichen Auftrags ist.

2 Rechnungsprüfung

Die Gebietskörperschaft steuert und überwacht ihre Beteiligungsunternehmen nicht nur durch ihre Vertreter in den Überwachungsorganen, sondern auch durch das Instrument und die Organe der Rechnungsprüfung.

Bei öffentlichen Unternehmen in der Privatrechtsform findet grds. eine sog. Betätigungsprüfung statt. Dabei wird u. a. die Arbeit der Vertreter in den Überwachungsorganen und damit die Arbeit im Prüfungsausschuss selbst thematisiert. Nur ausnahmsweise wird eine weitergehende Prüfung im Unternehmen gem. § 54 HGrG bzw. aufgrund vorbehaltener Prüfungsrechte durchgeführt.

Zu den Pflichten des Prüfungsausschusses gehört daher auch die kritische Auseinandersetzung mit den Berichten der Rechnungsprüfung, die Anhaltspunkte für eine Evaluation der eigenen Arbeit und für eigene weitergehende Prüfungen geben können.

§ 44 HGrG und ähnlich lautende Vorschriften der Gemeindeordnungen (z. B. § 131 Abs. 2 Nr. 6 HGO) sehen bei öffentlichen Unternehmen in der Privatrechtsform eine Prüfung der Betätigung der Gebietskörperschaft durch die Organe der Rechnungsprüfung vor.

Gegenstand dieser Prüfung ist die Ausübung oder Nichtausübung aller Rechte, die mit der Gesellschafterstellung oder der Organmitgliedschaft verbunden sind und nicht primär die Unternehmenstätigkeit. So wird geprüft, ob die kommunalrechtlichen oder haushaltsrechtlichen Voraussetzungen für eine Beteiligung der Gebietskörperschaft an dem privatrechtlichen Unternehmen eingehalten, die Beteiligung ordnungsgemäß verwaltet und die mit der Beteiligung verfolgten öffentlichen Zwecke erreicht wurden. Im Zusammenhang mit der Arbeit des Prüfungsausschusses ist von Bedeutung, dass durch die Betätigungsprüfung weiterhin festgestellt werden soll, ob die Vertreter der Gemeinde im Überwachungsorgan der Gesellschaft ihre Möglichkeiten der Einflussnahme im Interesse der Gebietskörperschaft und der Erfüllung des öffentlichen Zwecks genutzt und die Geschäftsführung ausreichend überwacht haben.[88]

Die Rechnungsprüfung informiert sich zu diesem Zweck auch aus dem Bericht über die Erweiterung der Abschlussprüfung gem. § 53 HGrG. Weitere Informationsquellen sind in erster Linie die bei der Gebietskörperschaft vorhandenen Unterlagen, über die sie als Gesellschafterin bzw. Aktionärin verfügt sowie die Berichte ihrer Vertreter in den Überwachungsorganen.

Die Rechnungsprüfung hat auch Anspruch auf Einblick in die bei den Vertretern gesammelten Protokolle der Sitzungen von Aufsichtsrat und Prüfungsausschuss.[89] Zwar gilt grds. die Verschwiegenheitspflicht des § 116 AktG i. V. m. § 93 Abs. 1 Satz 2 AktG, aber die Ausnahme von dieser Verpflichtung ist in § 394 AktG vorgesehen. Bei der Erstattung von Berichten von Aufsichtsratsmitgliedern an die Gebietskörperschaften, auf deren Veranlassung sie in den Aufsichtsrat gewählt oder entsandt worden sind, unterliegen sie grds. keiner Verschwiegenheitspflicht. Voraussetzung ist allerdings, dass die Kenntnis vertraulicher Angaben und Geheimnisse für die Zwecke der Berichte von Bedeutung ist. Der Schutz des Unternehmens wird einerseits durch eine Erstreckung der Verschwiegenheitspflicht gem. § 395 Abs. 1 AktG auf die Rechnungsprüfung erreicht, soweit diese nicht Mitteilungen im dienstlichen Verkehr macht, und andererseits durch ein Verbot der Veröffentlichung von vertraulichen Angaben und Geschäftsgeheimnissen im Rahmen der Veröffentlichung von Prüfungsergebnissen gem. § 395 Abs. 2 AktG gewährleistet. Eine Verletzung dieser Geheimhaltungspflichten ist nach § 404 AktG strafbar.

Ergeben sich aus diesen Unterlagen Fragen, können sich die Organe der Rechnungsprüfung auch unmittelbar im Unternehmen und dessen Büchern und Schriften unterrichten, wenn ein Rechts-

---

88 Vgl. Heimrath (2005), Rz. 230 ff.; Fiebig (2007), Rdn. 234 ff.
89 Vgl. Heimrath (2005), Rz. 242; Arg. § 69 Nr. 2 BHO (und gleichlautende LHO), auf den bei der Schaffung der §§ 394, 395 AktG Bezug genommen wurde.

anspruch besteht. Während bei der GmbH § 51a Abs. 1 GmbHG greift, muss bei der AG dieser Anspruch gem. § 54 Abs.1 HGrG in der Satzung verankert sein.

XV Besonderheiten bei Prüfungsausschüssen in Österreich

In Österreich hat der Prüfungsausschuss des Aufsichtsrats seinen Ursprung im Insolvenzrechtsänderungsgesetz 1997. Bereits damals wurde für Kapitalgesellschaften (AG und GmbH) mit mehr als fünf Aufsichtsratsmitgliedern die verpflichtende Einrichtung eines Bilanzausschusses eingeführt. Der Österreichische Corporate Governance Kodex (ÖCGK) hat im Jahr 2002 die gesetzliche Regel durch eine ähnliche »Comply or Explain«-Vorschrift ergänzt. In 2005 wurde die verpflichtende Einrichtung eines Prüfungsausschusses auf börsennotierte Gesellschaften ausgeweitet. Mit dem Unternehmensrechtsänderungsgesetz (URÄG) 2008 wurde den internationalen Entwicklungen Rechnung getragen und der Kreis der Gesellschaften, die einen Prüfungsausschuss einzurichten haben erweitert sowie die Aufgaben desselben präzisiert.

1 Verpflichtung zur Einrichtung

a Gesetzlich

Österreichische kapitalmarktorientierte (§ 221 Abs. 3 Satz 2 ÖUGB) Unternehmen sowie sehr große Kapitalgesellschaften sind seit dem 01.01.2009 verpflichtet einen Prüfungsausschuss einzurichten. Bei kapitalmarktorientierten Unternehmen handelt es sich um Gesellschaften, deren Aktien oder andere ausgegebene Wertpapiere zum Handel auf einem geregelten Markt zugelassen sind. Sehr große Kapitalgesellschaften sind große Gesellschaften, die gesetzlich definierte Größenmerkmale um das Fünffache überschreiten.

	Bilanzsumme	Umsatzerlöse	Mitarbeiter
Große Kapitalgesellschaft – bei Überschreiten von zwei Kriterien (§ 221 Abs. 3 ÖUGB)	> 19,25 MEUR	> 38,5 MEUR	> 250
Sehr große Kapitalgesellschaft – bei Überschreiten eines Kriteriums (§ 271a Abs. 1 ÖUGB)	> 96,25 MEUR	> 192,5 MEUR	n/a

Tab. 5: Gesetzlich definierte Größenmerkmale

Wird eines der beiden Kriterien überschritten, gilt die Verpflichtung, einen Prüfungsausschuss einzurichten, für folgende Rechtsformen: Aktiengesellschaften (§ 92 Abs. 4a ÖAktG), Gesellschaften mit beschränkter Haftung, die die Merkmale einer sehr großen Kapitalgesellschaft erfüllen und zudem aufsichtsratspflichtig sind (§ 30g Abs. 4a ÖGmbHG), SE (§ 51 Abs. 3a ÖSE-G) und Genossenschaften (§ 24c Abs. 6 ÖGenG). Für Kreditinstitute und Versicherungen gelten die jeweiligen spezialgesetzlichen Bestimmungen.

b Befreiung

Ein Prüfungsausschuss muss nicht eingerichtet werden, wenn ein Unternehmen unmittelbar oder mittelbar in einem 100%igen Anteilsbesitz einer Muttergesellschaft steht und bei dieser ein derartiger Ausschuss vorhanden ist (§ 92 Abs. 4a ÖAktG). Diese Befreiung ist an gewisse Voraussetzungen gebunden. Der Prüfungsausschuss des Mutterunternehmens muss den Anforderungen der österreichischen Gesetzgebung entsprechen und die Agenden des Tochterunternehmens müssen entsprechend berücksichtigt werden.[90]

c Freiwillig

Vor den Gesetzesänderungen eingerichtete Bilanzausschüsse (z. B. für den Fall eines Aufsichtsrats mit mehr als fünf Mitgliedern) können weiter bestehen bleiben. Ebenso kann ein Aufsichtsrat freiwillig einen Prüfungsausschuss einrichten. Dessen Aufgaben können sich individuell an den Bedürfnissen der Gesellschaft orientieren.

2 Zusammensetzung des Prüfungsausschusses

Der Prüfungsausschuss setzt sich aus Mitgliedern des Aufsichtsrats zusammen, da der Ausschuss als kleineres Gremium des gesamten Organs zu verstehen ist. Nicht-Aufsichtsrats-Mitglieder kommen nicht in Betracht. Es besteht aber jederzeit die Möglichkeit, externe Experten für die Erörterung bestimmter Fragestellungen beizuziehen. Die Arbeitnehmervertreter im Aufsichtsrat haben das Recht auf Drittelbeteiligung in allen Ausschüssen und daher auch im Prüfungsausschuss (§ 92 Abs. 4 ÖAktG).

a Finanzexperte

Dem Prüfungsausschuss muss (zumindest) ein Finanzexperte angehören. Die gesetzliche Anforderung an den Finanzexperten ist, dass er »*über den Anforderungen des Unternehmens entsprechende Kenntnisse und praktische Erfahrung im Finanz- und Rechnungswesen und in der Berichterstattung verfügt*« (§ 92 Abs. 4a ÖAktG). Vom Finanzexperten wird kein Spezialwissen in allen Details verlangt, vielmehr geht es um ein generelles Verständnis in den angeführten Bereichen. Die geforderten Erfahrungen können bspw. durch Tätigkeiten als Finanzvorstand, Leiter des Rechnungswesens oder Wirtschaftsprüfer angeeignet werden.[91] Die Prüfung der Qualifikation des Finanzexperten erfolgt bei der Wahl in den Aufsichtsrat. Die gesetzliche Vorgabe, dass dem Prüfungsausschuss ein Finanzexperte angehören muss, ist als Mindestanforderung zu sehen. Sämtliche Mitglieder des Prüfungsausschusses sollten über Grundkenntnisse in den Bereichen Bilanzierung, interne Kontrollen und Risikomanagement verfügen.

---

90 Vgl. Weber (2008), S. 430.
91 Vgl. Reiter (2005), S. 9.

b Unabhängigkeit

Der Vorsitzende des Prüfungsausschusses sowie der Finanzexperte müssen unabhängig sein. Ehemalige Vorstände, leitende Angestellte sowie Abschlussprüfer (bzw. Unterzeichner des Bestätigungsvermerks) dürfen diese Funktion erst nach dreijähriger Pause ausüben (§ 92 Abs. 4a Satz 6 ÖAktG). Damit soll sichergestellt werden, dass Personen, die bis vor kurzem die Geschäfte der Gesellschaft geführt oder ihren Jahresabschluss geprüft haben, keine führende Rolle im Prüfungsausschuss einnehmen.

Zusätzlich zu dem im Gesetz explizit angeführten Personenkreis sind auch Aufsichtsratsmitglieder, die aus anderen Gründen nicht unabhängig oder unbefangen sind, von diesen Funktionen ausgeschlossen. Da die gesetzlichen Regelungen keine weitere Definition der Unabhängigkeit enthalten, kann zur Auslegung des Begriffes der österreichische Corporate Governance Kodex herangezogen werden. Dieser enthält Leitlinien zur Unabhängigkeit. Danach ist ein Aufsichtsratsmitglied unabhängig, wenn es in keiner geschäftlichen oder persönlichen Beziehung zu der Gesellschaft oder deren Vorstand steht, die einen materiellen Interessenkonflikt begründet und daher geeignet ist, das Verhalten des Mitglieds zu beeinflussen (C-Regel 53 ÖCGK). Der österreichische Corporate Governance Kodex dehnt die Unabhängigkeitsvorschriften auf die Mehrheit der Mitglieder des Ausschusses aus (C-Regel 39 ÖCGK).

3 Sitzungen

Der Prüfungsausschuss muss zumindest zwei Sitzungen im Geschäftsjahr abhalten (§ 92 Abs. 4a Satz 3 ÖAktG). In der Praxis werden – gerade bei börsennotierten Unternehmen – aufgrund der unterjährigen Berichterstattung mehrere Sitzungen zu empfehlen sein. Den Sitzungen, die sich mit der Vorbereitung der Feststellung des Jahresabschlusses und dessen Prüfung beschäftigen, ist der Abschlussprüfer hinzuzuziehen. Der Abschlussprüfer hat über die Abschlussprüfung zu berichten (§ 92 Abs. 4a ÖAktG).

4 Aufgaben des Prüfungsausschusses

Das ÖAktG enthält in § 92 Abs. 4a eine Aufzählung der (Mindest-)Aufgaben des Prüfungsausschusses. Diese umfassen:

- die Überwachung des Rechnungslegungsprozesses,
- die Überwachung der Wirksamkeit des IKS, ggf. des internen Revisionssystems, und des RMS der Gesellschaft,
- die Überwachung der Abschluss- und der Konzernabschlussprüfung,
- die Prüfung und Überwachung der Unabhängigkeit des (Konzern-)Abschlussprüfers,
- die Prüfung des Jahres-/(Konzern-)abschlusses und die Vorbereitung seiner Feststellung, die Prüfung des Vorschlags für die Gewinnverteilung, des Lageberichts und gegebenenfalls des Corporate Governance-Berichts sowie die Berichterstattung über die Prüfungsergebnisse an den Aufsichtsrat sowie
- die Vorbereitung des Vorschlags des Aufsichtsrats für die Wahl des (Konzern-)Abschlussprüfers.

Das österreichische Gesellschaftsrecht (§ 82 ÖAktG sowie § 22 ÖGmbHG) sieht vor, dass Gesellschaften ein IKS einrichten müssen, das den Anforderungen des Unternehmens gerecht wird. Der Prüfungsausschuss muss die Wirksamkeit dieses Kontrollsystems überwachen. Aufgabe des

Prüfungsausschusses ist auch die Überwachung des RMS. Konkret muss der Ausschuss prüfen, ob derartige Systeme in der Gesellschaft eingerichtet sind und ob diese Systeme grundsätzlich als wirksam angesehen werden können. Dabei handelt es sich um eine laufende Prozesskontrolle. Wie die Überwachung im Einzelfall ausgestaltet wird, ist von verschiedenen Faktoren wie z. B. der Unternehmensgröße und -struktur, der Branche und Komplexität des Geschäftes abhängig.

Der Prüfungsausschuss hat nicht nur jene Risiken zu prüfen, die mit der Rechnungslegung in Zusammenhang stehen, sondern auch z. B. operative Risiken. Die Überwachungsaufgabe des Prüfungsausschusses bezieht sich daher nicht nur auf den Rechnungslegungsprozess, sondern auch auf die Einhaltung relevanter rechtlicher und statutarischer Anforderungen, die Sicherstellung zuverlässiger betrieblicher Abläufe sowie gegebenenfalls die Einhaltung strategischer Ziele.[92]

Der Prüfungsausschuss hat seine Aufgaben eigenständig wahrzunehmen. Die Ergebnisse der Abschlussprüfung sowie die sonstige Berichterstattung des Abschlussprüfers berücksichtigen nur Teilaspekte dieser Aufgaben.

5 Berichtspflicht des Abschlussprüfers

Der Abschlussprüfer hat dem Aufsichtsrat über wesentliche Schwächen bei der internen Kontrolle des Rechnungslegungsprozesses zu berichten (§ 273 Abs. 2 ÖUGB). Die Berichterstattung muss unverzüglich und schriftlich erfolgen. Diese Pflicht des Abschlussprüfers besteht unabhängig von der Verpflichtung der Gesellschaft, einen Prüfungsausschuss einzurichten.

Darüber hinaus sieht der österreichische Corporate Governance Kodex zusätzliche Berichte des Abschlussprüfers an den Aufsichtsrat vor. So hat der Abschlussprüfer neben den gesetzlich geforderten Berichten einen Management Letter mit Hinweisen auf Schwachstellen im Unternehmen zu verfassen. Der Abschlussprüfer muss weiter die Funktionsfähigkeit des Risikomanagements beurteilen und dem Vorstand darüber berichten. Beide Berichte sind dem Vorsitzenden des Aufsichtsrats zur Kenntnis zu bringen. Dieser ist dafür verantwortlich, dass die Berichte im Prüfungsausschuss behandelt werden und dem Aufsichtsrat darüber berichtet wird (C-Regel 82, 83 ÖCGK).

6 Berichterstattung an den Aufsichtsrat

Der Prüfungsausschuss ist vorbereitend für den Aufsichtsrat tätig. Die Feststellung des Jahresabschlusses sowie die Erklärung über den Konzernabschluss ist Aufgabe des Gesamtaufsichtsrats. Das Gesetz sieht daher ausdrücklich vor, dass der Prüfungsausschuss dem Aufsichtsrat einen Bericht über die Ergebnisse der durchgeführten Prüfung des Jahres- bzw. Konzernabschlusses erstattet (§ 92 Abs. 4a Nr. 5 ÖAktG). Im Regelfall wird es sich dabei um einen schriftlichen Bericht handeln. Dadurch kann der Prüfungsausschuss die Erfüllung seiner Aufgaben dokumentieren.

---

92 Vgl. Potyka/Weber (2008), S. 195.

7 Haftung

Das österreichische Gesellschaftsrecht enthält keine expliziten Regelungen für den Fall, dass die Bestimmungen zum Prüfungsausschuss (z. B. Einrichtung, Finanzexperte etc.) nicht eingehalten werden. Beachtet der Aufsichtsrat diese Vorschriften nicht, hat dies keine Auswirkungen auf die Gültigkeit von Aufsichtsratsbeschlüssen, auch nicht auf jene des Feststellungsbeschlusses.[93]

Die Mitglieder des Aufsichtsrats haften für den Schaden, der durch die Verletzung ihrer Pflichten entsteht (§ 99 ÖAktG in Verbindung mit § 84 ÖAktG). Werden die gesetzlichen Vorschriften vom Aufsichtsrat nicht eingehalten und entsteht dadurch ein Schaden, kann der Aufsichtsrat von der Gesellschaft zur Haftung herangezogen werden.

8 Zusammenfassung

Ein wesentliches Ziel der jüngsten Gesetzesänderungen in Österreich war die Stärkung des Aufsichtsrats. Unternehmen von ›öffentlichem Interesse‹ sind verpflichtet, einen Prüfungsausschuss einzurichten. Diesem Ausschuss werden im Gesetz umfangreiche Aufgaben zugeordnet. Damit der Prüfungsausschuss seine Tätigkeit effizient wahrnehmen kann, werden bestimmte Mindestanforderungen an die Qualifikation und Unabhängigkeit seiner Mitglieder gestellt. Die Ansprüche an Mitglieder des Prüfungsausschusses in Bezug auf fachliche Qualifikation und Unabhängigkeit steigen. Vorbehaltlich der Rechtsprechung, könnten auch die Haftungsrisiken in Zukunft steigen.

Insgesamt ist zu konstatieren, dass die Anforderungen an die Unternehmensüberwachung und damit an den Prüfungsausschuss gestiegen sind. Aufgrund der EU-Rahmenbedingungen ähneln sich die Regelungen aus Österreich und Deutschland weitestgehend, wenn auch im Einzelfall andere Detailbestimmungen existieren.

---

93 Vgl. Nowotny (1997), S. 578.

XVI Besonderheiten bei Prüfungsausschüssen in der Schweiz

1 Einleitung

Prüfungsausschüsse oder »Audit Committees«, wie sie in der Schweiz häufiger genannt werden, sind in der Schweiz kein gesetzliches Erfordernis, was die traditionelle Zurückhaltung des Gesetzgebers vor regulatorischem Übereifer bezeugt. Der Druck zur Errichtung eines Prüfungsausschusses kommt von der Wirtschaft selbst sowie – für börsenkotierte Unternehmen – vor allem von der Börsenaufsicht (SIX Swiss Exchange).

Die economiesuisse, der Dachverband der Schweizer Wirtschaft, hat bereits 2002 ein »best practice« Papier zur Corporate Governance veröffentlicht, worin unter anderem empfohlen wird, dass der Verwaltungsrat[94] neben einem Prüfungsausschuss auch einen Nominations- sowie einen Entschädigungsausschuss errichtet. Der Swiss Code of Best Practice hat lediglich einen Empfehlungscharakter und richtet sich primär an Publikumsgesellschaften. Der Code of best practice wird in Abschnitt 3 erläutert.

Die SIX Exchange Regulation, die Regulierungsbehörde für die Schweizer Börse, setzte per 1. Juli 2002 eine Richtlinie betr. Informationen zur Corporate Governance (»RLCG«) in Kraft, welche von den börsenkotierten Gesellschaften ausführliche Informationen zur Corporate Governance im jährlichen Geschäftsbericht fordert. Dabei gilt der Grundsatz »comply or explain«: Sieht der Emittent von der Offenlegung bestimmter Informationen ab, so ist dies im Geschäftsbericht »einzeln und substanziell« zu begründen.[95] Die Richtlinie verlangt detaillierte Angaben über die Arbeitsweise des Verwaltungsrats, einschließlich dessen Ausschüsse. Die Richtlinie wurde seit ihrer Erstausgabe mehrfach abgeändert, insbesondere per 01.01.2008, als der Gesetzgeber erstmals Angaben über die Entschädigungen an Verwaltungsräte und Geschäftsleitungsmitglieder bei Publikumsgesellschaften verlangte, wodurch die entsprechenden Bestimmungen in der RLCG überflüssig wurden. Die RLCG wird in Abschnitt 4 näher erläutert.

Bezüglich der Kommunikation zwischen der Revisionsstelle[96] und dem Verwaltungsrat (bzw. dem Prüfungsausschuss, welcher eine Scharnierfunktion zwischen Prüfer und Verwaltungsrat innehat) gibt es einerseits Richtlinien im Schweizer Prüfungsstandard[97] PS 260[98] und andererseits – für börsenkotierte Gesellschaften – von der Schweizer Revisionsaufsichtsbehörde (»RAB«)[99] gemäß deren Rundschreiben 1/2009. Dieses Rundschreiben wird in Abschnitt 5 näher erläutert.

---

94 Im Gegensatz zum Aufsichtsrat in Deutschland/Österreich ist in der Schweiz der Verwaltungsrat kein reines Kontrollorgan, sondern auch (einziges) Exekutivorgan.
95 SIX RLCG Art.7.
96 Revisionsstelle: Im Schweizer Gesetz (OR) verwendeter Begriff für den gesetzlichen Prüfer.
97 Die Schweizer Prüfstandards (»PS«), sowohl deren Erstausgabe (2004) wie auch die Zweitausgabe (2010) verkörpern eine Umsetzung aller International Standards on Auditing (»ISA«), die am 30. Juni 2003 publiziert waren. Entwicklungen seit 30. Juni 2003 der ISA und insbesondere die im Rahmen des 2009 abgeschlossenen Clarity Projekts des International Auditing and Assurance Standards Board (IAASB) umfassend überarbeiteten ISA werden im Zusammenhang mit der geplanten Übernahme der ISA in der Europäischen Union übersetzt. Nach Abschluss dieses Prozesses werden auch die Schweizer Prüfungsstandards (PS) auf den aktuellen Stand der IAASB-Verlautbarungen nachgeführt.
98 PS 260 Kommunikation über die Abschlussprüfung mit den Verantwortlichen für die Leitung und Überwachung.
99 Die Eidg. Revisionsaufsichtsbehörde RAB ist eine öffentlich-rechtliche Anstalt des Bundes mit Sitz in Bern. Sie ist zuständig für die Zulassung von Personen und Unternehmen, die Revisionsdienstleistungen erbringen, und beaufsichtigt die Revisionsstellen von Publikumsgesellschaften. Gemeinsam mit den Berufsverbänden, welche die Berufs- und Standesregeln zur Revision von Jahres- und Konzernrechnungen erlassen, gewährleistet die RAB die Qualität von Revisionsdienstleistungen (http://www.revisionsaufsichtsbehoerde.ch).

Bevor auf diese regulatorischen Grundlagen näher eingegangen wird, wenden wir uns zunächst den Besonderheiten von Schweizer Prüfungsausschüssen in der Praxis zu.

2 Prüfungsausschüsse in der Schweizerischen Praxis

Aufgrund des regulatorischen Drucks der SIX Exchange Regulation ist davon auszugehen, dass fast sämtliche schweizerischen börsenkotierten Gesellschaften einen Prüfungsausschuss gebildet haben. In kleineren Verhältnissen ist dies oftmals eine unnötige Formalität, da es nicht sinnvoll sein kann, wenn ein dreiköpfiger Verwaltungsrat Ausschüsse bildet. Andererseits hat es sich auch bei vielen großen privat gehaltenen Gesellschaften durchgesetzt, dass der Verwaltungsrat einen Prüfungsausschuss bildet, insbesondere wenn der Verwaltungsrat aus mehr als fünf Mitgliedern besteht, die teilweise verschiedene Aktionärsinteressen vertreten.

Aufgrund dieser diversifizierten »Prüfungsausschuss-Landschaft« überrascht es nicht, dass die Arbeitsweise dieser Ausschüsse äußerst unterschiedlich sein kann. Unter normalen Umständen finden je nach Aufgaben und Bedeutung des Prüfungsausschusses zwei, drei oder vier Sitzungen statt. Sitzungen dauern im Normalfall zwischen 15 Minuten und bis zu vier Stunden.[100] Eine normale Sitzung des Prüfungsausschusses dauerte bisher etwa anderthalb Stunden, heute aber gut und gern zwei bis drei Stunden.[101] Der Sitzungsrhythmus passt sich in der Regel dem Prüfrhythmus an. Die externe und/oder interne Revision wird bei Bedarf eingeladen. Der CFO ist in der Regel bei den Sitzungen anwesend. Es kann auch vorkommen, dass der CEO hinzugezogen wird.[102]

Es lässt sich eine Professionalisierung der Prüfungsausschüsse erkennen. Bis etwa 2002 waren Prüfungsausschüsse vorwiegend formelle Gremien ohne definierten Aufgabenbereich. Es bestand sowohl seitens der Prüfungsausschüsse als auch seitens der Revisionsstelle Unsicherheit bezüglich der Zusammenarbeit und Kompetenzen.[103] Der Autor dieses Beitrags hatte selbst miterlebt, wie ein Prüfungsausschuss ohne konkreten Auftrag über den vom Gesamt-Verwaltungsrat längst genehmigten Jahresabschluss debattierte. Heute sind sich die Ausschussmitglieder ihrer Verantwortung bewusst und nehmen ihr definiertes Aufgabenfeld wahr; auch die Arbeitsintensität ist für die Mitglieder gestiegen. In den häufigsten Fällen ist ein Mitglied im Audit Committee ein Finanz- und Rechnungswesenexperte. Dieses Mitglied nimmt in der Regel den Vorsitz im Ausschuss ein.[104]

Bezüglich der Aufgaben halten sich die Prüfungsausschüsse – bewusst oder unbewusst – generell an die Vorgaben des »swiss code of best practice for corporate governance« der economiesuisse (siehe nachfolgend). Zusammenfassend hat ein Prüfungsausschuss drei wesentliche Aufgaben zu erfüllen[105]: (i) Überwachung der externen Revision und ihrer Unabhängigkeit; (ii) Überwachung des internen Kontrollsystems, insbesondere die Auswertung der internen Revisionsberichte; (iii) Durcharbeitung und Hinterfragung des Jahresabschlusses und ggf. der Zwischenabschlüsse.

Nicht, oder noch nicht durchgesetzt haben sich die in der Fachliteratur geforderten Einzelsitzungen zwischen den nicht-exekutiven Mitgliedern des Prüfungsausschusses und der Revisionsstelle, in welcher der externe Prüfer informell und ohne Protokollierung Bedenken äußern, aber auch sein Urteil über die Fähigkeiten von leitenden Mitarbeitern im Finanz- und Rechnungswesen sowie der

---

100 Vgl. König (2009), S. 42.
101 Vgl. Böckli (2003), S. 570 »Tendenz zur Überforderung«
102 Vgl. König (2009), S. 41.
103 Ebd., S. 37.
104 Ebd., S. 37.
105 Vgl. Böckli (2009), S. 560 »Hauptaufgaben«.

internen Kontrolle und der Zusammenarbeit mit der Geschäftsleitung abgeben kann. In den USA werden solche Sitzungen, bei welchen die exekutiven Mitglieder des Prüfungsausschusses und die Geschäftsleitung gebeten werden, den Raum zu verlassen, heutzutage bereits durchgeführt. Diese Entwicklung lässt sich in der Schweiz jedoch nicht erkennen. Die Befürchtung ist, dass dies zu einem Vertrauensbruch führen könnte. In der Schweiz ist es üblicher, dass der Vorsitzende des Audit Committees in einem Vor-Meeting mit dem leitenden Revisor zusammentrifft und Kritik offen in der anschließenden Sitzung mit allen Teilnehmern besprochen wird.[106]

3 »Code of Best Practice« (economiesuisse)

Der »swiss code of best practice for corporate governance« der economiesuisse äußert sich zum Thema Prüfungsausschuss wie folgt:

23 Der Verwaltungsrat setzt einen Prüfungsausschuss (»Audit Committee«) ein.
— Der Ausschuss setzt sich aus nicht exekutiven, vorzugsweise unabhängigen Mitgliedern des Verwaltungsrats zusammen.
— Die Mehrheit, darunter der Vorsitzende, soll im Finanz- und Rechnungswesen erfahren sein.

24 Der Prüfungsausschuss bildet sich ein eigenständiges Urteil über die externe Revision, das interne Kontrollsystem und den Jahresabschluss.
— Der Prüfungsausschuss macht sich ein Bild von der Wirksamkeit der externen Revision (Revisionsstelle) und der internen Revision sowie über deren Zusammenwirken.
— Der Prüfungsausschuss beurteilt im Weiteren die Funktionsfähigkeit des internen Kontrollsystems mit Einbezug des Risikomanagements und macht sich ein Bild vom Stand der Einhaltung der Normen (Compliance) in der Gesellschaft.
— Der Prüfungsausschuss geht die Einzel- und Konzernrechnung sowie die zur Veröffentlichung bestimmten Zwischenabschlüsse kritisch durch; er bespricht die Abschlüsse mit dem Finanzchef und dem Leiter der internen Revision sowie, gegebenenfalls getrennt von ihnen, mit dem Leiter der externen Revision.
— Der Prüfungsausschuss entscheidet, ob der Einzel- und Konzernabschluss dem Verwaltungsrat zur Vorlage an die Generalversammlung empfohlen werden kann.
— Der Prüfungsausschuss beurteilt Leistung und Honorierung der externen Revision und vergewissert sich über ihre Unabhängigkeit. Er prüft die Vereinbarkeit der Revisionstätigkeit mit allfälligen Beratungsmandaten.

Dieser »Code of best practice« darf unter Verwaltungsräten von großen Schweizer Unternehmen als bekannt vorausgesetzt werden; er gilt als anerkannter Benchmark in der Schweiz. Der Autor des »Code of best practice«, Prof. Peter Böckli, ist anerkannter Experte auf diesem Gebiet und gleichzeitig Autor eines Standardwerks zum Schweizer Gesellschaftsrecht.[107]

---

106 Vgl. König (2009), S. 44.
107 Vgl. Böckli (2009).

4 Die Richtlinie betreffend Information zur Corporate Governance der SIX Exchange Regulation

Der Richtlinie zur Corporate Governance der SIX Exchange Regulation für börsenkotierte Gesellschaften ist sehr knapp gehalten und fordert bezüglich der Verwaltungsratssauschüsse die Darstellung folgender Informationen im Geschäftsbericht:

> **3 Verwaltungsrat**
> Über den Verwaltungsrat des Emittenten sind folgende Angaben zu machen:
> (...)
> 3.4 Interne Organisation,
> 3.4.1 Aufgabenteilung im Verwaltungsrat,
> 3.4.2 Personelle Zusammensetzung sämtlicher Verwaltungsratsausschüsse, deren Aufgaben und Kompetenzabgrenzung,
> 3.4.3 Arbeitsweise des Verwaltungsrats und seiner Ausschüsse.

Trotz Knappheit in der Formulierung werden diese Anforderungen streng durchgesetzt. Es wird erwartet, dass das Unternehmen zu diesen Punkten detailliert Stellung nimmt. Im Kommentar zur Richtlinie hält die SIX Exchange Regulation zum Abschnitt 3.4 Folgendes fest:

> **Interne Organisation:** Zweck dieser Norm ist die Schaffung von Transparenz betreffend interne Organisation und Arbeitsweise des Verwaltungsrats. Die nachfolgend geforderten Informationen dürften hauptsächlich dem Organisationsreglement des Verwaltungsrats zu entnehmen sein. Entspricht dieses nicht der gelebten Ordnung, ist diese darzustellen (»substance over form«). Vergleiche dazu auch den Entscheid des Ausschusses der Zulassungsstelle **ZUL/CG/V/05** vom 29. November 2005.[108]
> **Aufgabenteilung:** Hier sind Präsident, Vizepräsident, Delegierter des Verwaltungsrats und falls vorhanden die weiteren Funktionen der einzelnen Mitglieder des Verwaltungsrats zu nennen.
> **Personelle Zusammensetzung:** Die meisten Unternehmen versehen ihre Ausschüsse mit den üblichen Bezeichnungen, z. B. Audit Committee, Compensation Committee, Nominating Committee, Human Resources Committee, Compliance Committee. Diese Funktionen sind kurz zu erläutern, da in der Praxis den Ausschüssen konkret zugewiesenen Aufgaben unterschiedlich sein können. Diese Angaben sind pro Ausschuss zu machen. Auch hier ist die tatsächlich gelebte Ordnung darzustellen (»substance over form«). Für die wesentlichen Kompetenzen der Ausschüsse ist zu jeder Kompetenz anzugeben, ob das Gremium nur beratend resp. vorbereitend tätig ist, ob es eine Kompetenz zum Entscheid unter Vorbehalt der Genehmigung durch den Gesamtverwaltungsrat hat oder ob dem Gremium Beschlusskompetenz zukommt.
> **Arbeitsweise:** Unter dieser Ziffer ist insbesondere der Sitzungsrhythmus und die jeweils übliche Sitzungsdauer des Gesamtverwaltungsrats und seiner Ausschüsse offen zu legen. Dazu ist auch die im Berichtsjahr abgehaltene Anzahl Sitzungen des Gesamtverwaltungsrats und seiner Ausschüsse anzugeben. Zudem soll das Zusammenwirken von Gesamtverwaltungsrat mit seinen Ausschüssen und die Aufteilung der Kompetenzen kurz dargestellt werden. Weiter sind Angaben zum regelmäßigen Beizug von Mitgliedern der Geschäftsleitung oder von externen Beratern zur Behandlung spezifischer Themen zu machen.

Die Angaben zur Corporate Governance gemäß dieser Richtlinie unterliegen nicht der Prüfpflicht. Es ist jedoch üblich, dass die Revisionsstelle den Corporate Governance-Bericht durchliest und das Management auf auffällige Ungereimtheiten aufmerksam macht.

---

108 Entscheid der Zulassungsstelle der SIX Exchange Regulation in Sachen X. (http://www.six-swiss-exchange.com/download/admission/being_public/sanctions/publication/decision_cg_291105b_de.pdf)

5 Berichterstattung durch die Revisionsstelle an den Prüfungsausschuss

Gemäß den Bestimmungen des Art. 727 OR[109] müssen Publikumsgesellschaften und große Gesellschaften[110] ordentlich geprüft werden. Gem. Art. 728b OR beinhaltet die ordentliche Prüfung neben der Berichterstattung an die Generalversammlung auch einen »umfassenden Bericht mit Feststellungen über die Rechnungslegung, das interne Kontrollsystem sowie die Durchführung und das Ergebnis der Revision«.

Da bei Publikumsgesellschaften die Empfänger dieses umfassenden Berichts normalerweise der Verwaltungsrat *und der Prüfungsausschuss* sind und normalerweise nur mit Letzterem eingehend diskutiert wird, sei an dieser Stelle auf die spezifischen regulatorischen Anforderungen an diesen umfassenden Bericht eingegangen.

Auf den PS 260 wird dabei nicht weiter eingegangen, da das Rundschreiben 1/2009 der der Schweizer Revisionsaufsichtsbehörde (»RAB«) Ersteres überlagert. Obwohl dieses nur bei der Aufsicht über Publikumsgesellschaften wirkt, dürfte sich das Rundschreiben der RAB bezüglich des Inhalts von umfassenden Berichten bei allen großen Gesellschaften durchsetzen.

Das Rundschreiben 1/2009 der RAB schreibt folgenden Mindestinhalt des umfassenden Berichts vor:

1. Durchführung der Revision
a. Unabhängigkeit der Revisionsstelle, insbesondere mit Erläuterungen zu:
   – Dienstleistungen, die parallel zu gesetzlich vorgeschriebenen Revisionsdienstleistungen erbracht wurden;
   – übrigen Sachverhalten, welche die Unabhängigkeit gefährden können;
b. Zeitpunkt der Prüfungsarbeiten, gegebenenfalls unter Hinweis auf Verzögerungen;
c. Prüfungsgrundsätze, nach denen geprüft wurde;
d. Übersicht über den Prüfansatz, die prüfungsbezogene Risikobeurteilung und die Abstützung auf das interne Kontrollsystem sowie eine Darstellung der wesentlichen verfahrens- und ergebnisorientierten Prüfungen;
e. besondere Schwerpunkte der Prüfung im Berichtsjahr;
f. Darstellung jährlich rotierender Prüfungsschwerpunkte;
g. Zusammenarbeit mit anderen Prüferinnen oder Prüfern, der internen Revision des geprüften Unternehmens und externen Expertinnen oder Experten;
h. Prüfungsumfang bei Zweigniederlassungen oder Tochtergesellschaften;
i. Art und Anzahl von Kontakten mit dem Revisionsausschuss des Verwaltungsrates (»Audit Committee«);

2. Ergebnis der Revision
a. Angaben zu Abweichungen vom Standardwortlaut des Revisionsberichts an die Generalversammlung (Art. 728b Abs. 2 OR);
b. Übersicht über korrigierte und nicht korrigierte Fehler in der Jahres- bzw. Konzernrechnung, welche einzeln oder zusammengefasst wesentlich sind;
c. festgestellte Verstöße gegen das Gesetz, die Statuten oder das Organisationsreglement, die nicht im Revisionsbericht an die Generalversammlung enthalten sind (vgl. Art. 728c Abs. 1 und 2 OR);
d. Hinweise auf Schwierigkeiten bei der Prüfung mit der Geschäftsleitung (z. B. mangelnde Verfügbarkeit der relevanten Ansprechpartner oder Schwierigkeiten bei der Beschaffung der nötigen Prüfungsnachweise);

---

109 Schweizerisches Obligationenrecht (enthaltend das Gesellschaftsrecht).
110 Als große Gesellschaften gelten (Rechtsform unabhängig) Gesellschaften, welche zwei der nachstehenden Größen in zwei aufeinanderfolgenden Geschäftsjahren überschreiten: Bilanzsumme von 10 Millionen Franken, Umsatzerlös von 20 Millionen Franken, 50 Vollzeitstellen im Jahresdurchschnitt.

3. Feststellungen zur Rechnungslegung
a. Anwendung von Rechnungslegungsstandards für den Konzernabschluss;
b. spezielle Rechnungslegungsfragen im Rahmen des Abschlusses (erstmalige Anwendung neuer Standards, Änderung und finanzielle Auswirkungen von Rechnungslegungsgrundsätzen, Wahlmöglichkeiten, Ermessensspielräume und Schätzungen);
c. wesentliche Unsicherheiten betreffend die Fähigkeit zur Fortführung der Unternehmenstätigkeit;
d. wesentliche Ereignisse nach dem Bilanzstichtag;
e. außergewöhnliche oder wesentliche Transaktionen mit nahe stehenden Parteien;
f. Außerbilanzgeschäfte und Anwendung von Zweckgesellschaften;

4. Feststellungen zum internen Kontrollsystem (IKS):
Zusammenfassung der Prüfungsergebnisse, insbesondere mit Erläuterungen zum Ausbau- und Dokumentationsgrad des IKS.

Form der Berichterstattung
Die Berichterstattung muss so umfassend und detailliert sein, dass sich der Verwaltungsrat ein genaues Bild über die Durchführung und die Ergebnisse der Prüfung machen kann. Die Revisionsstelle ist bezüglich Dokumentenformat sowie Reihenfolge und Gliederung der Berichterstattung (s. zum Inhalt des Berichts vorne Ziff. II) frei. Die Berichterstattung erfolgt in einer der Landessprachen oder in Englisch.

Nicht zuletzt wegen dieser regulatorischen Anforderungen sind die umfassenden Berichte der Revisionsstelle an den Verwaltungsrat und den Prüfungsausschuss in den letzten Jahren sehr umfangreich geworden. Auch darin zeigt sich der Nutzen eines Prüfungsausschusses; wenn dem Gesamt-Verwaltungsrat das Lesen eines zig-seitigen Berichts der Revisionsstelle nicht zugemutet werden kann, so sollte dies doch einem Ausschuss mit Fachleuten delegiert werden können.

6 Haftung

»Die Mitglieder des Verwaltungsrates (…) sind sowohl der Gesellschaft als auch den einzelnen Aktionären und Gesellschaftsgläubigern für den Schaden verantwortlich, den sie durch absichtliche oder fahrlässige Verletzung ihrer Pflichten verursachen (Art. 754 OR).«

Der Prüfungsausschuss als Gremium des Verwaltungsrates besitzt keine Entscheidungsbefugnisse. Der Prüfungsausschuss analysiert die in seinen Bereich fallenden Sachverhalte und erstattet dem Gesamtverwaltungsrat Bericht, welcher dann entscheidet. Die Existenz eines Prüfungsausschusses reduziert die Haftung von Verwaltungsräten, die nicht Mitglied des Ausschusses sind, somit nicht.[111]

7 Zusammenfassung

Auch ohne gesetzlichen Zwang hat sich in der Schweiz die Einrichtung von Prüfungsausschüssen bei Publikumsgesellschaften und teilweise auch bei großen privaten Gesellschaften durchgesetzt. Diese Entwicklung beruht nur teilweise auf dem mehr oder weniger sanften Druck von Wirtschaftsverbänden (economiesuisse) und der Börsenaufsicht (SIX Exchange Regulation), sondern schlicht auf dem komplexen Umfeld des heutigen Wirtschaftslebens.

---

111 Vgl. z. B. v. d. Crone (2006), S. 95.

G Fazit und Ausblick

Der vorliegende Praxisleitfaden hat die unterschiedlichen Aspekte der Arbeit von Prüfungsausschüssen behandelt, von den rechtlichen Rahmenbedingungen über die Überwachungspflichten des Prüfungsausschusses bis zu den verschiedenen Sonderthemen, die für Prüfungsausschüsse einschlägig sein können. Jeder dieser Aspekte birgt seine eigenen Herausforderungen und trägt dazu bei, dass die Aufgabe von Prüfungsausschüssen interessant und vielfältig ist.

Abschnitt B. »Rechtliche Rahmenbedingungen« hat eine Fülle (quasi-)gesetzlicher Vorschriften und Rechtsprechung aufgezeigt, die von Aufsichtsräten bei ihrer Arbeit grundsätzlich zu beachten sind. Die Vielfalt, Komplexität und »Dynamik« dieser Regelungen führt zum einen dazu, dass viele Prüfungsausschüsse einen Anteil ihrer Zeit auf Formalitäten verwenden müssen, den sie als unangemessen hoch empfinden, und zum anderen bei den Mitgliedern der Prüfungsausschüsse ein hoher Fortbildungsbedarf entsteht, um mit dem Regulierungstempo Schritt halten zu können. Hinzu kommt, dass der Gegenstand der Überwachungstätigkeit – und hier insbesondere die Rechnungslegung – komplexen und ständig wechselnden Regelungen unterliegt, die auch für viele »Financial Experts« eine Herausforderung darstellen.

Nimmt man – im Einklang mit der Zielsetzung eines Praxisleitfadens – von Normenkritik Abstand, kann aus diesen Entwicklungen das Fazit gezogen werden, dass den Bereichen »Aus- und Fortbildung« und »effiziente Selbstorganisation« eine fundamentale Bedeutung für eine erfolgreiche Prüfungsausschussarbeit zukommt. Gerade der Bereich »Aus- und Fortbildung« ist in letzter Zeit verstärkt in den Fokus gerückt: Im Rahmen der Überarbeitung des DCGK mit Wirkung vom 26. Mai 2010 wurde in Ziffer 5.4.1 der Passus eingefügt: »Die Mitglieder des Aufsichtsrats nehmen die für ihre Aufgaben erforderlichen Aus- und Fortbildungsmaßnahmen eigenverantwortlich wahr. Dabei sollen sie von der Gesellschaft angemessen unterstützt werden.« Diese Fort- und Weiterbildungsmaßnahmen für künftige und amtierende Aufsichtsräte sollten aus Sicht der Regierungskommission DCGK fundierte theoretische wie praxisbezogene aktuelle Informationen vor allem zu den Bereichen rechtliche Grundlagen, Konzernrechnungslegung und Risikocontrolling sowie zur praktischen Arbeit im Aufsichtsrat vermitteln.[1] Es ist zu erwarten, dass diese Änderung des DCGK nicht nur zu einem verstärkten Angebot von Fortbildungsmaßnahmen von Seiten verschiedener Seminar-Anbieter führt, sondern auch in den Prüfungsausschüssen das Thema Aus- und Fortbildung in den Vordergrund rückt.

Hinsichtlich der Überwachungsaufgaben des Prüfungsausschusses zeigt bereits ein erster Blick auf die Terminübersicht für das Gesamtjahr[2], dass in den Sitzungen des Prüfungsausschusses eine Vielzahl komplexer Themen bewältigt werden muss.

In Abschnitt D.II.1 »Überwachung der internen Kontrollsysteme des Unternehmens« wurde dargelegt, dass sich die diesbezüglichen Pflichten des Prüfungsausschusses auf die Systemebene beziehen. Die ironisierend aufgeworfene Frage, ob ein Aufsichtsrat »etwa dem Buchhalter über die Schulter schauen« müsse[3], kann damit verneint werden. Trotzdem ist dieser Verantwortungsbereich des Prüfungsausschusses besonders herausfordernd: Schließlich ist der Prüfungsausschuss gehalten – gestützt auf Berichte des Vorstands, des Abschlussprüfers und ggf. leitender Mitarbeiter unterhalb der Vorstandsebene sowie externer Sachverständiger –, Kontrollsysteme zu überwachen, die das gesamte Unternehmensgeschehen abdecken, ohne sich dabei auf konkrete externe Soll-Vorgaben stützen zu können. Gerade bei diesem Aspekt der Überwachungstätigkeit des Prüfungsausschus-

---

1 Vgl. Presseerklärung der Regierungskommission Deutscher Corporate Governance Kodex vom 11.2.2010, S. 2.
2 Vgl. Kap. D.I.2. »Muster einer Terminübersicht für das Gesamtjahr«.
3 So der Rechtsanwalt Hoffmann-Becking auf einer Tagung des Instituts der Wirtschaftsprüfer (IDW), siehe FAZ vom 8. Oktober 2010, S. 16.

ses wird daher deutlich, dass funktionierende Kommunikationsflüsse zwischen Prüfungsausschuss, Vorstand und Abschlussprüfer unverzichtbar sind, damit der Prüfungsausschuss seinen Überwachungspflichten nachkommen kann.

Dies gilt grundsätzlich auch für die vorbereitende Prüfung des Jahresabschlusses (Abschnitt D.II.4), wobei hier jedoch – im Gegensatz zu den unternehmerischen Kontrollsystemen – eine Vielzahl von Soll-Vorschriften besteht, deren Beachtung der Prüfungsausschuss hinterfragen muss.

Daneben stellen sich dem Prüfungsausschuss eine Reihe weiterer Überwachungsaufgaben sowie Fragen zur Selbstorganisation des Ausschusses. Manche Prüfungsausschüsse haben daneben Branchen-Spezifika zu beachten, z. B. bei Banken und Versicherungen oder Unternehmen der öffentlichen Hand. Diese werden im Abschnitt »F. Sonderthemen« behandelt.

Der Ausblick auf die möglichen weiteren Entwicklungen lässt erwartungsgemäß vermuten, dass die Herausforderungen für Aufsichtsräte voraussichtlich noch weiter zunehmen werden. Anzeichen hierfür geben die jüngsten Ansätze auf europäischer Ebene. Am 2. Juni 2010 hat die Europäische Kommission das angekündigte Green Paper »Corporate Governance in Finanzinstituten und Vergütungspolitik« als ersten Teil einer Serie an zukünftigen Maßnahmen als Folge der Finanz- und Wirtschaftskrise herausgegeben. Das Green Paper betrifft grundsätzlich alle Finanzdienstleister (insb. Banken und Versicherungen), unabhängig von einer Börsennotierung.

Einige Hauptpunkte betreffen:
- *Umsetzung der Corporate-Governance-Grundsätze:* Den Mängeln bei der Umsetzung und Überwachung der Einhaltung von Corporate-Governance-Grundsätzen wird mit einem sog. Compliance Statement begegnet. Dieses soll mit entsprechenden Bestätigungen durch externe Prüfer versehen werden.
- *Arbeitsweise und Effizienz der Boards:* Hinsichtlich der Arbeitsweise und Effizienz der Boards wird u. a. die externe (Selbst-)Evaluierung des »Boards« in regelmäßigen Abständen (sog. Effizienzprüfung bzw. -beurteilung) gefordert, was insbesondere auf die Überprüfung der non-executive (also aufsichtsratsähnlichen) Direktoren fokussiert.
- *Risikomanagement:* Der verstärkten Auseinandersetzung mit den Grundsätzen des Risk-Managements auf der höchsten Unternehmensebene (z. B. verbindliche Einführung eines Risk Committee) wird breiter Raum gegeben, das Vertiefen von Risk-Management-Regeln hingegen abgelehnt.

Für 2011 hat die EU-Kommission ein Grünbuch zur Corporate Governance von börsennotierten Unternehmen außerhalb des Finanzsektors geplant. Hier wird es ersten Verlautbarungen nach um Fragen der Zusammensetzung des Aufsichtsrats gehen (Internationalität, Frauenanteil, Unabhängigkeit), die Rolle der Aktionäre sowie um das »Dauerthema« Vergütung von Vorständen und Aufsichtsräten.[4] Daneben hat sich die EU-Kommission in einem weiteren Grünbuch des Themas »Weiteres Vorgehen im Bereich der Abschlussprüfung: Lehren aus der Krise« angenommen.

Es bleibt abzuwarten, welche konkreten Maßnahmen die EU-Kommission aufgrund der Green Paper und der umfassenden sowie profunden Diskussion zu diesem Themenbereich – ggf. auch außerhalb des Finanzdienstleistungsbereichs – in Angriff nehmen wird und inwieweit diese die Arbeit von Prüfungsausschüssen in Deutschland betreffen werden. In jedem Fall ist allerdings davon auszugehen, dass die Arbeit von Prüfungsausschüssen auch in Zukunft spannend und herausfordernd bleiben wird.

---

4 So der EU-Direktor Pierre Delsaux, vgl. Delsaux (2010), S. 9.

Anhang

Anhang A: Hilfestellung zur Prüfung des Jahres-/Konzernabschlusses 175

Anhang B: Hilfestellung für das Gespräch mit dem Abschlussprüfer zur Überwachung der Durchführung der Abschlussprüfung 181

Anhang C: Hilfestellung für die Beurteilung des Abschlussprüfers 182

Anhang D: Muster einer Geschäftsordnung 183

Anhang E: Formulierungen für Bestätigungsvermerke und Versagungsvermerke bei Abschlussprüfungen 188

Anhang F: Gesetze und Gesetzesmaterialien einschließlich DCGK – Deutschland 193

Anhang A: Hilfestellung zur Prüfung des Jahres-/Konzernabschlusses

Zur Unterstützung der Pflicht zur Prüfung des Jahresabschlusses durch den Aufsichtsrat (§ 171 Abs. 1 Satz 1 AktG) werden im Folgenden exemplarisch Fragenkataloge zu einigen ausgewählten Bereichen dargestellt. Diese Praxisbeispiele sollen dem Aufsichtsrat sowie seinem Prüfungsausschuss als Orientierungshilfe dienen, um einen für das Unternehmen und den betreffenden Abschluss passenden Fragenkatalog zusammenzustellen. Hierbei ist für den Umfang und die Tiefe der Fragen neben der Unternehmensgröße, der Branche und den zugrundeliegenden Rechnungslegungsstandards sicher auch die Fachkenntnis der Aufsichtsratsmitglieder entscheidend. Nachdem ein geeigneter Fragenkatalog zusammengestellt wurde, kann dieser getrennt nach Bereichen den einzelnen Mitgliedern im Sinne einer Arbeitsteilung (z.B. anhand deren beruflicher und persönlicher Vorbildung) zugewiesen werden. Die Antworten auf die verschiedenen Fragen müssen jedoch letztlich zusammengetragen und allen Aufsichtsratsmitgliedern zugänglich gemacht werden, damit diese persönlich über die Beschaffenheit des Abschlusses befinden oder ggf. selbst nochmals solche Themen in der Diskussion (möglicherweise unter Hinzuziehung von Vorstand und Abschlussprüfer) aufgreifen können, die ihnen nicht ausreichend geklärt oder weiterhin problematisch erscheinen.

Allgemeine Fragen zur Rechnungslegung

Grad der Rechnungslegung (allgemein):
- Wie schätzen Vorstand und Abschlussprüfer den Grad der Rechnungslegung ein – eher konservativ oder aggressiv?
- Hat sich diese Einschätzung in den letzten Jahren verändert?
- Teilt der Aufsichtsrat diese Einschätzung?
- Gibt es Anzeichen für einen »Richtungswechsel« im Rahmen der Bilanzpolitik?
- Ist die derzeitige Bilanzpolitik durch schlüssige Argumente untermauert?

Bilanzierungswahlrechte:
- Erfolgt eine einheitliche, tendenzielle oder eine ausgewogene Ausübung der Bilanzierungswahlrechte?
- Wie würde ein um bilanzpolitische Spielereien »neutralisiertes« Ergebnis aussehen?
- Ist die Stetigkeit bei der Ausübung der Wahlrechte sichergestellt?

Sachverhaltsgestaltungen:
- Gibt es im aktuellen Abschluss Sachverhaltsgestaltungen in erheblichem Umfang (z.B. Leasing, Factoring, sale and lease back, Mietkauf, asset backed securities)?
- Mit welcher Begründung wurden diese durchgeführt?
- Wie würde der Abschluss ohne diese Gestaltungsvarianten aussehen?
- Gibt es wesentliche Auswirkungen auf Kennzahlen oder Covenants?

Unternehmenszusammenschlüsse:
- Sind bei der Kaufpreisallokation Probleme aufgetreten?
- Bestehen Unklarheiten bei der Bewertung von immateriellen Vermögenswerten oder der Zuordnung von Werttreibern? Konnten die zugrunde gelegten Nutzungsdauern objektiv nachvollziehbar und plausibel begründet werden?

- Kann die Höhe des Goodwills nachvollzogen werden?
- Kann die Werthaltigkeit durch Impairmenttests auf den Erwerbsstichtag bestätigt werden?
- Entsprechen die bei der Kaufpreisallokation verwendeten Informationen denjenigen, die zuvor für die Kaufentscheidung dem Aufsichtsrat und dem Vorstand vorgelegt bzw. verwendet wurden?

Impairmenttest:

- Passen die Ergebnisse der Impairmenttests zu den Branchentrends und der allgemeinen konjunkturellen Lage?
- Wie wurden die Bezugsgrößen gewählt (z. B. Firmenwert pro Segment oder pro Gesellschaft)?
- Wie wurden Beta-Faktoren ermittelt? Sind diese im Branchenvergleich üblich? Wie haben sie sich im Zeitablauf entwickelt?
- Sind Wachstumsraten oder Inflationsabschläge bei der Wertermittlung berücksichtigt worden? Wie wurden die entsprechenden Parameter ermittelt?

Fragen zur Bilanz

Allgemeine Fragen:

- Wie erfolgte die Ermittlung von notwendigen Schätzungen bei der Bilanzierung (z. B. Abschreibungsdauer abnutzbarer materieller und immaterieller Vermögenswerte wie erworbene Kundenstämme und erworbene Marken, Gängigkeitsanalyse bei der Vorratsbewertung, Einschätzung der Rückstellungsrisiken)?
- Enthält die Aktivseite Vermögenswerte, die Verfügungsbeschränkungen unterliegen (wenn ja, welcher Art und in welcher Höhe)?
- Wie entwickelt sich das Verhältnis zwischen langfristigen Verbindlichkeiten und langfristigem Vermögen?
- Wie haben sich die Eigenkapitalquote und der Verschuldungsgrad entwickelt?

Postenbezogene Fragen:

- Wie wurde die Unterscheidung zwischen aufwandsseitig erfassten Forschungs- und aktivierten Entwicklungskosten durchgeführt?
- Welchen Hintergrund und Inhalt hat der Posten Goodwill?
- Wie sind die Ertragsaussichten bei den Beteiligungsunternehmen? Gab es gravierende Abweichungen zwischen geplanten und tatsächlichen Ergebnissen? Wenn ja, worin sind diese begründet? Gibt es sonstige Anzeichen für Wertminderungen im Bereich der Finanzanlagen?
- Ist die Höhe des Vorratsvermögens der Geschäftstätigkeit angepasst (Umschlagshäufigkeit)? Bestehen Zweifel an der Höhe der vorgenommenen Abwertungen im Bereich des Vorratsvermögens? Wurde mit Vereinfachungsverfahren bei der Bewertung gearbeitet (z. B. First in First out)? Wenn ja, welche Auswirkungen ergeben sich hieraus auf die Bilanz?
- Entspricht die Entwicklung der Forderungen dem Geschäftsverlauf? Wie hoch sind die Forderungsausfälle und Wertberichtigungen im Vorjahrsvergleich? Bestehen Klumpenrisiken? Wie wurde Un- oder Unterverzinslichkeit berücksichtigt?
- Für welche Sachverhalte wurden aktive latente Steuern gebildet? In welchem Zeitraum ist mit einer Umkehrung der Effekte zu rechnen?
- Woraus resultieren die steuerlichen Verlustvorträge, auf die aktive latente Steuern gebildet wurden? In welchem Fall können sie genutzt werden? In welchem Zeitraum wird mit der Umkehrung der Effekte gerechnet? Stimmen diese Erkenntnisse mit der Unternehmensplanung überein?

- Ist der Bestand an liquiden Mitteln im Hinblick auf die Geschäftstätigkeit des Unternehmens angemessen? Werden überschüssige Mittel optimal angelegt? Welche Strategie wird hierbei verfolgt? Welche Risiken und Chancen beinhalten die Anlagemöglichkeiten?
- Ist das Verhältnis von Ausschüttungen und thesauriertem Eigenkapital der Unternehmenssituation angemessen?
- Welche Rückstellungen wurden mit welchen Zinssätzen abgezinst? Entspricht die Entwicklung der verwendeten Zinssätze dem allgemeinen Zinsniveau? Welche Auswirkungen ergeben sich im Bereich der Rückstellungen alleine durch externe Parameterveränderungen (Zinssatz, Gehalts- und Rententrends, Annahmen zur Kostensteigerung)?
- Gibt es wesentliche neue Rückstellungssachverhalte? Welche nicht rückstellungspflichtigen Rechtsstreitigkeiten befinden sich in welchem Stadium des Rechtsstreits?
- Sind die Ergebnisse der letzten Betriebsprüfung korrekt verarbeitet worden? Welche Erkenntnisse hatte die vergangene Betriebsprüfung? Bestehen wesentliche Betriebsprüfungsrisiken für noch unter Vorbehalt veranlagte Zeiträume?
- Besteht kurzfristig (Re-)Finanzierungsbedarf und wie soll dieser gedeckt werden?
- Bestehen Neben- oder Sicherungsabreden bzgl. Verbindlichkeiten?

Fragen zur Gewinn- und Verlust- bzw. Gesamtergebnisrechnung

Allgemeine Fragen:
- Wie hoch sind die Anteile von operativem und Finanzergebnis am Ergebnis der gewöhnlichen Geschäftstätigkeit? Wie hoch ist das außerordentliche Ergebnis?
- Gibt es wesentliche Auswirkungen auf das Ergebnis aus Änderungen der Rechnungslegungsvorschriften?
- Ist die Vergleichbarkeit mit den Vorjahresangaben eingeschränkt?
- Sind Kennzahlen wie Wareneinsatzquote, Steuerquote oder Eigenkapitalrentabilität stabil? Wie lassen sich die Veränderungen erklären? Sind die Kennzahlen im Branchenvergleich verständlich?

Postenbezogene Fragen:
- Wie erklären sich die wesentlichen Veränderungen der Posten?
- Gibt es zu außerplanmäßigen Wertminderungen des Vorjahrs neue Erkenntnisse?
- Wie verteilen sich die Umsatzerlöse und Materialaufwendungen auf die unterschiedlichen Geschäftsfelder?
- Ist der Personalaufwand pro Kopf im Vergleich zu Vorjahren plausibel?
- Wie hoch sind nicht wiederkehrende, einmalige oder außergewöhnliche Effekte? In welchen Posten werden diese abgebildet?

Fragen zum Anhang

- Ist der Anhang klar strukturiert und verständlich geschrieben?
- Werden bei Stetigkeitsdurchbrechungen ausreichend Angaben zur Vergleichbarkeit gemacht?
- Sind die Angaben nach § 285 Nr. 3 HGB zu außerbilanziellen Geschäften (z. B. Leasing, Verpfändung) enthalten und vollständig?

- Sind alle Angaben zu Finanzinstrumenten enthalten bzw. wird der Begriff Finanzinstrumente korrekt abgegrenzt?
- Werden alle erforderlichen Angaben zu Bewertungseinheiten getätigt?
- Sind alle nicht aus der Bilanz ersichtlichen finanziellen Verpflichtungen dargestellt?
- Enthält der Anhang alle notwendigen Angaben zu Aufsichtsräten und Vorständen? Sind insbesondere die Vorstandsbezüge in der notwendigen Detailtiefe erläutert worden?
- Ist der Anteilsbesitz vollständig und ist dieser im Anhang mit allen erforderlichen Angaben enthalten?
- Müssen übernahmerechtliche Angaben gemacht werden?
- Erfolgt die Angabe zum Abschlussprüferhonorar in Einklang mit den Kenntnissen des Aufsichtsrats aus dessen Beauftragung?
- Sind die Angaben zu nahestehenden Personen und Unternehmen vollständig und zutreffend? Hat der Aufsichtsrat Kenntnis von weiteren berichtspflichtigen Sachverhalten?

Fragen zu weiteren Abschlussbestandteilen

Kapitalflussrechnung:

- Wie haben sich die Cashflows aus betrieblicher Tätigkeit, Investitions- und Finanzierungstätigkeit im Vorjahresvergleich entwickelt?
- Deckt der Cashflow aus betrieblicher Tätigkeit die Investitionen im Berichtsjahr ab?
- Erscheint die Dividendenpolitik des Unternehmens (im Cashflow aus Finanzierungstätigkeit gesondert abgebildet) vor dem Hintergrund des Zahlungsmittelbestands und der Zahlungsströme sinnvoll?
- Wie stellen sich die Cashflows ohne Sondereffekte dar (z. B. Cashflow aus Veräußerung einer Beteiligung, Betriebsprüfungsnachzahlung)?
- Ist die wechselkursbedingte Veränderung des Finanzmittelfonds plausibel?
- Wie setzt sich der Finanzmittelfonds zusammen?
- Reichen die nachhaltig generierbaren Cashflows z. B. unter Annahme von Ersatzinvestitionen in Höhe der Abschreibungen, um die bestehenden Verbindlichkeiten planmäßig zu tilgen?

Eigenkapitalspiegel/-veränderungsrechnung:

- Werden alle wesentlichen Änderungen des Konzerneigenkapitals verständlich dargestellt und sind diese plausibel auf dem Kenntnisstand des jeweiligen Aufsichtsratsmitglieds?
- Ist die durch Wechselkursänderungen induzierte, erfolgsneutrale Änderung im Konzerneigenkapital plausibel?
- Ist die Position »übrige Änderungen des Konzerneigenkapitals« nachvollziehbar?
- Erscheint das Verhältnis von Dividenden und thesauriertem Eigenkapital betriebswirtschaftlich sinnvoll?

Segmentberichterstattung:

- Steht die Segmentberichtsrechnung in Einklang mit der Struktur der Berichterstattung an die Geschäftsführung? Ist die Segmentabgrenzung aussagekräftig?
- Ist die Entwicklung der einzelnen Segmente plausibel?

Fragen zum Lagebericht

Geschäftsentwicklung:

- Stehen die Erläuterungen zur Vermögens-, Finanz- und Ertragslage und zur allgemeinen Geschäftsentwicklung in Einklang mit den Kenntnissen des Aufsichtsrats? Sind insbesondere die getätigten Ausführungen vollständig und in sich schlüssig?
- Ist die Berichterstattung ausgewogen? Sind die gesetzten Akzentuierungen möglicherweise irreführend?

Chancen- und Risikobericht:

- Werden Chancen und Risiken – getrennt nach Risikoarten – aller Geschäftsbereiche in hinreichendem Umfang dargestellt?
- Sind die Erläuterungen zu ergriffenen Absicherungsmaßnahmen konkret genug und nachvollziehbar hinsichtlich verfolgter Strategie, Art und Umfang der Absicherung?
- Sind die verbleibenden offenen Risikopositionen quantifizierbar und entsprechend dargestellt?
- Sind das interne Kontrollsystem und das Risikomanagementsystem mit Rechnungslegungsbezug erläutert (nur bei Kapitalmarktorientierung)? Sind diese Ausführungen mit den Kenntnissen des Aufsichtsrats über diese Prozesse vereinbar?

Nachtragsbericht:

- Sind die Erläuterungen zu den Vorkommnissen nach dem Abschlussstichtag verständlich, klar und ausreichend umfassend?
- Wird über alle wesentlichen Ereignisse nach Schluss des Geschäftsjahres berichtet?

Ausblick:

- Umfasst die Berichterstattung einen Zeitraum von mindestens zwei Jahren?
- Sind die Ausführungen trotz immanenter Planungsunsicherheiten möglichst konkret und nachvollziehbar?
- Steht die Berichterstattung in Einklang mit internen Planungsunterlagen (z. B. für Zielvereinbarungen mit Führungskräften, Informationen in Gesprächen mit Kreditinstituten oder Analysten)?

Erklärung zur Unternehmensführung:

- Wird eine Erklärung zur Unternehmensführung vom Vorstand abgegeben bzw. muss eine solche Erklärung abgegeben werden?
- Ist die Erklärung zum Deutschen Corporate Governance Kodex enthalten?
- Stehen die geschilderten Unternehmensführungspraktiken und Arbeitsweisen in Einklang mit unternehmensinternen Vorgängen und Verfahrensanweisungen sowie Geschäftsordnungen?

Weitere Angaben:

- Sind Angaben zur Kapitalzusammensetzung sowie übernahmerechtliche Angaben zu tätigen? Stehen die Angaben in Einklang mit den Kenntnissen des Aufsichtsrats?
- Besteht die Verpflichtung zur Abgabe eines Bilanzeids (Inlandsemittenten)? Kann die Aussage des Bilanzeids inhaltlich vom Aufsichtsrat gestützt werden?

Fragen zur Abschlussprüfung

Fragen an den Abschlussprüfer:

- Ist der Abschlussprüfer mit der Vorbereitung der Abschlussprüfung und der Aufstellung des Abschlusses durch den Vorstand bzw. das Unternehmen zufrieden?
- Hat der Abschlussprüfer alle benötigten Unterlagen zeitnah und vollständig erhalten?
- Sind Meinungsverschiedenheiten zwischen Abschlussprüfer und Vorstand aufgetreten? Welche Sachverhalte betraf dies? Wie wurden die Differenzen bereinigt?
- Wie schätzt der Abschlussprüfer die Qualität des Erstellungsprozesses und des Abschlusses ein?
- Welche Bilanzierungswahlrechte oder Ermessensspielräume hätte der Abschlussprüfer anders genutzt und wieso?
- Gibt es Themenbereiche oder Bilanzierungsentscheidungen im Abschluss, die der Abschlussprüfer als grenzwertig einstuft?
- Bei welchen Prozessen sieht der Abschlussprüfer Verbesserungspotential?
- Ist das Rechnungswesen nach Meinung des Abschlussprüfers sowohl hinsichtlich fachlicher Qualifikation als auch in Bezug auf die Mannstärke adäquat besetzt?
- Ist der Vorstand aus Sicht des Abschlussprüfers ausreichend in den Abschlusserstellungsprozess eingebunden?
- Welches sind für den Abschlussprüfer die größten Risiken in Bezug auf sein Testat sowie in Bezug auf die Zukunft des Unternehmens?
- Welche Wünsche hat der Abschlussprüfer an Vorstand und Aufsichtsrat?
- Wie schätzt der Abschlussprüfer das Risiko hinsichtlich Fraud ein? Teilt er die Auffassung von Vorstand und/oder Aufsichtsrat?

Fragen an den Vorstand:

- Ist der Vorstand mit dem Ablauf der Abschlussprüfung sowie deren Ergebnis zufrieden?
- Wie schätzt der Vorstand die Qualität des Prüfungsberichts ein?
- In welchen Bereichen des Abschlusserstellungs- und -prüfungsprozesses sieht der Vorstand Verbesserungspotential und bei wem?
- Kann der Mehrwert der Abschlussprüfung gesteigert werden und wodurch (z. B. Managementletterempfehlungen)?
- Ist der Vorstand mit der Zusammensetzung des Prüfungsteams zufrieden?
- Fühlte der Vorstand sich zeitnah und umfangreich über den Fortgang der Abschlussprüfung informiert?
- In welchen Punkten könnte die Zusammenarbeit zwischen Vorstand, Aufsichtsrat und Abschlussprüfer verbessert werden?

Fragen für den Kreis des Aufsichtsrats:

- Ist der Aufsichtsrat mit dem Verlauf der Abschlusserstellung und -prüfung sowie dem Ergebnis zufrieden?
- Ist der Aufsichtsrat bei allen wichtigen Themen zeitnah und umfassend vom Vorstand informiert worden?
- Ist der Aufsichtsrat mit der Qualität des Prüfungsberichts des Abschlussprüfers zufrieden?
- Wie könnte die Qualität des Abschlusses, dessen Erstellungs- und Prüfungsprozess verbessert werden?
- Was können nach Auffassung des Aufsichtsrats Vorstand und Abschlussprüfer für Folgeabschlüsse optimieren?

Anhang B: Hilfestellung für das Gespräch mit dem Abschlussprüfer zur Überwachung der Durchführung der Abschlussprüfung

- Was ist das Konzept des Prüfungsansatzes des Abschlussprüfers und welchen Prüfungsplan wird er verfolgen?
- Wie sind die Einschätzungen des Abschlussprüfers, insbesondere dessen Risikoeinschätzung zu den einzelnen Geschäftsbereichen des Unternehmens bzw. der Konzerngesellschaften?
- Sind die Einschätzungen des Abschlussprüfers konsistent zu den Berichten der Internen Revision, der eigenen Kenntnisse und Erfahrungen des Aufsichtsrats und zu den Ankündigungen der DPR hinsichtlich ihrer Prüfungsschwerpunkte?
- Wie läuft die Kommunikation zwischen Abschlussprüfer und Management, inklusive der schriftlichen Berichterstattung (Prüfungsberichte, ggf. Managementletter) sowie über die nicht gebuchten Prüfungsdifferenzen?
- Welche (vorläufigen) Prüfungsergebnisse liegen vor und wie läuft der Fortgang der Prüfung?
- Gibt es bezüglich der Prüfungsergebnisse bedeutende Meinungsverschiedenheiten zwischen Vorstand und Abschlussprüfer, die sowohl gelöst wie auch nicht behoben werden konnten?
- Wie hoch ist das Ausmaß an festgestellten Fehlern, die nicht nachgebucht wurden, und welche Erklärungen liefert der Vorstand?
- Wie schätzt der Abschlussprüfer die Offenheit der Auskunftspersonen der Gesellschaft bei der Durchführung der Prüfung ein?
- Erhält der Abschlussprüfer ungehinderten Zugang zu den angeforderten Unterlagen?
- Können bestimmte Informationen nur nach intensivem Insistieren beschafft werden?
- Wie geht der Vorstand mit den Empfehlungen des Abschlussprüfers um?

Anhang C: Hilfestellung für die Beurteilung des Abschlussprüfers

Unabhängigkeit des Abschlussprüfers

- Gibt es Beziehungen zwischen dem Prüfer und der Gesellschaft und ihrer Gruppe, die Zweifel an seiner Unabhängigkeit begründen können?
- Existieren Umstände, die eine Befangenheit des Abschlussprüfers besorgen lassen?
- Welche Leistungen wurden vom Abschlussprüfer zusätzlich zur Abschlussprüfung erbracht?
- Wird geregelt, welche Nichtprüfungsleistungen durch den Abschlussprüfer ausgeschlossen, nach Überprüfung durch den Prüfungsausschuss zulässig oder ohne Einschaltung des Prüfungsausschusses zulässig sind?

Qualität der Abschlussprüfung

- Existiert eine Bescheinigung über den Peer Review?
- Wie zeichnet sich die fachliche Qualifikation des Prüfungsteams aus?
- Wie zeichnet sich die persönliche Integrität und das Urteilsvermögen der Teammitglieder aus?
- Wie läuft der Prüfungsprozess einschließlich der IT-Unterstützung ab?
- Wie funktionieren Planung und Überwachung der Prüfungshandlungen?
- Wie funktioniert das System der Qualitätssicherung der Wirtschaftsprüfungsgesellschaft?
- Ist die Berichterstattung des Abschlussprüfers an den Prüfungsausschuss geregelt und klar?
- Unterstützt der Abschlussprüfer den Prüfungsausschuss bzw. Aufsichtsrat bei seiner Überwachungstätigkeit (z. B. Empfehlungen im Rahmen des Managementletters)?
- Wie sichert der Konzernabschlussprüfer die Durchführung sowie die Qualität der Abschlussprüfung auf Ebene der Tochtergesellschaften bei dem Prüfungsgesellschaftsnetzwerk, bei Prüfungsgesellschaften mehrerer Netzwerke oder bei einem Joint Audit?
- Ist die Honorierung des Abschlussprüfers so gestaltet, dass diese eine qualitativ hochwertige Abschlussprüfung ermöglicht? Wie verhält sich diese im Verhältnis zu anderen Dienstleistern (z. B. Rechtsberatung, Steuerberatung, Unternehmensberatung)?
- Erfolgt eine adressatengerechte Information des Prüfungsausschusses über aktuelle Themen sowie relevante Änderungen im Bereich der Corporate Governance?

Anhang D: Muster einer Geschäftsordnung

Geschäftsordnung für den Prüfungsausschuss des Aufsichtsrats der [*Name der Gesellschaft*] AG
(Datum)

§ 1
Grundlage der Tätigkeit des Prüfungsausschusses

(1) Der Prüfungsausschuss des Aufsichtsrats der [*Name der Gesellschaft*] AG besteht auf der Grundlage der Geschäftsordnung des Aufsichtsrats der [*Name der Gesellschaft*] AG. Soweit die vorliegende Geschäftsordnung keine abweichenden Regelungen enthält, gelten die Regelungen der Geschäftsordnung für den Aufsichtsrat der [*Name der Gesellschaft*] AG entsprechend.
(2) Der Prüfungsausschuss wird seine Geschäftsordnung regelmäßig überprüfen und ggf. deren Anpassung dem Aufsichtsrat vorschlagen.
(3) (*optional: Die Geschäftsordnung des Prüfungsausschusses ist auf der Homepage der Gesellschaft zu veröffentlichen.*)

§ 2
Zusammensetzung und Leitung

(1) Dem Prüfungsausschuss gehören [*Anzahl*] Mitglieder an, die vom Aufsichtsrat [*z. B. mit der Mehrheit der abgegebenen Stimmen/ gemäß § XXX seiner Geschäftsordnung*] gewählt werden. [*nähere Regelungen zur Zusammensetzung, z. B. »Je [Anzahl] werden auf Vorschlag der Anteilseignervertreter und der Arbeitnehmervertreter des Aufsichtsrats gewählt.«*]
(2) Der Prüfungsausschuss wird von seinem Vorsitzenden[1] geleitet. Dieser soll über besondere Kenntnisse und Erfahrungen in der Anwendung von Rechnungslegungsgrundsätzen und internen Kontrollverfahren verfügen. Er wird [*vom Aufsichtsrat / auf Vorschlag der Anteilseignervertreter vom Aufsichtsrat / vom Prüfungsausschuss*] gewählt, sollte unabhängig und kein ehemaliges Vorstandsmitglied der Gesellschaft sein, dessen Bestellung vor weniger als zwei Jahren endete. [*weitere Regelungen, z. B. zur Personenidentität des Vorsitzenden des Prüfungsausschusses mit dem Vorsitzenden des Aufsichtsrats*]
(3) Der Aufsichtsrat achtet darauf, dass auch die übrigen Mitglieder des Prüfungsausschusses über die zur ordnungsgemäßen Wahrnehmung der Aufgaben des Prüfungsausschusses erforderlichen Kenntnisse, Fähigkeiten und fachlichen Erfahrungen verfügen und hinreichend unabhängig sind.

§ 3
Aufgaben des Prüfungsausschusses

Der Aufsichtsrat der [*Name der Gesellschaft*] AG beauftragt den Prüfungsausschuss mit den folgenden in dieser Geschäftsordnung festgelegten Aufgaben:

a) Vorbereitende Prüfung der Finanzberichterstattung,
b) Vorauswahl und Vorschlag des Abschlussprüfers,
c) Überwachung des Abschlussprüfers und seiner Tätigkeit,
d) Überwachung des Rechnungslegungsprozesses und der Wirksamkeit des Internen Kontrollsystems,
e) Überwachung der Wirksamkeit des Risikomanagementsystems,
f) Überwachung der Wirksamkeit des Compliance Managementsystems,
g) Überwachung der Wirksamkeit des internen Revisionssystems.

Der Aufsichtsrat kann den Prüfungsausschuss fallweise durch Beschluss mit weiteren Aufgaben betrauen.

---

[1] Zur sprachlichen Vereinfachung wird im vorliegenden Text lediglich die männliche Form verwandt. Inhaltlich sind gleichermaßen weibliche und männliche Personen gemeint.

§ 4
Jahres- und Konzernabschluss

(1) Der Prüfungsausschuss bereitet die Verhandlungen und Entscheidungen des Aufsichtsrats über die Feststellung des Jahresabschlusses und die Billigung des Konzernabschlusses vor.
(2) Die Prüfung der Jahres- und Konzernabschlüsse der [*Name der Gesellschaft*] AG bezieht sich darauf, ob die gesetzlichen Anforderungen bei der Erstellung eingehalten wurden und ob die Darstellungen ein den tatsächlichen Verhältnissen entsprechendes Bild der Vermögens-, Finanz- und Ertragslage der Gesellschaft und des Konzerns widerspiegeln. Hierzu unternimmt der Prüfungsausschuss vor allem Folgendes:
   a) Kritische Lektüre der Prüfungsberichte;
   b) ausführliche Erörterung mit dem Vorstand und dem Abschlussprüfer, insbesondere zu folgenden Themen:
      - Kritische Bilanzierungssachverhalte, für die bspw. widersprüchliche oder nur in geringem Umfang Regelungen und Kommentarmeinungen bestehen,
      - Ausübung von Bilanzierungswahlrechten,
      - Auswirkungen einer Anwendung alternativ zulässiger Bilanzierungsmethoden,
      - Anwendung neuer oder Änderungen bislang angewandter Rechnungslegungsvorschriften,
      - Wesentliche Bilanzierungsvorgänge, die auf Einschätzungen des Managements beruhen,
      - Sachverhaltsgestaltende Maßnahmen,
      - Transaktionen mit nahe stehenden Personen,
      - Außerbilanzielle Transaktionen und sonstige wesentliche finanzielle Maßnahmen und Geschäfte, die nicht aus der regelmäßigen Berichterstattung hervorgehen,
      - Zweckmäßigkeit der Bilanzierung,
      - Lagebericht (Darstellung der Geschäftsentwicklung, Ausblick, Darstellung des Internen Kontrollsystems im Lagebericht),
      - Gewinnverwendungsvorschlag,
      - Auswirkungen geplanter oder anstehender Änderungen in den Rechnungslegungsstandards.
   c) Befragung des Abschlussprüfers zu
      - wesentlichen Prüfungsergebnissen (insbesondere gebuchte und nicht gebuchte Prüfungsdifferenzen),
      - wesentlichen geklärten und nicht abschließend geklärten Meinungsverschiedenheiten mit dem Vorstand.
(3) [*wenn zutreffend:* Halbjahres- und Quartalsberichte erörtert der Prüfungsausschuss vor deren Veröffentlichung gemeinsam mit dem Vorstand und dem Abschlussprüfer, einschließlich des Berichts des Abschlussprüfers über die prüferische Durchsicht der Quartalsabschlüsse und des Halbjahresfinanzberichts sowie der begleitenden Presseveröffentlichungen und Informationen.]
(4) Die Erörterungen können sich auf Verlangen mindestens eines Mitglieds des Ausschusses auch auf Entwürfe der Unterlagen beziehen.
(5) Der Prüfungsausschuss lässt sich über die sonstige Finanzberichterstattung vom Vorstand informieren (z. B. Pressemeldungen, Gewinnerwartungen etc.). Die Information kann auch nach Veröffentlichung dieser Mitteilungen erfolgen.

§ 5
Vorauswahl und Beauftragung des Abschlussprüfers

(1) Der Prüfungsausschuss unterbreitet dem Aufsichtsrat eine Empfehlung für dessen Vorschlag an die Hauptversammlung zur Wahl des Abschlussprüfers [*und des Prüfers für die prüferische Durchsicht von Zwischenberichten*].
Vor Unterbreitung des Wahlvorschlags prüft der Prüfungsausschuss die Eignung des vorgesehenen Abschlussprüfers, insbesondere unter Berücksichtigung der folgenden Punkte:
   a) Prüfung der Unabhängigkeit durch Einholung einer Erklärung darüber, ob und ggf. welche geschäftlichen, finanziellen, persönlichen oder sonstigen Beziehungen zwischen dem Prüfer und seinen Organen und Prüfungsleitern einerseits und dem Unternehmen und seinen Organmitgliedern andererseits bestehen, die Zweifel an seiner Unabhängigkeit begründen können. Die

Erklärung soll sich auch darauf erstrecken, in welchem Umfang im vorausgegangenen Geschäftsjahr andere Leistungen für das Unternehmen, insbesondere auf dem Beratungssektor, erbracht wurden bzw. für das folgende Jahr vertraglich vereinbart sind;
b) Anforderung der Bescheinigung über die Teilnahme am System der Qualitätskontrolle als Nachweis über die Erlaubnis zur Durchführung gesetzlicher Abschlussprüfungen (§ 57a WPO);
c) Prüfung, dass die vorgesehenen Wirtschaftsprüfer nicht bereits in sieben oder mehr Fällen für die Abschlussprüfung verantwortlich waren.

(2) Der Prüfungsausschuss bereitet die Beschlussfassung über die Erteilung des Prüfungsauftrags für den Jahres- und Konzernabschluss an den Abschlussprüfer vor. Nach dem Beschluss der Hauptversammlung über die Wahl des Abschlussprüfers wird der Prüfungsauftrag durch den Aufsichtsratsvorsitzenden und den Vorsitzenden des Prüfungsausschusses unterzeichnet.
Der Prüfungsausschuss ist ermächtigt, folgende Vereinbarungen mit dem Abschlussprüfer zu treffen:
a) die Prüfungsschwerpunkte,
b) die Informationspflichten des Abschlussprüfers, insbesondere
  a. dass der Vorsitzende des Prüfungsausschusses über während der Prüfung auftretende mögliche Ausschluss- und Befangenheitsgründe unverzüglich unterrichtet wird, soweit diese nicht unverzüglich beseitigt werden,
  b. dass der Prüfungsausschuss informiert bzw. im Prüfungsbericht vermerkt wird, wenn der Abschlussprüfer bei Durchführung der Abschlussprüfung Tatsachen feststellt, die eine Unrichtigkeit der von Vorstand und Aufsichtsrat abgegebenen Erklärung zum Deutschen Corporate Governance Kodex ergeben,
  c. dass der Abschlussprüfer über alle für die Aufgaben des Aufsichtsrats wesentlichen Feststellungen und Vorkommnisse unverzüglich berichtet, die sich bei der Durchführung der Abschlussprüfung ergeben,
  d. dass der Abschlussprüfer den Prüfungsausschuss über wesentliche Schwächen des internen Kontroll- und Risikomanagementsystems, insbesondere bezogen auf den Rechnungslegungsprozess, in Kenntnis setzt.
c) die Vergütung des Abschlussprüfers.

[*Alternativ: Nach Beratung mit dem Finanzvorstand schlägt der Prüfungsausschuss dem Aufsichtsrat Schwerpunkte für die Abschlussprüfung sowie die Vergütung des Abschlussprüfers vor.*]

[*Optional: Aufträge an den Abschlussprüfer oder Gesellschaften, mit denen dieser rechtlich, wirtschaftlich oder personell verbunden ist, bedürfen der vorherigen Zustimmung des Prüfungsausschusses. Einzelheiten zum Verfahren kann der Prüfungsausschuss in einer Richtlinie regeln.*]

[*Optional: Der Prüfungsausschuss legt Richtlinien für die Anstellung von Mitarbeitern – auch ehemaligen – des Abschlussprüfers bei der Gesellschaft fest.*]

§ 6
Überwachung des Abschlussprüfers

Der Prüfungsausschuss überprüft die Tätigkeit des Abschlussprüfers im Rahmen der Abschlussprüfung [*und der prüferischen Durchsicht von Zwischenfinanzberichten*] und informiert sich hierzu regelmäßig über die Prüfungsplanung, den Prüfungsumfang und einzelnen Prüfungshandlungen.

§ 7
Überwachung der unternehmerischen Kontrollsysteme

(1) Der Prüfungsausschuss behandelt für den Aufsichtsrat Fragen des internen Kontrollsystems und des Risikomanagementsystems sowie des Compliance Managementsystems.
(2) Der Prüfungsausschuss erörtert mit dem Vorstand wenigstens einmal jährlich die Angemessenheit, Funktionsweise und Wirksamkeit des Internen Kontrollsystems, des Risikomanagementsystems, des internen Revisionssystems und des Compliance-Systems einschließlich sinnvoller Anpassungen. Der Prüfungsausschuss lässt sich über Maßnahmen zur Beseitigung eventuell festgestellter Systemmängel oder -schwächen und zur Umsetzung sinnvoller Anpassungen vom Vorstand berichten.

(3) Der Prüfungsausschuss erörtert mit dem Vorstand Geschäftsrisiken mit wesentlichen Auswirkungen auf die Vermögens-, Finanz- und Ertragslage als Grundlage der Beurteilung der Wirksamkeit des Risikomanagementsystems.
(4) Der Prüfungsausschuss erhält einmal jährlich den Jahresprüfplan der Internen Konzernrevision, lässt sich regelmäßig über die Ausstattung, die Organisation sowie die wesentlichen Feststellungen und eventuell dazu veranlasste Maßnahmen berichten und kann dem Bereich Interne Konzernrevision auch im Einzelnen spezifizierte Aufträge erteilen.
(5) In den Sitzungen des Prüfungsausschusses wird regelmäßig über Fragen der Compliance berichtet. (*optional: Hierzu gehört auch eine jährliche Berichterstattung des Chief Compliance Officer über seinen Tätigkeitsbereich.*)
(6) Der Prüfungsausschuss behandelt die auf die unternehmerischen Kontrollsysteme bezogenen Feststellungen und Anregungen des Abschlussprüfers.

(*optional: Der Prüfungsausschuss ist zuständig für die Entgegennahme und Behandlung von Beschwerden von Mitarbeitern, Aktionären sowie Dritten über das Rechnungswesen, die internen Prüfverfahren zur Rechnungslegung, die Abschlussprüfung und sonstigen bilanzierungsbezogenen Angelegenheiten. Die Beschwerden von Mitarbeitern können anonym eingereicht werden. Dem Mitarbeiter, der die Beschwerde einlegt, darf hieraus kein Nachteil entstehen.*)

§ 8
Informationen des Prüfungsausschusses

(1) Jedes Mitglied des Prüfungsausschusses ist nach Beschluss des Aufsichtsrats berechtigt, alle Geschäftsunterlagen, -bücher, auf Datenträgern gespeicherte Geschäftsinformationen, Vermögensgegenstände und Verbindlichkeiten der Gesellschaft einzusehen.
(2) Der Prüfungsausschuss ist berechtigt, Auskünfte im Zusammenhang mit der Tätigkeit des Prüfungsausschusses vom Abschlussprüfer, dem Vorstand und – mit Zustimmung des Vorstands – den leitenden Angestellten der Gesellschaft, die dem Vorstand unmittelbar berichten, einzuholen.
(3) Zur Wahrnehmung seiner Aufgaben nimmt der Prüfungsausschuss regelmäßig, mindestens vierteljährlich, Informationen des Vorstands zur Entwicklung des Geschäftsverlaufs und der wichtigsten Kennzahlen für den Konzern und die Segmente entgegen. Des Weiteren lässt sich der Prüfungsausschuss möglichst frühzeitig vom Vorstand unterrichten über:
   a) Wesentliche außerbilanzielle Transaktionen und sonstige wesentliche finanzielle Maßnahmen und Geschäfte, die nicht aus der regelmäßigen Berichterstattung hervorgehen;
   b) Alle bedeutenden Mängel und wesentlichen Schwächen bei der Ausgestaltung und der Anwendung des Rechnungslegungsprozesses und des Internen Kontrollsystems einschließlich des Risikomanagementsystems und des Internen Revisionssystems;
   c) Jeden sanktionierten Gesetzesverstoß seitens des Managements oder Angestellter, die eine wesentliche Funktion hinsichtlich der internen Kontroll- und Steuerungssysteme innehaben, einschließlich dazu veranlasster Maßnahmen;
   d) Sonstige dem Vorstand bekannte gesetzeswidrige Vorgänge und wesentliche Risiken.
(4) Der Prüfungsausschuss kann zur Erfüllung seiner Aufgaben nach seinem Urteil und pflichtgemäßen Ermessen Wirtschaftsprüfer, Rechts- und sonstige externe und interne Berater hinzuziehen. Hierzu ist ein Mehrheitsbeschluss des Prüfungsausschusses notwendig. Die Kosten trägt die Gesellschaft.

§ 9
Sitzungen

(1) Der Prüfungsausschuss tritt mindestens [*Anzahl*] mal im Geschäftsjahr auf Einladung des Ausschussvorsitzenden zusammen. (*optional: Die Sitzungen können – mit Ausnahme der Bilanzsitzung – auch in Form einer Video- oder Telefonkonferenz stattfinden.*) Die Sitzungen werden vom Vorsitzenden, im Falle seiner Verhinderung von einem Stellvertreter des Vorsitzenden, den dieser nach Möglichkeit bestimmt, unter Einhaltung einer Frist von mindestens [*Anzahl*] Wochen [*schriftlich*] einberufen. (*optional: In dringenden Fällen kann die Frist abgekürzt und die Einberufung fernmündlich oder mit Hilfe sonstiger Telekommunikationsmittel vorgenommen werden.*)

(2) Für die Einberufung und Protokollierung von Sitzungen, für die Beschlussfähigkeit und Beschlussfassung des Prüfungsausschusses gelten die Bestimmungen der Geschäftsordnung für den Vorstand entsprechend. (*optional: Der Vorsitzende des Prüfungsausschusses hat bei Abstimmungen im Falle der Stimmengleichheit bei einer erneuten Abstimmung, wenn auch diese Stimmengleichheit ergibt, zwei Stimmen.*)
(3) An den Sitzungen nehmen in der Regel der Vorstandsvorsitzende und der Finanzvorstand der Gesellschaft [*ggf. weitere*] sowie themenbezogen der Abschlussprüfer teil.
(4) Der Vorsitzende des Prüfungsausschusses kann weitere Vorstandsmitglieder oder in Abstimmung mit dem Vorstand Mitarbeiter des Unternehmens hinzuziehen.
(5) Der Ausschussvorsitzende kann bestimmen, dass Sitzungen des Prüfungsausschusses ohne die Teilnahme von Mitgliedern des Vorstands stattfinden. (*optional: Der Prüfungsausschuss soll mindestens einmal pro Geschäftsjahr ohne den Vorstand tagen.*)

§ 10
Berichterstattung und Erklärungen

(1) Der Vorsitzende des Prüfungsausschusses berichtet dem Gesamtaufsichtsrat [*regelmäßig/ spätestens in der nächsten, auf die Ausschusssitzung folgenden Aufsichtsratssitzung*] über die Tätigkeit des Ausschusses.
(2) Soweit zur Durchführung von Beschlüssen des Prüfungsausschusses Erklärungen abzugeben oder entgegen zu nehmen sind, handelt der Vorsitzende des Prüfungsausschusses oder bei dessen Verhinderung der Aufsichtsratsvorsitzende für den Prüfungsausschuss.
(3) (*Optional: Der Bericht des Aufsichtsrats an die Hauptversammlung über das Ergebnis der Prüfung des Jahresabschlusses und des Konzernabschlusses wird durch den Prüfungsausschuss vorbereitet.*)

§ 11
Effizienzprüfung

Der Prüfungsausschuss wird die Effizienz seiner Tätigkeit regelmäßig überprüfen.

§ 12
Verschwiegenheit

Mitglieder des Prüfungsausschusses und andere Personen, die an Sitzungen des Prüfungsausschusses teilnehmen, haben über erhaltene Berichte und den Inhalt der Beratungen sowie über Geheimnisse der Gesellschaft, namentlich Betriebs- und Geschäftsgeheimnisse, die ihnen durch ihre Tätigkeit im Prüfungsausschuss bekannt geworden sind, Stillschweigen zu bewahren.

[*Alternativ: Für die Mitglieder des Prüfungsausschusses gilt die Verschwiegenheitsregelung in § XX der Satzung der Gesellschaft/ § XX der Geschäftsordnung des Aufsichtsrats.*]

Die Ausschussmitglieder werden insbesondere auf die Einhaltung der Insiderregeln des Wertpapierhandelsgesetzes achten.

Anhang E: Formulierungen für Bestätigungsvermerke und Versagungsvermerke bei Abschlussprüfungen

Bestätigungsvermerke nach IDW PS 400 (Stand: 24.11.2010)

Uneingeschränkter Bestätigungsvermerk aufgrund einer gesetzlichen Jahresabschlussprüfung

Bestätigungsvermerk des Abschlussprüfers

Ich habe / Wir haben den Jahresabschluss – bestehend aus Bilanz, Gewinn- und Verlustrechnung sowie Anhang – unter Einbeziehung der Buchführung und den Lagebericht der ... [Gesellschaft] für das Geschäftsjahr vom ... [Datum] bis ... [Datum] geprüft. Die Buchführung und die Aufstellung von Jahresabschluss und Lagebericht nach den deutschen handelsrechtlichen Vorschriften [und den ergänzenden Bestimmungen des Gesellschaftsvertrags / der Satzung] liegen in der Verantwortung der gesetzlichen Vertreter der Gesellschaft. Meine / Unsere Aufgabe ist es, auf der Grundlage der von mir / uns durchgeführten Prüfung eine Beurteilung über den Jahresabschluss unter Einbeziehung der Buchführung und über den Lagebericht abzugeben.

Ich habe meine / Wir haben unsere Jahresabschlussprüfung nach § 317 HGB unter Beachtung der vom Institut der Wirtschaftsprüfer (IDW) festgestellten deutschen Grundsätze ordnungsmäßiger Abschlussprüfung vorgenommen. Danach ist die Prüfung so zu planen und durchzuführen, dass Unrichtigkeiten und Verstöße, die sich auf die Darstellung des durch den Jahresabschluss unter Beachtung der Grundsätze ordnungsmäßiger Buchführung und durch den Lagebericht vermittelten Bildes der Vermögens-, Finanz- und Ertragslage wesentlich auswirken, mit hinreichender Sicherheit erkannt werden. Bei der Festlegung der Prüfungshandlungen werden die Kenntnisse über die Geschäftstätigkeit und über das wirtschaftliche und rechtliche Umfeld der Gesellschaft sowie die Erwartungen über mögliche Fehler berücksichtigt. Im Rahmen der Prüfung werden die Wirksamkeit des rechnungslegungsbezogenen internen Kontrollsystems sowie Nachweise für die Angaben in Buchführung, Jahresabschluss und Lagebericht überwiegend auf der Basis von Stichproben beurteilt. Die Prüfung umfasst die Beurteilung der angewandten Bilanzierungsgrundsätze und der wesentlichen Einschätzungen der gesetzlichen Vertreter sowie die Würdigung der Gesamtdarstellung des Jahresabschlusses und des Lageberichts. Ich bin / Wir sind der Auffassung, dass meine / unsere Prüfung eine hinreichend sichere Grundlage für meine / unsere Beurteilung bildet.

Meine / Unsere Prüfung hat zu keinen Einwendungen geführt.

Nach meiner / unserer Beurteilung aufgrund der bei der Prüfung gewonnenen Erkenntnisse entspricht der Jahresabschluss den gesetzlichen Vorschriften [und den ergänzenden Bestimmungen des Gesellschaftsvertrags / der Satzung] und vermittelt unter Beachtung der Grundsätze ordnungsmäßiger Buchführung ein den tatsächlichen Verhältnissen entsprechendes Bild der Vermögens-, Finanz- und Ertragslage der Gesellschaft. Der Lagebericht steht in Einklang mit dem Jahresabschluss, vermittelt insgesamt ein zutreffendes Bild von der Lage der Gesellschaft und stellt die Chancen und Risiken der zukünftigen Entwicklung zutreffend dar.

(Ort)
(Datum)
(Unterschrift)

Wirtschaftsprüfer

Uneingeschränkter Bestätigungsvermerk aufgrund einer gesetzlichen Abschlussprüfung bei einem nach § 315a HGB aufgestellten Konzernabschluss und Konzernlagebericht

Bestätigungsvermerk des Abschlussprüfers

Ich habe / Wir haben den von der ... [Gesellschaft] aufgestellten Konzernabschluss – bestehend aus Bilanz, Gesamtergebnisrechnung, Eigenkapitalveränderungsrechnung, Kapitalflussrechnung und Anhang – sowie den Konzernlagebericht für das Geschäftsjahr vom ... [Datum] bis ... [Datum] geprüft. Die Aufstellung von Konzernabschluss und Konzernlagebericht nach den IFRS, wie sie in der EU anzuwenden sind, und / oder den ergänzend nach § 315a Abs. 1 HGB anzuwendenden handelsrechtlichen Vorschriften [sowie den ergänzenden Bestimmungen des Gesellschaftsvertrags / der Satzung] liegt in der Verantwortung der gesetzlichen Vertreter der Gesellschaft. Meine / Unsere Aufgabe ist es, auf der Grundlage der von mir / uns durchgeführten Prüfung eine Beurteilung über den Konzernabschluss und den Konzernlagebericht abzugeben.

Ich habe meine / Wir haben unsere Konzernabschlussprüfung nach § 317 HGB unter Beachtung der vom Institut der Wirtschaftsprüfer (IDW) festgestellten deutschen Grundsätze ordnungsmäßiger Abschlussprüfung vorgenommen. Danach ist die Prüfung so zu planen und durchzuführen, dass Unrichtigkeiten und Verstöße, die sich auf die Darstellung des durch den Konzernabschluss unter Beachtung der anzuwendenden Rechnungslegungsvorschriften und durch den Konzernlagebericht vermittelten Bildes der Vermögens-, Finanz- und Ertragslage wesentlich auswirken, mit hinreichender Sicherheit erkannt werden. Bei der Festlegung der Prüfungshandlungen werden die Kenntnisse über die Geschäftstätigkeit und über das wirtschaftliche und rechtliche Umfeld des Konzerns sowie die Erwartungen über mögliche Fehler berücksichtigt. Im Rahmen der Prüfung werden die Wirksamkeit des rechnungslegungsbezogenen internen Kontrollsystems sowie Nachweise für die Angaben im Konzernabschluss und Konzernlagebericht überwiegend auf der Basis von Stichproben beurteilt. Die Prüfung umfasst die Beurteilung der Jahresabschlüsse der in den Konzernabschluss einbezogenen Unternehmen, der Abgrenzung des Konsolidierungskreises, der angewandten Bilanzierungs- und Konsolidierungsgrundsätze und der wesentlichen Einschätzungen der gesetzlichen Vertreter sowie die Würdigung der Gesamtdarstellung des Konzernabschlusses und des Konzernlageberichts. Ich bin / Wir sind der Auffassung, dass meine / unsere Prüfung eine hinreichend sichere Grundlage für meine / unsere Beurteilung bildet.

Meine / Unsere Prüfung hat zu keinen Einwendungen geführt.

Nach meiner / unserer Beurteilung aufgrund der bei der Prüfung gewonnenen Erkenntnisse entspricht der Konzernabschluss den IFRS, wie sie in der EU anzuwenden sind, und den ergänzend nach § 315a Abs. 1 HGB anzuwendenden handelsrechtlichen Vorschriften [sowie den ergänzenden Bestimmungen des Gesellschaftsvertrags / der Satzung] und vermittelt unter Beachtung dieser Vorschriften ein den tatsächlichen Verhältnissen entsprechendes Bild der Vermögens-, Finanz- und Ertragslage des Konzerns. Der Konzernlagebericht steht in Einklang mit dem Konzernabschluss, vermittelt insgesamt ein zutreffendes Bild von der Lage des Konzerns und stellt die Chancen und Risiken der zukünftigen Entwicklung zutreffend dar.

  (Ort)
  (Datum)
  (Unterschrift)

  Wirtschaftsprüfer

Eingeschränkter Bestätigungsvermerk aufgrund einer gesetzlichen Jahresabschlussprüfung im Falle wesentlicher Beanstandungen mit Auswirkungen auf die Aussage zur Generalnorm des § 264 Abs. 2 HGB und den Lagebericht

Bestätigungsvermerk des Abschlussprüfers

Ich habe / Wir haben den Jahresabschluss – bestehend aus Bilanz, Gewinn- und Verlustrechnung sowie Anhang – unter Einbeziehung der Buchführung und den Lagebericht der ... [Gesellschaft] für das Geschäftsjahr vom ... [Datum] bis ... [Datum] geprüft. Die Buchführung und die Aufstellung von Jahresabschluss und Lagebericht nach den deutschen handelsrechtlichen Vorschriften [und den ergänzenden Bestimmungen des Gesellschaftsvertrags / der Satzung] liegen in der Verantwortung der gesetzlichen Vertreter der Gesellschaft. Meine / Unsere Aufgabe ist es, auf der Grundlage der von mir / uns durchgeführten Prüfung eine Beurteilung über den Jahresabschluss unter Einbeziehung der Buchführung und über den Lagebericht abzugeben.

Ich habe meine / Wir haben unsere Jahresabschlussprüfung nach § 317 HGB unter Beachtung der vom Institut der Wirtschaftsprüfer (IDW) festgestellten deutschen Grundsätze ordnungsmäßiger Abschlussprüfung vorgenommen. Danach ist die Prüfung so zu planen und durchzuführen, dass Unrichtigkeiten und Verstöße, die sich auf die Darstellung des durch den Jahresabschluss unter Beachtung der Grundsätze ordnungsmäßiger Buchführung und durch den Lagebericht vermittelten Bildes der Vermögens-, Finanz- und Ertragslage wesentlich auswirken, mit hinreichender Sicherheit erkannt werden. Bei der Festlegung der Prüfungshandlungen werden die Kenntnisse über die Geschäftstätigkeit und über das wirtschaftliche und rechtliche Umfeld der Gesellschaft sowie die Erwartungen über mögliche Fehler berücksichtigt. Im Rahmen der Prüfung werden die Wirksamkeit des rechnungslegungsbezogenen internen Kontrollsystems sowie Nachweise für die Angaben in Buchführung, Jahresabschluss und Lagebericht überwiegend auf der Basis von Stichproben beurteilt. Die Prüfung umfasst die Beurteilung der angewandten Bilanzierungsgrundsätze und der wesentlichen Einschätzungen der gesetzlichen Vertreter sowie die Würdigung der Gesamtdarstellung des Jahresabschlusses und des Lageberichts. Ich bin / Wir sind der Auffassung, dass meine / unsere Prüfung eine hinreichend sichere Grundlage für meine / unsere Beurteilung bildet.

Meine / Unsere Prüfung hat mit Ausnahme der folgenden Einschränkung zu keinen Einwendungen geführt: In einer Größenordnung von ... EUR wurden Umsatzerlöse ausgewiesen, obwohl sie am Abschlussstichtag nicht i.S.v. § 252 Abs. 1 Nr. 4 HGB realisiert waren.

Mit dieser Einschränkung entspricht der Jahresabschluss nach meiner / unserer Beurteilung aufgrund der bei der Prüfung gewonnenen Erkenntnisse den gesetzlichen Vorschriften [und den ergänzenden Bestimmungen des Gesellschaftsvertrags / der Satzung] und vermittelt unter Beachtung der Grundsätze ordnungsmäßiger Buchführung ein den tatsächlichen Verhältnissen entsprechendes Bild der Vermögens-, Finanz- und Ertragslage der Gesellschaft. Mit der genannten Einschränkung steht der Lagebericht in Einklang mit einem den gesetzlichen Vorschriften entsprechenden Jahresabschluss, vermittelt insgesamt ein zutreffendes Bild von der Lage der Gesellschaft und stellt die Chancen und Risiken der zukünftigen Entwicklung zutreffend dar.

(Ort)
(Datum)
(Unterschrift)

Wirtschaftsprüfer

Eingeschränkter Bestätigungsvermerk aufgrund einer gesetzlichen Jahresabschlussprüfung im Falle wesentlicher Beanstandungen des Lageberichts

Bestätigungsvermerk des Abschlussprüfers

Ich habe / Wir haben den Jahresabschluss – bestehend aus Bilanz, Gewinn- und Verlustrechnung sowie Anhang – unter Einbeziehung der Buchführung und den Lagebericht der ... [Gesellschaft] für das Geschäftsjahr vom ... [Datum] bis ... [Datum] geprüft. Die Buchführung und die Aufstellung von Jahresabschluss und Lagebericht nach den deutschen handelsrechtlichen Vorschriften [und den ergänzenden Bestimmungen des Gesellschaftsvertrags / der Satzung] liegen in der Verantwortung der gesetzlichen Vertreter der Gesellschaft. Meine / Unsere Aufgabe ist es, auf der Grundlage der von mir / uns durchgeführten Prüfung eine Beurteilung über den Jahresabschluss unter Einbeziehung der Buchführung und über den Lagebericht abzugeben.

Ich habe meine / Wir haben unsere Jahresabschlussprüfung nach § 317 HGB unter Beachtung der vom Institut der Wirtschaftsprüfer (IDW) festgestellten deutschen Grundsätze ordnungsmäßiger Abschlussprüfung vorgenommen. Danach ist die Prüfung so zu planen und durchzuführen, dass Unrichtigkeiten und Verstöße, die sich auf die Darstellung des durch den Jahresabschluss unter Beachtung der Grundsätze ordnungsmäßiger Buchführung und durch den Lagebericht vermittelten Bildes der Vermögens-, Finanz- und Ertragslage wesentlich auswirken, mit hinreichender Sicherheit erkannt werden. Bei der Festlegung der Prüfungshandlungen werden die Kenntnisse über die Geschäftstätigkeit und über das wirtschaftliche und rechtliche Umfeld der Gesellschaft sowie die Erwartungen über mögliche Fehler berücksichtigt. Im Rahmen der Prüfung werden die Wirksamkeit des rechnungslegungsbezogenen internen Kontrollsystems sowie Nachweise für die Angaben in Buchführung, Jahresabschluss und Lagebericht überwiegend auf der Basis von Stichproben beurteilt. Die Prüfung umfasst die Beurteilung der angewandten Bilanzierungsgrundsätze und der wesentlichen Einschätzungen der gesetzlichen Vertreter sowie die Würdigung der Gesamtdarstellung des Jahresabschlusses und des Lageberichts. Ich bin / Wir sind der Auffassung, dass meine / unsere Prüfung eine hinreichend sichere Grundlage für meine / unsere Beurteilung bildet.

Meine / Unsere Prüfung hat mit Ausnahme der folgenden Einschränkung zu keinen Einwendungen geführt: Im Lagebericht sind die Preisänderungsrisiken aus Devisentermingeschäften nicht dargestellt.

Nach meiner / unserer Beurteilung aufgrund der bei der Prüfung gewonnenen Erkenntnisse entspricht der Jahresabschluss den gesetzlichen Vorschriften [und den ergänzenden Bestimmungen des Gesellschaftsvertrags / der Satzung] und vermittelt unter Beachtung der Grundsätze ordnungsmäßiger Buchführung ein den tatsächlichen Verhältnissen entsprechendes Bild der Vermögens-, Finanz- und Ertragslage der Gesellschaft. Mit der genannten Einschränkung steht der Lagebericht in Einklang mit dem Jahresabschluss, vermittelt insgesamt ein zutreffendes Bild von der Lage der Gesellschaft und stellt die Chancen und Risiken der zukünftigen Entwicklung zutreffend dar.

 (Ort)
 (Datum)
 (Unterschrift)

 Wirtschaftsprüfer

Versagungsvermerk aufgrund einer gesetzlichen Jahresabschlussprüfung im Falle von Prüfungshemmnissen

Versagungsvermerk des Abschlussprüfers

Ich wurde / Wir wurden beauftragt, den Jahresabschluss – bestehend aus Bilanz, Gewinn- und Verlustrechnung sowie Anhang – unter Einbeziehung der Buchführung und den Lagebericht der ... [Gesellschaft] für das Geschäftsjahr vom ... [Datum] bis ... [Datum] zu prüfen. Die Buchführung und die Aufstellung von Jahresabschluss und Lagebericht nach den deutschen handelsrechtlichen Vorschriften [und den ergänzenden Bestimmungen des Gesellschaftsvertrags / der Satzung] liegen in der Verantwortung der gesetzlichen Vertreter der Gesellschaft.

Als Ergebnis meiner / unserer Prüfung stelle ich / stellen wir fest, dass ich / wir nach Ausschöpfung aller angemessenen Möglichkeiten zur Klärung des Sachverhalts aus folgendem Grund nicht in der Lage war(en), ein Prüfungsurteil abzugeben: Durch die Unternehmensleitung wurde die Einsichtnahme in die Kalkulationsunterlagen zur Ermittlung der Herstellungskosten der unfertigen und fertigen Erzeugnisse sowie das Einholen von Saldenbestätigungen zu Forderungen aus Lieferungen und Leistungen verweigert. Aus diesem Grund war es nicht möglich, eine hinreichende Sicherheit über die tatsächliche Höhe der Vorratsbestände und Forderungen zu erzielen, die im Jahresabschluss in Höhe von etwa 80 % der Bilanzsumme ausgewiesen sind. Aufgrund der Bedeutung des dargestellten Prüfungshemmnisses versage ich / versagen wir den Bestätigungsvermerk.

Aussagen darüber, ob der Jahresabschluss den gesetzlichen Vorschriften [und den ergänzenden Bestimmungen des Gesellschaftsvertrags / der Satzung] entspricht und ein unter Beachtung der Grundsätze ordnungsmäßiger Buchführung den tatsächlichen Verhältnissen entsprechendes Bild der Vermögens-, Finanz- und Ertragslage der Gesellschaft vermittelt, sind wegen des dargestellten Prüfungshemmnisses nicht möglich. Ebenso kann nicht beurteilt werden, ob der Lagebericht in Einklang mit einem den gesetzlichen Vorschriften entsprechenden Jahresabschluss steht, insgesamt ein zutreffendes Bild von der Lage der Gesellschaft vermittelt und die Chancen und Risiken der zukünftigen Entwicklung zutreffend darstellt.

(Ort)
(Datum)
(Unterschrift)

Wirtschaftsprüfer

Anhang F: Gesetze und Gesetzesmaterialien einschließlich DCGK – Deutschland

Aktiengesetz (Auszüge) 194

Gesetz betreffend die Gesellschaften mit beschränkter Haftung (Auszüge) 207

SE-Ausführungsgesetz (Auszüge) 208

Genossenschaftsgesetz (Auszüge) 213

Handelsgesetzbuch (Auszüge) 216

Gesetz über die Mitbestimmung der Arbeitnehmer (Auszüge) 226

Gesetz über die Grundsätze des Haushaltsrechts des Bundes und der Länder (Auszüge) 227

Gesetz über die Beaufsichtigung der Versicherungsunternehmen (Auszüge) 228

Gesetz über das Kreditwesen (Auszüge) 232

Gesetz über den Wertpapierhandel (Auszüge) 239

Strafgesetzbuch (Auszüge) 241

Gesetz über Ordnungswidrigkeiten (Auszüge) 242

Deutscher Corporate Governence Kodex (Auszüge) 242

Public Corporate Governance Kodex des Bundes (Auszüge) 247

Aktiengesetz (Auszüge)

Rechtsstand: 31. Juli 2009[1]

§ 18 Konzern und Konzernunternehmen

(1) Sind ein herrschendes und ein oder mehrere abhängige Unternehmen unter der einheitlichen Leitung des herrschenden Unternehmens zusammengefaßt, so bilden sie einen Konzern; die einzelnen Unternehmen sind Konzernunternehmen. Unternehmen, zwischen denen ein Beherrschungsvertrag (§ 291) besteht oder von denen das eine in das andere eingegliedert ist (§ 319), sind als unter einheitlicher Leitung zusammengefaßt anzusehen. Von einem abhängigen Unternehmen wird vermutet, daß es mit dem herrschenden Unternehmen einen Konzern bildet.
(2) Sind rechtlich selbständige Unternehmen, ohne daß das eine Unternehmen von dem anderen abhängig ist, unter einheitlicher Leitung zusammengefaßt, so bilden sie auch einen Konzern; die einzelnen Unternehmen sind Konzernunternehmen.

§ 76 Leitung der Aktiengesellschaft

(1) Der Vorstand hat unter eigener Verantwortung die Gesellschaft zu leiten.
(…)

§ 77 Geschäftsführung

(…)
(2) Der Vorstand kann sich eine Geschäftsordnung geben, wenn nicht die Satzung den Erlaß der Geschäftsordnung dem Aufsichtsrat übertragen hat oder der Aufsichtsrat eine Geschäftsordnung für den Vorstand erläßt. Die Satzung kann Einzelfragen der Geschäftsordnung bindend regeln. Beschlüsse des Vorstands über die Geschäftsordnung müssen einstimmig gefaßt werden.

§ 78 Vertretung

(1) Der Vorstand vertritt die Gesellschaft gerichtlich und außergerichtlich. Hat eine Gesellschaft keinen Vorstand (Führungslosigkeit), wird die Gesellschaft für den Fall, dass ihr gegenüber Willenserklärungen abgegeben oder Schriftstücke zugestellt werden, durch den Aufsichtsrat vertreten.
(2) Besteht der Vorstand aus mehreren Personen, so sind, wenn die Satzung nichts anderes bestimmt, sämtliche Vorstandsmitglieder nur gemeinschaftlich zur Vertretung der Gesellschaft befugt. Ist eine Willenserklärung gegenüber der Gesellschaft abzugeben, so genügt die Abgabe gegenüber einem Vorstandsmitglied oder im Fall des Absatzes 1 Satz 2 gegenüber einem Aufsichtsratsmitglied. An die Vertreter der Gesellschaft nach Absatz 1 können unter der im Handelsregister eingetragenen Geschäftsanschrift Willenserklärungen gegenüber der Gesellschaft abgegeben und Schriftstücke für die Gesellschaft zugestellt werden. Unabhängig hiervon können die Abgabe und die Zustellung auch unter der eingetragenen Anschrift der empfangsberechtigten Person nach § 39 Abs. 1 Satz 2 erfolgen.
(3) Die Satzung kann auch bestimmen, daß einzelne Vorstandsmitglieder allein oder in Gemeinschaft mit einem Prokuristen zur Vertretung der Gesellschaft befugt sind. Dasselbe kann der Aufsichtsrat bestimmen, wenn ihn hierzu die Satzung ermächtigt hat. Absatz 2 Satz 2 gilt in diesen Fällen sinngemäß.
(4) Zur Gesamtvertretung befugte Vorstandsmitglieder können einzelne von ihnen zur Vornahme bestimmter Geschäfte oder bestimmter Arten von Geschäften ermächtigen. Dies gilt sinngemäß, wenn ein einzelnes Vorstandsmitglied in Gemeinschaft mit einem Prokuristen zur Vertretung der Gesellschaft befugt ist.

---

[1] Aktiengesetz (AktG) vom 6. September 1965 (BGBl. I, S. 1089), zuletzt geändert durch Gesetz vom 31. Juli 2009 (BGBL. I, S. 2509).

§ 84 Bestellung und Abberufung des Vorstands

(1) Vorstandsmitglieder bestellt der Aufsichtsrat auf höchstens fünf Jahre. Eine wiederholte Bestellung oder Verlängerung der Amtszeit, jeweils für höchstens fünf Jahre, ist zulässig. Sie bedarf eines erneuten Aufsichtsratsbeschlusses, der frühestens ein Jahr vor Ablauf der bisherigen Amtszeit gefaßt werden kann. Nur bei einer Bestellung auf weniger als fünf Jahre kann eine Verlängerung der Amtszeit ohne neuen Aufsichtsratsbeschluß vorgesehen werden, sofern dadurch die gesamte Amtszeit nicht mehr als fünf Jahre beträgt. Dies gilt sinngemäß für den Anstellungsvertrag; er kann jedoch vorsehen, daß er für den Fall einer Verlängerung der Amtszeit bis zu deren Ablauf weitergilt.
(2) Werden mehrere Personen zu Vorstandsmitgliedern bestellt, so kann der Aufsichtsrat ein Mitglied zum Vorsitzenden des Vorstands ernennen.
(3) Der Aufsichtsrat kann die Bestellung zum Vorstandsmitglied und die Ernennung zum Vorsitzenden des Vorstands widerrufen, wenn ein wichtiger Grund vorliegt. Ein solcher Grund ist namentlich grobe Pflichtverletzung, Unfähigkeit zur ordnungsmäßigen Geschäftsführung oder Vertrauensentzug durch die Hauptversammlung, es sei denn, daß das Vertrauen aus offenbar unsachlichen Gründen entzogen worden ist. Dies gilt auch für den vom ersten Aufsichtsrat bestellten Vorstand. Der Widerruf ist wirksam, bis seine Unwirksamkeit rechtskräftig festgestellt ist. Für die Ansprüche aus dem Anstellungsvertrag gelten die allgemeinen Vorschriften.
(4) Die Vorschriften des Gesetzes über die Mitbestimmung der Arbeitnehmer in den Aufsichtsräten und Vorständen der Unternehmen des Bergbaus und der Eisen und Stahl erzeugenden Industrie vom 21. Mai 1951 (Bundesgesetzbl. I S. 347) – Montan-Mitbestimmungsgesetz – über die besonderen Mehrheitserfordernisse für einen Aufsichtsratsbeschluß über die Bestellung eines Arbeitsdirektors oder den Widerruf seiner Bestellung bleiben unberührt.

§ 90 Berichte an den Aufsichtsrat

(1) Der Vorstand hat dem Aufsichtsrat zu berichten über
1. die beabsichtigte Geschäftspolitik und andere grundsätzliche Fragen der Unternehmensplanung (insbesondere die Finanz-, Investitions- und Personalplanung), wobei auf Abweichungen der tatsächlichen Entwicklung von früher berichteten Zielen unter Angabe von Gründen einzugehen ist;
2. die Rentabilität der Gesellschaft, insbesondere die Rentabilität des Eigenkapitals;
3. den Gang der Geschäfte, insbesondere den Umsatz, und die Lage der Gesellschaft;
4. Geschäfte, die für die Rentabilität oder Liquidität der Gesellschaft von erheblicher Bedeutung sein können. Ist die Gesellschaft Mutterunternehmen (§ 290 Abs. 1, 2 des Handelsgesetzbuchs), so hat der Bericht auch auf Tochterunternehmen und auf Gemeinschaftsunternehmen (§ 310 Abs. 1 des Handelsgesetzbuchs) einzugehen. Außerdem ist dem Vorsitzenden des Aufsichtsrats aus sonstigen wichtigen Anlässen zu berichten; als wichtiger Anlaß ist auch ein dem Vorstand bekanntgewordener geschäftlicher Vorgang bei einem verbundenen Unternehmen anzusehen, der auf die Lage der Gesellschaft von erheblichem Einfluß sein kann.

(2) Die Berichte nach Absatz 1 Satz 1 Nr. 1 bis 4 sind wie folgt zu erstatten:
1. die Berichte nach Nummer 1 mindestens einmal jährlich, wenn nicht Änderungen der Lage oder neue Fragen eine unverzügliche Berichterstattung gebieten;
2. die Berichte nach Nummer 2 in der Sitzung des Aufsichtsrats, in der über den Jahresabschluß verhandelt wird;
3. die Berichte nach Nummer 3 regelmäßig, mindestens vierteljährlich;
4. die Berichte nach Nummer 4 möglichst so rechtzeitig, daß der Aufsichtsrat vor Vornahme der Geschäfte Gelegenheit hat, zu ihnen Stellung zu nehmen.

(3) Der Aufsichtsrat kann vom Vorstand jederzeit einen Bericht verlangen über Angelegenheiten der Gesellschaft, über ihre rechtlichen und geschäftlichen Beziehungen zu verbundenen Unternehmen sowie über geschäftliche Vorgänge bei diesen Unternehmen, die auf die Lage der Gesellschaft von erheblichem Einfluß sein können. Auch ein einzelnes Mitglied kann einen Bericht, jedoch nur an den Aufsichtsrat, verlangen.
(4) Die Berichte haben den Grundsätzen einer gewissenhaften und getreuen Rechenschaft zu entsprechen. Sie sind möglichst rechtzeitig und, mit Ausnahme des Berichts nach Absatz 1 Satz 3, in der Regel in Textform zu erstatten.

(5) Jedes Aufsichtsratmitglied hat das Recht, von den Berichten Kenntnis zu nehmen. Soweit die Berichte in Textform erstattet worden sind, sind sie auch jedem Aufsichtsratsmitglied auf Verlangen zu übermitteln, soweit der Aufsichtsrat nichts anderes beschlossen hat. Der Vorsitzende des Aufsichtsrats hat die Aufsichtsratsmitglieder über die Berichte nach Absatz 1 Satz 2 spätestens in der nächsten Aufsichtsratssitzung zu unterrichten.

§ 93 Sorgfaltspflicht und Verantwortlichkeit der Vorstandsmitglieder

(...)
(4) Der Gesellschaft gegenüber tritt die Ersatzpflicht nicht ein, wenn die Handlung auf einem gesetzmäßigen Beschluß der Hauptversammlung beruht. Dadurch, daß der Aufsichtsrat die Handlung gebilligt hat, wird die Ersatzpflicht nicht ausgeschlossen. Die Gesellschaft kann erst drei Jahre nach der Entstehung des Anspruchs und nur dann auf Ersatzansprüche verzichten oder sich über sie vergleichen, wenn die Hauptversammlung zustimmt und nicht eine Minderheit, deren Anteile zusammen den zehnten Teil des Grundkapitals erreichen, zur Niederschrift Widerspruch erhebt. Die zeitliche Beschränkung gilt nicht, wenn der Ersatzpflichtige zahlungsunfähig ist und sich zur Abwendung des Insolvenzverfahrens mit seinen Gläubigern vergleicht oder wenn die Ersatzpflicht in einem Insolvenzplan geregelt wird.

§ 100 Persönliche Voraussetzungen für Aufsichtsratsmitglieder

(1) Mitglied des Aufsichtsrats kann nur eine natürliche, unbeschränkt geschäftsfähige Person sein. Ein Betreuer, der bei der Besorgung seiner Vermögensangelegenheiten ganz oder teilweise einem Einwilligungsvorbehalt (§ 1903 des Bürgerlichen Gesetzbuchs) unterliegt, kann nicht Mitglied des Aufsichtsrats sein.
(2) Mitglied des Aufsichtsrats kann nicht sein, wer
1. bereits in zehn Handelsgesellschaften, die gesetzlich einen Aufsichtsrat zu bilden haben, Aufsichtsratsmitglied ist,
2. gesetzlicher Vertreter eines von der Gesellschaft abhängigen Unternehmens ist,
3. gesetzlicher Vertreter einer anderen Kapitalgesellschaft ist, deren Aufsichtsrat ein Vorstandsmitglied der Gesellschaft angehört, oder
4. in den letzten zwei Jahren Vorstandsmitglied derselben börsennotierten Gesellschaft war, es sei denn, seine Wahl erfolgt auf Vorschlag von Aktionären, die mehr als 25 Prozent der Stimmrechte an der Gesellschaft halten.

Auf die Höchstzahl nach Satz 1 Nr. 1 sind bis zu fünf Aufsichtsratsitze nicht anzurechnen, die ein gesetzlicher Vertreter (beim Einzelkaufmann der Inhaber) des herrschenden Unternehmens eines Konzerns in zum Konzern gehörenden Handelsgesellschaften, die gesetzlich einen Aufsichtsrat zu bilden haben, inne hat. Auf die Höchstzahl nach Satz 1 Nr. 1 sind Aufsichtsratsämter im Sinne der Nummer 1 doppelt anzurechnen, für die das Mitglied zum Vorsitzenden gewählt worden ist.
(3) Die anderen persönlichen Voraussetzungen der Aufsichtsratsmitglieder der Arbeitnehmer sowie der weiteren Mitglieder bestimmen sich nach dem Mitbestimmungsgesetz, dem Montan-Mitbestimmungsgesetz, dem Mitbestimmungsergänzungsgesetz, dem Drittelbeteiligungsgesetz und dem Gesetz über die Mitbestimmung der Arbeitnehmer bei einer grenzüberschreitenden Verschmelzung.
(4) Die Satzung kann persönliche Voraussetzungen nur für Aufsichtsratsmitglieder fordern, die von der Hauptversammlung ohne Bindung an Wahlvorschläge gewählt oder auf Grund der Satzung in den Aufsichtsrat entsandt werden.
(5) Bei Gesellschaften im Sinn des § 264d des Handelsgesetzbuchs muss mindestens ein unabhängiges Mitglied des Aufsichtsrats über Sachverstand auf den Gebieten Rechnungslegung oder Abschlussprüfung verfügen.

§ 101 Bestellung der Aufsichtsratsmitglieder

(1) Die Mitglieder des Aufsichtsrats werden von der Hauptversammlung gewählt, soweit sie nicht in den Aufsichtsrat zu entsenden oder als Aufsichtsratsmitglieder der Arbeitnehmer nach dem Mitbestimmungsgesetz, dem Mitbestimmungsergänzungsgesetz, dem Drittelbeteiligungsgesetz oder dem Gesetz über die Mitbestimmung der Arbeitnehmer bei einer grenzüberschreitenden Verschmelzung zu wählen sind. An Wahlvorschläge ist die Hauptversammlung nur gemäß §§ 6 und 8 des Montan-Mitbestimmungsgesetzes gebunden.

(2) Ein Recht, Mitglieder in den Aufsichtsrat zu entsenden, kann nur durch die Satzung und nur für bestimmte Aktionäre oder für die jeweiligen Inhaber bestimmter Aktien begründet werden. Inhabern bestimmter Aktien kann das Entsendungsrecht nur eingeräumt werden, wenn die Aktien auf Namen lauten und ihre Übertragung an die Zustimmung der Gesellschaft gebunden ist. Die Aktien der Entsendungsberechtigten gelten nicht als eine besondere Gattung. Die Entsendungsrechte können insgesamt höchstens für ein Drittel der sich aus dem Gesetz oder der Satzung ergebenden Zahl der Aufsichtsratsmitglieder der Aktionäre eingeräumt werden.
(3) Stellvertreter von Aufsichtsratsmitgliedern können nicht bestellt werden. Jedoch kann für jedes Aufsichtsratsmitglied mit Ausnahme des weiteren Mitglieds, das nach dem Montan-Mitbestimmungsgesetz oder dem Mitbestimmungsergänzungsgesetz auf Vorschlag der übrigen Aufsichtsratsmitglieder gewählt wird, ein Ersatzmitglied bestellt werden, das Mitglied des Aufsichtsrats wird, wenn das Aufsichtsratsmitglied vor Ablauf seiner Amtszeit wegfällt. Das Ersatzmitglied kann nur gleichzeitig mit dem Aufsichtsratsmitglied bestellt werden. Auf seine Bestellung sowie die Nichtigkeit und Anfechtung seiner Bestellung sind die für das Aufsichtsratsmitglied geltenden Vorschriften anzuwenden.

§ 102 Amtszeit der Aufsichtsratsmitglieder

(1) Aufsichtsratsmitglieder können nicht für längere Zeit als bis zur Beendigung der Hauptversammlung bestellt werden, die über die Entlastung für das vierte Geschäftsjahr nach dem Beginn der Amtszeit beschließt. Das Geschäftsjahr, in dem die Amtszeit beginnt, wird nicht mitgerechnet.
(2) Das Amt des Ersatzmitglieds erlischt spätestens mit Ablauf der Amtszeit des weggefallenen Aufsichtsratsmitglieds.

§ 105 Unvereinbarkeit der Zugehörigkeit zum Vorstand und zum Aufsichtsrat

(1) Ein Aufsichtsratsmitglied kann nicht zugleich Vorstandsmitglied, dauernd Stellvertreter von Vorstandsmitgliedern, Prokurist oder zum gesamten Geschäftsbetrieb ermächtigter Handlungsbevollmächtigter der Gesellschaft sein.
(2) Nur für einen im voraus begrenzten Zeitraum, höchstens für ein Jahr, kann der Aufsichtsrat einzelne seiner Mitglieder zu Stellvertretern von fehlenden oder verhinderten Vorstandsmitgliedern bestellen. Eine wiederholte Bestellung oder Verlängerung der Amtszeit ist zulässig, wenn dadurch die Amtszeit insgesamt ein Jahr nicht übersteigt. Während ihrer Amtszeit als Stellvertreter von Vorstandsmitgliedern können die Aufsichtsratsmitglieder keine Tätigkeit als Aufsichtsratsmitglied ausüben. Das Wettbewerbsverbot des § 88 gilt für sie nicht.

§ 107 Innere Ordnung des Aufsichtsrats

(1) Der Aufsichtsrat hat nach näherer Bestimmung der Satzung aus seiner Mitte einen Vorsitzenden und mindestens einen Stellvertreter zu wählen. Der Vorstand hat zum Handelsregister anzumelden, wer gewählt ist. Der Stellvertreter hat nur dann die Rechte und Pflichten des Vorsitzenden, wenn dieser verhindert ist.
(2) Über die Sitzungen des Aufsichtsrats ist eine Niederschrift anzufertigen, die der Vorsitzende zu unterzeichnen hat. In der Niederschrift sind der Ort und der Tag der Sitzung, die Teilnehmer, die Gegenstände der Tagesordnung, der wesentliche Inhalt der Verhandlungen und die Beschlüsse des Aufsichtsrats anzugeben. Ein Verstoß gegen Satz 1oder Satz 2 macht einen Beschluß nicht unwirksam. Jedem Mitglied des Aufsichtsrats ist auf Verlangen eine Abschrift der Sitzungsniederschrift auszuhändigen.
(3) Der Aufsichtsrat kann aus seiner Mitte einen oder mehrere Ausschüsse bestellen, namentlich, um seine Verhandlungen und Beschlüsse vorzubereiten oder die Ausführung seiner Beschlüsse zu überwachen. Er kann insbesondere einen Prüfungsausschuss bestellen, der sich mit der Überwachung des Rechnungslegungsprozesses, der Wirksamkeit des internen Kontrollsystems, des Risikomanagementsystems und des internen Revisionssystems sowie der Abschlussprüfung, hier insbesondere der Unabhängigkeit des Abschlussprüfers und der vom Abschlussprüfer zusätzlich erbrachten Leistungen, befasst. Die Aufgaben nach Absatz 1 Satz 1, § 59 Abs. 3, § 77 Abs. 2 Satz 1, § 84 Abs. 1 Satz 1 und 3, Abs. 2 und Abs. 3 Satz 1, § 87 Abs. 1 und Abs. 2 Satz 1 und 2, § 111 Abs. 3, §§ 171, 314 Abs. 2 und 3 sowie Beschlüsse, daß bestimmte Arten von Geschäften nur mit Zustimmung des Aufsichtsrats vorgenommen werden dürfen, können einem Ausschuß nicht an Stelle des Aufsichtsrats zur Beschlußfassung überwiesen werden. Dem Aufsichtsrat ist regelmäßig über die Arbeit der Ausschüsse zu berichten.

(4) Richtet der Aufsichtsrat einer Gesellschaft im Sinn des § 264d des Handelsgesetzbuchs einen Prüfungsausschuss im Sinn des Absatzes 3 Satz 2 ein, so muss mindestens ein Mitglied die Voraussetzungen des § 100 Abs. 5 erfüllen.

§ 108 Beschlußfassung des Aufsichtsrats

(1) Der Aufsichtsrat entscheidet durch Beschluß.
(2) Die Beschlußfähigkeit des Aufsichtsrats kann, soweit sie nicht gesetzlich geregelt ist, durch die Satzung bestimmt werden. Ist sie weder gesetzlich noch durch die Satzung geregelt, so ist der Aufsichtsrat nur beschlußfähig, wenn mindestens die Hälfte der Mitglieder, aus denen er nach Gesetz oder Satzung insgesamt zu bestehen hat, an der Beschlußfassung teilnimmt. In jedem Fall müssen mindestens drei Mitglieder an der Beschlußfassung teilnehmen. Der Beschlußfähigkeit steht nicht entgegen, daß dem Aufsichtsrat weniger Mitglieder als die durch Gesetz oder Satzung festgesetzte Zahl angehören, auch wenn das für seine Zusammensetzung maßgebende zahlenmäßige Verhältnis nicht gewahrt ist.
(3) Abwesende Aufsichtsratsmitglieder können dadurch an der Beschlußfassung des Aufsichtsrats und seiner Ausschüsse teilnehmen, daß sie schriftliche Stimmabgaben überreichen lassen. Die schriftlichen Stimmabgaben können durch andere Aufsichtsratsmitglieder überreicht werden. Sie können auch durch Personen, die nicht dem Aufsichtsrat angehören, übergeben werden, wenn diese nach § 109 Abs. 3 zur Teilnahme an der Sitzung berechtigt sind.
(4) Schriftliche, fernmündliche oder andere vergleichbare Formen der Beschlussfassung des Aufsichtsrats und seiner Ausschüsse sind vorbehaltlich einer näheren Regelung durch die Satzung oder eine Geschäftsordnung des Aufsichtsrats nur zulässig, wenn kein Mitglied diesem Verfahren widerspricht.

§ 109 Teilnahme an Sitzungen des Aufsichtsrats und seiner Ausschüsse

(1) An den Sitzungen des Aufsichtsrats und seiner Ausschüsse sollen Personen, die weder dem Aufsichtsrat noch dem Vorstand angehören, nicht teilnehmen. Sachverständige und Auskunftspersonen können zur Beratung über einzelne Gegenstände zugezogen werden.
(2) Aufsichtsratsmitglieder, die dem Ausschuß nicht angehören, können an den Ausschußsitzungen teilnehmen, wenn der Vorsitzende des Aufsichtsrats nichts anderes bestimmt.
(3) Die Satzung kann zulassen, daß an den Sitzungen des Aufsichtsrats und seiner Ausschüsse Personen, die dem Aufsichtsrat nicht angehören, an Stelle von verhinderten Aufsichtsratsmitgliedern teilnehmen können, wenn diese sie hierzu in Textform ermächtigt haben.
(4) Abweichende gesetzliche Vorschriften bleiben unberührt.

§ 110 Einberufung des Aufsichtsrats

(1) Jedes Aufsichtsratsmitglied oder der Vorstand kann unter Angabe des Zwecks und der Gründe verlangen, daß der Vorsitzende des Aufsichtsrats unverzüglich den Aufsichtsrat einberuft. Die Sitzung muß binnen zwei Wochen nach der Einberufung stattfinden.
(2) Wird dem Verlangen nicht entsprochen, so kann das Aufsichtsratsmitglied oder der Vorstand unter Mitteilung des Sachverhalts und der Angabe einer Tagesordnung selbst den Aufsichtsrat einberufen.
(3) Der Aufsichtsrat muss zwei Sitzungen im Kalenderhalbjahr abhalten. In nichtbörsennotierten Gesellschaften kann der Aufsichtsrat beschließen, dass eine Sitzung im Kalenderhalbjahr abzuhalten ist.

§ 111 Aufgaben und Rechte des Aufsichtsrats

(1) Der Aufsichtsrat hat die Geschäftsführung zu überwachen.
(2) Der Aufsichtsrat kann die Bücher und Schriften der Gesellschaft sowie die Vermögensgegenstände, namentlich die Gesellschaftskasse und die Bestände an Wertpapieren und Waren, einsehen und prüfen. Er kann damit auch einzelne Mitglieder oder für bestimmte Aufgaben besondere Sachverständige beauftragen. Er erteilt dem Abschlußprüfer den Prüfungsauftrag für den Jahres- und den Konzernabschluß gemäß § 290 des Handelsgesetzbuchs.
(3) Der Aufsichtsrat hat eine Hauptversammlung einzuberufen, wenn das Wohl der Gesellschaft es fordert. Für den Beschluß genügt die einfache Mehrheit.
(4) Maßnahmen der Geschäftsführung können dem Aufsichtsrat nicht übertragen werden. Die Satzung oder der Aufsichtsrat hat jedoch zu bestimmen, daß bestimmte Arten von Geschäften nur mit seiner

Zustimmung vorgenommen werden dürfen. Verweigert der Aufsichtsrat seine Zustimmung, so kann der Vorstand verlangen, daß die Hauptversammlung über die Zustimmung beschließt. Der Beschluß, durch den die Hauptversammlung zustimmt, bedarf einer Mehrheit, die mindestens drei Viertel der abgegebenen Stimmen umfaßt. Die Satzung kann weder eine andere Mehrheit noch weitere Erfordernisse bestimmen.
(5) Die Aufsichtsratsmitglieder können ihre Aufgaben nicht durch andere wahrnehmen lassen.

§ 112 Vertretung der Gesellschaft gegenüber Vorstandsmitgliedern

Vorstandsmitgliedern gegenüber vertritt der Aufsichtsrat die Gesellschaft gerichtlich und außergerichtlich. § 78 Abs. 2 Satz 2 gilt entsprechend.

§ 113 Vergütung der Aufsichtsratsmitglieder

(1) Den Aufsichtsratsmitgliedern kann für ihre Tätigkeit eine Vergütung gewährt werden. Sie kann in der Satzung festgesetzt oder von der Hauptversammlung bewilligt werden. Sie soll in einem angemessenen Verhältnis zu den Aufgaben der Aufsichtsratsmitglieder und zur Lage der Gesellschaft stehen. Ist die Vergütung in der Satzung festgesetzt, so kann die Hauptversammlung eine Satzungsänderung, durch welche die Vergütung herabgesetzt wird, mit einfacher Stimmenmehrheit beschließen.
(2) Den Mitgliedern des ersten Aufsichtsrats kann nur die Hauptversammlung eine Vergütung für ihre Tätigkeit bewilligen. Der Beschluß kann erst in der Hauptversammlung gefaßt werden, die über die Entlastung der Mitglieder des ersten Aufsichtsrats beschließt.
(3) Wird den Aufsichtsratsmitgliedern ein Anteil am Jahresgewinn der Gesellschaft gewährt, so berechnet sich der Anteil nach dem Bilanzgewinn, vermindert um einen Betrag von mindestens vier vom Hundert der auf den geringsten Ausgabebetrag der Aktien geleisteten Einlagen. Entgegenstehende Festsetzungen sind nichtig.

§ 114 Verträge mit Aufsichtsratsmitgliedern

(1) Verpflichtet sich ein Aufsichtsratsmitglied außerhalb seiner Tätigkeit im Aufsichtsrat durch einen Dienstvertrag, durch den ein Arbeitsverhältnis nicht begründet wird, oder durch einen Werkvertrag gegenüber der Gesellschaft zu einer Tätigkeit höherer Art, so hängt die Wirksamkeit des Vertrags von der Zustimmung des Aufsichtsrats ab.
(2) Gewährt die Gesellschaft auf Grund eines solchen Vertrags dem Aufsichtsratsmitglied eine Vergütung, ohne daß der Aufsichtsrat dem Vertrag zugestimmt hat, so hat das Aufsichtsratsmitglied die Vergütung zurückzugewähren, es sei denn, daß der Aufsichtsrat den Vertrag genehmigt. Ein Anspruch des Aufsichtsratsmitglieds gegen die Gesellschaft auf Herausgabe der durch die geleistete Tätigkeit erlangten Bereicherung bleibt unberührt; der Anspruch kann jedoch nicht gegen den Rückgewähranspruch aufgerechnet werden.

§ 116 Sorgfaltspflicht und Verantwortlichkeit der Aufsichtsratsmitglieder

Für die Sorgfaltspflicht und Verantwortlichkeit der Aufsichtsratsmitglieder gilt § 93 mit Ausnahme des Absatzes 2 Satz 3 über die Sorgfaltspflicht und Verantwortlichkeit der Vorstandsmitglieder sinngemäß. Die Aufsichtsratsmitglieder sind insbesondere zur Verschwiegenheit über erhaltene vertrauliche Berichte und vertrauliche Beratungen verpflichtet. Sie sind namentlich zum Ersatz verpflichtet, wenn sie eine unangemessene Vergütung festsetzen (§ 87 Absatz 1).

§ 117 Schadenersatzpflicht

(1) Wer vorsätzlich unter Benutzung seines Einflusses auf die Gesellschaft ein Mitglied des Vorstands oder des Aufsichtsrats, einen Prokuristen oder einen Handlungsbevollmächtigten dazu bestimmt, zum Schaden der Gesellschaft oder ihrer Aktionäre zu handeln, ist der Gesellschaft zum Ersatz des ihr daraus entstehenden Schadens verpflichtet. Er ist auch den Aktionären zum Ersatz des ihnen daraus entstehenden Schadens verpflichtet, soweit sie, abgesehen von einem Schaden, der ihnen durch Schädigung der Gesellschaft zugefügt worden ist, geschädigt worden sind.
(2) Neben ihm haften als Gesamtschuldner die Mitglieder des Vorstands und des Aufsichtsrats, wenn sie unter Verletzung ihrer Pflichten gehandelt haben. Ist streitig, ob sie die Sorgfalt eines ordentlichen und

gewissenhaften Geschäftsleiters angewandt haben, so trifft sie die Beweislast. Der Gesellschaft und auch den Aktionären gegenüber tritt die Ersatzpflicht der Mitglieder des Vorstands und des Aufsichtsrats nicht ein, wenn die Handlung auf einem gesetzmäßigen Beschluß der Hauptversammlung beruht. Dadurch, daß der Aufsichtsrat die Handlung gebilligt hat, wird die Ersatzpflicht nicht ausgeschlossen.
(3) Neben ihm haftet ferner als Gesamtschuldner, wer durch die schädigende Handlung einen Vorteil erlangt hat, sofern er die Beeinflussung vorsätzlich veranlaßt hat.
(4) Für die Aufhebung der Ersatzpflicht gegenüber der Gesellschaft gilt sinngemäß § 93 Abs. 4 Satz 3 und 4.
(5) Der Ersatzanspruch der Gesellschaft kann auch von den Gläubigern der Gesellschaft geltend gemacht werden, soweit sie von dieser keine Befriedigung erlangen können. Den Gläubigern gegenüber wird die Ersatzpflicht weder durch einen Verzicht oder Vergleich der Gesellschaft noch dadurch aufgehoben, daß die Handlung auf einem Beschluß der Hauptversammlung beruht. Ist über das Vermögen der Gesellschaft das Insolvenzverfahren eröffnet, so übt während dessen Dauer der Insolvenzverwalter oder der Sachwalter das Recht der Gläubiger aus.
(6) Die Ansprüche aus diesen Vorschriften verjähren in fünf Jahren.
(7) Diese Vorschriften gelten nicht, wenn das Mitglied des Vorstands oder des Aufsichtsrats, der Prokurist oder der Handlungsbevollmächtigte durch Ausübung
1. der Leitungsmacht auf Grund eines Beherrschungsvertrags oder
2. der Leitungsmacht einer Hauptgesellschaft (§ 319), in die die Gesellschaft eingegliedert ist, zu der schädigenden Handlung bestimmt worden ist.

§ 119 Rechte der Hauptversammlung

(1) Die Hauptversammlung beschließt in den im Gesetz und in der Satzung ausdrücklich bestimmten Fällen, namentlich über
1. die Bestellung der Mitglieder des Aufsichtsrats, soweit sie nicht in den Aufsichtsrat zu entsenden oder als Aufsichtsratsmitglieder der Arbeitnehmer nach dem Mitbestimmungsgesetz, dem Mitbestimmungsergänzungsgesetz, dem Drittelbeteiligungsgesetz oder dem Gesetz über die Mitbestimmung der Arbeitnehmer bei einer grenzüberschreitenden Verschmelzung zu wählen sind;
2. die Verwendung des Bilanzgewinns;
3. die Entlastung der Mitglieder des Vorstands und des Aufsichtsrats;
4. die Bestellung des Abschlußprüfers;
5. Satzungsänderungen;
6. Maßnahmen der Kapitalbeschaffung und der Kapitalherabsetzung;
7. die Bestellung von Prüfern zur Prüfung von Vorgängen bei der Gründung oder der Geschäftsführung;
8. die Auflösung der Gesellschaft.
(2) Über Fragen der Geschäftsführung kann die Hauptversammlung nur entscheiden, wenn der Vorstand es verlangt.

§ 120 Entlastung; Votum zum Vergütungssystem

(1) Die Hauptversammlung beschließt alljährlich in den ersten acht Monaten des Geschäftsjahrs über die Entlastung der Mitglieder des Vorstands und über die Entlastung der Mitglieder des Aufsichtsrats. Über die Entlastung eines einzelnen Mitglieds ist gesondert abzustimmen, wenn die Hauptversammlung es beschließt oder eine Minderheit es verlangt, deren Anteile zusammen den zehnten Teil des Grundkapitals oder den anteiligen Betrag von einer Million Euro erreichen.
(2) Durch die Entlastung billigt die Hauptversammlung die Verwaltung der Gesellschaft durch die Mitglieder des Vorstands und des Aufsichtsrats. Die Entlastung enthält keinen Verzicht auf Ersatzansprüche.
(3) Die Verhandlung über die Entlastung soll mit der Verhandlung über die Verwendung des Bilanzgewinns verbunden werden.
(4) Die Hauptversammlung der börsennotierten Gesellschaft kann über die Billigung des Systems zur Vergütung der Vorstandsmitglieder beschließen. Der Beschluss begründet weder Rechte noch Pflichten; insbesondere lässt er die Verpflichtungen des Aufsichtsrats nach § 87 unberührt. Der Beschluss ist nicht nach § 243 anfechtbar.

§ 124 Bekanntmachung von Ergänzungsverlangen; Vorschläge zur Beschlussfassung

(…)

(2) Steht die Wahl von Aufsichtsratsmitgliedern auf der Tagesordnung, so ist in der Bekanntmachung anzugeben, nach welchen gesetzlichen Vorschriften sich der Aufsichtsrat zusammensetzt, und ob die Hauptversammlung an Wahlvorschläge gebunden ist. Soll die Hauptversammlung über eine Satzungsänderung oder über einen Vertrag beschließen, der nur mit Zustimmung der Hauptversammlung wirksam wird, so ist auch der Wortlaut der vorgeschlagenen Satzungsänderung oder der wesentliche Inhalt des Vertrags bekanntzumachen.

(3) Zu jedem Gegenstand der Tagesordnung, über den die Hauptversammlung beschließen soll, haben der Vorstand und der Aufsichtsrat, zur Wahl von Aufsichtsratsmitgliedern und Prüfern nur der Aufsichtsrat, in der Bekanntmachung Vorschläge zur Beschlußfassung zu machen. Bei Gesellschaften im Sinn des § 264d des Handelsgesetzbuchs ist der Vorschlag des Aufsichtsrats zur Wahl des Abschlussprüfers auf die Empfehlung des Prüfungsausschusses zu stützen. Satz 1 findet keine Anwendung, wenn die Hauptversammlung bei der Wahl von Aufsichtsratsmitgliedern nach § 6 des Montan- Mitbestimmungsgesetzes an Wahlvorschläge gebunden ist, oder wenn der Gegenstand der Beschlußfassung auf Verlangen einer Minderheit auf die Tagesordnung gesetzt worden ist. Der Vorschlag zur Wahl von Aufsichtsratsmitgliedern oder Prüfern hat deren Namen, ausgeübten Beruf und Wohnort anzugeben. Hat der Aufsichtsrat auch aus Aufsichtsratsmitgliedern der Arbeitnehmer zu bestehen, so bedürfen Beschlüsse des Aufsichtsrats über Vorschläge zur Wahl von Aufsichtsratsmitgliedern nur der Mehrheit der Stimmen der Aufsichtsratsmitglieder der Aktionäre; § 8 des Montan-Mitbestimmungsgesetzes bleibt unberührt.

§ 161 Erklärung zum Corporate Governance Kodex

(1) Vorstand und Aufsichtsrat der börsennotierten Gesellschaft erklären jährlich, dass den vom Bundesministerium der Justiz im amtlichen Teil des elektronischen Bundesanzeigers bekannt gemachten Empfehlungen der »Regierungskommission Deutscher Corporate Governance Kodex« entsprochen wurde und wird oder welche Empfehlungen nicht angewendet wurden oder werden und warum nicht. Gleiches gilt für Vorstand und Aufsichtsrat einer Gesellschaft, die ausschließlich andere Wertpapiere als Aktien zum Handel an einem organisierten Markt im Sinn des § 2 Abs. 5 des Wertpapierhandelsgesetzes ausgegeben hat und deren ausgegebene Aktien auf eigene Veranlassung über ein multilaterales Handelssystem im Sinn des § 2 Abs. 3 Satz 1 Nr. 8 des Wertpapierhandelsgesetzes gehandelt werden.

(2) Die Erklärung ist auf der Internetseite der Gesellschaft dauerhaft öffentlich zugänglich zu machen.

§ 170 Vorlage an den Aufsichtsrat

(1) Der Vorstand hat den Jahresabschluß und den Lagebericht unverzüglich nach ihrer Aufstellung dem Aufsichtsrat vorzulegen. Satz 1 gilt entsprechend für einen Einzelabschluss nach § 325 Abs. 2a des Handelsgesetzbuchs sowie bei Mutterunternehmen (§ 290 Abs. 1, 2 des Handelsgesetzbuchs) für den Konzernabschluss und den Konzernlagebericht.

(2) Zugleich hat der Vorstand dem Aufsichtsrat den Vorschlag vorzulegen, den er der Hauptversammlung für die Verwendung des Bilanzgewinns machen will. Der Vorschlag ist, sofern er keine abweichende Gliederung bedingt, wie folgt zu gliedern:
1. Verteilung an die Aktionäre
2. Einstellung in Gewinnrücklagen
3. Gewinnvortrag
4. Bilanzgewinn

(3) Jedes Aufsichtsratsmitglied hat das Recht, von den Vorlagen und Prüfungsberichten Kenntnis zu nehmen. Die Vorlagen und Prüfungsberichte sind auch jedem Aufsichtsratsmitglied oder, soweit der Aufsichtsrat dies beschlossen hat, den Mitgliedern eines Ausschusses zu übermitteln.

§ 171 Prüfung durch den Aufsichtsrat

(1) Der Aufsichtsrat hat den Jahresabschluß, den Lagebericht und den Vorschlag für die Verwendung des Bilanzgewinns zu prüfen, bei Mutterunternehmen (§ 290 Abs. 1, 2 des Handelsgesetzbuchs) auch den Konzernabschluß und den Konzernlagebericht. Ist der Jahresabschluss oder der Konzernabschluss durch

einen Abschlussprüfer zu prüfen, so hat dieser an den Verhandlungen des Aufsichtsrats oder des Prüfungsausschusses über diese Vorlagen teilzunehmen und über die wesentlichen Ergebnisse seiner Prüfung, insbesondere wesentliche Schwächen des internen Kontroll- und des Risikomanagementsystems bezogen auf den Rechnungslegungsprozess, zu berichten. Er informiert über Umstände, die seine Befangenheit besorgen lassen und über Leistungen, die er zusätzlich zu den Abschlussprüfungsleistungen erbracht hat.
(2) Der Aufsichtsrat hat über das Ergebnis der Prüfung schriftlich an die Hauptversammlung zu berichten. In dem Bericht hat der Aufsichtsrat auch mitzuteilen, in welcher Art und in welchem Umfang er die Geschäftsführung der Gesellschaft während des Geschäftsjahrs geprüft hat; bei börsennotierten Gesellschaften hat er insbesondere anzugeben, welche Ausschüsse gebildet worden sind, sowie die Zahl seiner Sitzungen und die der Ausschüsse mitzuteilen. Ist der Jahresabschluß durch einen Abschlußprüfer zu prüfen, so hat der Aufsichtsrat ferner zu dem Ergebnis der Prüfung des Jahresabschlusses durch den Abschlußprüfer Stellung zu nehmen. Am Schluß des Berichts hat der Aufsichtsrat zu erklären, ob nach dem abschließenden Ergebnis seiner Prüfung Einwendungen zu erheben sind und ob er den vom Vorstand aufgestellten Jahresabschluß billigt. Bei Mutterunternehmen (§ 290 Abs. 1, 2 des Handelsgesetzbuchs) finden die Sätze 3 und 4 entsprechende Anwendung auf den Konzernabschluss.
(3) Der Aufsichtsrat hat seinen Bericht innerhalb eines Monats, nachdem ihm die Vorlagen zugegangen sind, dem Vorstand zuzuleiten. Wird der Bericht dem Vorstand nicht innerhalb der Frist zugeleitet, hat der Vorstand dem Aufsichtsrat unverzüglich eine weitere Frist von nicht mehr als einem Monat zu setzen. Wird der Bericht dem Vorstand nicht vor Ablauf der weiteren Frist zugeleitet, gilt der Jahresabschluß als vom Aufsichtsrat nicht gebilligt; bei Mutterunternehmen (§ 290 Abs. 1, 2 des Handelsgesetzbuchs) gilt das Gleiche hinsichtlich des Konzernabschlusses.
(4) Die Absätze 1 bis 3 gelten auch hinsichtlich eines Einzelabschlusses nach § 325 Abs. 2a des Handelsgesetzbuchs. Der Vorstand darf den in Satz 1 genannten Abschluss erst nach dessen Billigung durch den Aufsichtsrat offen legen.

§ 172 Feststellung durch Vorstand und Aufsichtsrat

Billigt der Aufsichtsrat den Jahresabschluß, so ist dieser festgestellt, sofern nicht Vorstand und Aufsichtsrat beschließen, die Feststellung des Jahresabschlusses der Hauptversammlung zu überlassen. Die Beschlüsse des Vorstands und des Aufsichtsrats sind in den Bericht des Aufsichtsrats an die Hauptversammlung aufzunehmen.

§ 173 Feststellung durch die Hauptversammlung

(1) Haben Vorstand und Aufsichtsrat beschlossen, die Feststellung des Jahresabschlusses der Hauptversammlung zu überlassen, oder hat der Aufsichtsrat den Jahresabschluß nicht gebilligt, so stellt die Hauptversammlung den Jahresabschluß fest. Hat der Aufsichtsrat eines Mutterunternehmens (§ 290 Abs. 1, 2 des Handelsgesetzbuchs) den Konzernabschluss nicht gebilligt, so entscheidet die Hauptversammlung über die Billigung.
(2) Auf den Jahresabschluß sind bei der Feststellung die für seine Aufstellung geltenden Vorschriften anzuwenden. Die Hauptversammlung darf bei der Feststellung des Jahresabschlusses nur die Beträge in Gewinnrücklagen einstellen, die nach Gesetz oder Satzung einzustellen sind.
(3) Ändert die Hauptversammlung einen von einem Abschlußprüfer auf Grund gesetzlicher Verpflichtung geprüften Jahresabschluß, so werden vor der erneuten Prüfung nach § 316 Abs. 3 des Handelsgesetzbuchs von der Hauptversammlung gefaßte Beschlüsse über die Feststellung des Jahresabschlusses und die Gewinnverwendung erst wirksam, wenn auf Grund der erneuten Prüfung ein hinsichtlich der Änderungen uneingeschränkter Bestätigungsvermerk erteilt worden ist. Sie werden nichtig, wenn nicht binnen zwei Wochen seit der Beschlußfassung ein hinsichtlich der Änderungen uneingeschränkter Bestätigungsvermerk erteilt wird.

§ 256 Nichtigkeit

(1) Ein festgestellter Jahresabschluß ist außer in den Fällen des § 173 Abs. 3, § 234 Abs. 3 und § 235 Abs. 2 nichtig, wenn
1. er durch seinen Inhalt Vorschriften verletzt, die ausschließlich oder überwiegend zum Schutz der Gläubiger der Gesellschaft gegeben sind,

2. er im Falle einer gesetzlichen Prüfungspflicht nicht nach § 316 Abs. 1 und 3 des Handelsgesetzbuchs geprüft worden ist;
3. er im Falle einer gesetzlichen Prüfungspflicht von Personen geprüft worden ist, die nach § 319 Abs. 1 des Handelsgesetzbuchs oder nach Artikel 25 des Einführungsgesetzes zum Handelsgesetzbuch nicht Abschlussprüfer sind oder aus anderen Gründen als einem Verstoß gegen § 319 Abs. 2, 3 oder Abs. 4, § 319a Abs. 1 oder § 319b Abs. 1 des Handelsgesetzbuchs nicht zum Abschlussprüfer bestellt sind,
4. bei seiner Feststellung die Bestimmungen des Gesetzes oder der Satzung über die Einstellung von Beträgen in Kapital- oder Gewinnrücklagen oder über die Entnahme von Beträgen aus Kapital- oder Gewinnrücklagen verletzt worden sind.

(2) Ein von Vorstand und Aufsichtsrat festgestellter Jahresabschluß ist außer nach Absatz 1 nur nichtig, wenn der Vorstand oder der Aufsichtsrat bei seiner Feststellung nicht ordnungsgemäß mitgewirkt hat.

(3) Ein von der Hauptversammlung festgestellter Jahresabschluß ist außer nach Absatz 1 nur nichtig, wenn die Feststellung
1. in einer Hauptversammlung beschlossen worden ist, die unter Verstoß gegen § 121 Abs. 2 und 3 Satz 1 oder Abs. 4 einberufen war,
2. nicht nach § 130 Abs. 1 und 2 Satz 1 und Abs. 4 beurkundet ist,
3. auf Anfechtungsklage durch Urteil rechtskräftig für nichtig erklärt worden ist.

(4) Wegen Verstoßes gegen die Vorschriften über die Gliederung des Jahresabschlusses sowie wegen der Nichtbeachtung von Formblättern, nach denen der Jahresabschluß zu gliedern ist, ist der Jahresabschluß nur nichtig, wenn seine Klarheit und Übersichtlichkeit dadurch wesentlich beeinträchtigt sind.

(5) Wegen Verstoßes gegen die Bewertungsvorschriften ist der Jahresabschluß nur nichtig, wenn
1. Posten überbewertet oder
2. Posten unterbewertet sind und dadurch die Vermögens- und Ertragslage der Gesellschaft vorsätzlich unrichtig wiedergegeben oder verschleiert wird.

Überbewertet sind Aktivposten, wenn sie mit einem höheren Wert, Passivposten, wenn sie mit einem niedrigeren Betrag angesetzt sind, als nach §§ 253 bis 256 des Handelsgesetzbuchs zulässig ist. Unterbewertet sind Aktivposten, wenn sie mit einem niedrigeren Wert, Passivposten, wenn sie mit einem höheren Betrag angesetzt sind, als nach §§ 253 bis 256 des Handelsgesetzbuchs zulässig ist. Bei Kreditinstituten oder Finanzdienstleistungsinstituten sowie bei Kapitalanlagegesellschaften im Sinn des § 2 Abs. 6 des Investmentgesetzes liegt ein Verstoß gegen die Bewertungsvorschriften nicht vor, soweit die Abweichung nach den für sie geltenden Vorschriften, insbesondere den §§ 340e bis 340g des Handelsgesetzbuchs, zulässig ist; dies gilt entsprechend für Versicherungsunternehmen nach Maßgabe der für sie geltenden Vorschriften, insbesondere der §§ 341b bis 341h des Handelsgesetzbuchs.

(6) Die Nichtigkeit nach Absatz 1 Nr. 1, 3 und 4, Absatz 2, Absatz 3 Nr. 1 und 2, Absatz 4 und 5 kann nicht mehr geltend gemacht werden, wenn seit der Bekanntmachung nach § 325 Abs. 2 des Handelsgesetzbuchs in den Fällen des Absatzes 1 Nr. 3 und 4, des Absatzes 2 und des Absatzes 3 Nr. 1 und 2 sechs Monate, in den anderen Fällen drei Jahre verstrichen sind. Ist bei Ablauf der Frist eine Klage auf Feststellung der Nichtigkeit des Jahresabschlusses rechtshängig, so verlängert sich die Frist, bis über die Klage rechtskräftig entschieden ist oder sie sich auf andere Weise endgültig erledigt hat.

(7) Für die Klage auf Feststellung der Nichtigkeit gegen die Gesellschaft gilt § 249 sinngemäß. Hat die Gesellschaft Wertpapiere im Sinne des § 2 Abs. 1 Satz 1 des Wertpapierhandelsgesetzes ausgegeben, die an einer inländischen Börse zum Handel im regulierten Markt zugelassen sind, so hat das Gericht der Bundesanstalt für Finanzdienstleistungsaufsicht den Eingang einer Klage auf Feststellung der Nichtigkeit sowie jede rechtskräftige Entscheidung über diese Klage mitzuteilen.

§ 312 Bericht des Vorstands über Beziehungen zu verbundenen Unternehmen

(1) Besteht kein Beherrschungsvertrag, so hat der Vorstand einer abhängigen Gesellschaft in den ersten drei Monaten des Geschäftsjahrs einen Bericht über die Beziehungen der Gesellschaft zu verbundenen Unternehmen aufzustellen. In dem Bericht sind alle Rechtsgeschäfte, welche die Gesellschaft im vergangenen Geschäftsjahr mit dem herrschenden Unternehmen oder einem mit ihm verbundenen Unternehmen oder auf Veranlassung oder im Interesse dieser Unternehmen vorgenommen hat, und alle anderen Maßnahmen, die sie auf Veranlassung oder im Interesse dieser Unternehmen im vergangenen Geschäftsjahr getroffen oder unterlassen hat, aufzuführen. Bei den Rechtsgeschäften sind Leistung und Gegenleistung, bei den

Maßnahmen die Gründe der Maßnahme und deren Vorteile und Nachteile für die Gesellschaft anzugeben. Bei einem Ausgleich von Nachteilen ist im einzelnen anzugeben, wie der Ausgleich während des Geschäftsjahrs tatsächlich erfolgt ist, oder auf welche Vorteile der Gesellschaft ein Rechtsanspruch gewährt worden ist.

(2) Der Bericht hat den Grundsätzen einer gewissenhaften und getreuen Rechenschaft zu entsprechen.

(3) Am Schluß des Berichts hat der Vorstand zu erklären, ob die Gesellschaft nach den Umständen, die ihm in dem Zeitpunkt bekannt waren, in dem das Rechtsgeschäft vorgenommen oder die Maßnahme getroffen oder unterlassen wurde, bei jedem Rechtsgeschäft eine angemessene Gegenleistung erhielt und dadurch, daß die Maßnahme getroffen oder unterlassen wurde, nicht benachteiligt wurde. Wurde die Gesellschaft benachteiligt, so hat er außerdem zu erklären, ob die Nachteile ausgeglichen worden sind. Die Erklärung ist auch in den Lagebericht aufzunehmen.

§ 313 Prüfung durch den Abschlußprüfer

(1) Ist der Jahresabschluß durch einen Abschlußprüfer zu prüfen, so ist gleichzeitig mit dem Jahresabschluß und dem Lagebericht auch der Bericht über die Beziehungen zu verbundenen Unternehmen dem Abschlußprüfer vorzulegen. Er hat zu prüfen, ob
1. die tatsächlichen Angaben des Berichts richtig sind,
2. bei den im Bericht aufgeführten Rechtsgeschäften nach den Umständen, die im Zeitpunkt ihrer Vornahme bekannt waren, die Leistung der Gesellschaft nicht unangemessen hoch war; soweit sie dies war, ob die Nachteile ausgeglichen worden sind,
3. bei den im Bericht aufgeführten Maßnahmen keine Umstände für eine wesentlich andere Beurteilung als die durch den Vorstand sprechen.

§ 320 Abs. 1 Satz 2 und Abs. 2 Satz 1 und 2 des Handelsgesetzbuchs gilt sinngemäß. Die Rechte nach dieser Vorschrift hat der Abschlußprüfer auch gegenüber einem Konzernunternehmen sowie gegenüber einem abhängigen oder herrschenden Unternehmen.

(2) Der Abschlußprüfer hat über das Ergebnis der Prüfung schriftlich zu berichten. Stellt er bei der Prüfung des Jahresabschlusses, des Lageberichts oder des Berichts über die Beziehungen zu verbundenen Unternehmen fest, daß dieser Bericht unvollständig ist, so hat er auch hierüber zu berichten. Der Abschlußprüfer hat seinen Bericht zu unterzeichnen und dem Aufsichtsrat vorzulegen; dem Vorstand ist vor der Zuleitung Gelegenheit zur Stellungnahme zu geben.

(3) Sind nach dem abschließenden Ergebnis der Prüfung keine Einwendungen zu erheben, so hat der Abschlußprüfer dies durch folgenden Vermerk zum Bericht über die Beziehungen zu verbundenen Unternehmen zu bestätigen:

Nach meiner/unserer pflichtmäßigen Prüfung und Beurteilung bestätige ich/bestätigen wir, daß
1. die tatsächlichen Angaben des Berichts richtig sind,
2. bei den im Bericht aufgeführten Rechtsgeschäften die Leistung der Gesellschaft nicht unangemessen hoch war oder Nachteile ausgeglichen worden sind,
3. bei den im Bericht aufgeführten Maßnahmen keine Umstände für eine wesentlich andere Beurteilung als die durch den Vorstand sprechen.

Führt der Bericht kein Rechtsgeschäft auf, so ist Nummer 2, führt er keine Maßnahme auf, so ist Nummer 3 des Vermerks fortzulassen. Hat der Abschlußprüfer bei keinem im Bericht aufgeführten Rechtsgeschäft festgestellt, daß die Leistung der Gesellschaftunangemessen hoch war, so ist Nummer 2 des Vermerks auf diese Bestätigung zu beschränken.

(4) Sind Einwendungen zu erheben oder hat der Abschlußprüfer festgestellt, daß der Bericht über die Beziehungen zu verbundenen Unternehmen unvollständig ist, so hat er die Bestätigung einzuschränken oder zu versagen. Hat der Vorstand selbst erklärt, daß die Gesellschaft durch bestimmte Rechtsgeschäfte oder Maßnahmen benachteiligt worden ist, ohne daß die Nachteile ausgeglichen worden sind, so ist dies in dem Vermerk anzugeben und der Vermerk auf die übrigen Rechtsgeschäfte oder Maßnahmen zu beschränken.

(5) Der Abschlußprüfer hat den Bestätigungsvermerk mit Angabe von Ort und Tag zu unterzeichnen. Der Bestätigungsvermerk ist auch in den Prüfungsbericht aufzunehmen.

§ 314 Prüfung durch den Aufsichtsrat

(1) Der Vorstand hat den Bericht über die Beziehungen zu verbundenen Unternehmen unverzüglich nach dessen Aufstellung dem Aufsichtsrat vorzulegen. Dieser Bericht und, wenn der Jahresabschluss

durch einen Abschlussprüfer zu prüfen ist, der Prüfungsbericht des Abschlussprüfers sind auch jedem Aufsichtsratsmitglied oder, wenn der Aufsichtsrat dies beschlossen hat, den Mitgliedern eines Ausschusses zu übermitteln.

(2) Der Aufsichtsrat hat den Bericht über die Beziehungen zu verbundenen Unternehmen zu prüfen und in seinem Bericht an die Hauptversammlung (§ 171 Abs. 2) über das Ergebnis der Prüfung zu berichten. Ist der Jahresabschluß durch einen Abschlußprüfer zu prüfen, so hat der Aufsichtsrat in diesem Bericht ferner zu dem Ergebnis der Prüfung des Berichts über die Beziehungen zu verbundenen Unternehmen durch den Abschlußprüfer Stellung zu nehmen. Ein von dem Abschlußprüfer erteilter Bestätigungsvermerk ist in den Bericht aufzunehmen, eine Versagung des Bestätigungsvermerks ausdrücklich mitzuteilen.

(3) Am Schluß des Berichts hat der Aufsichtsrat zu erklären, ob nach dem abschließenden Ergebnis seiner Prüfung Einwendungen gegen die Erklärung des Vorstands am Schluß des Berichts über die Beziehungen zu verbundenen Unternehmen zu erheben sind.

(4) Ist der Jahresabschluss durch einen Abschlussprüfer zu prüfen, so hat dieser an den Verhandlungen des Aufsichtsrats oder eines Ausschusses über den Bericht über die Beziehungen zu verbundenen Unternehmen teilzunehmen und über die wesentlichen Ergebnisse seiner Prüfung zu berichten.

§ 394 Berichte der Aufsichtsratsmitglieder

Aufsichtsratsmitglieder, die auf Veranlassung einer Gebietskörperschaft in den Aufsichtsrat gewählt oder entsandt worden sind, unterliegen hinsichtlich der Berichte, die sie der Gebietskörperschaft zu erstatten haben, keiner Verschwiegenheitspflicht. Für vertrauliche Angaben und Geheimnisse der Gesellschaft, namentlich Betriebs- oder Geschäftsgeheimnisse, gilt dies nicht, wenn ihre Kenntnis für die Zwecke der Berichte nicht von Bedeutung ist.

§ 395 Verschwiegenheitspflicht

(1) Personen, die damit betraut sind, die Beteiligungen einer Gebietskörperschaft zu verwalten oder für eine Gebietskörperschaft die Gesellschaft, die Betätigung der Gebietskörperschaft als Aktionär oder die Tätigkeit der auf Veranlassung der Gebietskörperschaft gewählten oder entsandten Aufsichtsratsmitglieder zu prüfen, haben über vertrauliche Angaben und Geheimnisse der Gesellschaft, namentlich Betriebs- oder Geschäftsgeheimnisse, die ihnen aus Berichten nach § 394 bekanntgeworden sind, Stillschweigen zu bewahren; dies gilt nicht für Mitteilungen im dienstlichen Verkehr.

(2) Bei der Veröffentlichung von Prüfungsergebnissen dürfen vertrauliche Angaben und Geheimnisse der Gesellschaft, namentlich Betriebs- oder Geschäftsgeheimnisse, nicht veröffentlicht werden.

§ 399 Falsche Angaben

(1) Mit Freiheitsstrafe bis zu drei Jahren oder mit Geldstrafe wird bestraft, wer
1. als Gründer oder als Mitglied des Vorstands oder des Aufsichtsrats zum Zweck der Eintragung der Gesellschaft über die Übernahme der Aktien, die Einzahlung auf Aktien, die Verwendung eingezahlter Beträge, den Ausgabebetrag der Aktien, über Sondervorteile, Gründungsaufwand, Sacheinlagen und Sachübernahmen oder in der nach § 37a Abs. 2 abzugebenden Versicherung,
2. als Gründer oder als Mitglied des Vorstands oder des Aufsichtsrats im Gründungsbericht, im Nachgründungsbericht oder im Prüfungsbericht,
3. in der öffentlichen Ankündigung nach § 47 Nr. 3,
4. als Mitglied des Vorstands oder des Aufsichtsrats zum Zweck der Eintragung einer Erhöhung des Grundkapitals (§§ 182 bis 206) über die Einbringung des bisherigen, die Zeichnung oder Einbringung des neuen Kapitals, den Ausgabebetrag der Aktien, die Ausgabe der Bezugsaktien, über Sacheinlagen, in der Bekanntmachung nach § 183a Abs. 2 Satz 1 in Verbindung mit § 37a Abs. 2 oder in der nach § 184 Abs. 1 Satz 3 abzugebenden Versicherung,
5. als Abwickler zum Zweck der Eintragung der Fortsetzung der Gesellschaft in dem nach § 274 Abs. 3 zu führenden Nachweis oder
6. als Mitglied des Vorstands einer Aktiengesellschaft oder des Leitungsorgans einer ausländischen juristischen Person in der nach § 37 Abs. 2 Satz 1 oder § 81 Abs. 3 Satz 1 abzugebenden Versicherung oder als Abwickler in der nach § 266 Abs. 3 Satz 1 abzugebenden Versicherung falsche Angaben macht oder erhebliche Umstände verschweigt.

(2) Ebenso wird bestraft, wer als Mitglied des Vorstands oder des Aufsichtsrats zum Zweck der Eintragung einer Erhöhung des Grundkapitals die in § 210 Abs. 1 Satz 2 vorgeschriebene Erklärung der Wahrheit zuwider abgibt.

§ 400 Unrichtige Darstellung

(1) Mit Freiheitsstrafe bis zu drei Jahren oder mit Geldstrafe wird bestraft, wer als Mitglied des Vorstands oder des Aufsichtsrats oder als Abwickler
1. die Verhältnisse der Gesellschaft einschließlich ihrer Beziehungen zu verbundenen Unternehmen in Darstellungen oder Übersichten über den Vermögensstand, in Vorträgen oder Auskünften in der Hauptversammlung unrichtig wiedergibt oder verschleiert, wenn die Tat nicht in § 331 Nr. 1 oder 1a des Handelsgesetzbuchs mit Strafe bedroht ist, oder
2. in Aufklärungen oder Nachweisen, die nach den Vorschriften dieses Gesetzes einem Prüfer der Gesellschaft oder eines verbundenen Unternehmens zu geben sind, falsche Angaben macht oder die Verhältnisse der Gesellschaft unrichtig wiedergibt oder verschleiert, wenn die Tat nicht in § 331 Nr. 4 des Handelsgesetzbuchs mit Strafe bedroht ist.

(2) Ebenso wird bestraft, wer als Gründer oder Aktionär in Aufklärungen oder Nachweisen, die nach den Vorschriften dieses Gesetzes einem Gründungsprüfer oder sonstigen Prüfer zu geben sind, falsche Angaben macht oder erhebliche Umstände verschweigt.

§ 404 Verletzung der Geheimhaltungspflicht

(1) Mit Freiheitsstrafe bis zu einem Jahr, bei börsennotierten Gesellschaften bis zu zwei Jahren, oder mit Geldstrafe wird bestraft, wer ein Geheimnis der Gesellschaft, namentlich ein Betriebs- oder Geschäftsgeheimnis, das ihm in seiner Eigenschaft als
1. Mitglied des Vorstands oder des Aufsichtsrats oder Abwickler,
2. Prüfer oder Gehilfe eines Prüfers bekanntgeworden ist, unbefugt offenbart; im Falle der Nummer 2 jedoch nur, wenn die Tat nicht in § 333 des Handelsgesetzbuchs mit Strafe bedroht ist.

(2) Handelt der Täter gegen Entgelt oder in der Absicht, sich oder einen anderen zu bereichern oder einen anderen zu schädigen, so ist die Strafe Freiheitsstrafe bis zu zwei Jahren, bei börsennotierten Gesellschaften bis zu drei Jahren, oder Geldstrafe. Ebenso wird bestraft, wer ein Geheimnis der in Absatz 1 bezeichneten Art, namentlich ein Betriebs- oder Geschäftsgeheimnis, das ihm unter den Voraussetzungen des Absatzes 1 bekanntgeworden ist, unbefugt verwertet.

(3) Die Tat wird nur auf Antrag der Gesellschaft verfolgt. Hat ein Mitglied des Vorstands oder ein Abwickler die Tat begangen, so ist der Aufsichtsrat, hat ein Mitglied des Aufsichtsrats die Tat begangen, so sind der Vorstand oder die Abwickler antragsberechtigt.

§ 405 Ordnungswidrigkeiten

(1) Ordnungswidrig handelt, wer als Mitglied des Vorstands oder des Aufsichtsrats oder als Abwickler
1. Namensaktien ausgibt, in denen der Betrag der Teilleistung nicht angegeben ist, oder Inhaberaktien ausgibt, bevor auf sie der Ausgabebetrag voll geleistet ist,
2. Aktien oder Zwischenscheine ausgibt, bevor die Gesellschaft oder im Fall einer Kapitalerhöhung die Durchführung der Erhöhung des Grundkapitals oder im Fall einer bedingten Kapitalerhöhung oder einer Kapitalerhöhung aus Gesellschaftsmitteln der Beschluß über die bedingte Kapitalerhöhung oder die Kapitalerhöhung aus Gesellschaftsmitteln eingetragen ist,
3. Aktien oder Zwischenscheine ausgibt, die auf einen geringeren als den nach § 8 Abs. 2 Satz 1 zulässigen Mindestnennbetrag lauten oder auf die bei einer Gesellschaft mit Stückaktien ein geringerer anteiliger Betrag des Grundkapitals als der nach § 8 Abs. 3 Satz 3 zulässige Mindestbetrag entfällt, oder
4. a) entgegen § 71 Abs. 1 Nr. 1 bis 4 oder Abs. 2 eigene Aktien der Gesellschaft erwirbt oder, in Verbindung mit § 71e Abs. 1, als Pfand nimmt,
b) zu veräußernde eigene Aktien (§ 71c Abs. 1 und 2) nicht anbietet oder
c) die zur Vorbereitung der Beschlußfassung über die Einziehung eigener Aktien (§ 71c Abs. 3) erforderlichen Maßnahmen nicht trifft.
5. (weggefallen)

(2) Ordnungswidrig handelt auch, wer als Aktionär oder als Vertreter eines Aktionärs die nach § 129 in das Verzeichnis aufzunehmenden Angaben nicht oder nicht richtig macht.
(2a) Ordnungswidrig handelt, wer entgegen § 67 Abs. 4 Satz 2, auch in Verbindung mit Satz 3, eine Mitteilung nicht oder nicht richtig macht.
(3) Ordnungswidrig handelt ferner, wer
1. Aktien eines anderen, zu dessen Vertretung er nicht befugt ist, ohne dessen Einwilligung zur Ausübung von Rechten in der Hauptversammlung oder in einer gesonderten Versammlung benutzt,
2. zur Ausübung von Rechten in der Hauptversammlung oder in einer gesonderten Versammlung Aktien eines anderen benutzt, die er sich zu diesem Zweck durch Gewähren oder Versprechen besonderer Vorteile verschafft hat,
3. Aktien zu dem in Nummer 2 bezeichneten Zweck gegen Gewähren oder Versprechen besonderer Vorteile einem anderen überläßt,
4. Aktien eines anderen, für die er oder der von ihm Vertretene das Stimmrecht nach § 135 nicht ausüben darf, zur Ausübung des Stimmrechts benutzt,
5. Aktien, für die er oder der von ihm Vertretene das Stimmrecht nach § 20 Abs. 7, § 21 Abs. 4, §§ 71b, 71d Satz 4, § 134 Abs. 1, §§ 135, 136, 142 Abs. 1 Satz 2, § 285 Abs. 1 nicht ausüben darf, einem anderen zum Zweck der Ausübung des Stimmrechts überläßt oder solche ihm überlassene Aktien zur Ausübung des Stimmrechts benutzt,
6. besondere Vorteile als Gegenleistung dafür fordert, sich versprechen läßt oder annimmt, daß er bei einer Abstimmung in der Hauptversammlung oder in einer gesonderten Versammlung nicht oder in einem bestimmten Sinne stimme oder
7. besondere Vorteile als Gegenleistung dafür anbietet, verspricht oder gewährt, daß jemand bei einer Abstimmung in der Hauptversammlung oder in einer gesonderten Versammlung nicht oder in einem bestimmten Sinne stimme.
(3a) Ordnungswidrig handelt, wer vorsätzlich oder leichtfertig
1. entgegen § 121 Abs. 4a Satz 1, auch in Verbindung mit § 124 Abs. 1 Satz 3, die Einberufung nicht, nicht richtig, nicht vollständig oder nicht rechtzeitig zuleitet oder
2. entgegen § 124a Angaben nicht, nicht richtig oder nicht vollständig zugänglich macht.
(4) Die Ordnungswidrigkeit kann mit einer Geldbuße bis zu fünfundzwanzigtausend Euro geahndet werden.

Gesetz betreffend die Gesellschaften mit beschränkter Haftung (Auszüge)

Rechtsstand: 31. Juli 2009[2]

§ 52 Aufsichtsrat

(1) Ist nach dem Gesellschaftsvertrag ein Aufsichtsrat zu bestellen, so sind § 90 Abs. 3, 4, 5 Satz 1 und 2, § 95 Satz 1, § 100 Abs. 1 und 2 Nr. 2 und Abs. 5, § 101 Abs. 1 Satz 1, § 103 Abs. 1 Satz 1 und 2, §§ 105, 107 Abs. 4, §§ 110 bis 114, 116 des Aktiengesetzes in Verbindung mit § 93 Abs. 1 und 2 Satz 1 und 2 des Aktiengesetzes, § 124 Abs. 3 Satz 2, §§ 170, 171 des Aktiengesetzes entsprechend anzuwenden, soweit nicht im Gesellschaftsvertrag ein anderes bestimmt ist.
(2) Werden die Mitglieder des Aufsichtsrats vor der Eintragung der Gesellschaft in das Handelsregister bestellt, gilt § 37 Abs. 4 Nr. 3 und 3a des Aktiengesetzes entsprechend. Die Geschäftsführer haben bei jeder Änderung in den Personen der Aufsichtsratsmitglieder unverzüglich eine Liste der Mitglieder des Aufsichtsrats, aus welcher Name, Vorname, ausgeübter Beruf und Wohnort der Mitglieder ersichtlich

---

2 Gesetz betreffend die Gesellschaften mit beschränkter Haftung (GmbHG) idF der Bekanntmachung vom 20. Mai 1898 (RGBl., S. 846), zuletzt geändert durch Gesetz vom 31. Juli 2009 (BGBl. I, S. 2509).

ist, zum Handelsregister einzureichen; das Gericht hat nach § 10 des Handelsgesetzbuchs einen Hinweis darauf bekannt zu machen, dass die Liste zum Handelsregister eingereicht worden ist.
(3) Schadensersatzansprüche gegen die Mitglieder des Aufsichtsrats wegen Verletzung ihrer Obliegenheiten verjähren in fünf Jahren.

§ 85 Verletzung der Geheimhaltungspflicht

(1) Mit Freiheitsstrafe bis zu einem Jahr oder mit Geldstrafe wird bestraft, wer ein Geheimnis der Gesellschaft, namentlich ein Betriebs- oder Geschäftsgeheimnis, das ihm in seiner Eigenschaft als Geschäftsführer, Mitglied des Aufsichtsrats oder Liquidator bekanntgeworden ist, unbefugt offenbart.
(2) Handelt der Täter gegen Entgelt oder in der Absicht, sich oder einen anderen zu bereichern oder einen anderen zu schädigen, so ist die Strafe Freiheitsstrafe bis zu zwei Jahren oder Geldstrafe. Ebenso wird bestraft, wer ein Geheimnis der in Absatz 1 bezeichneten Art, namentlich ein Betriebs- oder Geschäftsgeheimnis, das ihm unter den Voraussetzungen des Absatzes 1 bekanntgeworden ist, unbefugt verwertet.
(3) Die Tat wird nur auf Antrag der Gesellschaft verfolgt. Hat ein Geschäftsführer oder ein Liquidator die Tat begangen, so sind der Aufsichtsrat und, wenn kein Aufsichtsrat vorhanden ist, von den Gesellschaftern bestellte besondere Vertreter antragsberechtigt.
Hat ein Mitglied des Aufsichtsrats die Tat begangen, so sind die Geschäftsführer oder die Liquidatoren antragsberechtigt.

SE-Ausführungsgesetz (Auszüge)

Rechtsstand: 30. Juli 2009[3]

§ 18 Informationsverlangen einzelner Mitglieder des Aufsichtsorgans

Jedes einzelne Mitglied des Aufsichtsorgans kann vom Leitungsorgan jegliche Information nach Artikel 41 Abs. 3 Satz 1 der Verordnung, jedoch nur an das Aufsichtsorgan, verlangen.

§ 19 Festlegung zustimmungsbedürftiger Geschäfte durch das Aufsichtsorgan

Das Aufsichtsorgan kann selbst bestimmte Arten von Geschäften von seiner Zustimmung abhängig machen.

§ 20 Anzuwendende Vorschriften

Wählt eine SE gemäß Artikel 38 Buchstabe b der Verordnung in ihrer Satzung das monistische System mit einem Verwaltungsorgan (Verwaltungsrat), so gelten anstelle der §§ 76 bis 116 des Aktiengesetzes die nachfolgenden Vorschriften.

§ 22 Aufgaben und Rechte des Verwaltungsrats

(1) Der Verwaltungsrat leitet die Gesellschaft, bestimmt die Grundlinien ihrer Tätigkeit und überwacht deren Umsetzung.
(2) Der Verwaltungsrat hat eine Hauptversammlung einzuberufen, wenn das Wohl der Gesellschaft es fordert. Für den Beschluss genügt die einfache Mehrheit. Für die Vorbereitung und Ausführung von Hauptversammlungsbeschlüssen gilt § 83 des Aktiengesetzes entsprechend; der Verwaltungsrat kann einzelne damit verbundene Aufgaben auf die geschäftsführenden Direktoren übertragen.

---

[3] Gesetz zur Ausführung der Verordnung (EG) Nr. 2157/2001 des Rates vom 8. Oktober 2001 über das Statut der Europäischen Gesellschaft (SE) vom 22. Dezember 2004 (BGBl. I, S. 3675), zuletzt geändert durch Gesetz vom 30. Juli 2009 (BGBl. I, S. 2479).

(3) Der Verwaltungsrat hat dafür zu sorgen, dass die erforderlichen Handelsbücher geführt werden. Der Verwaltungsrat hat geeignete Maßnahmen zu treffen, insbesondere ein Überwachungssystem einzurichten, damit den Fortbestand der Gesellschaft gefährdende Entwicklungen früh erkannt werden.
(4) Der Verwaltungsrat kann die Bücher und Schriften der Gesellschaft sowie die Vermögensgegenstände, namentlich die Gesellschaftskasse und die Bestände an Wertpapieren und Waren, einsehen und prüfen. Er kann damit auch einzelne Mitglieder oder für bestimmte Aufgaben besondere Sachverständige beauftragen. Er erteilt dem Abschlussprüfer den Prüfungsauftrag für den Jahres- und Konzernabschluss gemäß § 290 des Handelsgesetzbuchs.
(5) Ergibt sich bei Aufstellung der Jahresbilanz oder einer Zwischenbilanz oder ist bei pflichtmäßigem Ermessen anzunehmen, dass ein Verlust in der Hälfte des Grundkapitals besteht, so hat der Verwaltungsrat unverzüglich die Hauptversammlung einzuberufen und ihr dies anzuzeigen. Bei Zahlungsunfähigkeit oder Überschuldung der Gesellschaft hat der Verwaltungsrat den Insolvenzantrag nach § 15a Abs. 1 der Insolvenzordnung zu stellen; § 92 Abs. 2 des Aktiengesetzes gilt entsprechend.
(6) Rechtsvorschriften, die außerhalb dieses Gesetzes dem Vorstand oder dem Aufsichtsrat einer Aktiengesellschaft Rechte oder Pflichten zuweisen, gelten sinngemäß für den Verwaltungsrat, soweit nicht in diesem Gesetz für den Verwaltungsrat und für geschäftsführende Direktoren besondere Regelungen enthalten sind.

§ 27 Persönliche Voraussetzungen der Mitglieder des Verwaltungsrats

(1) Mitglied des Verwaltungsrats kann nicht sein, wer
1. bereits in zehn Handelsgesellschaften, die gesetzlich einen Aufsichtsrat oder einen Verwaltungsrat zu bilden haben, Mitglied des Aufsichtsrats oder des Verwaltungsrats ist,
2. gesetzlicher Vertreter eines von der Gesellschaft abhängigen Unternehmens ist oder
3. gesetzlicher Vertreter einer anderen Kapitalgesellschaft ist, deren Aufsichtsrat oder Verwaltungsrat ein Vorstandsmitglied oder ein Geschäftsführender Direktor der Gesellschaft angehört.

Auf die Höchstzahl nach Satz 1 Nr. 1 sind bis zu fünf Sitze in Aufsichts- oder Verwaltungsräten nicht anzurechnen, die ein gesetzlicher Vertreter (beim Einzelkaufmann der Inhaber) des herrschenden Unternehmens eines Konzerns in zum Konzern gehörenden Handelsgesellschaften, die gesetzlich einen Aufsichtsrat oder einen Verwaltungsrat zu bilden haben, inne hat. Auf die Höchstzahl nach Satz 1 Nr. 1 sind Aufsichtsrats- oder Verwaltungsratsämter im Sinne der Nummer 1 doppelt anzurechnen, für die das Mitglied zum Vorsitzenden gewählt worden ist. Bei einer SE im Sinn des § 264d des Handelsgesetzbuchs muss mindestens ein Mitglied des Verwaltungsrats die Voraussetzungen des § 100 Abs. 5 des Aktiengesetzes erfüllen.
(2) § 36 Abs. 3 Satz 2 in Verbindung mit § 6 Abs. 2 bis 4 des SE-Beteiligungsgesetzes oder eine Vereinbarung nach § 21 des SE-Beteiligungsgesetzes über weitere persönliche Voraussetzungen der Mitglieder der Arbeitnehmer bleibt unberührt.
(3) Eine juristische Person kann nicht Mitglied des Verwaltungsrats sein.

§ 28 Bestellung der Mitglieder des Verwaltungsrats

(1) Die Bestellung der Mitglieder des Verwaltungsrats richtet sich nach der Verordnung.
(2) § 101 Abs. 2 des Aktiengesetzes gilt entsprechend.
(3) Stellvertreter von Mitgliedern des Verwaltungsrats können nicht bestellt werden. Jedoch kann für jedes Mitglied ein Ersatzmitglied bestellt werden, das Mitglied des Verwaltungsrats wird, wenn das Mitglied vor Ablauf seiner Amtszeit wegfällt. Das Ersatzmitglied kann nur gleichzeitig mit dem Mitglied bestellt werden. Auf seine Bestellung sowie die Nichtigkeit und Anfechtung seiner Bestellung sind die für das Mitglied geltenden Vorschriften anzuwenden. Das Amt des Ersatzmitglieds erlischt spätestens mit Ablauf der Amtszeit des weggefallenen Mitglieds.

§ 34 Innere Ordnung des Verwaltungsrats

(1) Der Verwaltungsrat hat neben dem Vorsitzenden nach näherer Bestimmung der Satzung aus seiner Mitte mindestens einen Stellvertreter zu wählen. Der Stellvertreter hat nur dann die Rechte und Pflichten des Vorsitzenden, wenn dieser verhindert ist. Besteht der Verwaltungsrat nur aus einer Person, nimmt diese die dem Vorsitzenden des Verwaltungsrats gesetzlich zugewiesenen Aufgaben wahr.

(2) Der Verwaltungsrat kann sich eine Geschäftsordnung geben. Die Satzung kann Einzelfragen der Geschäftsordnung bindend regeln.
(3) Über die Sitzungen des Verwaltungsrats ist eine Niederschrift anzufertigen, die der Vorsitzende zu unterzeichnen hat. In der Niederschrift sind der Ort und der Tag der Sitzung, die Teilnehmer, die Gegenstände der Tagesordnung, der wesentliche Inhalt der Verhandlungen und die Beschlüsse des Verwaltungsrats anzugeben. Ein Verstoß gegen Satz 1 oder Satz 2 macht einen Beschluss nicht unwirksam. Jedem Mitglied des Verwaltungsrats ist auf Verlangen eine Abschrift der Sitzungsniederschrift auszuhändigen. Die Sätze 1 bis 4 finden auf einen Verwaltungsrat, der nur aus einer Person besteht, keine Anwendung.
(4) Der Verwaltungsrat kann aus seiner Mitte einen oder mehrere Ausschüsse bestellen, namentlich, um seine Verhandlungen und Beschlüsse vorzubereiten oder die Ausführung seiner Beschlüsse zu überwachen. Die Aufgaben nach Absatz 1 Satz 1 und nach § 22 Abs. 1 und 3, § 40 Abs. 1 Satz 1 und § 47 Abs. 3 dieses Gesetzes sowie nach § 68 Abs. 2 Satz 2, § 203 Abs. 2, § 204 Abs. 1 Satz 1, § 205 Abs. 2 Satz 1 und § 314 Abs. 2 und 3 des Aktiengesetzes können einem Ausschuss nicht an Stelle des Verwaltungsrats zur Beschlussfassung überwiesen werden. Dem Verwaltungsrat ist regelmäßig über die Arbeit der Ausschüsse zu berichten. Der Verwaltungsrat kann einen Prüfungsausschuss einrichten, dem insbesondere die Aufgaben nach § 107 Abs. 3 Satz 2 des Aktiengesetzes übertragen werden können. Er muss mehrheitlich mit nicht geschäftsführenden Mitgliedern besetzt werden. Richtet der Verwaltungsrat einer SE im Sinn des § 264d des Handelsgesetzbuchs einen Prüfungsausschuss ein, muss mindestens ein Mitglied des Prüfungsausschusses die Voraussetzungen des § 100 Abs. 5 des Aktiengesetzes erfüllen und darf der Vorsitzende des Prüfungsausschusses nicht geschäftsführender Direktor sein.

§ 35 Beschlussfassung

(1) Abwesende Mitglieder können dadurch an der Beschlussfassung des Verwaltungsrats und seiner Ausschüsse teilnehmen, dass sie schriftliche Stimmabgaben überreichen lassen. Die schriftlichen Stimmabgaben können durch andere Mitglieder überreicht werden. Sie können auch durch Personen, die nicht dem Verwaltungsrat angehören, übergeben werden, wenn diese nach § 109 Abs. 3 des Aktiengesetzes zur Teilnahme an der Sitzung berechtigt sind.
(2) Schriftliche, fernmündliche oder andere vergleichbare Formen der Beschlussfassung des Verwaltungsrats und seiner Ausschüsse sind vorbehaltlich einer näheren Regelung durch die Satzung oder eine Geschäftsordnung des Verwaltungsrats nur zulässig, wenn kein Mitglied diesem Verfahren widerspricht.
(3) Ist ein geschäftsführender Direktor, der zugleich Mitglied des Verwaltungsrats ist, aus rechtlichen Gründen gehindert, an der Beschlussfassung im Verwaltungsrat teilzunehmen, hat insoweit der Vorsitzende des Verwaltungsrats eine zusätzliche Stimme.

§ 36 Teilnahme an Sitzungen des Verwaltungsrats und seiner Ausschüsse

(1) An den Sitzungen des Verwaltungsrats und seiner Ausschüsse sollen Personen, die dem Verwaltungsrat nicht angehören, nicht teilnehmen. Sachverständige und Auskunftspersonen können zur Beratung über einzelne Gegenstände zugezogen werden.
(2) Mitglieder des Verwaltungsrats, die dem Ausschuss nicht angehören, können an den Ausschusssitzungen teilnehmen, wenn der Vorsitzende des Verwaltungsrats nichts anderes bestimmt.
(3) Die Satzung kann zulassen, dass an den Sitzungen des Verwaltungsrats und seiner Ausschüsse Personen, die dem Verwaltungsrat nicht angehören, an Stelle von verhinderten Mitgliedern teilnehmen können, wenn diese sie in Textform ermächtigt haben.
(4) Abweichende gesetzliche Bestimmungen bleiben unberührt.

§ 37 Einberufung des Verwaltungsrats

(1) Jedes Verwaltungsratsmitglied kann unter Angabe des Zwecks und der Gründe verlangen, dass der Vorsitzende des Verwaltungsrats unverzüglich den Verwaltungsrat einberuft. Die Sitzung muss binnen zwei Wochen nach der Einberufung stattfinden.
(2) Wird dem Verlangen nicht entsprochen, so kann das Verwaltungsratsmitglied unter Mitteilung des Sachverhalts und der Angabe einer Tagesordnung selbst den Verwaltungsrat einberufen.

§ 39 Sorgfaltspflicht und Verantwortlichkeit der Verwaltungsratsmitglieder

Für die Sorgfaltspflicht und Verantwortlichkeit der Verwaltungsratsmitglieder gilt § 93 des Aktiengesetzes entsprechend.

§ 40 Geschäftsführende Direktoren

(1) Der Verwaltungsrat bestellt einen oder mehrere geschäftsführende Direktoren. Mitglieder des Verwaltungsrats können zu geschäftsführenden Direktoren bestellt werden, sofern die Mehrheit des Verwaltungsrats weiterhin aus nicht geschäftsführenden Mitgliedern besteht. Die Bestellung ist zur Eintragung in das Handelsregister anzumelden. Werden Dritte zu geschäftsführenden Direktoren bestellt, gilt für sie § 76 Abs. 3 des Aktiengesetzes entsprechend. Die Satzung kann Regelungen über die Bestellung eines oder mehrerer geschäftsführender Direktoren treffen. § 38 Abs. 2 des SE-Beteiligungsgesetzes bleibt unberührt.
(2) Die geschäftsführenden Direktoren führen die Geschäfte der Gesellschaft. Sind mehrere geschäftsführende Direktoren bestellt, so sind sie nur gemeinschaftlich zur Geschäftsführung befugt; die Satzung oder eine vom Verwaltungsrat erlassene Geschäftsordnung kann Abweichendes bestimmen. Gesetzlich dem Verwaltungsrat zugewiesene Aufgaben können nicht auf die geschäftsführenden Direktoren übertragen werden. Soweit nach den für Aktiengesellschaften geltenden Rechtsvorschriften der Vorstand Anmeldungen und die Einreichung von Unterlagen zum Handelsregister vorzunehmen hat, treten an die Stelle des Vorstands die geschäftsführenden Direktoren.
(3) Ergibt sich bei der Aufstellung der Jahresbilanz oder einer Zwischenbilanz oder ist bei pflichtgemäßem Ermessen anzunehmen, dass ein Verlust in der Hälfte des Grundkapitals besteht, so haben die geschäftsführenden Direktoren dem Vorsitzenden des Verwaltungsrats unverzüglich darüber zu berichten. Dasselbe gilt, wenn die Gesellschaft zahlungsunfähig wird oder sich eine Überschuldung der Gesellschaft ergibt.
(4) Sind mehrere geschäftsführende Direktoren bestellt, können sie sich eine Geschäftsordnung geben, wenn nicht die Satzung den Erlass einer Geschäftsordnung dem Verwaltungsrat übertragen hat oder der Verwaltungsrat eine Geschäftsordnung erlässt. Die Satzung kann Einzelfragen der Geschäftsordnung bindend regeln. Beschlüsse der geschäftsführenden Direktoren über die Geschäftsordnung müssen einstimmig gefasst werden.
(5) Geschäftsführende Direktoren können jederzeit durch Beschluss des Verwaltungsrats abberufen werden, sofern die Satzung nichts anderes regelt. Für die Ansprüche aus dem Anstellungsvertrag gelten die allgemeinen Vorschriften.
(6) Geschäftsführende Direktoren berichten dem Verwaltungsrat entsprechend § 90 des Aktiengesetzes, sofern die Satzung oder die Geschäftsordnung nichts anderes vorsieht.
(7) Die §§ 87 bis 89 des Aktiengesetzes gelten entsprechend.
(8) Für Sorgfaltspflicht und Verantwortlichkeit der geschäftsführenden Direktoren gilt § 93 des Aktiengesetzes entsprechend.
(9) Die Vorschriften über die geschäftsführenden Direktoren gelten auch für ihre Stellvertreter.

§ 41 Vertretung

(1) Die geschäftsführenden Direktoren vertreten die Gesellschaft gerichtlich und außergerichtlich. Hat eine Gesellschaft keine geschäftsführenden Direktoren (Führungslosigkeit), wird die Gesellschaft für den Fall, dass ihr gegenüber Willenserklärungen abgegeben oder Schriftstücke zugestellt werden, durch den Verwaltungsrat vertreten.
(2) Mehrere geschäftsführende Direktoren sind, wenn die Satzung nichts anderes bestimmt, nur gemeinschaftlich zur Vertretung der Gesellschaft befugt. Ist eine Willenserklärung gegenüber der Gesellschaft abzugeben, so genügt die Abgabe gegenüber einem geschäftsführenden Direktor oder im Fall des Absatzes 1 Satz 2 gegenüber einem Mitglied des Verwaltungsrats. § 78 Abs. 2 Satz 3 und 4 des Aktiengesetzes gilt entsprechend.
(3) Die Satzung kann auch bestimmen, dass einzelne geschäftsführende Direktoren allein oder in Gemeinschaft mit einem Prokuristen zur Vertretung der Gesellschaft befugt sind. Absatz 2 Satz 2 gilt in diesen Fällen entsprechend.
(4) Zur Gesamtvertretung befugte geschäftsführende Direktoren können einzelne von ihnen zur Vornahme bestimmter Geschäfte oder bestimmter Arten von Geschäften ermächtigen. Dies gilt entsprechend,

wenn ein einzelner geschäftsführender Direktor in Gemeinschaft mit einem Prokuristen zur Vertretung der Gesellschaft befugt ist.
(5) Den geschäftsführenden Direktoren gegenüber vertritt der Verwaltungsrat die Gesellschaft gerichtlich und außergerichtlich.

§ 44 Beschränkungen der Vertretungs- und Geschäftsführungsbefugnis

(1) Die Vertretungsbefugnis der geschäftsführenden Direktoren kann nicht beschränkt werden.
(2) Im Verhältnis zur Gesellschaft sind die geschäftsführenden Direktoren verpflichtet, die Anweisungen und Beschränkungen zu beachten, die im Rahmen der für die SE geltenden Vorschriften die Satzung, der Verwaltungsrat, die Hauptversammlung und die Geschäftsordnungen des Verwaltungsrats und der geschäftsführenden Direktoren für die Geschäftsführungsbefugnis getroffen haben.

§ 47 Prüfung und Feststellung des Jahresabschlusses

(1) Die geschäftsführenden Direktoren haben den Jahresabschluss und den Lagebericht unverzüglich nach ihrer Aufstellung dem Verwaltungsrat vorzulegen. Zugleich haben die geschäftsführenden Direktoren einen Vorschlag vorzulegen, den der Verwaltungsrat der Hauptversammlung für die Verwendung des Bilanzgewinns machen soll; § 170 Abs. 2 Satz 2 des Aktiengesetzes gilt entsprechend.
(2) Jedes Verwaltungsratsmitglied hat das Recht, von den Vorlagen und Prüfungsberichten Kenntnis zu nehmen. Die Vorlagen und Prüfungsberichte sind auch jedem Verwaltungsratsmitglied oder, soweit der Verwaltungsrat dies beschlossen hat und ein Bilanzausschuss besteht, den Mitgliedern des Ausschusses auszuhändigen.
(3) Für die Prüfung durch den Verwaltungsrat gilt § 171 Abs. 1 und 2 des Aktiengesetzes entsprechend.
(4) Absatz 1 Satz 1 und Absatz 3 gelten entsprechend für einen Einzelabschluss nach § 325 Abs. 2a Satz 1 des Handelsgesetzbuchs sowie bei Mutterunternehmen (§ 290 Abs. 1, 2 Handelsgesetzbuchs) für den Konzernabschluss und den Konzernlagebericht. Der Einzelabschluss nach § 325 Abs. 2a Satz 1 des Handelsgesetzbuchs darf erst nach Billigung durch den Verwaltungsrat offen gelegt werden.
(5) Billigt der Verwaltungsrat den Jahresabschluss, so ist dieser festgestellt, sofern nicht der Verwaltungsrat beschließt, die Feststellung des Jahresabschlusses der Hauptversammlung zu überlassen. Die Beschlüsse des Verwaltungsrats sind in den Bericht des Verwaltungsrats an die Hauptversammlung aufzunehmen.
(6) Hat der Verwaltungsrat beschlossen, die Feststellung des Jahresabschlusses der Hauptversammlung zu überlassen, oder hat der Verwaltungsrat den Jahresabschluss nicht gebilligt, so stellt die Hauptversammlung den Jahresabschluss fest. Hat der Verwaltungsrat eines Mutterunternehmens (§ 290 Abs. 1, 2 des Handelsgesetzbuchs) den Konzernabschluss nicht gebilligt, so entscheidet die Hauptversammlung über die Billigung. Für die Feststellung des Jahresabschlusses oder die Billigung des Konzernabschlusses durch die Hauptversammlung gilt § 173 Abs. 2 und 3 des Aktiengesetzes entsprechend.

§ 53 Straf- und Bußgeldvorschriften

(1) Die Strafvorschriften des § 399 Abs. 1 Nr. 1 bis 5 und Abs. 2, des § 400 und der §§ 402 bis 404 des Aktiengesetzes, der §§ 331 bis 333 des Handelsgesetzbuchs und der §§ 313 bis 315 des Umwandlungsgesetzes sowie die Bußgeldvorschriften des § 405 des Aktiengesetzes und des § 334 des Handelsgesetzbuchs gelten auch für die SE im Sinne des Artikels 9 Abs. 1 Buchstabe c Doppelbuchstabe ii der Verordnung. Soweit sie
1. Mitglieder des Vorstands,
2. Mitglieder des Aufsichtsrats oder
3. Mitglieder des vertretungsberechtigten Organs einer Kapitalgesellschaft
betreffen, gelten sie bei der SE mit dualistischem System in den Fällen der Nummern 1 und 3 für die Mitglieder des Leitungsorgans und in den Fällen der Nummer 2 für die Mitglieder des Aufsichtsrats. Bei der SE mit monistischem System gelten sie in den Fällen der Nummern 1 und 3 für die geschäftsführenden Direktoren und in den Fällen der Nummer 2 für die Mitglieder des Verwaltungsrats.
(2) Die Strafvorschriften des § 399 Abs. 1 Nr. 6 und des § 401 des Aktiengesetzes gelten im Sinne des Artikels 9 Abs. 1 Buchstabe c Doppelbuchstabe ii der Verordnung auch für die SE mit dualistischem System. Soweit sie Mitglieder des Vorstands betreffen, gelten sie für die Mitglieder des Leitungsorgans.
(3) Mit Freiheitsstrafe bis zu drei Jahren oder mit Geldstrafe wird bestraft, wer

1. als Vorstandsmitglied entgegen § 8 Satz 2,
2. als Mitglied des Leitungsorgans einer SE mit dualistischem System oder als geschäftsführender Direktor einer SE mit monistischem System entgegen § 13 Abs. 3,
3. als geschäftsführender Direktor einer SE mit monistischem System entgegen § 21 Abs. 2 Satz 1 oder § 46 Abs. 2 Satz 1 oder
4. als Abwickler einer SE mit monistischem System entgegen Artikel 9 Abs. 1 Buchstabe c Doppelbuchstabe ii der Verordnung in Verbindung mit § 266 Abs. 3 Satz 1 des Aktiengesetzes eine Versicherung nicht richtig abgibt.

(4) Ebenso wird bestraft, wer bei einer SE mit monistischem System
1. als Mitglied des Verwaltungsrats entgegen § 22 Abs. 5 Satz 1 die Hauptversammlung nicht oder nicht rechtzeitig einberuft oder ihr den Verlust nicht, nicht richtig, nicht vollständig oder nicht rechtzeitig anzeigt oder
2. als Mitglied des Verwaltungsrats entgegen § 22 Abs. 5 Satz 2 in Verbindung mit § 15a Abs. 1 Satz 1 der Insolvenzordnung die Eröffnung des Insolvenzverfahrens nicht oder nicht rechtzeitig beantragt.

(5) Handelt der Täter in den Fällen des Absatzes 4 fahrlässig, so ist die Strafe Freiheitsstrafe bis zu einem Jahr oder Geldstrafe.

Genossenschaftsgesetz (Auszüge)

Rechtsstand: 25. Mai 2009[4]

§ 9 Vorstand; Aufsichtsrat

(1) Die Genossenschaft muss einen Vorstand und einen Aufsichtsrat haben. Bei Genossenschaften mit nicht mehr als 20 Mitgliedern kann durch Bestimmung in der Satzung auf einen Aufsichtsrat verzichtet werden. In diesem Fall nimmt die Generalversammlung die Rechte und Pflichten des Aufsichtsrats wahr, soweit in diesem Gesetz nichts anderes bestimmt ist.

(2) Die Mitglieder des Vorstands und des Aufsichtsrats müssen Mitglieder der Genossenschaft und natürliche Personen sein. Gehören der Genossenschaft eingetragene Genossenschaften als Mitglieder an, können deren Mitglieder, sofern sie natürliche Personen sind, in den Vorstand oder Aufsichtsrat der Genossenschaft berufen werden; gehören der Genossenschaft andere juristische Personen oder Personengesellschaften an, gilt dies für deren zur Vertretung befugte Personen.

§ 34 Sorgfaltspflicht und Verantwortlichkeit der Vorstandsmitglieder

(1) Die Vorstandsmitglieder haben bei ihrer Geschäftsführung die Sorgfalt eines ordentlichen und gewissenhaften Geschäftsleiters einer Genossenschaft anzuwenden. Über vertrauliche Angaben und Geheimnisse der Genossenschaft, namentlich Betriebs- oder Geschäftsgeheimnisse, die ihnen durch die Tätigkeit im Vorstand bekannt geworden sind, haben sie Stillschweigen zu bewahren.

(2) Vorstandsmitglieder, die ihre Pflichten verletzen, sind der Genossenschaft zum Ersatz des daraus entstehenden Schadens als Gesamtschuldner verpflichtet. Ist streitig, ob sie die Sorgfalt eines ordentlichen und gewissenhaften Geschäftsleiters einer Genossenschaft angewandt haben, tragen sie die Beweislast.

(3) Die Mitglieder des Vorstands sind namentlich zum Ersatz verpflichtet, wenn entgegen diesem Gesetz oder der Satzung
1. Geschäftsguthaben ausgezahlt werden,
2. den Mitgliedern Zinsen oder Gewinnanteile gewährt werden,
3. Genossenschaftsvermögen verteilt wird,

---

4 Gesetz betreffend die Erwerbs- und Wirtschaftsgenossenschaften (Genossenschaftsgesetz – GenG) vom 1. Mai 1889 (RGBl., S. 55) idF der Bekanntmachung vom 16. Oktober 2006 (BGBl. I, S. 2230), zuletzt geändert durch Gesetz vom 25. Mai 2009 (BGBl. I, S. 2230).

4. Zahlungen geleistet werden, nachdem die Zahlungsunfähigkeit der Genossenschaft eingetreten ist oder sich eine Überschuldung ergeben hat, die für die Genossenschaft nach § 98 Grund für die Eröffnung des Insolvenzverfahrens ist,
5. Kredit gewährt wird.

(4) Der Genossenschaft gegenüber tritt die Ersatzpflicht nicht ein, wenn die Handlung auf einem gesetzmäßigen Beschluss der Generalversammlung beruht. Dadurch, dass der Aufsichtsrat die Handlung gebilligt hat, wird die Ersatzpflicht nicht ausgeschlossen.

(5) In den Fällen des Absatzes 3 kann der Ersatzanspruch auch von den Gläubigern der Genossenschaft geltend gemacht werden, soweit sie von dieser keine Befriedigung erlangen können. Den Gläubigern gegenüber wird die Ersatzpflicht weder durch einen Verzicht oder Vergleich der Genossenschaft noch dadurch aufgehoben, dass die Handlung auf einem Beschluss der Generalversammlung beruht. Ist über das Vermögen der Genossenschaft das Insolvenzverfahren eröffnet, so übt während dessen Dauer der Insolvenzverwalter oder Sachwalter das Recht der Gläubiger gegen die Vorstandsmitglieder aus.

(6) Die Ansprüche aus diesen Vorschriften verjähren in fünf Jahren.

§ 36 Aufsichtsrat

(1) Der Aufsichtsrat besteht, sofern nicht die Satzung eine höhere Zahl festsetzt, aus drei von der Generalversammlung zu wählenden Personen. Die zu einer Beschlussfassung erforderliche Zahl ist durch die Satzung zu bestimmen.

(2) Die Mitglieder des Aufsichtsrats dürfen keine nach dem Geschäftsergebnis bemessene Vergütung beziehen.

(3) Die Bestellung zum Mitglied des Aufsichtsrats kann auch vor Ablauf des Zeitraums, für welchen es gewählt ist, durch die Generalversammlung widerrufen werden. Der Beschluss bedarf einer Mehrheit, die mindestens drei Viertel der abgegebenen Stimmen umfasst.

(4) Bei einer Genossenschaft, die kapitalmarktorientiert im Sinn des § 264d des Handelsgesetzbuchs ist, muss mindestens ein unabhängiges Mitglied des Aufsichtsrats über Sachverstand in Rechnungslegung oder Abschlussprüfung verfügen.

§ 37 Unvereinbarkeit von Ämtern

(1) Die Mitglieder des Aufsichtsrats dürfen nicht zugleich Vorstandsmitglieder, dauernde Stellvertreter der Vorstandsmitglieder, Prokuristen oder zum Betrieb des gesamten Geschäfts ermächtigte Handlungsbevollmächtigte der Genossenschaft sein. Der Aufsichtsrat kann einzelne seiner Mitglieder für einen im Voraus begrenzten Zeitraum zu Stellvertretern verhinderter Vorstandsmitglieder bestellen; während dieses Zeitraums und bis zur Erteilung der Entlastung als stellvertretendes Vorstandsmitglied darf dieses Mitglied seine Tätigkeit als Aufsichtsratsmitglied nicht ausüben.

(2) Scheiden aus dem Vorstand Mitglieder aus, so dürfen dieselben nicht vor erteilter Entlastung in den Aufsichtsrat gewählt werden.

§ 38 Aufgaben des Aufsichtsrats

(1) Der Aufsichtsrat hat den Vorstand bei dessen Geschäftsführung zu überwachen. Er kann zu diesem Zweck von dem Vorstand jederzeit Auskünfte über alle Angelegenheiten der Genossenschaft verlangen und die Bücher und Schriften der Genossenschaft sowie den Bestand der Genossenschaftskasse und die Bestände an Wertpapieren und Waren einsehen und prüfen. Er kann einzelne seiner Mitglieder beauftragen, die Einsichtnahme und Prüfung durchzuführen. Auch ein einzelnes Mitglied des Aufsichtsrats kann Auskünfte, jedoch nur an den Aufsichtsrat, verlangen. Der Aufsichtsrat hat den Jahresabschluss, den Lagebericht und den Vorschlag für die Verwendung des Jahresüberschusses oder die Deckung des Jahresfehlbetrags zu prüfen; über das Ergebnis der Prüfung hat er der Generalversammlung vor der Feststellung des Jahresabschlusses zu berichten.

(1a) Der Aufsichtsrat kann einen Prüfungsausschuss bestellen, der sich mit der Überwachung des Rechnungslegungsprozesses sowie der Wirksamkeit des internen Kontrollsystems, des Risikomanagementsystems und des internen Revisionssystems befasst. Richtet der Aufsichtsrat einer Genossenschaft, die kapitalmarktorientiert im Sinn des § 264d des Handelsgesetzbuchs ist, einen Prüfungsausschuss ein, so muss diesem mindestens ein Mitglied angehören, welches die Voraussetzungen des § 36 Abs. 4 erfüllt.

(2) Der Aufsichtsrat hat eine Generalversammlung einzuberufen, wenn dies im Interesse der Genossenschaft erforderlich ist. Ist nach der Satzung kein Aufsichtsrat zu bilden, gilt § 44.
(3) Weitere Aufgaben des Aufsichtsrats werden durch die Satzung bestimmt.
(4) Die Mitglieder des Aufsichtsrats können ihre Aufgaben nicht durch andere Personen wahrnehmen lassen.

§ 39 Vertretungsbefugnis des Aufsichtsrats

(1) Der Aufsichtsrat vertritt die Genossenschaft gegenüber den Vorstandsmitgliedern gerichtlich und außergerichtlich. Ist nach der Satzung kein Aufsichtsrat zu bilden, wird die Genossenschaft durch einen von der Generalversammlung gewählten Bevollmächtigten vertreten. Die Satzung kann bestimmen, dass über die Führung von Prozessen gegen Vorstandsmitglieder die Generalversammlung entscheidet.
(2) Der Genehmigung des Aufsichtsrats bedarf jede Gewährung von Kredit an ein Mitglied des Vorstands, soweit die Gewährung des Kredits nicht durch die Satzung an noch andere Erfordernisse geknüpft oder ausgeschlossen ist. Das Gleiche gilt von der Annahme eines Vorstandsmitglieds als Bürgen für eine Kreditgewährung.
(3) In Prozessen gegen die Mitglieder des Aufsichtsrats wird die Genossenschaft durch Bevollmächtigte vertreten, welche von der Generalversammlung gewählt werden.

§ 41 Sorgfaltspflicht und Verantwortlichkeit der Aufsichtsratsmitglieder

Für die Sorgfaltspflicht und Verantwortlichkeit der Aufsichtsratsmitglieder gilt § 34 über die Verantwortlichkeit der Vorstandsmitglieder sinngemäß.

§ 53 Pflichtprüfung

(1) Zwecks Feststellung der wirtschaftlichen Verhältnisse und der Ordnungsmäßigkeit der Geschäftsführung sind die Einrichtungen, die Vermögenslage sowie die Geschäftsführung der Genossenschaft einschließlich der Führung der Mitgliederliste mindestens in jedem zweiten Geschäftsjahr zu prüfen. Bei Genossenschaften, deren Bilanzsumme 2 Millionen Euro übersteigt, muss die Prüfung in jedem Geschäftsjahr stattfinden.
(2) Im Rahmen der Prüfung nach Absatz 1 ist bei Genossenschaften, deren Bilanzsumme eine Million Euro und deren Umsatzerlöse 2 Millionen Euro übersteigen, der Jahresabschluss unter Einbeziehung der Buchführung und des Lageberichts zu prüfen. § 316 Abs. 3, § 317 Abs. 1 Satz 2 und 3, Abs. 2 des Handelsgesetzbuchs sind entsprechend anzuwenden. Bei der Prüfung großer Genossenschaften im Sinn des § 58 Abs. 2 ist § 317 Abs. 5 und 6 des Handelsgesetzbuchs entsprechend anzuwenden.
(3) Für Genossenschaften, die kapitalmarktorientiert im Sinn des § 264d des Handelsgesetzbuchs sind und keinen Aufsichtsrat haben, gilt § 324 des Handelsgesetzbuchs entsprechend.

Handelsgesetzbuch (Auszüge)

Rechtsstand: 31. Juli 2009[5]

§ 264 Pflicht zur Aufstellung

(1) Die gesetzlichen Vertreter einer Kapitalgesellschaft haben den Jahresabschluß (§ 242) um einen Anhang zu erweitern, der mit der Bilanz und der Gewinn- und Verlustrechnung eine Einheit bildet, sowie einen Lagebericht aufzustellen. Die gesetzlichen Vertreter einer kapitalmarktorientierten Kapitalgesellschaft, die nicht zur Aufstellung eines Konzernabschlusses verpflichtet ist, haben den Jahresabschluss um eine Kapitalflussrechnung und einen Eigenkapitalspiegel zu erweitern, die mit der Bilanz, Gewinn- und Verlustrechnung und dem Anhang eine Einheit bilden; sie können den Jahresabschluss um eine Segmentberichterstattung erweitern. Der Jahresabschluß und der Lagebericht sind von den gesetzlichen Vertretern in den ersten drei Monaten des Geschäftsjahrs für das vergangene Geschäftsjahr aufzustellen. Kleine Kapitalgesellschaften (§ 267 Abs. 1) brauchen den Lagebericht nicht aufzustellen; sie dürfen den Jahresabschluß auch später aufstellen, wenn dies einem ordnungsmäßigen Geschäftsgang entspricht, jedoch innerhalb der ersten sechs Monate des Geschäftsjahres.

(2) Der Jahresabschluß der Kapitalgesellschaft hat unter Beachtung der Grundsätze ordnungsmäßiger Buchführung ein den tatsächlichen Verhältnissen entsprechendes Bild der Vermögens-, Finanz- und Ertragslage der Kapitalgesellschaft zu vermitteln. Führen besondere Umstände dazu, daß der Jahresabschluß ein den tatsächlichen Verhältnissen entsprechendes Bild im Sinne des Satzes 1 nicht vermittelt, so sind im Anhang zusätzliche Angaben zu machen. Die gesetzlichen Vertreter einer Kapitalgesellschaft, die Inlandsemittent im Sinne des § 2 Abs. 7 des Wertpapierhandelsgesetzes und keine Kapitalgesellschaft im Sinne des § 327a ist, haben bei der Unterzeichnung schriftlich zu versichern, dass nach besten Wissen der Jahresabschluss ein den tatsächlichen Verhältnissen entsprechendes Bild im Sinne des Satzes 1 vermittelt oder der Anhang Angaben nach Satz 2 enthält.

(…)

§ 264d Kapitalmarktorientierte Kapitalgesellschaft

Eine Kapitalgesellschaft ist kapitalmarktorientiert, wenn sie einen organisierten Markt im Sinn des § 2 Abs. 5 des Wertpapierhandelsgesetzes durch von ihr ausgegebene Wertpapiere im Sinn des § 2 Abs. 1 Satz 1 des Wertpapierhandelsgesetzes in Anspruch nimmt oder die Zulassung solcher Wertpapiere zum Handel an einem organisierten Markt beantragt hat.

§ 289 Lagebericht

(…)

(5) Kapitalgesellschaften im Sinn des § 264d haben im Lagebericht die wesentlichen Merkmale des internen Kontroll- und des Risikomanagementsystems im Hinblick auf den Rechnungslegungsprozess zu beschreiben.

§ 289a Erklärung zur Unternehmensführung

(1) Börsennotierte Aktiengesellschaften sowie Aktiengesellschaften, die ausschließlich andere Wertpapiere als Aktien zum Handel an einem organisierten Markt im Sinn des § 2 Abs. 5 des Wertpapierhandelsgesetzes ausgegeben haben und deren ausgegebene Aktien über eigene Veranlassung über ein multilaterales Handelssystem im Sinn des § 2 Abs. 3 Satz 1 Nr. 8 des Wertpapierhandelsgesetzes gehandelt werden, haben eine Erklärung zur Unternehmensführung in ihren Lagebericht aufzunehmen, die dort einen gesonderten Abschnitt bildet. Sie kann auch auf der Internetseite der Gesellschaft öffentlich zugänglich gemacht werden. In diesem Fall ist in den Lagebericht eine Bezugnahme aufzunehmen, welche die Angabe der Internetseite enthält.

---

5 Handelsgesetzbuch (HGB) vom 10. Mai 1897 (RGBl., S. 219), zuletzt geändert durch Gesetz vom 31. Juli 2009.

(2) In die Erklärung zur Unternehmensführung sind aufzunehmen
1. die Erklärung gemäß § 161 des Aktiengesetzes;
2. relevante Angaben zu Unternehmensführungspraktiken, die über die gesetzlichen Anforderungen hinaus angewandt werden, nebst Hinweis, wo sie öffentlich zugänglich sind;
3. eine Beschreibung der Arbeitsweise von Vorstand und Aufsichtsrat sowie der Zusammensetzung und Arbeitsweise von deren Ausschüssen; sind die Informationen auf der Internetseite der Gesellschaft öffentlich zugänglich, kann darauf verwiesen werden.

§ 290 Pflicht zur Aufstellung

(1) Die gesetzlichen Vertreter einer Kapitalgesellschaft (Mutterunternehmen) mit Sitz im Inland haben in den ersten fünf Monaten des Konzerngeschäftsjahrs für das vergangene Konzerngeschäftsjahr einen Konzernabschluss und einen Konzernlagebericht aufzustellen, wenn diese auf ein anderes Unternehmen (Tochterunternehmen) unmittel oder mittelbar einen beherrschenden Einfluss ausüben kann. Ist das Mutterunternehmen eine Kapitalgesellschaft im Sinn des § 325 Abs. 4 Satz 1, sind der Konzernabschluss sowie der Konzernlagebericht in den ersten vier Monaten des Konzerngeschäftsjahrs für das vergangene Konzerngeschäftsjahr aufzustellen.
(2) Beherrschender Einfluss eines Mutterunternehmens besteht stets, wenn
1. ihm bei einem anderen Unternehmen die Mehrheit der Stimmrechte der Gesellschafter zusteht;
2. ihm bei einem anderen Unternehmen das Recht zusteht, die Mehrheit der Mitglieder des die Finanz- und Geschäftspolitik bestimmenden Verwaltungs-, Leitungs- oder Aufsichtsorgans zu bestellen oder abzuberufen, und es gleichzeitig Gesellschafter ist;
3. ihm das Recht zusteht, die Finanz- und Geschäftspolitik auf Grund eines mit einem anderen Unternehmen geschlossenen Beherrschungsvertrages oder auf Grund einer Bestimmung in der Satzung des anderen Unternehmens zu bestimmen, oder
4. es bei wirtschaftlicher Betrachtung die Mehrheit der Risiken und Chancen eines Unternehmens trägt, das zur Erreichung eines eng begrenzten und genau definierten Ziels des Mutterunternehmens dient (Zweckgesellschaft). Neben Unternehmen können Zweckgesellschaften auch sonstige juristische Personen des Privatrechts oder unselbständige Sondervermögen des Privatrechts, ausgenommen Spezial-Sondervermögen im Sinn des § 2 Abs. 3 des Investmentgesetzes, sein.

§ 318 Bestellung und Abberufung des Abschlußprüfers

(1) Der Abschlußprüfer des Jahresabschlusses wird von den Gesellschaftern gewählt; den Abschlußprüfer des Konzernabschlusses wählen die Gesellschafter des Mutterunternehmens. Bei Gesellschaften mit beschränkter Haftung und bei offenen Handelsgesellschaften und Kommanditgesellschaften im Sinne des § 264a Abs. 1 kann der Gesellschaftsvertrag etwas anderes bestimmen. Der Abschlußprüfer soll jeweils vor Ablauf des Geschäftsjahrs gewählt werden, auf das sich seine Prüfungstätigkeit erstreckt. Die gesetzlichen Vertreter, bei Zuständigkeit des Aufsichtsrats dieser, haben unverzüglich nach der Wahl den Prüfungsauftrag zu erteilen. Der Prüfungsauftrag kann nur widerrufen werden, wenn nach Absatz 3 ein anderer Prüfer bestellt worden ist.
(…)
(3) Auf Antrag der gesetzlichen Vertreter, des Aufsichtsrats oder von Gesellschaftern, bei Aktiengesellschaften und Kommanditgesellschaften auf Aktien jedoch nur, wenn die Anteile dieser Gesellschafter bei Antragstellung zusammen den zwanzigsten Teil des Grundkapitals oder einen Börsenwert von 500 000 Euro erreichen, hat das Gericht nach Anhörung der Beteiligten und des gewählten Prüfers einen anderen Abschlussprüfer zu bestellen, wenn dies aus einem in der Person des gewählten Prüfers liegenden Grund geboten erscheint, insbesondere wenn ein Ausschlussgrund nach § 319 Abs. 2 bis 5 oder §§ 319a und 319b besteht. Der Antrag ist binnen zwei Wochen nach dem Tag der Wahl des Abschlussprüfers zu stellen; Aktionäre können den Antrag nur stellen, wenn sie gegen die Wahl des Abschlussprüfers bei der Beschlussfassung Widerspruch erklärt haben. Wird ein Befangenheitsgrund erst nach der Wahl bekannt oder tritt ein Befangenheitsgrund erst nach der Wahl ein, ist der Antrag binnen zwei Wochen nach dem Tag zu stellen, an dem der Antragsberechtigte Kenntnis von den befangenheitsbegründenden Umständen erlangt hat oder ohne grobe Fahrlässigkeit hätte erlangen müssen. Stellen Aktionäre den Antrag, so haben sie glaubhaft zu machen, dass sie seit mindestens drei Monaten vor dem Tag der Wahl des Abschlussprüfers Inhaber der Aktien sind. Zur Glaubhaftmachung genügt eine eidesstattliche Versicherung vor

einem Notar. Unterliegt die Gesellschaft einer staatlichen Aufsicht, so kann auch die Aufsichtsbehörde den Antrag stellen. Der Antrag kann nach Erteilung des Bestätigungsvermerks, im Fall einer Nachtragsprüfung nach § 316 Abs. 3 nach Ergänzung des Bestätigungsvermerks nicht mehr gestellt werden. Gegen die Entscheidung ist die Beschwerde zulässig.

(4) Ist der Abschlußprüfer bis zum Ablauf des Geschäftsjahrs nicht gewählt worden, so hat das Gericht auf Antrag der gesetzlichen Vertreter, des Aufsichtsrats oder eines Gesellschafters den Abschlußprüfer zu bestellen. Gleiches gilt, wenn ein gewählter Abschlußprüfer die Annahme des Prüfungsauftrags abgelehnt hat, weggefallen ist oder am rechtzeitigen Abschluß der Prüfung verhindert ist und ein anderer Abschlußprüfer nicht gewählt worden ist. Die gesetzlichen Vertreter sind verpflichtet, den Antrag zu stellen. Gegen die Entscheidung des Gerichts findet die Beschwerde statt; die Bestellung des Abschlußprüfers ist unanfechtbar.

(...)

(7) Kündigt der Abschlußprüfer den Prüfungsauftrag nach Absatz 6, so haben die gesetzlichen Vertreter die Kündigung dem Aufsichtsrat, der nächsten Hauptversammlung oder bei Gesellschaften mit beschränkter Haftung den Gesellschaftern mitzuteilen. Den Bericht des bisherigen Abschlußprüfers haben die gesetzlichen Vertreter unverzüglich dem Aufsichtsrat vorzulegen. Jedes Aufsichtsratsmitglied hat das Recht, von dem Bericht Kenntnis zu nehmen. Der Bericht ist auch jedem Aufsichtsratsmitglied oder, soweit der Aufsichtsrat dies beschlossen hat, den Mitgliedern eines Ausschusses auszuhändigen. Ist der Prüfungsauftrag vom Aufsichtsrat erteilt worden, obliegen die Pflichten der gesetzlichen Vertreter dem Aufsichtsrat einschließlich der Unterrichtung der gesetzlichen Vertreter.

(...)

§ 319 Auswahl der Abschlussprüfer und Ausschlussgründe

(1) Abschlussprüfer können Wirtschaftsprüfer und Wirtschaftsprüfungsgesellschaften sein. Abschlussprüfer von Jahresabschlüssen und Lageberichten mittelgroßer Gesellschaften mit beschränkter Haftung (§ 267 Abs. 2) oder von mittelgroßen Personenhandelsgesellschaften im Sinne des § 264a Abs. 1 können auch vereidigte Buchprüfer und Buchprüfungsgesellschaften sein. Die Abschlussprüfer nach den Sätzen 1 und 2 müssen über eine wirksame Bescheinigung über die Teilnahme an der Qualitätskontrolle nach § 57a der Wirtschaftsprüferordnung verfügen, es sei denn, die Wirtschaftsprüferkammer hat eine Ausnahmegenehmigung erteilt.

(2) Ein Wirtschaftsprüfer oder vereidigter Buchprüfer ist als Abschlussprüfer ausgeschlossen, wenn Gründe, insbesondere Beziehungen geschäftlicher, finanzieller oder persönlicher Art, vorliegen, nach denen die Besorgnis der Befangenheit besteht.

(3) Ein Wirtschaftsprüfer oder vereidigter Buchprüfer ist insbesondere von der Abschlussprüfung ausgeschlossen, wenn er oder eine Person, mit der er seinen Beruf gemeinsam ausübt,
1. Anteile oder andere nicht nur unwesentliche finanzielle Interessen an der zu prüfenden Kapitalgesellschaft oder eine Beteiligung an einem Unternehmen besitzt, das mit der zu prüfenden Kapitalgesellschaft verbunden ist oder von dieser mehr als zwanzig vom Hundert der Anteile besitzt;
2. gesetzlicher Vertreter, Mitglied des Aufsichtsrats oder Arbeitnehmer der zu prüfenden Kapitalgesellschaft oder eines Unternehmens ist, das mit der zu prüfenden Kapitalgesellschaft verbunden ist oder von dieser mehr als zwanzig vom Hundert der Anteile besitzt;
3. über die Prüfungstätigkeit hinaus bei der zu prüfenden oder für die zu prüfende Kapitalgesellschaft in dem zu prüfenden Geschäftsjahr oder bis zur Erteilung des Bestätigungsvermerks
   a) bei der Führung der Bücher oder der Aufstellung des zu prüfenden Jahresabschlusses mitgewirkt hat,
   b) bei der Durchführung der internen Revision in verantwortlicher Position mitgewirkt hat,
   c) Unternehmensleitungs- oder Finanzdienstleistungen erbracht hat oder
   d) eigenständige versicherungsmathematische oder Bewertungsleistungen erbracht hat, die sich auf den zu prüfenden Jahresabschluss nicht nur unwesentlich auswirken, sofern diese Tätigkeiten nicht von untergeordneter Bedeutung sind; dies gilt auch, wenn eine dieser Tätigkeiten von einem Unternehmen für die zu prüfende Kapitalgesellschaft ausgeübt wird, bei dem der Wirtschaftsprüfer oder vereidigte Buchprüfer gesetzlicher Vertreter, Arbeitnehmer, Mitglied des Aufsichtsrats oder Gesellschafter, der mehr als zwanzig vom Hundert der den Gesellschaftern zustehenden Stimmrechte besitzt, ist;

4. bei der Prüfung eine Person beschäftigt, die nach den Nummern 1 bis 3 nicht Abschlussprüfer sein darf;
5. in den letzten fünf Jahren jeweils mehr als dreißig vom Hundert der Gesamteinnahmen aus seiner beruflichen Tätigkeit von der zu prüfenden Kapitalgesellschaft und von Unternehmen, an denen die zu prüfende Kapitalgesellschaft mehr als zwanzig vom Hundert der Anteile besitzt, bezogen hat und dies auch im laufenden Geschäftsjahr zu erwarten ist; zur Vermeidung von Härtefällen kann die Wirtschaftsprüferkammer befristete Ausnahmegenehmigungen erteilen.

Dies gilt auch, wenn der Ehegatte oder der Lebenspartner einen Ausschlussgrund nach Satz 1 Nr. 1, 2 oder 3 erfüllt.

(4) Wirtschaftsprüfungsgesellschaften und Buchprüfungsgesellschaften sind von der Abschlussprüfung ausgeschlossen, wenn sie selbst, einer ihrer gesetzlichen Vertreter, ein Gesellschafter, der mehr als zwanzig vom Hundert der den Gesellschaftern zustehenden Stimmrechte besitzt, ein verbundenes Unternehmen, ein bei der Prüfung in verantwortlicher Position beschäftigter Gesellschafter oder eine andere von ihr beschäftigte Person, die das Ergebnis der Prüfung beeinflussen kann, nach Absatz 2 oder Absatz 3 ausgeschlossen sind. Satz 1 gilt auch, wenn ein Mitglied des Aufsichtsrats nach Absatz 3 Satz 1 Nr. 2 ausgeschlossen ist oder wenn mehrere Gesellschafter, die zusammen mehr als zwanzig vom Hundert der den Gesellschaftern zustehenden Stimmrechte besitzen, jeweils einzeln oder zusammen nach Absatz 2 oder Absatz 3 ausgeschlossen sind.

(5) Absatz 1 Satz 3 sowie die Absätze 2 bis 4 sind auf den Abschlussprüfer des Konzernabschlusses entsprechend anzuwenden.

§ 319a Besondere Ausschlussgründe bei Unternehmen von öffentlichem Interesse

(1) Ein Wirtschaftsprüfer ist über die in § 319 Abs. 2 und 3 genannten Gründe hinaus auch dann von der Abschlussprüfung eines Unternehmens, das kapitalmarktorientiert im Sinn des § 264d ist, ausgeschlossen, wenn er
1. in den letzten fünf Jahren jeweils mehr als fünfzehn vom Hundert der Gesamteinnahmen aus seiner beruflichen Tätigkeit von der zu prüfenden Kapitalgesellschaft oder von Unternehmen, an denen die zu prüfende Kapitalgesellschaft mehr als zwanzig vom Hundert der Anteile besitzt, bezogen hat und dies auch im laufenden Geschäftsjahr zu erwarten ist,
2. in dem zu prüfenden Geschäftsjahr über die Prüfungstätigkeit hinaus Rechts- oder Steuerberatungsleistungen erbracht hat, die über das Aufzeigen von Gestaltungsalternativen hinausgehen und die sich auf die Darstellung der Vermögens-, Finanz- und Ertragslage in dem zu prüfenden Jahresabschluss unmittelbar und nicht nur unwesentlich auswirken,
3. über die Prüfungstätigkeit hinaus in dem zu prüfenden Geschäftsjahr an der Entwicklung, Einrichtung und Einführung von Rechnungslegungsinformationssystemen mitgewirkt hat, sofern diese Tätigkeit nicht von untergeordneter Bedeutung ist, oder
4. für die Abschlussprüfung bei dem Unternehmen bereits in sieben oder mehr Fällen verantwortlich war; dies gilt nicht, wenn seit seiner letzten Beteiligung an der Prüfung des Jahresabschlusses zwei oder mehr Jahre vergangen sind. § 319 Abs. 3 Satz 1 Nr. 3 letzter Teilsatz, Satz 2 und Abs. 4 gilt für die in Satz 1 genannten Ausschlussgründe entsprechend. Satz 1 Nr. 1 bis 3 gilt auch, wenn Personen, mit denen der Wirtschaftsprüfer seinen Beruf gemeinsam ausübt, die dort genannten Ausschlussgründe erfüllen. Satz 1 Nr. 4 findet auf eine Wirtschaftsprüfungsgesellschaft mit der Maßgabe Anwendung, dass sie nicht Abschlussprüfer sein darf, wenn sie bei der Abschlussprüfung des Unternehmens einen Wirtschaftsprüfer beschäftigt, der als verantwortlicher Prüfungspartner nach Satz 1 Nr. 4 nicht Abschlussprüfer sein darf. Verantwortlicher Prüfungspartner ist, wer den Bestätigungsvermerk nach § 322 unterzeichnet oder als Wirtschaftsprüfer von einer Wirtschaftsprüfungsgesellschaft als für die Durchführung einer Abschlussprüfung vorrangig verantwortlich bestimmt worden ist.

(2) Absatz 1 ist auf den Abschlussprüfer des Konzernabschlusses entsprechend anzuwenden. Als verantwortlicher Prüfungspartner gilt auf Konzernebene auch, wer als Wirtschaftsprüfer auf der Ebene bedeutender Tochterunternehmen als für die Durchführung von deren Abschlussprüfung vorrangig verantwortlich bestimmt worden ist.

§ 319b Netzwerk

(1) Ein Abschlussprüfer ist von der Abschlussprüfung ausgeschlossen, wenn ein Mitglied seines Netzwerks einen Ausschlussgrund nach § 319 Abs. 2, 3 Satz 1 Nr. 1, 2 oder Nr. 4, Abs. 3 Satz 2 oder Abs. 4 erfüllt, es sei denn, dass das Netzwerkmitglied auf das Ergebnis der Abschlussprüfung keinen Einfluss nehmen kann. Er ist ausgeschlossen, wenn ein Mitglied seines Netzwerks einen Ausschlussgrund nach § 319 Abs. 3 Satz 1 Nr. 3 oder § 319a Abs. 1 Satz 1 Nr. 2 oder 3 erfüllt. Ein Netzwerk liegt vor, wenn Personen bei ihrer Berufsausübung zur Verfolgung gemeinsamer wirtschaftlicher Interessen für eine gewisse Dauer zusammenwirken.
(2) Absatz 1 ist auf den Abschlussprüfer des Konzernabschlusses entsprechend anzuwenden.

§ 320 Vorlagepflicht. Auskunftsrecht

(1) Die gesetzlichen Vertreter der Kapitalgesellschaft haben dem Abschlußprüfer den Jahresabschluß und den Lagebericht unverzüglich nach der Aufstellung vorzulegen. Sie haben ihm zu gestatten, die Bücher und Schriften der Kapitalgesellschaft sowie die Vermögensgegenstände und Schulden, namentlich die Kasse und die Bestände an Wertpapieren und Waren, zu prüfen.
(2) Der Abschlußprüfer kann von den gesetzlichen Vertretern alle Aufklärungen und Nachweise verlangen, die für eine sorgfältige Prüfung notwendig sind. Soweit es die Vorbereitung der Abschlußprüfung erfordert, hat der Abschlußprüfer die Rechte nach Absatz 1 Satz 2 und nach Satz 1 auch schon vor Aufstellung des Jahresabschlusses. Soweit es für eine sorgfältige Prüfung notwendig ist, hat der Abschlußprüfer die Rechte nach den Sätzen 1 und 2 auch gegenüber Mutter- und Tochterunternehmen.
(3) Die gesetzlichen Vertreter einer Kapitalgesellschaft, die einen Konzernabschluß aufzustellen hat, haben dem Abschlußprüfer des Konzernabschlusses den Konzernabschluß, den Konzernlagebericht, die Jahresabschlüsse, Lageberichte und, wenn eine Prüfung stattgefunden hat, die Prüfungsberichte des Mutterunternehmens und der Tochterunternehmen vorzulegen. Der Abschlußprüfer hat die Rechte nach Absatz 1 Satz 2 und nach Absatz 2 bei dem Mutterunternehmen und den Tochterunternehmen, die Rechte nach Absatz 2 auch gegenüber den Abschlußprüfern des Mutterunternehmens und der Tochterunternehmen.
(4) Der bisherige Abschlussprüfer hat dem neuen Abschlussprüfer auf schriftliche Anfrage über das Ergebnis der bisherigen Prüfung zu berichten; § 321 ist entsprechend anzuwenden.

§ 321 Prüfungsbericht

(1) Der Abschlußprüfer hat über Art und Umfang sowie über das Ergebnis der Prüfung schriftlich und mit der gebotenen Klarheit zu berichten. In dem Bericht ist vorweg zu der Beurteilung der Lage des Unternehmens oder Konzerns durch die gesetzlichen Vertreter Stellung zu nehmen, wobei insbesondere auf die Beurteilung des Fortbestandes und der künftigen Entwicklung des Unternehmens unter Berücksichtigung des Lageberichts und bei der Prüfung des Konzernabschlusses von Mutterunternehmen auch des Konzerns unter Berücksichtigung des Konzernlageberichts einzugehen ist, soweit die geprüften Unterlagen und der Lagebericht oder der Konzernlagebericht eine solche Beurteilung erlauben. Außerdem hat der Abschlussprüfer über bei Durchführung der Prüfung festgestellte Unrichtigkeiten oder Verstöße gegen gesetzliche Vorschriften sowie Tatsachen zu berichten, die den Bestand des geprüften Unternehmens oder des Konzerns gefährden oder seine Entwicklung wesentlich beeinträchtigen können oder die schwerwiegende Verstöße der gesetzlichen Vertreter oder von Arbeitnehmern gegen Gesetz, Gesellschaftsvertrag oder die Satzung erkennen lassen.
(2) Im Hauptteil des Prüfungsberichts ist festzustellen, ob die Buchführung und die weiteren geprüften Unterlagen, der Jahresabschluss, der Lagebericht, der Konzernabschluss und der Konzernlagebericht den gesetzlichen Vorschriften und den ergänzenden Bestimmungen des Gesellschaftsvertrags oder der Satzung entsprechen. In diesem Rahmen ist auch über Beanstandungen zu berichten, die nicht zur Einschränkung oder Versagung des Bestätigungsvermerks geführt haben, soweit dies für die Überwachung der Geschäftsführung und des geprüften Unternehmens von Bedeutung ist. Es ist auch darauf einzugehen, ob der Abschluss insgesamt unter Beachtung der Grundsätze ordnungsmäßiger Buchführung oder sonstiger maßgeblicher Rechnungslegungsgrundsätze ein den tatsächlichen Verhältnissen entsprechendes Bild der Vermögens-, Finanz- und Ertragslage der Kapitalgesellschaft oder des Konzerns vermittelt. Dazu ist auch auf wesentliche Bewertungsgrundlagen sowie darauf einzugehen, welchen Einfluss Änderungen in den Bewertungsgrundlagen einschließlich der Ausübung von Bilanzierungs- und Bewertungswahlrech-

ten und der Ausnutzung von Ermessensspielräumen sowie sachverhaltsgestaltende Maßnahmen insgesamt auf die Darstellung der Vermögens-, Finanz- und Ertragslage haben. Hierzu sind die Posten des Jahres- und des Konzernabschlusses aufzugliedern und ausreichend zu erläutern, soweit diese Angaben nicht im Anhang enthalten sind. Es ist darzustellen, ob die gesetzlichen Vertreter die verlangten Aufklärungen und Nachweise erbracht haben.
(3) In einem besonderen Abschnitt des Prüfungsberichts sind Gegenstand, Art und Umfang der Prüfung zu erläutern. Dabei ist auch auf die angewandten Rechnungslegungs- und Prüfungsgrundsätze einzugehen.
(4) Ist im Rahmen der Prüfung eine Beurteilung nach § 317 Abs. 4 abgegeben worden, so ist deren Ergebnis in einem besonderen Teil des Prüfungsberichts darzustellen. Es ist darauf einzugehen, ob Maßnahmen erforderlich sind, um das interne Überwachungssystem zu verbessern.
(4a) Der Abschlussprüfer hat im Prüfungsbericht seine Unabhängigkeit zu bestätigen.
(5) Der Abschlußprüfer hat den Bericht zu unterzeichnen und den gesetzlichen Vertretern vorzulegen. Hat der Aufsichtsrat den Auftrag erteilt, so ist der Bericht ihm vorzulegen; dem Vorstand ist vor Zuleitung Gelegenheit zur Stellungnahme zu geben.

§ 322 Bestätigungsvermerk

(1) Der Abschlussprüfer hat das Ergebnis der Prüfung in einem Bestätigungsvermerk zum Jahresabschluss oder zum Konzernabschluss zusammenzufassen. Der Bestätigungsvermerk hat Gegenstand, Art und Umfang der Prüfung zu beschreiben und dabei die angewandten Rechnungslegungs- und Prüfungsgrundsätze anzugeben; er hat ferner eine Beurteilung des Prüfungsergebnisses zu enthalten.
(2) Die Beurteilung des Prüfungsergebnisses muss zweifelsfrei ergeben, ob
1. ein uneingeschränkter Bestätigungsvermerk erteilt,
2. ein eingeschränkter Bestätigungsvermerk erteilt,
3. der Bestätigungsvermerk aufgrund von Einwendungen versagt oder
4. der Bestätigungsvermerk deshalb versagt wird, weil der Abschlussprüfer nicht in der Lage ist, ein Prüfungsurteil abzugeben.

Die Beurteilung des Prüfungsergebnisses soll allgemein verständlich und problemorientiert unter Berücksichtigung des Umstandes erfolgen, dass die gesetzlichen Vertreter den Abschluss zu verantworten haben. Auf Risiken, die den Fortbestand des Unternehmens oder eines Konzernunternehmens gefährden, ist gesondert einzugehen. Auf Risiken, die den Fortbestand eines Tochterunternehmens gefährden, braucht im Bestätigungsvermerk zum Konzernabschluss des Mutterunternehmens nicht eingegangen zu werden, wenn das Tochterunternehmen für die Vermittlung eines den tatsächlichen Verhältnissen entsprechenden Bildes der Vermögens-, Finanz- und Ertragslage des Konzerns nur von untergeordneter Bedeutung ist.
(3) In einem uneingeschränkten Bestätigungsvermerk (Absatz 2 Satz 1 Nr. 1) hat der Abschlussprüfer zu erklären, dass die von ihm nach § 317 durchgeführte Prüfung zu keinen Einwendungen geführt hat und dass der von den gesetzlichen Vertretern der Gesellschaft aufgestellte Jahres- oder Konzernabschluss aufgrund der bei der Prüfung gewonnenen Erkenntnisse des Abschlussprüfers nach seiner Beurteilung den gesetzlichen Vorschriften entspricht und unter Beachtung der Grundsätze ordnungsmäßiger Buchführung oder sonstiger maßgeblicher Rechnungslegungsgrundsätze ein den tatsächlichen Verhältnissen entsprechendes Bild der Vermögens-, Finanz- und Ertragslage des Unternehmens oder des Konzerns vermittelt. Der Abschlussprüfer kann zusätzlich einen Hinweis auf Umstände aufnehmen, auf die er in besonderer Weise aufmerksam macht, ohne den Bestätigungsvermerk einzuschränken.
(4) Sind Einwendungen zu erheben, so hat der Abschlussprüfer seine Erklärung nach Absatz 3 Satz 1 einzuschränken (Absatz 2 Satz 1 Nr. 2) oder zu versagen (Absatz 2 Satz 1 Nr. 3). Die Versagung ist in den Vermerk, der nicht mehr als Bestätigungsvermerk zu bezeichnen ist, aufzunehmen. Die Einschränkung oder Versagung ist zu begründen. Ein eingeschränkter Bestätigungsvermerk darf nur erteilt werden, wenn der geprüfte Abschluss unter Beachtung der vom Abschlussprüfer vorgenommenen, in ihrer Tragweite erkennbaren Einschränkung ein den tatsächlichen Verhältnissen im Wesentlichen entsprechendes Bild der Vermögens-, Finanz- und Ertragslage vermittelt.
(5) Der Bestätigungsvermerk ist auch dann zu versagen, wenn der Abschlussprüfer nach Ausschöpfung aller angemessenen Möglichkeiten zur Klärung des Sachverhalts nicht in der Lage ist, ein Prüfungsurteil abzugeben (Absatz 2 Satz 1 Nr. 4). Absatz 4 Satz 2 und 3 gilt entsprechend.

(6) Die Beurteilung des Prüfungsergebnisses hat sich auch darauf zu erstrecken, ob der Lagebericht oder der Konzernlagebericht nach dem Urteil des Abschlussprüfers mit dem Jahresabschluss und gegebenenfalls mit dem Einzelabschluss nach § 325 Abs. 2a oder mit dem Konzernabschluss in Einklang steht und insgesamt ein zutreffendes Bild von der Lage des Unternehmens oder des Konzerns vermittelt. Dabei ist auch darauf einzugehen, ob die Chancen und Risiken der zukünftigen Entwicklung zutreffend dargestellt sind.
(7) Der Abschlussprüfer hat den Bestätigungsvermerk oder den Vermerk über seine Versagung unter Angabe von Ort und Tag zu unterzeichnen. Der Bestätigungsvermerk oder der Vermerk über seine Versagung ist auch in den Prüfungsbericht aufzunehmen.

§ 323 Verantwortlichkeit des Abschlußprüfers

(...)
(3) Die Verpflichtung zur Verschwiegenheit besteht, wenn eine Prüfungsgesellschaft Abschlußprüfer ist, auch gegenüber dem Aufsichtsrat und den Mitgliedern des Aufsichtsrats der Prüfungsgesellschaft.

§ 324 Prüfungsausschuss

(1) Kapitalgesellschaften im Sinn des § 264d, die keinen Aufsichts- oder Verwaltungsrat haben, der die Voraussetzungen des § 100 Abs. 5 des Aktiengesetzes erfüllen muss, sind verpflichtet, einen Prüfungsausschuss im Sinn des Absatzes 2 einzurichten, der sich insbesondere mit den in § 107 Abs. 3 Satz 2 des Aktiengesetzes beschriebenen Aufgaben befasst. Dies gilt nicht für
1. Kapitalgesellschaften im Sinn des Satzes 1, deren ausschließlicher Zweck in der Ausgabe von Wertpapieren im Sinn des § 2 Abs. 1 Satz 1 des Wertpapierhandelsgesetzes besteht, die durch Vermögensgegenstände besichert sind; im Anhang ist darzulegen, weshalb ein Prüfungsausschuss nicht eingerichtet wird;
2. Kreditinstitute im Sinn des § 340 Abs. 1, die einen organisierten Markt im Sinn des § 2 Abs. 5 des Wertpapierhandelsgesetzes nur durch die Ausgabe von Schuldtiteln im Sinn des § 2 Abs. 1 Satz 1 Nr. 3 Buchstabe a des Wertpapierhandelsgesetzes in Anspruch nehmen, soweit deren Nominalwert 100 Millionen Euro nicht übersteigt und keine Verpflichtung zur Veröffentlichung eines Prospekts nach dem Wertpapierprospektgesetz besteht.

(2) Die Mitglieder des Prüfungsausschusses sind von den Gesellschaftern zu wählen. Mindestens ein Mitglied muss die Voraussetzungen des § 100 Abs. 5 des Aktiengesetzes erfüllen. Der Vorsitzende des Prüfungsausschusses darf nicht mit der Geschäftsführung betraut sein. § 124 Abs. 3 Satz 2 und § 171 Abs. 1 Satz 2 und 3 des Aktiengesetzes sind entsprechend anzuwenden.

§ 325 Offenlegung

(1) Die gesetzlichen Vertreter von Kapitalgesellschaften haben für diese den Jahresabschluss beim Betreiber des elektronischen Bundesanzeigers elektronisch einzureichen. Er ist unverzüglich nach seiner Vorlage an die Gesellschafter, jedoch spätestens vor Ablauf des zwölften Monats des dem Abschlussstichtag nachfolgenden Geschäftsjahrs, mit dem Bestätigungsvermerk oder dem Vermerk über dessen Versagung einzureichen. Gleichzeitig sind der Lagebericht, der Bericht des Aufsichtsrats, die nach § 161 des Aktiengesetzes vorgeschriebene Erklärung und, soweit sich dies aus dem eingereichten Jahresabschluss nicht ergibt, der Vorschlag für die Verwendung des Ergebnisses und der Beschluss über seine Verwendung unter Angabe des Jahresüberschusses oder Jahresfehlbetrags elektronisch einzureichen. Angaben über die Ergebnisverwendung brauchen von Gesellschaften mit beschränkter Haftung nicht gemacht zu werden, wenn sich anhand dieser Angaben die Gewinnanteile von natürlichen Personen feststellen lassen, die Gesellschafter sind. Werden zur Wahrung der Frist nach Satz 2 oder Absatz 4 Satz 1 der Jahresabschluss und der Lagebericht ohne die anderen Unterlagen eingereicht, sind der Bericht und der Vorschlag nach ihrem Vorliegen, die Beschlüsse nach der Beschlussfassung und der Vermerk nach der Erteilung unverzüglich einzureichen. Wird der Jahresabschluss bei nachträglicher Prüfung oder Feststellung geändert, ist auch die Änderung nach Satz 1 einzureichen. Die Rechnungslegungsunterlagen sind in einer Form einzureichen, die ihre Bekanntmachung nach Absatz 2 ermöglicht.
(...)

(4) Bei einer Kapitalgesellschaft im Sinn des § 264d, die keine Kapitalgesellschaft im Sinn des § 327a ist, beträgt die Frist nach Absatz 1 Satz 2 längstens vier Monate. Für die Wahrung der Fristen nach Satz 1 und Absatz 1 Satz 2 ist der Zeitpunkt der Einreichung der Unterlagen maßgebend.
(…)

§ 331 Unrichtige Darstellung

Mit Freiheitsstrafe bis zu drei Jahren oder mit Geldstrafe wird bestraft, wer
1. als Mitglied des vertretungsberechtigten Organs oder des Aufsichtsrats einer Kapitalgesellschaft die Verhältnisse der Kapitalgesellschaft in der Eröffnungsbilanz, im Jahresabschluß, im Lagebericht oder im Zwischenabschluß nach § 340a Abs. 3 unrichtig wiedergibt oder verschleiert,
1a. als Mitglied des vertretungsberechtigten Organs einer Kapitalgesellschaft zum Zwecke der Befreiung nach § 325 Abs. 2a Satz 1, Abs. 2b einen Einzelabschluss nach den in § 315a Abs. 1 genannten internationalen Rechnungslegungsstandards, in dem die Verhältnisse der Kapitalgesellschaft unrichtig wiedergegeben oder verschleiert worden sind, vorsätzlich oder leichtfertig offen legt,
2. als Mitglied des vertretungsberechtigten Organs oder des Aufsichtsrats einer Kapitalgesellschaft die Verhältnisse des Konzerns im Konzernabschluß, im Konzernlagebericht oder im Konzernzwischenabschluß nach § 340i Abs. 4 unrichtig wiedergibt oder verschleiert,
3. als Mitglied des vertretungsberechtigten Organs einer Kapitalgesellschaft zum Zwecke der Befreiung nach § 291 Abs. 1 und 2 oder einer nach den § 292 erlassenen Rechtsverordnung einen Konzernabschluß oder Konzernlagebericht, in dem die Verhältnisse des Konzerns unrichtig wiedergegeben oder verschleiert worden sind, vorsätzlich oder leichtfertig offenlegt,
3a. entgegen § 264 Abs. 2 Satz 3, § 289 Abs. 1 Satz 5, § 297 Abs. 2 Satz 4 oder § 315 Abs. 1 Satz 6 eine Versicherung nicht richtig abgibt,
4. als Mitglied des vertretungsberechtigten Organs einer Kapitalgesellschaft oder als Mitglied des vertretungsberechtigten Organs oder als vertretungsberechtigter Gesellschafter eines ihrer Tochterunternehmen (§ 290 Abs. 1, 2) in Aufklärungen oder Nachweisen, die nach § 320 einem Abschlußprüfer der Kapitalgesellschaft, eines verbundenen Unternehmens oder des Konzerns zu geben sind, unrichtige Angaben macht oder die Verhältnisse der Kapitalgesellschaft, eines Tochterunternehmens oder des Konzerns unrichtig wiedergibt oder verschleiert.

§ 334 Bußgeldvorschriften

(1) Ordnungswidrig handelt, wer als Mitglied des vertretungsberechtigten Organs oder des Aufsichtsrats einer Kapitalgesellschaft
1. bei der Aufstellung oder Feststellung des Jahresabschlusses einer Vorschrift
   a) des § 243 Abs. 1 oder 2, der §§ 244, 245, 246, 247, 248, 249 Abs. 1 Satz 1 oder Abs. 2, des § 250 Abs. 1 oder 2, des § 251 oder des § 264 Abs. 2 über Form oder Inhalt,
   b) des § 253 Abs. 1 Satz 1, 2, 3 oder Satz 4, Abs. 2 Satz 1, auch in Verbindung mit Satz 2, Abs. 3 Satz 1, 2 oder 3, Abs. 4 oder 5, des § 254 oder des § 256a über die Bewertung,
   c) des § 265 Abs. 2, 3, 4 oder 6, der §§ 266, 268 Abs. 2, 3, 4, 5 oder 7, der §§ 272, 274, 275 oder des § 277 über die Gliederung oder
   d) des § 284 oder des § 285 über die in der Bilanz oder im Anhang zu machenden Angaben,
2. bei der Aufstellung des Konzernabschlusses einer Vorschrift
   a) des § 294 Abs. 1 über den Konsolidierungskreis,
   b) des § 297 Abs. 2 oder 3 oder des § 298 Abs. 1 in Verbindung mit den §§ 244, 245, 246, 247, 248, 249 Abs. 1 Satz 1 oder Abs. 2, dem § 250 Abs. 1 oder dem § 251 über Inhalt oder Form,
   c) des § 300 über die Konsolidierungsgrundsätze oder das Vollständigkeitsgebot,
   d) des § 308 Abs. 1 Satz 1 in Verbindung mit den in Nummer 1 Buchstabe b bezeichneten Vorschriften, des § 308 Abs. 2 oder des § 308a über die Bewertung,
   e) des § 311 Abs. 1 Satz 1 in Verbindung mit § 312 über die Behandlung assoziierter Unternehmen oder
   f) des § 308 Abs. 1 Satz 3, des § 313 oder des § 314 über die im Anhang zu machenden Angaben,
3. bei der Aufstellung des Lageberichts einer Vorschrift des § 289 Abs. 1, 4 oder Abs. 5 oder des § 289a über den Inhalt des Lageberichts,

4. bei der Aufstellung des Konzernlageberichts einer Vorschrift des § 315 Abs. 1 oder 4 über den Inhalt des Konzernlageberichts,
5. bei der Offenlegung, Veröffentlichung oder Vervielfältigung einer Vorschrift des § 328 über Form oder Inhalt oder
6. einer auf Grund des § 330 Abs. 1 Satz 1 erlassenen Rechtsverordnung, soweit sie für einen bestimmten Tatbestand auf diese Bußgeldvorschrift verweist, zuwiderhandelt.

(2) Ordnungswidrig handelt, wer zu einem Jahresabschluss, zu einem Einzelabschluss nach § 325 Abs. 2a oder zu einem Konzernabschluss, der aufgrund gesetzlicher Vorschriften zu prüfen ist, einen Vermerk nach § 322 Abs. 1 erteilt, obwohl nach § 319 Abs. 2, 3, 5, § 319a Abs. 1 Satz 1, Abs. 2, § 319b Abs. 1 Satz 1 oder 2 er oder nach § 319 Abs. 4, auch in Verbindung mit § 319a Abs. 1 Satz 2, oder § 319a Abs. 1 Satz 4, 5, § 319b Abs. 1 die Wirtschaftsprüfungsgesellschaft oder die Buchprüfungsgesellschaft, für die er tätig wird, nicht Abschlussprüfer sein darf.
(3) Die Ordnungswidrigkeit kann mit einer Geldbuße bis zu fünfzigtausend Euro geahndet werden.
(4) Verwaltungsbehörde im Sinn des § 36 Abs. 1 Nr. 1 des Gesetzes über Ordnungswidrigkeiten ist in den Fällen der Absätze 1 und 2 das Bundesamt für Justiz.
(5) Die Absätze 1 bis 4 sind auf Kreditinstitute im Sinn des § 340 und auf Versicherungsunternehmen im Sinn des § 341 Abs. 1 nicht anzuwenden.

§ 340k

(1) Kreditinstitute haben unabhängig von ihrer Größe ihren Jahresabschluß und Lagebericht sowie ihren Konzernabschluß und Konzernlagebericht unbeschadet der Vorschriften der §§ 28 und 29 des Gesetzes über das Kreditwesen nach den Vorschriften des Dritten Unterabschnitts des Zweiten Abschnitts über die Prüfung prüfen zu lassen; § 319 Abs. 1 Satz 2 ist nicht anzuwenden. Die Prüfung ist spätestens vor Ablauf des fünften Monats des dem Abschlußstichtag nachfolgenden Geschäftsjahrs vorzunehmen. Der Jahresabschluß ist nach der Prüfung unverzüglich festzustellen.
(2) Ist das Kreditinstitut eine Genossenschaft oder ein rechtsfähiger wirtschaftlicher Verein, so ist die Prüfung abweichend von § 319 Abs. 1 Satz 1 von dem Prüfungsverband durchzuführen, dem das Kreditinstitut als Mitglied angehört, sofern mehr als die Hälfte der Geschäftsführenden Mitglieder des Vorstands dieses Prüfungsverbands Wirtschaftsprüfer sind. Hat der Prüfungsverband nur zwei Vorstandsmitglieder, so muß einer von ihnen Wirtschaftsprüfer sein. § 319 Abs. 2 und 3 sowie § 319a Abs. 1 sind auf die gesetzlichen Vertreter des Prüfungsverbandes und auf alle vom Prüfungsverband beschäftigten Personen, die das Ergebnis der Prüfung beeinflussen können, entsprechend anzuwenden; § 319 Abs. 3 Satz 1 Nr. 2 ist auf Mitglieder des Aufsichtsorgans des Prüfungsverbandes nicht anzuwenden, sofern sichergestellt ist, dass der Abschlussprüfer die Prüfung unabhängig von den Weisungen durch das Aufsichtsorgan durchführen kann. Ist das Mutterunternehmen eine Genossenschaft, so ist der Prüfungsverband, dem die Genossenschaft angehört, unter den Voraussetzungen der Sätze 1 bis 3 auch Abschlußprüfer des Konzernabschlusses und des Konzernlageberichts.
(2a) Bei der Prüfung des Jahresabschlusses der in Absatz 2 bezeichneten Kreditinstitute durch einen Prüfungsverband darf der gesetzlich vorgeschriebene Bestätigungsvermerk nur von Wirtschaftsprüfern unterzeichnet werden. Die im Prüfungsverband tätigen Wirtschaftsprüfer haben ihre Prüfungstätigkeit unabhängig, gewissenhaft, verschwiegen und eigenverantwortlich auszuüben. Sie haben sich insbesondere bei der Erstattung von Prüfungsberichten unparteiisch zu verhalten. Weisungen dürfen ihnen hinsichtlich ihrer Prüfungstätigkeit von Personen, die nicht Wirtschaftsprüfer sind, nicht erteilt werden. Die Zahl der im Verband tätigen Wirtschaftsprüfer muss so bemessen sein, dass die den Bestätigungsvermerk unterschreibenden Wirtschaftsprüfer die Prüfung verantwortlich durchführen können.
(3) Ist das Kreditinstitut eine Sparkasse, so dürfen die nach Absatz 1 vorgeschriebenen Prüfungen abweichend von § 319 Abs. 1 Satz 1 von der Prüfungsstelle eines Sparkassen und Giroverbands durchgeführt werden. Die Prüfung darf von der Prüfungsstelle jedoch nur durchgeführt werden, wenn der Leiter der Prüfungsstelle die Voraussetzungen des § 319 Abs. 1 Satz 1 und 2 erfüllt; § 319 Abs. 2, 3 und 5 sowie § 319a sind auf alle vom Sparkassen- und Giroverband beschäftigten Personen, die das Ergebnis der Prüfung beeinflussen können, entsprechend anzuwenden. Außerdem muß sichergestellt sein, daß der Abschlußprüfer die Prüfung unabhängig von den Weisungen der Organe des Sparkassen- und Giroverbands durchführen kann. Soweit das Landesrecht nichts anderes vorsieht, findet § 319 Abs. 1 Satz 3 mit der Maßgabe Anwendung, dass die Bescheinigung der Prüfungsstelle erteilt worden sein muss.

(4) Finanzdienstleistungsinstitute und Zahlungsinstitute, deren Bilanzsumme am Stichtag 150 Millionen Euro nicht übersteigt, dürfen auch von den in § 319 Abs. 1 Satz 2 genannten Personen geprüft werden.
(5) Kreditinstitute, auch wenn sie nicht in der Rechtsform einer Kapitalgesellschaft betrieben werden, haben § 324 anzuwenden, wenn sie kapitalmarktorientiert im Sinn des § 264d sind und keinen Aufsichts- oder Verwaltungsrat haben, der die Voraussetzungen des § 100 Abs. 5 des Aktiengesetzes erfüllen muss. Dies gilt für Sparkassen im Sinn des Absatzes 3 sowie sonstige landesrechtliche öffentlich-rechtliche Kreditinstitute nur, soweit das Landesrecht nichts anderes vorsieht.

§ 341k

(1) Versicherungsunternehmen haben unabhängig von ihrer Größe ihren Jahresabschluß und Lagebericht sowie ihren Konzernabschluß und Konzernlagebericht nach den Vorschriften des Dritten Unterabschnitts des Zweiten Abschnitts prüfen zu lassen. § 319 Abs. 1 Satz 2 ist nicht anzuwenden. Hat keine Prüfung stattgefunden, so kann der Jahresabschluß nicht festgestellt werden.
(2) § 318 Abs. 1 Satz 1 ist mit der Maßgabe anzuwenden, daß der Abschlußprüfer des Jahresabschlusses und des Konzernabschlusses vom Aufsichtsrat bestimmt wird. § 318 Abs. 1 Satz 3 und 4 gilt entsprechend.
(3) In den Fällen des § 321 Abs. 1 Satz 3 hat der Abschlußprüfer die Aufsichtsbehörde unverzüglich zu unterrichten.
(4) Versicherungsunternehmen, auch wenn sie nicht in der Rechtsform einer Kapitalgesellschaft betrieben werden, haben § 324 anzuwenden, wenn sie kapitalmarktorientiert im Sinn des § 264d sind und keinen Aufsichts oder Verwaltungsrat haben, der die Voraussetzungen des § 100 Abs. 5 des Aktiengesetzes erfüllen muss. Dies gilt für landesrechtliche öffentlich-rechtliche Versicherungsunternehmen nur, soweit das Landesrecht nichts anderes vorsieht.

§ 342b Prüfstelle für Rechnungslegung

(1) Das Bundesministerium der Justiz kann im Einvernehmen mit dem Bundesministerium der Finanzen eine privatrechtlich organisierte Einrichtung zur Prüfung von Verstößen gegen Rechnungslegungsvorschriften durch Vertrag anerkennen (Prüfstelle) und ihr die in den folgenden Absätzen festgelegten Aufgaben übertragen. Es darf nur eine solche Einrichtung anerkannt werden, die aufgrund ihrer Satzung, ihrer personellen Zusammensetzung und der von ihr vorgelegten Verfahrensordnung gewährleistet, dass die Prüfung unabhängig, sachverständig, vertraulich und unter Einhaltung eines festgelegten Verfahrensablaufs erfolgt. Änderungen der Satzung und der Verfahrensordnung sind vom Bundesministerium der Justiz im Einvernehmen mit dem Bundesministerium der Finanzen zu genehmigen. Die Prüfstelle kann sich bei der Durchführung ihrer Aufgaben anderer Personen bedienen. Das Bundesministerium der Justiz macht die Anerkennung einer Prüfstelle sowie eine Beendigung der Anerkennung im amtlichen Teil des elektronischen Bundesanzeigers bekannt.
(2) Die Prüfstelle prüft, ob der zuletzt festgestellte Jahresabschluss und der zugehörige Lagebericht oder der zuletzt gebilligte Konzernabschluss und der zugehörige Konzernlagebericht sowie der zuletzt veröffentlichte verkürzte Abschluss und der zugehörige Zwischenlagebericht eines Unternehmens im Sinne des Satzes 2 den gesetzlichen Vorschriften einschließlich der Grundsätze ordnungsmäßiger Buchführung oder den sonstigen durch Gesetz zugelassenen Rechnungslegungsstandards entspricht. Geprüft werden die Abschlüsse und Berichte von Unternehmen, deren Wertpapiere im Sinne des § 2 Abs. 1 Satz 1 des Wertpapierhandelsgesetzes an einer inländischen Börse zum Handel im regulierten Markt zugelassen sind. Die Prüfstelle prüft,
1. soweit konkrete Anhaltspunkte für einen Verstoß gegen Rechnungslegungsvorschriften vorliegen,
2. auf Verlangen der Bundesanstalt für Finanzdienstleistungsaufsicht oder
3. ohne besonderen Anlass (stichprobenartige Prüfung).

Im Fall des Satzes 3 Nr. 1 unterbleibt die Prüfung, wenn offensichtlich kein öffentliches Interesse an der Prüfung besteht; Satz 3 Nr. 3 ist auf die Prüfung des verkürzten Abschlusses und des zugehörigen Zwischenlageberichts nicht anzuwenden. Die stichprobenartige Prüfung erfolgt nach den von der Prüfstelle im Einvernehmen mit dem Bundesministerium der Justiz und dem Bundesministerium der

Finanzen festgelegten Grundsätzen. Das Bundesministerium der Finanzen kann die Ermächtigung zur Erteilung seines Einvernehmens auf die Bundesanstalt für Finanzdienstleistungsaufsicht übertragen. (3) Eine Prüfung des Jahresabschlusses und des zugehörigen Lageberichts durch die Prüfstelle findet nicht statt, solange eine Klage auf Nichtigkeit gemäß § 256 Abs. 7 des Aktiengesetzes anhängig ist. Wenn nach § 142 Abs. 1 oder Abs. 2 oder § 258 Abs. 1 des Aktiengesetzes ein Sonderprüfer bestellt worden ist, findet eine Prüfung ebenfalls nicht statt, soweit der Gegenstand der Sonderprüfung, der Prüfungsbericht oder eine gerichtliche Entscheidung über die abschließenden Feststellungen der Sonderprüfer nach § 260 des Aktiengesetzes reichen.
(4) Wenn das Unternehmen bei einer Prüfung durch die Prüfstelle mitwirkt, sind die gesetzlichen Vertreter des Unternehmens und die sonstigen Personen, derer sich die gesetzlichen Vertreter bei der Mitwirkung bedienen, verpflichtet, richtige und vollständige Auskünfte zu erteilen und richtige und vollständige Unterlagen vorzulegen. Die Auskunft und die Vorlage von Unterlagen kann verweigert werden, soweit diese den Verpflichteten oder einen seiner in § 52 Abs. 1 der Strafprozessordnung bezeichneten Angehörigen der Gefahr strafgerichtlicher Verfolgung oder eines Verfahrens nach dem Gesetz über Ordnungswidrigkeiten aussetzen würde. Der Verpflichtete ist über sein Recht zur Verweigerung zu belehren.
(5) Die Prüfstelle teilt dem Unternehmen das Ergebnis der Prüfung mit. Ergibt die Prüfung, dass die Rechnungslegung fehlerhaft ist, so hat sie ihre Entscheidung zu begründen und dem Unternehmen unter Bestimmung einer angemessenen Frist Gelegenheit zur Äußerung zu geben, ob es mit dem Ergebnis der Prüfstelle einverstanden ist.
(6) Die Prüfstelle berichtet der Bundesanstalt für Finanzdienstleistungsaufsicht über
1. die Absicht, eine Prüfung einzuleiten,
2. die Weigerung des betroffenen Unternehmens, an einer Prüfung mitzuwirken,
3. das Ergebnis der Prüfung und gegebenenfalls darüber, ob sich das Unternehmen mit dem Prüfungsergebnis einverstanden erklärt hat. Ein Rechtsbehelf dagegen ist nicht statthaft.
(7) Die Prüfstelle und ihre Beschäftigten sind zur gewissenhaften und unparteiischen Prüfung verpflichtet; sie haften für durch die Prüfungstätigkeit verursachte Schäden nur bei Vorsatz.
(8) Die Prüfstelle zeigt Tatsachen, die den Verdacht einer Straftat im Zusammenhang mit der Rechnungslegung eines Unternehmens begründen, der für die Verfolgung zuständigen Behörde an. Tatsachen, die auf das Vorliegen einer Berufspflichtverletzung durch den Abschlussprüfer schließen lassen, übermittelt sie der Wirtschaftsprüferkammer.

§ 342e Bußgeldvorschriften

(1) Ordnungswidrig handelt, wer vorsätzlich oder fahrlässig entgegen § 342b Abs. 4 Satz 1 der Prüfstelle eine Auskunft nicht richtig oder nicht vollständig erteilt oder eine Unterlage nicht richtig oder nicht vollständig vorlegt.
(2) Die Ordnungswidrigkeit kann mit einer Geldbuße bis zu fünfzigtausend Euro geahndet werden.
(3) Verwaltungsbehörde im Sinne des § 36 Abs. 1 Nr. 1 des Gesetzes über Ordnungswidrigkeiten ist bei Ordnungswidrigkeiten nach Absatz 1 die Bundesanstalt für Finanzdienstleistungsaufsicht.

Gesetz über die Mitbestimmung der Arbeitnehmer (Auszüge)

Rechtsstand: 30. Juli 2009[6]

§ 6 Grundsatz

(1) Bei den in § 1 Abs. 1 bezeichneten Unternehmen ist ein Aufsichtsrat zu bilden, soweit sich dies nicht schon aus anderen gesetzlichen Vorschriften ergibt.

---

6   Gesetz über die Mitbestimmung der Arbeitnehmer (Mitbestimmungsgesetz – MitbestG) vom 4. Mai 1976 (BGBl. I, S. 1153), zuletzt geändert durch Gesetz vom 30. Juli 2009 (BGBl. I, S. 2479).

(2) Die Bildung und die Zusammensetzung des Aufsichtsrats sowie die Bestellung und die Abberufung seiner Mitglieder bestimmen sich nach den §§ 7 bis 24 dieses Gesetzes und, soweit sich dies nicht schon aus anderen gesetzlichen Vorschriften ergibt, nach § 96 Abs. 2, den §§ 97 bis 101 Abs. 1 und 3 und den §§ 102 bis 106 des Aktiengesetzes mit der Maßgabe, daß die Wählbarkeit eines Prokuristen als Aufsichtsratsmitglied der Arbeitnehmer nur ausgeschlossen ist, wenn dieser dem zur gesetzlichen Vertretung des Unternehmens befugten Organ unmittelbar unterstellt und zur Ausübung der Prokura für den gesamten Geschäftsbereich des Organs ermächtigt ist. Andere gesetzliche Vorschriften und Bestimmungen der Satzung (des Gesellschaftsvertrags, des Status) über die Zusammensetzung des Aufsichtsrats sowie über die Bestellung und die Abberufung seiner Mitglieder bleiben unberührt, soweit Vorschriften dieses Gesetzes dem nicht entgegenstehen.
(3) Auf Genossenschaften sind die §§ 100, 101 Abs. 1 und 3 und die §§ 103 und 106 des Aktiengesetzes nicht anzuwenden. Auf die Aufsichtsratsmitglieder der Arbeitnehmer ist § 9 Abs. 2 des Genossenschaftsgesetzes nicht anzuwenden.

§ 25 Grundsatz

(1) Die innere Ordnung, die Beschlußfassung sowie die Rechte und Pflichten des Aufsichtsrats bestimmen sich nach den §§ 27 bis 29, den §§ 31 und 32 und, soweit diese Vorschriften dem nicht entgegenstehen,
1. für Aktiengesellschaften und Kommanditgesellschaften auf Aktien nach dem Aktiengesetz,
2. für Gesellschaften mit beschränkter Haftung nach § 90 Abs. 3, 4 und 5 Satz 1 und 2, den §§ 107 bis 116, 118 Abs. 3, § 125 Abs. 3 und 4 und den §§ 170, 171 und 268 Abs. 2 des Aktiengesetzes,
3. für Genossenschaften nach dem Genossenschaftsgesetz,
§ 4 Abs. 2 des Gesetzes über die Überführung der Anteilsrechte an der Volkswagenwerk Gesellschaft mit beschränkter Haftung in private Hand vom 21. Juli 1960 (Bundesgesetzbl. I S. 585), zuletzt geändert durch das Zweite Gesetz zur Änderung des Gesetzes über die Überführung der Anteilsrechte an der Volkswagenwerk Gesellschaft mit beschränkter Haftung in private Hand vom 31. Juli 1970 (Bundesgesetzbl. I S. 1149), bleibt unberührt.
(2) Andere gesetzliche Vorschriften und Bestimmungen der Satzung (des Gesellschaftsvertrags) oder der Geschäftsordnung des Aufsichtsrats über die innere Ordnung, die Beschlußfassung sowie die Rechte und Pflichten des Aufsichtsrats bleiben unberührt, soweit Absatz 1 dem nicht entgegensteht.

Gesetz über die Grundsätze des Haushaltsrechts des Bundes und der Länder (Auszüge)

Rechtsstand: 27. Mai 2010[7]

§ 53 Rechte gegenüber privatrechtlichen Unternehmen

(1) Gehört einer Gebietskörperschaft die Mehrheit der Anteile eines Unternehmens in einer Rechtsform des privaten Rechts oder gehört ihr mindestens der vierte Teil der Anteile und steht ihr zusammen mit anderen Gebietskörperschaften die Mehrheit der Anteile zu, so kann sie verlangen, daß das Unternehmen
1. im Rahmen der Abschlußprüfung auch die Ordnungsmäßigkeit der Geschäftsführung prüfen läßt;
2. die Abschlußprüfer beauftragt, in ihrem Bericht auch darzustellen
   a) die Entwicklung der Vermögens- und Ertragslage sowie die Liquidität und Rentabilität der Gesellschaft,
   b) verlustbringende Geschäfte und die Ursachen der Verluste, wenn diese Geschäfte und die Ursachen für die Vermögens- und Ertragslage von Bedeutung waren,

---

[7] Gesetz über die Grundsätze des Haushaltsrechts des Bundes und der Länder (Haushaltsgrundsätzegesetz – HGrG) vom 19. August 1969 (BGBl. I, S. 1273), zuletzt geändert durch Gesetz vom 27. Mai 2010 (BGBl. I, S. 671).

c) die Ursachen eines in der Gewinn- und Verlustrechnung ausgewiesenen Jahresfehlbetrages;
3. ihr den Prüfungsbericht der Abschlußprüfer und, wenn das Unternehmen einen Konzernabschluß aufzustellen hat, auch den Prüfungsbericht der Konzernabschlußprüfer unverzüglich nach Eingang übersendet.

(2) Für die Anwendung des Absatzes 1 rechnen als Anteile der Gebietskörperschaft auch Anteile, die einem Sondervermögen der Gebietskörperschaft gehören. Als Anteile der Gebietskörperschaft gelten ferner Anteile, die Unternehmen gehören, bei denen die Rechte aus Absatz 1 der Gebietskörperschaft zustehen.

Gesetz über die Beaufsichtigung der Versicherungsunternehmen (Auszüge)

Rechtsstand: 21. Juli 2010[8]

§ 7a Qualifikation der Geschäftsleiter, Inhaber bedeutender Beteiligungen und Mitglieder des Aufsichtsrats

(1) Die Geschäftsleiter von Versicherungsunternehmen müssen zuverlässig und fachlich geeignet sein. Fachliche Eignung setzt in ausreichendem Maße theoretische und praktische Kenntnisse in Versicherungsgeschäften sowie Leitungserfahrung voraus. Das ist regelmäßig anzunehmen, wenn eine dreijährige leitende Tätigkeit bei einem Versicherungsunternehmen von vergleichbarer Größe und Geschäftsart nachgewiesen wird. Geschäftsleiter sind diejenigen natürlichen Personen, die nach Gesetz oder Satzung oder als Hauptbevollmächtigte einer Niederlassung in einem Mitgliedstaat der Europäischen Gemeinschaft oder einem anderen Vertragsstaat des EWR-Abkommens zur Führung der Geschäfte und zur Vertretung des Versicherungsunternehmens berufen sind. Zum Geschäftsleiter kann nicht bestellt werden, wer bereits bei zwei Versicherungsunternehmen, Pensionsfonds, Versicherungs-Holdinggesellschaften oder Versicherungs-Zweckgesellschaften als Geschäftsleiter tätig ist. Wenn es sich um Unternehmen derselben Versicherungs- oder Unternehmensgruppe handelt, kann die Aufsichtsbehörde mehr Mandate zulassen.
(2) Die Inhaber einer bedeutenden Beteiligung am Versicherungsunternehmen müssen den im Interesse einer soliden und umsichtigen Führung des Versicherungsunternehmens zu stellenden Ansprüchen genügen, insbesondere zuverlässig sein. Wird die Beteiligung von juristischen Personen oder Personenhandelsgesellschaften gehalten, gilt das gleiche für diejenigen natürlichen Personen, die nach Gesetz, Satzung oder Gesellschaftsvertrag zur Führung der Geschäfte und zur Vertretung berufen sind, sowie für die persönlich haftenden Gesellschafter. Eine bedeutende Beteiligung besteht, wenn, ob im Eigen- oder im Fremdinteresse, unmittelbar oder mittelbar über ein oder mehrere Tochterunternehmen oder ein gleichartiges Verhältnis oder durch Zusammenwirken mit anderen Personen oder Unternehmen mindestens 10 Prozent des Kapitals oder der Stimmrechte einer Versicherungsaktiengesellschaft gehalten oder des Gründungsstocks eines Versicherungsvereins auf Gegenseitigkeit gehalten werden oder wenn auf die Geschäftsführung eines anderen Unternehmens ein maßgeblicher Einfluss ausgeübt werden kann. Bei der Berechnung des Anteils der Stimmrechte gelten § 21 Abs. 1 in Verbindung mit einer Rechtsverordnung nach Abs. 3, § 22 Abs. 1 bis 3a in Verbindung mit einer Rechtsverordnung nach Abs. 5 und § 23 des Wertpapierhandelsgesetzes sowie § 32 Abs. 2 und 3 in Verbindung mit einer Rechtsverordnung nach Abs. 5 Nr. 1 des Investmentgesetzes entsprechend. Unberücksichtigt bleiben die Stimmrechte oder Kapitalanteile, die Wertpapierfirmen oder Kreditinstitute im Rahmen des Emissionsgeschäfts nach § 1 Abs. 1 Satz 2 Nr. 10 des Kreditwesengesetzes halten, vorausgesetzt, diese Rechte werden nicht ausgeübt oder anderweitig benutzt, um in die Geschäftsführung des Emittenten einzugreifen, und sie werden innerhalb eines Jahres nach dem Zeitpunkt des Erwerbs veräußert. Die mittelbar gehaltenen Beteiligungen sind den mittelbar beteiligten Personen und Unternehmen in vollem Umfang zuzurechnen. Tochterunternehmen

---

[8] Gesetz über die Beaufsichtigung der Versicherungsunternehmen (Versicherungsaufsichtsgesetz – VAG) idF vom 17. Dezember 1992 (BGBl. I 1993, S. 2), zuletzt geändert durch Gesetz vom 21. Juli 2010 (BGBl. I, S. 950).

sind Unternehmen, die als Tochterunternehmen im Sinne des § 290 des Handelsgesetzbuchs gelten oder auf die ein beherrschender Einfluss ausgeübt werden kann, ohne dass es auf die Rechtsform und den Sitz ankommt. Mutterunternehmen sind Unternehmen, die als Mutterunternehmen im Sinne des § 290 des Handelsgesetzbuchs gelten oder die einen beherrschenden Einfluss ausüben können, ohne dass es auf die Rechtsform und den Sitz ankommt. Eine Kontrolle besteht, wenn ein Unternehmen im Verhältnis zu einem anderen Unternehmen als Mutterunternehmen gilt oder wenn zwischen einer natürlichen oder einer juristischen Person und einem Unternehmen ein gleichartiges Verhältnis besteht.
(3) Personen, die die Geschäfte einer Versicherungs-Holdinggesellschaft im Sinne des § 104a Abs. 2 Nr. 4 oder einer gemischten Finanzholding-Gesellschaft im Sinne des § 104k Nr. 3 tatsächlich führen, müssen zuverlässig sein und die zur Führung der Geschäfte erforderliche fachliche Eignung haben.
(4) Die Mitglieder des Aufsichtsrats von Versicherungsunternehmen oder Pensionsfonds oder einer Versicherungs-Holdinggesellschaft im Sinne des § 104a Absatz 2 Nr. 4 oder einer gemischten Finanzholding-Gesellschaft im Sinne des § 104k Nr. 3 müssen zuverlässig sein und die zur Wahrnehmung der Kontrollfunktion sowie zur Beurteilung und Überwachung der Geschäfte, die das Unternehmen betreibt, erforderliche Sachkunde besitzen. Bei der Prüfung, ob eine in Satz 1 genannte Person die erforderliche Sachkunde besitzt, berücksichtigt die Aufsichtsbehörde den Umfang und die Komplexität der vom Versicherungsunternehmen oder vom Pensionsfonds betriebenen Geschäfte sowie die Besonderheiten von Einrichtungen der betrieblichen Altersversorgung im Hinblick auf eine Besetzung des Aufsichtsrats durch Vertreter der Arbeitgeber und der Arbeitnehmer der Trägerunternehmen. Wer Geschäftsleiter war, kann nicht zum Mitglied des Verwaltungs- oder Aufsichtsorgans des von ihm geleiteten Unternehmens bestellt werden, wenn bereits zwei ehemalige Geschäftsleiter des Unternehmens Mitglied des Verwaltungs- oder Aufsichtsorgans sind. Es kann auch nicht bestellt werden, wer bereits fünf Kontrollmandate bei unter der Aufsicht der Bundesanstalt stehenden Unternehmen ausübt; Mandate bei Unternehmen derselben Versicherungs- oder Unternehmensgruppe bleiben dabei außer Betracht.

§ 57 Umfang der Prüfung

(1) Bei der Prüfung des Jahresabschlusses hat der Prüfer festzustellen, ob das Versicherungsunternehmen die Anzeigepflichten nach § 13b Abs. 1 und 4, § 13c Abs. 1 und 4, § 13d Nr. 1 bis 5, § 13e, die Anforderungen nach den §§ 104d und 104g Abs. 1, § 104q Abs. 1 Satz 1, Abs. 2 Satz 2 bis 4 und Abs. 3 bis 9 und § 104r Abs. 1, 3 und 4, jeweils auch in Verbindung mit einer Rechtsverordnung nach § 104g Abs. 2, § 104q Abs. 1 Satz 2 und § 104r Abs. 2 erfüllt hat. Das Ergebnis ist in den Prüfungsbericht aufzunehmen. Die Prüfungspflicht nach § 317 Abs. 4 des Handelsgesetzbuchs besteht bei allen Versicherungsunternehmen, auf die § 91 Abs. 2 des Aktiengesetzes anzuwenden ist. Ein Prüfer, der ein Unternehmen, das mit dem Erstversicherungsunternehmen eine sich aus einem Kontrollverhältnis ergebende enge Verbindung nach § 8 Abs. 1 Satz 4 Nr. 2 unterhält, und zugleich das Erstversicherungsunternehmen prüft, hat die Aufsichtsbehörde zu unterrichten, wenn er Feststellungen entsprechend § 321 Abs. 1 Satz 3 des Handelsgesetzbuchs bei dem verbundenen Unternehmen macht, soweit die festgestellten Tatsachen die Ausübung der Tätigkeit des Versicherungsunternehmens wesentlich beeinträchtigen können. Auf Verlangen der Aufsichtsbehörde hat der Prüfer auch sonstige bei der Prüfung bekanntgewordene Tatsachen mitzuteilen, die gegen eine ordnungsgemäße Durchführung der Geschäfte des Erstversicherungsunternehmens sprechen.
(1a) Bei Versicherungsunternehmen im Sinne des § 80c hat der Prüfer auch zu prüfen, ob diese ihre Pflichten nach den §§ 80d bis 80f sowie nach dem Geldwäschegesetz erfüllt haben. Über die Prüfung ist gesondert zu berichten.
(2) Das Bundesministerium der Finanzen kann durch Rechtsverordnung nähere Bestimmungen über den Inhalt der Prüfungsberichte gemäß Absatz 1 Satz 1 erlassen, soweit dies zur Erfüllung der Aufgaben der Aufsichtsbehörde erforderlich ist, insbesondere um einheitliche Unterlagen zur Beurteilung der von den Versicherungsunternehmen durchgeführten Versicherungsgeschäfte zu erhalten. Die Ermächtigung kann durch Rechtsverordnung auf die Bundesanstalt übertragen werden. Diese erlässt die Vorschriften im Benehmen mit den Versicherungsaufsichtsbehörden der Länder; vor dem Erlass ist der Versicherungsbeirat zu hören.

§ 58 Anzeige des Abschlussprüfers gegenüber der Aufsichtsbehörde; Erteilung des Prüfungsauftrags

(...)

(2) Der Vorstand hat der Aufsichtsbehörde unverzüglich den vom Aufsichtsrat bestimmten Abschlußprüfer anzuzeigen. Die Aufsichtsbehörde kann, wenn sie gegen den Abschlußprüfer des Jahresabschlusses Bedenken hat, verlangen, daß innerhalb einer angemessenen Frist ein anderer Abschlußprüfer bestimmt wird. Unterbleibt das oder hat die Aufsichtsbehörde auch gegen den neuen Abschlußprüfer Bedenken, so hat sie den Abschlußprüfer selbst zu bestimmen. In diesem Fall gilt § 318 Abs. 1 Satz 4 des Handelsgesetzbuchs mit der Maßgabe, daß die gesetzlichen Vertreter den Prüfungsauftrag unverzüglich dem von der Aufsichtsbehörde bestimmten Prüfer zu erteilen haben.

(...)

§ 64 Abschlussprüfung bei kleineren Vereinen

Sofern Versicherungsunternehmen auf Grund des § 330 Abs. 1, 3 und 4 des Handelsgesetzbuchs und der auf Grund dieser Ermächtigung erlassenen Rechtsverordnung von der Verpflichtung befreit sind, den Jahresabschluß prüfen zu lassen, sind die §§ 58 und 59 dieses Gesetzes nicht anzuwenden.

§ 64a Geschäftsorganisation

(1) Versicherungsunternehmen müssen über eine ordnungsgemäße Geschäftsorganisation verfügen, welche die Einhaltung der von ihnen zu beachtenden Gesetze und Verordnungen sowie der aufsichtsbehördlichen Anforderungen gewährleistet. Verantwortlich für die ordnungsgemäße Geschäftsorganisation sind die in § 7a Abs. 1 Satz 4 bezeichneten Personen. Eine ordnungsgemäße Geschäftsorganisation setzt neben einer dem Geschäftsbetrieb angemessenen ordnungsgemäßen Verwaltung und Buchhaltung insbesondere ein angemessenes Risikomanagement voraus. Dieses erfordert:
1. die Entwicklung einer auf die Steuerung des Unternehmens abgestimmten Risikostrategie, die Art, Umfang und Zeithorizont des betriebenen Geschäfts und der mit ihm verbundenen Risiken berücksichtigt;
2. aufbau- und ablauforganisatorische Regelungen, die die Überwachung und Kontrolle der wesentlichen Abläufe und ihre Anpassung an veränderte allgemeine Bedingungen sicherstellen müssen;
3. die Einrichtung eines geeigneten internen Steuerungs- und Kontrollsystems, das folgende Elemente umfasst:
    a) ein die Risikostrategie berücksichtigendes angemessenes Risikotragfähigkeitskonzept, aus dem ein geeignetes Limitsystem hergeleitet wird,
    b) angemessene, auf der Risikostrategie beruhende Prozesse, die eine Risikoidentifikation, -analyse, -bewertung, -steuerung und -überwachung enthalten,
    c) eine ausreichende unternehmensinterne Kommunikation über die als wesentlich eingestuften Risiken,
    d) eine aussagefähige Berichterstattung gegenüber der Geschäftsleitung, welche darstellt, was die wesentlichen Ziele des Risikomanagements sind, mit welchen Methoden die Risiken bewertet werden und was getan wurde, um die Risiken zu begrenzen, und die aufzeigt, wie sich die Maßnahmen zur Risikobegrenzung ausgewirkt haben und die Ziele erreicht und gesteuert wurden (Risikobericht);
4. eine interne Revision, die die gesamte Geschäftsorganisation des Unternehmens überprüft.

(2) Versicherungsunternehmen nach § 104a Abs. 1 Nr. 1 und Versicherungs- Holdinggesellschaften nach § 1b Abs. 1, die übergeordnete Unternehmen einer Versicherungsgruppe sind, müssen ein angemessenes Risikomanagement der wesentlichen Risiken auf Ebene der Versicherungsgruppe sicherstellen. Übergeordnetes Unternehmen im Sinne dieses Absatzes ist das an der Spitze der Gruppe stehende Unternehmen, das entweder selbst Versicherungsunternehmen oder Versicherungs-Holdinggesellschaft ist.

(3) Die Risikostrategie, die aufbau- und ablauforganisatorischen Regelungen sowie das interne Steuerungs- und Kontrollsystem sind für Dritte nachvollziehbar zu dokumentieren. Die Dokumentation ist sechs Jahre aufzubewahren; § 257 Abs. 3 und 5 des Handelsgesetzbuchs gilt entsprechend.

(4) Bei Funktionsausgliederungen im Sinne des § 5 Abs. 3 Nr. 4, § 119 Abs. 2 Satz 2 Nr. 6 und bei Dienstleistungsverträgen dürfen die ordnungsgemäße Ausführung der ausgegliederten Funktionen und übertragenen Aufgaben, die Steuerungs- und Kontrollmöglichkeiten der Geschäftsleitung sowie die Prüfungs-

und Kontrollrechte der Aufsichtsbehörde nicht beeinträchtigt werden. Das Versicherungsunternehmen hat sich insbesondere die erforderlichen Auskunfts- und Weisungsbefugnisse vertraglich zu sichern und die ausgegliederten Funktionen und übertragenen Aufgaben in sein Risikomanagement einzubeziehen. Ein Weisungsrecht ist dann nicht erforderlich, wenn im Rahmen einer steuerlichen Organschaft ein Versicherungsunternehmen Funktionen an eine Muttergesellschaft ausgliedert und diese sich für die Wahrnehmung der Funktionen vertraglich den gleichen aufsichtsrechtlichen Anforderungen unterwirft, die für das ausgliedernde Unternehmen gelten.
(5) Für Pensionskassen in der Rechtsform des Versicherungsvereins auf Gegenseitigkeit, deren Bilanzsumme am Abschlussstichtag des vorausgegangenen Geschäftsjahres 125 Millionen Euro nicht überstieg, für Schaden-, Unfall- und Krankenversicherungsvereine im Sinne des § 53 Abs. 1 sowie für Sterbekassen gilt Absatz 1 Satz 4 Nr. 3 Buchstabe d und Nr. 4 nicht. Die Aufsichtsbehörde soll andere Versicherungsunternehmen auf Antrag von den Regelungen des Absatzes 1 Satz 4 Nr. 3 Buchstabe d und Nr. 4 befreien, wenn sie nachweisen, dass der geforderte Aufwand in Anbetracht der Art, des Umfangs und des Zeithorizontes des betriebenen Geschäfts und der mit ihm verbundenen Risiken unverhältnismäßig wäre. § 157a Abs. 2 gilt entsprechend.
(6) Die in Absatz 5 Satz 1 genannten Unternehmen müssen die für sie geltenden Anforderungen des Absatzes 1 Satz 4 spätestens bis zum 31. Dezember 2009 erfüllen. Die übrigen Unternehmen müssen die für sie geltenden Anforderungen spätestens in dem Geschäftsjahr, das nach dem 31. Dezember 2007 endet, erfüllen.

§ 87 Widerruf der Erlaubnis, Abberufung von Geschäftsleitern und Mitgliedern des Aufsichtsrats

(1) Die Aufsichtsbehörde kann die Erlaubnis für einzelne Versicherungssparten oder den gesamten Geschäftsbetrieb widerrufen, wenn
1. das Unternehmen die Voraussetzungen für die Erteilung der Erlaubnis nicht mehr erfüllt,
2. das Unternehmen in schwerwiegender Weise Verpflichtungen verletzt, die ihm nach dem Gesetz oder dem Geschäftsplan obliegen, oder
3. sich so schwere Mißstände ergeben, daß eine Fortsetzung des Geschäftsbetriebs die Belange der Versicherten gefährdet.

(2) Die Aufsichtsbehörde kann die Erlaubnis für den gesamten Geschäftsbetrieb widerrufen, wenn das Unternehmen außerstande ist, innerhalb der gesetzten Frist die im Solvabilitätsplan oder im Finanzierungsplan nach § 81b Abs. 1 oder 2 vorgesehenen Maßnahmen durchzuführen.
(2a) Die Erlaubnis ist zu widerrufen, wenn das Insolvenzverfahren eröffnet ist. Der Widerruf der Erlaubnis steht den im Rahmen des Insolvenzverfahrens erforderlichen Rechtshandlungen des Versicherungsunternehmens nicht entgegen.
(3) Der Widerruf der Erlaubnis bewirkt, daß keine neuen Versicherungen mehr abgeschlossen, früher abgeschlossene nicht erhöht oder verlängert werden dürfen.
(4) Wird die Erlaubnis widerrufen, so trifft die Aufsichtsbehörde alle Maßnahmen, die geeignet sind, die Belange der Versicherten zu wahren. Insbesondere kann sie die freie Verfügung über die Vermögensgegenstände des Unternehmens einschränken oder untersagen sowie die Vermögensverwaltung geeigneten Personen übertragen.
(5) Bei Versicherungsvereinen auf Gegenseitigkeit wirkt der Widerruf der Erlaubnis für den gesamten Geschäftsbetrieb wie ein Auflösungsbeschluß. Auf Anzeige der Aufsichtsbehörde wird der Widerruf im Handelsregister eingetragen.
(6) Die Aufsichtsbehörde kann die Abberufung von Geschäftsleitern verlangen und diesen Geschäftsleitern die Ausübung ihrer Tätigkeit untersagen, wenn
1. ihr Tatsachen bekannt werden, die auch die Versagung einer Erlaubnis nach § 8 Abs. 1 Satz 1 Nr. 1 rechtfertigen würden,
2. der Geschäftsleiter vorsätzlich oder leichtfertig gegen die Bestimmungen dieses Gesetzes, gegen die zur Durchführung dieses Gesetzes erlassenen Verordnungen oder gegen Anordnungen der Aufsichtsbehörde verstoßen hat und trotz Verwarnung durch die Aufsichtsbehörde dieses Verhalten fortsetzt.

(7) Werden der Aufsichtsbehörde Tatsachen bekannt, aus denen sich ergibt, dass eine Person, die die Geschäfte einer Versicherungs-Holdinggesellschaft im Sinne des § 104a Abs. 2 Nr. 4 tatsächlich führt, nicht zuverlässig ist oder nicht die zur Führung der Geschäfte erforderliche fachliche Eignung hat, gilt § 104u Abs. 1 Nr. 2 in Verbindung mit Abs. 2 bis 4 entsprechend. Werden der Aufsichtsbehörde Tatsachen be-

kannt, aus denen sich ergibt, dass ein Mitglied des Aufsichtsrats einer Versicherungs- Holdinggesellschaft im Sinne des § 104a Abs. 2 Nr. 4, die Voraussetzungen des § 7a Abs. 3 Satz 2 nicht erfüllt, gilt § 104u Abs. 1 Nr. 3 in Verbindung mit Abs. 2 bis 4 entsprechend.

(8) Liegen Tatsachen vor, aus denen sich ergibt, dass ein Mitglied des Aufsichtsrats von Versicherungsunternehmen oder eines Pensionsfonds oder einer Versicherungs- Holdinggesellschaft im Sinne des § 104a Absatz 2 Nr. 4 oder einer gemischten Finanzholding-Gesellschaft im Sinne des § 104k Nr. 3 nicht zuverlässig ist oder nicht die erforderliche Sachkunde besitzt, kann die Aufsichtsbehörde von den Organen des betroffenen Unternehmens verlangen, diese Person abzuberufen oder ihr die Ausübung ihrer Tätigkeit zu untersagen. Die Aufsichtsbehörde kann dies von dem betroffenen Unternehmen auch dann verlangen, wenn der in Satz 1 bezeichneten Person wesentliche Verstöße des Versicherungsunternehmens gegen die Grundsätze einer ordnungsgemäßen Geschäftsführung wegen sorgfaltswidriger Ausübung seiner Überwachungs- und Kontrollfunktion verborgen geblieben sind oder er nicht alles Erforderliche zur Beseitigung festgestellter Verstöße veranlasst hat und dieses Verhalten trotz Verwarnung der Organe des Unternehmens durch die Aufsichtsbehörde fortsetzt. Soweit das Gericht auf Antrag des Aufsichtsrats ein Aufsichtsratsmitglied abzuberufen hat, kann dieser Antrag bei Vorliegen der Voraussetzungen nach Satz 1 oder 2 auch von der Aufsichtsbehörde gestellt werden, wenn der Aufsichtsrat dem Abberufungsverlangen der Aufsichtsbehörde nicht nachgekommen ist.

Gesetz über das Kreditwesen (Auszüge)

Rechtsstand: 21. Juli 2010[9]

§ 10a Ermittlung der Eigenmittelausstattung von Institutsgruppen und Finanzholding-Gruppen

(1) Eine Institutsgruppe im Sinne dieses Gesetzes besteht aus einem Institut im Sinne von § 1 Abs. 7a oder Abs. 7c mit Sitz im Inland (übergeordnetes Unternehmen) und den nachgeordneten Unternehmen (gruppenangehörige Unternehmen). Nachgeordnete Unternehmen im Sinne dieser Vorschrift sind die Tochterunternehmen eines Instituts, die selbst Institute, Kapitalanlagegesellschaften, Finanzunternehmen, Anbieter von Nebendienstleistungen oder Zahlungsinstitute im Sinne des Zahlungsdiensteaufsichtsgesetzes sind. Erfüllt bei wechselseitigen Beteiligungen kein Institut der Institutsgruppe die Voraussetzungen des § 1 Abs. 7a oder Abs. 7c, bestimmt die Bundesanstalt das übergeordnete Unternehmen der Gruppe. Sind einem Institut ausschließlich Anbieter von Nebendienstleistungen nachgeordnet, besteht keine Institutsgruppe.

(2) Eine Institutsgruppe im Sinne dieses Gesetzes besteht auch dann, wenn ein Institut mit anderen Unternehmen der Banken- und Wertpapierdienstleistungsbranche oder der Investmentbranche eine horizontale Unternehmensgruppe bildet. Bei einer solchen Institutsgruppe gilt als übergeordnetes Unternehmen dasjenige gruppenangehörige Einlagenkreditinstitut, E-Geld-Institut oder Wertpapierhandelsunternehmen mit Sitz im Inland mit der höchsten Bilanzsumme; bei gleich hoher Bilanzsumme bestimmt die Bundesanstalt das übergeordnete Unternehmen.

(3) Eine Finanzholding-Gruppe im Sinne dieses Gesetzes besteht, wenn einer Finanzholding-Gesellschaft im Sinne von § 1 Abs. 7b oder Abs. 7d mit Sitz im Inland Unternehmen im Sinne des Absatzes 1 Satz 2 nachgeordnet sind, von denen mindestens ein Einlagenkreditinstitut, E-Geld-Institut oder Wertpapierhandelsunternehmen mit Sitz im Inland der Finanzholding-Gesellschaft als Tochterunternehmen nachgeordnet ist. Satz 1 findet keine Anwendung auf Finanzholding-Gesellschaften im Sinne von § 1 Abs. 7b, die ihrerseits einem Einlagenkreditinstitut, einem E-Geld-Institut oder einem Wertpapierhandelsunternehmen mit Sitz in einem anderen Staat des Europäischen Wirtschaftsraums als Tochterunternehmen nachgeordnet sind. Hat die Finanzholding-Gesellschaft im Sinne von § 1 Abs. 7b oder Abs. 7d ihren Sitz in einem anderen Staat des Europäischen Wirtschaftsraums, besteht eine Finanzholding-Gruppe, wenn

---

9 Gesetz über das Kreditwesen (Kreditwesengesetz – KWG) idF vom 9. September 1998 (BGBl. I, S. 2776), zuletzt geändert durch Gesetz vom 21. Juli 2010 (BGBl. I, S. 950).

1. der Finanzholding-Gesellschaft mindestens ein Einlagenkreditinstitut, ein E-Geld-Institut oder ein Wertpapierhandelsunternehmen mit Sitz im Inland und weder ein Einlagenkreditinstitut noch ein E-Geld-Institut oder ein Wertpapierhandelsunternehmen mit Sitz in ihrem Sitzstaat als Tochterunternehmen nachgeordnet ist und
2. das Einlagenkreditinstitut, das E-Geld-Institut oder das Wertpapierhandelsunternehmen mit Sitz im Inland eine höhere Bilanzsumme hat als jedes andere der Finanzholding-Gesellschaft als Tochterunternehmen nachgeordnete Einlagenkreditinstitut, E-Geld-Institut oder Wertpapierhandelsunternehmen mit Sitz in einem anderen Staat des Europäischen Wirtschaftsraums; bei gleich hoher Bilanzsumme ist der frühere Zulassungszeitpunkt maßgeblich.

Bei einer Finanzholding-Gruppe gilt als übergeordnetes Unternehmen dasjenige gruppenangehörige Einlagenkreditinstitut, E-Geld-Institut oder Wertpapierhandelsunternehmen mit Sitz im Inland, das selbst keinem anderen gruppenangehörigen Institut mit Sitz im Inland nachgeordnet ist. Erfüllen mehrere Einlagenkreditinstitute, E-Geld-Institute oder Wertpapierhandelsunternehmen mit Sitz im Inland oder bei wechselseitigen Beteiligungen kein Institut mit Sitz im Inland diese Voraussetzungen, gilt als übergeordnetes Unternehmen regelmäßig das Einlagenkreditinstitut oder E-Geld-Institut mit der höchsten Bilanzsumme; auf Antrag oder bei gleich hoher Bilanzsumme bestimmt die Bundesanstalt das Einlagenkreditinstitut, E-Geld-Institut oder Wertpapierhandelsunternehmen mit Sitz im Inland, das als übergeordnetes Unternehmen gilt. Abweichend von den Sätzen 4 und 5 kann die Bundesanstalt auf Antrag einer Finanzholding-Gesellschaft, die ihren Sitz im Inland hat, und nach Anhörung des beaufsichtigten Unternehmens, das nach den Sätzen 4 und 5 als übergeordnetes Unternehmen gilt oder nach Bestimmung durch die Bundesanstalt gelten würde, bestimmen, dass die Finanzholding-Gesellschaft als übergeordnetes Unternehmen gilt, sofern sie dargelegt hat, dass sie über die zur Einhaltung der gruppenbezogenen Pflichten erforderliche Struktur und Organisation verfügt. Abweichend von Satz 6 kann die Bundesanstalt eine Finanzholding-Gesellschaft, die ihren Sitz im Inland hat, nach Anhörung des beaufsichtigten Unternehmens, das nach den Sätzen 4 und 5 als übergeordnetes Unternehmen gilt oder nach Bestimmung durch die Bundesanstalt gelten würde, auch ohne Antrag als übergeordnetes Unternehmen bestimmen, sofern dies aus bankaufsichtlichen Gründen, insbesondere solchen, die sich aus der Organisation und Struktur der Finanzholding-Gruppe ergeben, erforderlich ist. Die nach Satz 6 oder Satz 7 bestimmte Finanzholding-Gesellschaft hat alle gruppenbezogenen Pflichten eines übergeordneten Unternehmens zu erfüllen. Liegen die Voraussetzungen für eine Anordnung nach Satz 6 oder Satz 7 nicht mehr vor, insbesondere, wenn die Finanzholding-Gesellschaft ihren Sitz in einen anderen Staat verlagert oder nicht mehr in der Lage ist, für die Einhaltung der gruppenbezogenen Pflichten zu sorgen, hat die Bundesanstalt die Anordnung nach Anhörung der Finanzholding-Gesellschaft aufzuheben; § 35 Abs. 3 gilt entsprechend. Die Bundesanstalt hat gegenüber einer nach Satz 6 oder Satz 7 zum übergeordneten Unternehmen bestimmten Finanzholding-Gesellschaft und deren Organen alle Befugnisse, die ihr gegenüber einem Institut als übergeordnetem Unternehmen und dessen Organen zustehen.

(4) Als nachgeordnete Unternehmen gelten auch Institute, Kapitalanlagegesellschaften, Finanzunternehmen, Anbieter von Nebendienstleistungen oder Zahlungsinstitute im Sinne des Zahlungsdiensteaufsichtsgesetzes mit Sitz im Inland oder Ausland, wenn ein gruppenangehöriges Unternehmen mindestens 20 vom Hundert der Kapitalanteile unmittelbar oder mittelbar hält, die Institute, Kapitalanlagegesellschaften oder Unternehmen gemeinsam mit anderen Unternehmen leitet und für die Verbindlichkeiten dieser Institute, Kapitalanlagegesellschaften oder Unternehmen auf ihre Kapitalanteile beschränkt haftet (qualifizierte Minderheitsbeteiligung). Unmittelbar oder mittelbar gehaltene Kapitalanteile sowie Kapitalanteile, die von einem anderen für Rechnung eines gruppenangehörigen Unternehmens gehalten werden, sind zusammenzurechnen. Mittelbar gehaltene Kapitalanteile sind nicht zu berücksichtigen, wenn sie durch ein Unternehmen vermittelt werden, das nicht Tochterunternehmen des übergeordneten Instituts oder der Finanzholding-Gesellschaft ist. Dies gilt entsprechend für mittelbar gehaltene Kapitalanteile, die durch mehr als ein Unternehmen vermittelt werden. Kapitalanteilen stehen Stimmrechte gleich. § 16 Abs. 2 und 3 des Aktiengesetzes gilt entsprechend.

(5) Als nachgeordnete Unternehmen gelten auch Unternehmen, die nach § 10 Abs. 6 Satz 4 freiwillig in die Zusammenfassung nach dieser Vorschrift sowie nach § 13b Abs. 3 Satz 1 und § 12 Abs. 2 Satz 1 und 2 einbezogen werden.

(6) Ob gruppenangehörige Unternehmen insgesamt angemessene Eigenmittel haben, ist anhand einer Zusammenfassung ihrer Eigenmittel einschließlich der Anteile anderer Gesellschafter und der im Rahmen der Rechtsverordnung nach § 10 Abs. 1 Satz 9 maßgeblichen Risikopositionen zu beurteilen; bei

gruppenangehörigen Unternehmen gelten als Eigenmittel die Bestandteile, die den nach § 10 anerkannten Bestandteilen entsprechen. Für die Zusammenfassung hat das übergeordnete Unternehmen seine maßgeblichen Positionen mit denen der anderen gruppenangehörigen Unternehmen zusammenzufassen. Von den gemäß Satz 2 zusammenzufassenden Eigenmitteln sind abzuziehen:
1. die bei dem übergeordneten Unternehmen und den anderen Unternehmen der Institutsgruppe oder Finanzholding-Gruppe ausgewiesenen, auf die gruppenangehörigen Unternehmen entfallenden Buchwerte
   a) der Kapitalanteile,
   b) der Vermögenseinlagen als stiller Gesellschafter nach § 10 Abs. 4 Satz 1,
   c) der Genussrechte nach § 10 Abs. 5 Satz 1,
   d) der längerfristigen nachrangigen Verbindlichkeiten nach § 10 Abs. 5a Satz 1 und
   e) der kurzfristigen nachrangigen Verbindlichkeiten nach § 10 Abs. 7 Satz 1 sowie
2. die bei dem übergeordneten Unternehmen oder einem anderen Unternehmen der Institutsgruppe oder Finanzholding-Gruppe berücksichtigten nicht realisierten Reserven nach § 10 Abs. 2b Satz 1 Nr. 6 und 7, soweit sie auf gruppenangehörige Unternehmen entfallen.

Kapitalanteile, vorbehaltlich der Regelung für den aktivischen Unterschiedsbetrag nach den Sätzen 9 und 10, und Vermögenseinlagen stiller Gesellschafter sind vom Kernkapital abzuziehen. Längerfristige nachrangige Verbindlichkeiten sind von den Bestandteilen des Ergänzungskapitals gemäß § 10 Abs. 2b Satz 3 abzuziehen. Genussrechtsverbindlichkeiten und die nicht realisierten Reserven sind vom Ergänzungskapital insgesamt, jeweils vor der in § 10 Abs. 2b Satz 2 und 3 vorgesehenen Kappung, abzuziehen. Kurzfristige nachrangige Verbindlichkeiten sind von den Drittrangmitteln gemäß § 10 Abs. 2c Satz 1 vor der in § 10 Abs. 2c Satz 2 und 4 vorgesehenen Kappung abzuziehen. Bei Beteiligungen, die über nicht gruppenangehörige Unternehmen vermittelt werden, sind solche Buchwerte und nicht realisierten Reserven jeweils quotal in Höhe desjenigen Anteils abzuziehen, welcher der durchgerechneten Kapitalbeteiligung entspricht. Ist der Buchwert einer Beteiligung höher als der nach Satz 2 zusammenzufassende Teil des Kapitals und der Rücklagen des nachgeordneten Unternehmens, hat das übergeordnete Unternehmen den Unterschiedsbetrag zu gleichen Teilen vom Kern- und Ergänzungskapital der Institutsgruppe oder Finanzholding-Gruppe abzuziehen. Dabei kann der aktivische Unterschiedsbetrag mit einem jährlich um mindestens ein Zehntel abnehmenden Betrag wie eine Beteiligung an einem gruppenfremden Unternehmen behandelt werden. Die Adressenausfallpositionen, die sich aus Rechtsverhältnissen zwischen gruppenangehörigen Unternehmen ergeben, sind nicht zu berücksichtigen. Marktrisikobehaftete Positionen verschiedener gruppenangehöriger Unternehmen können nicht miteinander verrechnet werden, es sei denn, die Unternehmen sind in die zentrale Risikosteuerung des übergeordneten Unternehmens einbezogen, die Eigenmittel sind in der Institutsgruppe oder Finanzholding-Gruppe angemessen verteilt und es ist bei nachgeordneten Unternehmen mit Sitz in Drittstaaten gewährleistet, dass die örtlichen Rechts- und Verwaltungsvorschriften den freien Kapitaltransfer zu anderen gruppenangehörigen Unternehmen nicht behindern.

(7) Ist das übergeordnete Unternehmen einer Institutsgruppe verpflichtet, nach den Vorschriften des Handelsgesetzbuchs einen Konzernabschluss aufzustellen oder ist es nach Artikel 4 der Verordnung (EG) Nr. 1606/2002 des Europäischen Parlaments und des Rates vom 19. Juli 2002 betreffend die Anwendung internationaler Rechnungslegungsstandards (ABl. EG Nr. L 243 S. 1) in der jeweils geltenden Fassung oder nach Maßgabe von § 315a Abs. 2 des Handelsgesetzbuchs verpflichtet, bei der Aufstellung des Konzernabschlusses die nach den Artikeln 3 und 6 der genannten Verordnung übernommenen internationalen Rechnungslegungsstandards anzuwenden, hat es spätestens nach Ablauf von fünf Jahren nach Entstehen dieser Verpflichtung bei der Ermittlung der zusammengefassten Eigenmittel sowie der zusammengefassten Risikopositionen nach Maßgabe der Rechtsverordnung nach § 10 Abs. 1 Satz 9 den Konzernabschluss zugrunde zu legen; als Eigenmittel gelten die Bestandteile, die den nach § 10 anerkannten Bestandteilen entsprechen. § 64h Abs. 3 und 4 bleibt unberührt. Wendet das übergeordnete Unternehmen einer Institutsgruppe die genannten internationalen Rechnungslegungsstandards nach Maßgabe von § 315a Abs. 3 des Handelsgesetzbuchs an, finden die Sätze 1 und 2 entsprechende Anwendung; an die Stelle des Entstehens der Verpflichtung tritt die erstmalige Anwendung der internationalen Rechnungslegungsstandards. Absatz 6 findet in den Fällen der Sätze 1 bis 3 vorbehaltlich des Satzes 6 keine Anwendung. Hierbei bleiben die Eigenmittel und sonstigen maßgeblichen Risikopositionen in den Konzernabschluss einbezogener Unternehmen, die keine gruppenangehörigen Unternehmen im Sinne dieser Vorschrift sind, unberücksichtigt. Eigenmittel und sonstige maßgebliche Risikopositionen nicht

in den Konzernabschluss einbezogener Unternehmen, die gruppenangehörige Unternehmen im Sinne dieser Vorschrift sind, sind hinzuzurechnen, wobei das Verfahren nach Absatz 6 angewendet werden darf. Die Sätze 1 bis 6 gelten entsprechend für das übergeordnete Unternehmen einer Finanzholding-Gruppe, wenn die Finanzholding-Gesellschaft nach den genannten Vorschriften verpflichtet ist, einen Konzernabschluss aufzustellen oder nach § 315a Abs. 3 des Handelsgesetzbuchs einen Konzernabschluss nach den genannten internationalen Rechnungslegungsstandards aufstellt.

(8) Eine Institutsgruppe oder eine Finanzholding-Gruppe, die nach Absatz 7 bei der Ermittlung der zusammengefassten Eigenmittel sowie der zusammengefassten Risikopositionen den Konzernabschluss zugrunde zu legen hat, darf mit Zustimmung der Bundesanstalt für diese Zwecke das Verfahren nach Absatz 6 nutzen, wenn die Heranziehung des Konzernabschlusses im Einzelfall ungeeignet ist. Das übergeordnete Unternehmen der Institutsgruppe oder der Finanzholding-Gruppe muss das Verfahren nach Absatz 6 in diesem Fall in mindestens drei aufeinander folgenden Jahren anwenden.

(9) Das Bundesministerium der Finanzen wird ermächtigt, durch Rechtsverordnung im Benehmen mit der Deutschen Bundesbank nähere Bestimmungen über die Ermittlung der Eigenmittelausstattung von Institutsgruppen und Finanzholding-Gruppen zu erlassen, insbesondere über
1. die Überleitung von Angaben aus dem Konzernabschluss in die Ermittlung der zusammengefassten Eigenmittelausstattung bei Anwendung des Verfahrens nach Absatz 7,
2. die Behandlung der nach der Äquivalenzmethode bewerteten Beteiligungen bei Anwendung des Verfahrens nach Absatz 7.

Das Bundesministerium der Finanzen kann die Ermächtigung durch Rechtsverordnung auf die Bundesanstalt mit der Maßgabe übertragen, dass die Rechtsverordnung im Einvernehmen mit der Deutschen Bundesbank ergeht. Vor Erlass der Rechtsverordnung sind die Spitzenverbände der Institute anzuhören.

(10) Ermittelt eine Institutsgruppe oder Finanzholding-Gruppe die Angemessenheit ihrer Eigenmittelausstattung nach Maßgabe des Absatzes 7 und erstellt das übergeordnete Unternehmen einer Institutsgruppe oder einer Finanzholding-Gruppe Zwischenabschlüsse, sind diese einer prüferischen Durchsicht durch den Abschlussprüfer zu unterziehen. Der Zwischenabschluss nach Satz 1 gilt für die Zwecke dieser Vorschrift als ein mit dem Konzernabschluss vergleichbarer Abschluss, wobei Gewinne des Zwischenabschlusses dem Kernkapital zugerechnet werden, soweit sie nicht für voraussichtliche Gewinnausschüttungen oder Steueraufwendungen gebunden sind. Verluste, die sich aus Zwischenabschlüssen ergeben, sind vom Kernkapital abzuziehen. Das übergeordnete Unternehmen hat den Zwischenabschluss der Bundesanstalt und der Deutschen Bundesbank jeweils unverzüglich einzureichen. Der Abschlussprüfer hat eine Bescheinigung über die prüferische Durchsicht des Zwischenabschlusses unverzüglich nach Beendigung der prüferischen Durchsicht der Bundesanstalt und der Deutschen Bundesbank einzureichen.

(11) Bei nachgeordneten Unternehmen, die keine Tochterunternehmen sind, hat das übergeordnete Unternehmen seine Eigenmittel und die im Rahmen der Rechtsverordnung nach § 10 Abs. 1 Satz 9 maßgeblichen Risikopositionen mit den Eigenmitteln und den maßgeblichen Risikopositionen der nachgeordneten Unternehmen jeweils quotal in Höhe desjenigen Anteils zusammenzufassen, der seiner Kapitalbeteiligung an dem nachgeordneten Unternehmen entspricht. Im Übrigen gelten die Absätze 6 und 7, jeweils auch in Verbindung mit der Rechtsverordnung nach Absatz 9.

(12) Das übergeordnete Unternehmen ist für eine angemessene Eigenmittelausstattung der Institutsgruppe oder Finanzholding-Gruppe verantwortlich. Es darf jedoch zur Erfüllung seiner Verpflichtungen nach Satz 1 auf die gruppenangehörigen Unternehmen nur einwirken, soweit dem das allgemein geltende Gesellschaftsrecht nicht entgegensteht.

(13) Die gruppenangehörigen Unternehmen haben zur Sicherstellung der ordnungsgemäßen Aufbereitung und Weiterleitung der für die Zusammenfassung gemäß den Absätzen 6, 7 und 11 erforderlichen Angaben eine ordnungsgemäße Organisation und angemessene interne Kontrollverfahren einzurichten. Sie sind verpflichtet, dem übergeordneten Unternehmen die für die Zusammenfassung erforderlichen Angaben zu übermitteln. Kann ein übergeordnetes Unternehmen für einzelne gruppenangehörige Unternehmen die erforderlichen Angaben nicht beschaffen, sind die auf das gruppenangehörige Unternehmen entfallenden, in Absatz 6 Satz 3 genannten Buchwerte von den Eigenmitteln des übergeordneten Unternehmens abzuziehen.

(14) Auf ein Institut mit Sitz im Inland, dem mindestens ein Institut, eine Vermögensverwaltungsgesellschaft im Sinne des Artikels 2 Nr. 5 der Richtlinie 2002/87/EG oder Finanzunternehmen mit Sitz in einem Drittstaat nachgeordnet ist, finden, unabhängig davon, ob es selbst nachgeordnetes Unternehmen einer

Institutsgruppe oder Finanzholding-Gruppe nach den Absätzen 1 bis 5 ist, die Absätze 6 bis 13 dieser Vorschrift sowie § 10 Anwendung. Hat die Finanzholding-Gesellschaft an der Spitze einer Finanzholding-Gruppe als Tochterunternehmen mindestens ein Institut, eine Vermögensverwaltungsgesellschaft im Sinne des Artikels 2 Nr. 5 der Richtlinie 2002/87/EG oder Finanzunternehmen mit Sitz in einem Drittstaat, gilt Satz 1 mit der Maßgabe, dass das übergeordnete Unternehmen der Finanzholding-Gruppe verpflichtet ist, die zusätzliche Zusammenfassung vorzunehmen.

§ 24 Anzeigen

(1) Ein Institut hat der Bundesanstalt und der Deutschen Bundesbank unverzüglich anzuzeigen
1. die Absicht der Bestellung eines Geschäftsleiters und der Ermächtigung einer Person zur Einzelvertretung des Instituts in dessen gesamten Geschäftsbereich unter Angabe der Tatsachen, die für die Beurteilung der Zuverlässigkeit und der fachlichen Eignung wesentlich sind, und den Vollzug einer solchen Absicht;
2. das Ausscheiden eines Geschäftsleiters sowie die Entziehung der Befugnis zur Einzelvertretung des Instituts in dessen gesamten Geschäftsbereich;
3. die Änderung der Rechtsform, soweit nicht bereits eine Erlaubnis nach § 32 Abs. 1 erforderlich ist, und die Änderung der Firma;
4. einen Verlust in Höhe von 25 vom Hundert des haftenden Eigenkapitals;
5. die Verlegung der Niederlassung oder des Sitzes;
6. die Errichtung, die Verlegung und die Schließung einer Zweigstelle in einem Drittstaat sowie die Aufnahme und die Beendigung der Erbringung grenzüberschreitender Dienstleistungen ohne Errichtung einer Zweigstelle;
7. die Einstellung des Geschäftsbetriebs;
8. die Absicht seiner gesetzlichen und satzungsgemäßen Organe, eine Entscheidung über seine Auflösung herbeizuführen;
9. das Absinken des Anfangskapitals unter die Mindestanforderungen nach § 33 Abs. 1 Satz 1 Nr. 1 sowie den Wegfall einer geeigneten Versicherung nach § 33 Abs. 1 Satz 2 und 3;
10. den Erwerb oder die Aufgabe einer bedeutenden Beteiligung an dem eigenen Institut, das Erreichen, das Über- oder das Unterschreiten der Beteiligungsschwellen von 20 vom Hundert, 30 vom Hundert und 50 vom Hundert der Stimmrechte oder des Kapitals sowie die Tatsache, daß das Institut Tochterunternehmen eines anderen Unternehmens wird oder nicht mehr ist, sobald das Institut von der bevorstehenden Änderung dieser Beteiligungsverhältnisse Kenntnis erlangt;
11. jeden Fall, in dem die Gegenpartei eines Pensionsgeschäftes, umgekehrten Pensionsgeschäftes oder Darlehensgeschäftes in Wertpapieren oder Waren ihren Erfüllungsverpflichtungen nicht nachgekommen ist;
12. das Entstehen, die Änderung oder die Beendigung einer engen Verbindung zu einer anderen natürlichen Person oder einem anderen Unternehmen;
13. das Entstehen, die Veränderungen in der Höhe oder die Beendigung einer qualifizierten Beteiligung an anderen Unternehmen;
14. die Feststellung, dass bei der Ermittlung der Auswirkungen einer von der Bundesanstalt nach § 25a Abs. 1 Satz 7 vorgegebenen plötzlichen und unerwarteten Zinsänderung der Barwert des Instituts um mehr als 20 vom Hundert der Eigenmittel nach § 10 Abs. 2 absinkt;
15. die Bestellung eines Mitglieds des Verwaltungs- oder Aufsichtsorgans unter Angabe der zur Beurteilung seiner Zuverlässigkeit und Sachkunde erforderlichen Tatsachen;
16. eine Änderung des Verhältnisses von bilanziellem Eigenkapital zur Summe aus der Bilanzsumme und den außerbilanziellen Verpflichtungen und des Wiedereindeckungsaufwands für Ansprüche aus außerbilanziellen Geschäften (modifizierte bilanzielle Eigenkapitalquote) um mindestens 5 vom Hundert auf der Grundlage eines Monatsausweises nach § 25 Abs. 1 Satz 1 oder der monatlichen Bilanzstatistik nach § 25 Abs. 1 Satz 3 jeweils zum Ende eines Quartals im Verhältnis zum festgestellten Jahresabschluss des Instituts; soweit das Institut nach internationalen Rechnungslegungsstandards bilanziert oder auf Grund der Vorschriften des Wertpapierhandelsgesetzes zur Aufstellung von Zwischenabschlüssen verpflichtet ist, ist eine entsprechende Änderung der modifizierten bilanziellen Eigenkapitalquote auch auf der Grundlage eines Zwischenabschlusses im Verhältnis zum festgestellten Jahresabschluss nach internationalen Rechnungslegungsstandards anzuzeigen.

(1a) Ein Institut hat der Bundesanstalt und der Deutschen Bundesbank jährlich anzuzeigen:
1. seine engen Verbindungen zu anderen natürlichen Personen oder Unternehmen,
2. seine qualifizierten Beteiligungen an anderen Unternehmen,
3. den Namen und die Anschrift des Inhabers einer bedeutenden Beteiligung an dem anzeigenden Institut und an den ihm nach § 10a nachgeordneten Unternehmen mit Sitz im Ausland sowie die Höhe dieser Beteiligungen,
4. die Anzahl seiner inländischen Zweigstellen und
5. die modifizierte bilanzielle Eigenkapitalquote auf der Grundlage des festgestellten Jahresabschlusses.
(2) Hat ein Institut die Absicht, sich mit einem anderen Institut zu vereinigen, hat es dies der Bundesanstalt und der Deutschen Bundesbank unverzüglich anzuzeigen.
(3) Ein Geschäftsleiter eines Instituts und die Personen, die die Geschäfte einer Finanzholding-Gesellschaft oder einer gemischten Finanzholding-Gesellschaft tatsächlich führen, haben der Bundesanstalt und der Deutschen Bundesbank unverzüglich anzuzeigen
1. die Aufnahme und die Beendigung einer Tätigkeit als Geschäftsleiter oder als Aufsichtsrats- oder Verwaltungsratsmitglied eines anderen Unternehmens und
2. die Übernahme und die Aufgabe einer unmittelbaren Beteiligung an einem Unternehmen sowie Veränderungen in der Höhe der Beteiligung. Als unmittelbare Beteiligung im Sinne des Satzes 1 Nr. 2 gilt das Halten von mindestens 25 vom Hundert der Anteile am Kapital des Unternehmens.
(3a) Eine Finanzholding-Gesellschaft hat der Bundesanstalt und der Deutschen Bundesbank unverzüglich anzuzeigen:
1. die Absicht der Bestellung einer Person, die die Geschäfte der Finanzholding-Gesellschaft tatsächlich führen soll, unter Angabe der Tatsachen, die für die Beurteilung der Zuverlässigkeit und der fachlichen Eignung wesentlich sind, und den Vollzug einer solchen Absicht;
2. das Ausscheiden einer Person, die die Geschäfte der Finanzholding-Gesellschaft tatsächlich geführt hat;
3. Änderungen der Struktur der Finanzholding-Gruppe in der Weise, dass die Gruppe künftig branchenübergreifend tätig wird;
4. die Bestellung eines Mitglieds des Verwaltungs- oder Aufsichtsorgans unter Angabe der zur Beurteilung seiner Zuverlässigkeit und Sachkunde erforderlichen Tatsachen.
Eine Finanzholding-Gesellschaft hat der Bundesanstalt und der Deutschen Bundesbank ferner einmal jährlich eine Sammelanzeige der Institute, Finanzunternehmen und Anbieter von Nebendienstleistungen, die ihr nachgeordnete Unternehmen im Sinne des § 10a Abs. 3 bis 5 sind, einzureichen. Die Bundesanstalt übermittelt hierüber eine Aufstellung den zuständigen Stellen der anderen Staaten des Europäischen Wirtschaftsraums und der Kommission der Europäischen Gemeinschaften. Die Begründung, die Veränderung oder die Aufgabe solcher Beteiligungen oder Unternehmensbeziehungen sind der Bundesanstalt und der Deutschen Bundesbank unverzüglich anzuzeigen. Satz 1 Nr. 1 und 2 gilt entsprechend für eine gemischte Finanzholding-Gesellschaft hinsichtlich der Personen, die die Geschäfte dieser Gesellschaft tatsächlich führen; die Sätze 2 und 4 gelten hinsichtlich der konglomeratsangehörigen Unternehmen entsprechend.
(4) Das Bundesministerium der Finanzen kann im Benehmen mit der Deutschen Bundesbank durch Rechtsverordnung nähere Bestimmungen über Art, Umfang, Zeitpunkt und Form der nach diesem Gesetz vorgesehenen Anzeigen und Vorlagen von Unterlagen und über die zulässigen Datenträger, Übertragungswege und Datenformate erlassen und die bestehenden Anzeigepflichten durch die Verpflichtung zur Erstattung von Sammelanzeigen und die Einreichung von Sammelaufstellungen ergänzen, soweit dies zur Erfüllung der Aufgaben der Bundesanstalt erforderlich ist, insbesondere um einheitliche Unterlagen zur Beurteilung der von den Instituten durchgeführten Bankgeschäfte und Finanzdienstleistungen zu erhalten. Es kann diese Ermächtigung durch Rechtsverordnung auf die Bundesanstalt mit der Maßgabe übertragen, daß Rechtsverordnungen der Bundesanstalt im Einvernehmen mit der Deutschen Bundesbank ergehen. Vor Erlaß der Rechtsverordnung sind die Spitzenverbände der Institute anzuhören.

§ 36 Abberufung von Geschäftsleitern, Übertragung von Organbefugnissen auf Sonderbeauftragte, Abberufung von Mitgliedern des Verwaltungs- und Aufsichtsorgans

(1) In den Fällen des § 35 Abs. 2 Nr. 3, 4 und 6 kann die Bundesanstalt, statt die Erlaubnis aufzuheben, die Abberufung der verantwortlichen Geschäftsleiter verlangen und diesen Geschäftsleitern auch die

Ausübung ihrer Tätigkeit bei Instituten in der Rechtsform einer juristischen Person untersagen. Für die Zwecke des Satzes 1 ist § 35 Abs. 2 Nr. 4 mit der Maßgabe anzuwenden, dass bei der Berechnung der Höhe des Verlustes Bilanzierungshilfen, mittels derer ein Verlustausweis vermindert oder vermieden wird, nicht berücksichtigt werden.

(1a) Die Bundesanstalt kann unter den Voraussetzungen des Absatzes 1 oder des Absatzes 3 Satz 2 oder Satz 3 auch Befugnisse, die Organen des Instituts zustehen, ganz oder teilweise auf einen Sonderbeauftragten übertragen, der zur Wahrung der Befugnisse geeignet erscheint; dem Sonderbeauftragten können auch die Befugnisse eines Sachwalters nach den §§ 32 bis 35 des Pfandbriefgesetzes übertragen werden. Die durch die Bestellung des Sonderbeauftragten entstehenden Kosten einschließlich der diesem zu währenden Vergütung fallen dem Institut zur Last. Die Höhe dieser Vergütung setzt die Bundesanstalt fest. Sofern das Institut zur Zahlung der Vergütung vorübergehend nicht in der Lage ist, kann die Bundesanstalt an den Sonderbeauftragten Vorschusszahlungen erbringen. Wird der Sonderbeauftragte ohne Vergütung tätig, so haftet er nur für Vorsatz und grobe Fahrlässigkeit. Bei fahrlässigem Handeln beschränkt sich die Ersatzpflicht des Sonderbeauftragten auf 1 Million Euro für eine Tätigkeit bei einem Institut. Handelt es sich um eine Aktiengesellschaft, deren Aktien zum Handel im regulierten Markt zugelassen sind, beschränkt sich die Ersatzpflicht im Sinne des Satzes 6 auf 4 Millionen Euro. Die Beschränkungen nach den Sätzen 6 und 7 gelten auch, wenn dem Sonderbeauftragten die Befugnisse mehrerer Organe übertragen worden sind oder er mehrere zum Ersatz verpflichtende Handlungen begangen hat.

(2) Die Bundesanstalt kann die Abberufung eines Geschäftsleiters auch verlangen und diesem Geschäftsleiter auch die Ausübung seiner Tätigkeit bei Instituten in der Rechtsform einer juristischen Person untersagen, wenn dieser vorsätzlich oder leichtfertig gegen die Bestimmungen dieses Gesetzes, des Gesetzes über Bausparkassen, des Depotgesetzes, des Geldwäschegesetzes, des Investmentgesetzes, des Pfandbriefgesetzes, des Zahlungsdiensteaufsichtsgesetzes oder des Wertpapierhandelsgesetzes, gegen die zur Durchführung dieser Gesetze erlassenen Verordnungen oder gegen Anordnungen der Bundesanstalt verstoßen hat und trotz Verwarnung durch die Bundesanstalt dieses Verhalten fortsetzt.

(3) Die Mitglieder des Verwaltungs- oder Aufsichtsorgans eines Instituts oder einer Finanzholding-Gesellschaft müssen zuverlässig sein und die zur Wahrnehmung der Kontrollfunktion sowie zur Beurteilung und Überwachung der Geschäfte, die das Unternehmen betreibt, erforderliche Sachkunde besitzen. Bei der Prüfung, ob eine in Satz 1 genannte Person die erforderliche Sachkunde besitzt, berücksichtigt die Bundesanstalt den Umfang und die Komplexität der vom Institut betriebenen Geschäfte. Liegen Tatsachen vor, aus denen sich ergibt, dass eine der in Satz 1 bezeichneten Personen nicht zuverlässig ist oder nicht die erforderliche Sachkunde besitzt, kann die Bundesanstalt von den Organen des betroffenen Unternehmens verlangen, diese abzuberufen oder ihr die Ausübung ihrer Tätigkeit zu untersagen. Die Bundesanstalt kann dies von dem betroffenen Unternehmen auch dann verlangen, wenn der in Satz 1 bezeichneten Person wesentliche Verstöße des Unternehmens gegen die Grundsätze einer ordnungsgemäßen Geschäftsführung wegen sorgfaltswidriger Ausübung ihrer Überwachungs- und Kontrollfunktion verborgen geblieben sind oder sie nicht alles Erforderliche zur Beseitigung festgestellter Verstöße veranlasst hat und dieses Verhalten trotz Verwarnung der Organe des Unternehmens durch die Bundesanstalt fortsetzt. Wer Geschäftsleiter war, kann nicht zum Mitglied des Verwaltungs- oder Aufsichtsorgans des von ihm geleiteten Unternehmens bestellt werden, wenn bereits zwei ehemalige Geschäftsleiter des Unternehmens Mitglied des Verwaltungs- oder Aufsichtsorgans sind. Es kann auch nicht bestellt werden, wer bereits fünf Kontrollmandate bei unter der Aufsicht der Bundesanstalt stehenden Unternehmen ausübt, es sei denn, diese Unternehmen gehören demselben institutsbezogenen Sicherungssystem an. Soweit das Gericht auf Antrag des Aufsichtsrats ein Aufsichtsratsmitglied abzuberufen hat, kann dieser Antrag bei Vorliegen der Voraussetzungen nach Satz 3 oder Satz 4 auch von der Bundesanstalt gestellt werden, wenn der Aufsichtsrat dem Abberufungsverlangen der Aufsichtsbehörde nicht nachgekommen ist.

Gesetz über den Wertpapierhandel (Auszüge)

Rechtsstand: 21. Juli 2010[10]

§ 37w Halbjahresfinanzbericht

(1) Ein Unternehmen, das als Inlandsemittent Aktien oder Schuldtitel im Sinne des § 2 Abs. 1 Satz 1 begibt, hat für die ersten sechs Monate eines jeden Geschäftsjahrs einen Halbjahresfinanzbericht zu erstellen und diesen unverzüglich, spätestens zwei Monate nach Ablauf des Berichtszeitraums der Öffentlichkeit zur Verfügung zu stellen, es sei denn, es handelt sich bei den zugelassenen Wertpapieren um Schuldtitel, die unter § 2 Abs. 1 Satz 1 Nr. 2 fallen oder die ein zumindest bedingtes Recht auf den Erwerb von Wertpapieren nach § 2 Abs. 1 Satz 1 Nr. 1 oder 2 begründen. Außerdem muss das Unternehmen vor dem Zeitpunkt, zu dem der Halbjahresfinanzbericht erstmals der Öffentlichkeit zur Verfügung steht, eine Bekanntmachung darüber veröffentlichen, ab welchem Zeitpunkt und unter welcher Internetadresse der Bericht zusätzlich zu seiner Verfügbarkeit im Unternehmensregister öffentlich zugänglich ist. Das Unternehmen teilt die Bekanntmachung gleichzeitig mit ihrer Veröffentlichung der Bundesanstalt mit und übermittelt sie unverzüglich, jedoch nicht vor ihrer Veröffentlichung dem Unternehmensregister im Sinne des § 8b des Handelsgesetzbuchs zur Speicherung. Es hat außerdem unverzüglich, jedoch nicht vor Veröffentlichung der Bekanntmachung nach Satz 2 den Halbjahresfinanzbericht an das Unternehmensregister zur Speicherung zu übermitteln.

(2) Der Halbjahresfinanzbericht hat mindestens
1. einen verkürzten Abschluss,
2. einen Zwischenlagebericht und
3. eine den Vorgaben des § 264 Abs. 2 Satz 3, § 289 Abs. 1 Satz 5 des Handelsgesetzbuchs entsprechende Erklärung

zu enthalten.

(3) Der verkürzte Abschluss hat mindestens eine verkürzte Bilanz, eine verkürzte Gewinn- und Verlustrechnung und einen Anhang zu enthalten. Auf den verkürzten Abschluss sind die für den Jahresabschluss geltenden Rechnungslegungsgrundsätze anzuwenden. Tritt bei der Offenlegung an die Stelle des Jahresabschlusses ein Einzelabschluss im Sinne des § 325 Abs. 2a des Handelsgesetzbuchs, sind auf den verkürzten Abschluss die in § 315a Abs. 1 des Handelsgesetzbuchs bezeichneten internationalen Rechnungslegungsstandards und Vorschriften anzuwenden.

(4) Im Zwischenlagebericht sind mindestens die wichtigen Ereignisse des Berichtszeitraums im Unternehmen des Emittenten und ihre Auswirkungen auf den verkürzten Abschluss anzugeben sowie die wesentlichen Chancen und Risiken für die dem Berichtszeitraum folgenden sechs Monate des Geschäftsjahrs zu beschreiben. Ferner sind bei einem Unternehmen, das als Inlandsemittent Aktien begibt, die wesentlichen Geschäfte des Emittenten mit nahe stehenden Personen anzugeben; die Angaben können stattdessen im Anhang des Halbjahresfinanzberichts gemacht werden.

(5) Der verkürzte Abschluss und der Zwischenlagebericht kann einer prüferischen Durchsicht durch einen Abschlussprüfer unterzogen werden. Die Vorschriften über die Bestellung des Abschlussprüfers sind auf die prüferische Durchsicht entsprechend anzuwenden. Die prüferische Durchsicht ist so anzulegen, dass bei gewissenhafter Berufsausübung ausgeschlossen werden kann, dass der verkürzte Abschluss und der Zwischenlagebericht in wesentlichen Belangen den anzuwendenden Rechnungslegungsgrundsätzen widersprechen. Der Abschlussprüfer hat das Ergebnis der prüferischen Durchsicht in einer Bescheinigung zum Halbjahresfinanzbericht zusammenzufassen, die mit dem Halbjahresfinanzbericht zu veröffentlichen ist. Sind der verkürzte Abschluss und der Zwischenlagebericht entsprechend § 317 des Handelsgesetzbuchs geprüft worden, ist der Bestätigungsvermerk oder der Vermerk über seine Versagung vollständig wiederzugeben und mit dem Halbjahresfinanzbericht zu veröffentlichen. Sind der verkürzte Abschluss und der Zwischenlagebericht weder einer prüferischen Durchsicht unterzogen noch entsprechend § 317 des Handelsgesetzbuchs geprüft worden, ist dies im Halbjahresfinanzbericht anzugeben. § 320 und § 323 des Handelsgesetzbuchs gelten entsprechend.

---

10 Gesetz über den Wertpapierhandel (Wertpapierhandelsgesetz – WpHG) idF vom 9. September 1998 (BGBl. I, S. 2708), zuletzt geändert durch Gesetz vom 21. Juli 2010 (BGBl. I, S. 2512).

(6) Das Bundesministerium der Finanzen kann im Einvernehmen mit dem Bundesministerium der Justiz durch Rechtsverordnung, die nicht der Zustimmung des Bundesrates bedarf, nähere Bestimmungen erlassen über
1. den Inhalt und die prüferische Durchsicht des Halbjahresfinanzberichts,
2. den Mindestinhalt, die Art, die Sprache, den Umfang und die Form der Veröffentlichung nach Absatz 1 Satz 2,
3. den Mindestinhalt, die Art, die Sprache, den Umfang und die Form der Mitteilung nach Absatz 1 Satz 3 und
4. wie lange der Halbjahresfinanzbericht im Unternehmensregister allgemein zugänglich bleiben muss und wann er zu löschen ist.

§ 37x Zwischenmitteilung der Geschäftsführung

(1) Ein Unternehmen, das als Inlandsemittent Aktien begibt, hat in einem Zeitraum zwischen zehn Wochen nach Beginn und sechs Wochen vor Ende der ersten und zweiten Hälfte des Geschäftsjahrs jeweils eine Zwischenmitteilung der Geschäftsführung der Öffentlichkeit zur Verfügung zu stellen. Außerdem muss das Unternehmen vorher eine Bekanntmachung darüber veröffentlichen, ab welchem Zeitpunkt und unter welcher Internetadresse die Zwischenmitteilung der Geschäftsführung zusätzlich zu ihrer Verfügbarkeit im Unternehmensregister öffentlich zugänglich ist. Das Unternehmen teilt die Bekanntmachung gleichzeitig mit ihrer Veröffentlichung der Bundesanstalt mit und übermittelt sie unverzüglich, jedoch nicht vor ihrer Veröffentlichung dem Unternehmensregister im Sinne des § 8b des Handelsgesetzbuchs zur Speicherung. Es hat außerdem unverzüglich, jedoch nicht vor Veröffentlichung der Bekanntmachung nach Satz 2 die Zwischenmitteilung der Geschäftsführung an das Unternehmensregister zur Speicherung zu übermitteln.
(2) Die Zwischenmitteilung hat Informationen über den Zeitraum zwischen dem Beginn der jeweiligen Hälfte des Geschäftsjahrs und dem Zeitpunkt zu enthalten, zu welchem die Zwischenmitteilung der Öffentlichkeit im Sinne des Absatzes 1 Satz 1 zur Verfügung stehen; diese Informationen haben die Beurteilung zu ermöglichen, wie sich die Geschäftstätigkeit des Emittenten in den drei Monaten vor Ablauf des Mitteilungszeitraums entwickelt hat. In der Zwischenmitteilung sind die wesentlichen Ereignisse und Geschäfte des Mitteilungszeitraums im Unternehmen des Emittenten und ihre Auswirkungen auf die Finanzlage des Emittenten zu erläutern sowie die Finanzlage und das Geschäftsergebnis des Emittenten im Mitteilungszeitraum zu beschreiben.
(3) Wird ein Quartalsfinanzbericht nach den Vorgaben des § 37w Abs. 2 Nr. 1 und 2, Abs. 3 und 4 erstellt und veröffentlicht, entfällt die Pflicht nach Absatz 1. Der Quartalsfinanzbericht ist unverzüglich, jedoch nicht vor seiner Veröffentlichung an das Unternehmensregister zu übermitteln. Wird der Quartalsfinanzbericht einer prüferischen Durchsicht durch einen Abschlussprüfer unterzogen, gelten § 320 und § 323 des Handelsgesetzbuchs entsprechend.
(4) Das Bundesministerium der Finanzen kann im Einvernehmen mit dem Bundesministerium der Justiz durch Rechtsverordnung, die nicht der Zustimmung des Bundesrates bedarf, nähere Bestimmungen erlassen über
1. den Mindestinhalt, die Art, die Sprache, den Umfang und die Form der Veröffentlichung nach Absatz 1 Satz 2 und
2. den Mindestinhalt, die Art, die Sprache, den Umfang und die Form der Mitteilung nach Absatz 1 Satz 3.

Strafgesetzbuch (Auszüge)

Rechtsstand: 2. Oktober 2009[11]

§ 263 Betrug

(1) Wer in der Absicht, sich oder einem Dritten einen rechtswidrigen Vermögensvorteil zu verschaffen, das Vermögen eines anderen dadurch beschädigt, daß er durch Vorspiegelung falscher oder durch Entstellung oder Unterdrückung wahrer Tatsachen einen Irrtum erregt oder unterhält, wird mit Freiheitsstrafe bis zu fünf Jahren oder mit Geldstrafe bestraft.
(2) Der Versuch ist strafbar.
(3) In besonders schweren Fällen ist die Strafe Freiheitsstrafe von sechs Monaten bis zu zehn Jahren. Ein besonders schwerer Fall liegt in der Regel vor, wenn der Täter
1. gewerbsmäßig oder als Mitglied einer Bande handelt, die sich zur fortgesetzten Begehung von Urkundenfälschung oder Betrug verbunden hat,
2. einen Vermögensverlust großen Ausmaßes herbeiführt oder in der Absicht handelt, durch die fortgesetzte Begehung von Betrug eine große Zahl von Menschen in die Gefahr des Verlustes von Vermögenswerten zu bringen,
3. eine andere Person in wirtschaftliche Not bringt,
4. seine Befugnisse oder seine Stellung als Amtsträger mißbraucht oder
5. einen Versicherungsfall vortäuscht, nachdem er oder ein anderer zu diesem Zweck eine Sache von bedeutendem Wert in Brand gesetzt oder durch eine Brandlegung ganz oder teilweise zerstört oder ein Schiff zum Sinken oder Stranden gebracht hat.
(4) § 243 Abs. 2 sowie die §§ 247 und 248a gelten entsprechend.
(5) Mit Freiheitsstrafe von einem Jahr bis zu zehn Jahren, in minder schweren Fällen mit Freiheitsstrafe von sechs Monaten bis zu fünf Jahren wird bestraft, wer den Betrug als Mitglied einer Bande, die sich zur fortgesetzten Begehung von Straftaten nach den §§ 263 bis 264 oder 267 bis 269 verbunden hat, gewerbsmäßig begeht.
(6) Das Gericht kann Führungsaufsicht anordnen (§ 68 Abs. 1).
(7) Die §§ 43a und 73d sind anzuwenden, wenn der Täter als Mitglied einer Bande handelt, die sich zur fortgesetzten Begehung von Straftaten nach den §§ 263 bis 264 oder 267 bis 269 verbunden hat. § 73d ist auch dann anzuwenden, wenn der Täter gewerbsmäßig handelt.

§ 266 Untreue

(1) Wer die ihm durch Gesetz, behördlichen Auftrag oder Rechtsgeschäft eingeräumte Befugnis, über fremdes Vermögen zu verfügen oder einen anderen zu verpflichten, mißbraucht oder die ihm kraft Gesetzes, behördlichen Auftrags, Rechtsgeschäfts oder eines Treueverhältnisses obliegende Pflicht, fremde Vermögensinteressen wahrzunehmen, verletzt und dadurch dem, dessen Vermögensinteressen er zu betreuen hat, Nachteil zufügt, wird mit Freiheitsstrafe bis zu fünf Jahren oder mit Geldstrafe bestraft.
(2) § 243 Abs. 2 und die §§ 247, 248a und 263 Abs. 3 gelten entsprechend.

---

[11] Strafgesetzbuch idF vom 13. November 1998 (BGBl. I, S.3322), zuletzt geändert durch Gesetz vom 2. Oktober 2009 (BGBl. I, S. 3214).

Gesetz über Ordnungswidrigkeiten (Auszüge)

Rechtsstand: 29. Juli 2009[12]

§ 130 Verletzung der Aufsichtspflicht in Betrieben und Unternehmen

(1) Wer als Inhaber eines Betriebes oder Unternehmens vorsätzlich oder fahrlässig die Aufsichtsmaßnahmen unterläßt, die erforderlich sind, um in dem Betrieb oder Unternehmen Zuwiderhandlungen gegen Pflichten zu verhindern, die den Inhaber treffen und deren Verletzung mit Strafe oder Geldbuße bedroht ist, handelt ordnungswidrig, wenn eine solche Zuwiderhandlung begangen wird, die durch gehörige Aufsicht verhindert oder wesentlich erschwert worden wäre. Zu den erforderlichen Aufsichtsmaßnahmen gehören auch die Bestellung, sorgfältige Auswahl und Überwachung von Aufsichtspersonen.
(2) Betrieb oder Unternehmen im Sinne des Absatzes 1 ist auch das öffentliche Unternehmen.
(3) Die Ordnungswidrigkeit kann, wenn die Pflichtverletzung mit Strafe bedroht ist, mit einer Geldbuße bis zu einer Million Euro geahndet werden. Ist die Pflichtverletzung mit Geldbuße bedroht, so bestimmt sich das Höchstmaß der Geldbuße wegen der Aufsichtspflichtverletzung nach dem für die Pflichtverletzung angedrohten Höchstmaß der Geldbuße. Satz 2 gilt auch im Falle einer Pflichtverletzung, die gleichzeitig mit Strafe und Geldbuße bedroht ist, wenn das für die Pflichtverletzung angedrohte Höchstmaß der Geldbuße das Höchstmaß nach Satz 1 übersteigt.

Deutscher Corporate Governence Kodex (Auszüge)

Stand: 26. Mai 2010 [13]

1. Präambel

(…)
Der Aufsichtsrat bestellt, überwacht und berät den Vorstand und ist in Entscheidungen, die von grundlegender Bedeutung für das Unternehmen sind, unmittelbar eingebunden. Der Aufsichtsratsvorsitzende koordiniert die Arbeit im Aufsichtsrat.
Die Mitglieder des Aufsichtsrats werden von den Aktionären in der Hauptversammlung gewählt. Bei Unternehmen mit mehr als 500 bzw. 2000 Arbeitnehmern im Inland sind auch die Arbeitnehmer im Aufsichtsrat vertreten, der sich dann zu einem Drittel bzw. zur Hälfte aus von den Arbeitnehmern gewählten Vertretern zusammensetzt. Bei Unternehmen mit mehr als 2000 Arbeitnehmern hat der Aufsichtsratsvorsitzende, der praktisch immer ein Vertreter der Anteilseigner ist, ein die Beschlussfassung entscheidendes Zweitstimmrecht. Die von den Aktionären gewählten Anteilseignervertreter und die Arbeitnehmervertreter sind gleichermaßen dem Unternehmensinteresse verpflichtet.
Alternativ eröffnet die Europäische Gesellschaft (SE) die Möglichkeit, sich auch in Deutschland für das international verbreitete System der Führung durch ein einheitliches Leitungsorgan (Verwaltungsrat) zu entscheiden.
(…)

---

12 Gesetz über Ordnungswidrigkeiten (OWiG) idF vom 19. Februar 1987 (BGBl. I, S. 602), zuletzt geändert durch Gesetz vom 29. Juli 2009 (BGBl. I, S. 2353).
13 Deutscher Corporate Governance Kodex, verabschiedet am 26. Februar 2002, idF vom 26. Mai 2010 (Quelle: Regierungskommission Deutscher Corporate Governance Kodex).

3. Zusammenwirken von Vorstand und Aufsichtsrat

3.1 Vorstand und Aufsichtsrat arbeiten zum Wohle des Unternehmens eng zusammen.
3.2 Der Vorstand stimmt die strategische Ausrichtung des Unternehmens mit dem Aufsichtsrat ab und erörtert mit ihm in regelmäßigen Abständen den Stand der Strategieumsetzung.
3.3 Für Geschäfte von grundlegender Bedeutung legen die Satzung oder der Aufsichtsrat Zustimmungsvorbehalte zugunsten des Aufsichtsrats fest. Hierzu gehören Entscheidungen oder Maßnahmen, die die Vermögens-, Finanz- oder Ertragslage des Unternehmens grundlegend verändern.
3.4 Die ausreichende Informationsversorgung des Aufsichtsrats ist gemeinsame Aufgabe von Vorstand und Aufsichtsrat.
Der Vorstand informiert den Aufsichtsrat regelmäßig, zeitnah und umfassend über alle für das Unternehmen relevanten Fragen der Planung, der Geschäftsentwicklung, der Risikolage, des Risikomanagements und der Compliance. Er geht auf Abweichungen des Geschäftsverlaufs von den aufgestellten Plänen und Zielen unter Angabe von Gründen ein.
Der Aufsichtsrat soll die Informations- und Berichtspflichten des Vorstands näher festlegen. Berichte des Vorstands an den Aufsichtsrat sind in der Regel in Textform zu erstatten. Entscheidungsnotwendige Unterlagen, insbesondere der Jahresabschluss, der Konzernabschluss und der Prüfungsbericht, werden den Mitgliedern des Aufsichtsrats möglichst rechtzeitig vor der Sitzung zugeleitet.
3.5 Gute Unternehmensführung setzt eine offene Diskussion zwischen Vorstand und Aufsichtsrat sowie in Vorstand und Aufsichtsrat voraus. Die umfassende Wahrung der Vertraulichkeit ist dafür von entscheidender Bedeutung.
Alle Organmitglieder stellen sicher, dass die von ihnen eingeschalteten Mitarbeiter die Verschwiegenheitspflicht in gleicher Weise einhalten.
3.6 In mitbestimmten Aufsichtsräten sollten die Vertreter der Aktionäre und der Arbeitnehmer die Sitzungen des Aufsichtsrats jeweils gesondert, gegebenenfalls mit Mitgliedern des Vorstands, vorbereiten.
Der Aufsichtsrat sollte bei Bedarf ohne den Vorstand tagen.
3.7 Bei einem Übernahmeangebot müssen Vorstand und Aufsichtsrat der Zielgesellschaft eine begründete Stellungnahme zu dem Angebot abgeben, damit die Aktionäre in Kenntnis der Sachlage über das Angebot entscheiden können.
Der Vorstand darf nach Bekanntgabe eines Übernahmeangebots keine Handlungen außerhalb des gewöhnlichen Geschäftsverkehrs vornehmen, durch die der Erfolg des Angebots verhindert werden könnte, wenn er dazu nicht von der Hauptversammlung ermächtigt ist oder der Aufsichtsrat dem zugestimmt hat. Bei ihren Entscheidungen sind Vorstand und Aufsichtsrat an das beste Interesse der Aktionäre und des Unternehmens gebunden.
In angezeigten Fällen sollte der Vorstand eine außerordentliche Hauptversammlung einberufen, in der die Aktionäre über das Übernahmeangebot beraten und gegebenenfalls über gesellschaftsrechtliche Maßnahmen beschließen.
3.8 Vorstand und Aufsichtsrat beachten die Regeln ordnungsgemäßer Unternehmensführung. Verletzen sie die Sorgfalt eines ordentlichen und gewissenhaften Geschäftsleiters bzw. Aufsichtsratsmitglieds schuldhaft, so haften sie der Gesellschaft gegenüber auf Schadensersatz. Bei unternehmerischen Entscheidungen liegt keine Pflichtverletzung vor, wenn das Mitglied von Vorstand oder Aufsichtsrat vernünftigerweise annehmen durfte, auf der Grundlage angemessener Information zum Wohle der Gesellschaft zu handeln (Business Judgement Rule).
Schließt die Gesellschaft für den Vorstand eine D&O-Versicherung ab, ist ein Selbstbehalt von mindestens 10% des Schadens bis mindestens zur Höhe des Eineinhalbfachen der festen jährlichen Vergütung des Vorstandsmitglieds zu vereinbaren.
In einer D&O-Versicherung für den Aufsichtsrat soll ein entsprechender Selbstbehalt vereinbart werden.
3.9 Die Gewährung von Krediten des Unternehmens an Mitglieder des Vorstands und des Aufsichtsrats sowie ihre Angehörigen bedarf der Zustimmung des Aufsichtsrats.
3.10 Vorstand und Aufsichtsrat sollen jährlich im Geschäftsbericht über die Corporate Governance des Unternehmens berichten (Corporate Governance Bericht). Hierzu gehört auch die Erläuterung eventueller Abweichungen von den Empfehlungen dieses Kodex. Dabei kann auch zu den Kodexanregungen Stellung genommen werden. Die Gesellschaft soll nicht mehr aktuelle Entsprechenserklärungen zum Kodex fünf Jahre lang auf ihrer Internetseite zugänglich halten.

5. Aufsichtsrat

5.1 Aufgaben und Zuständigkeiten

5.1.1 Aufgabe des Aufsichtsrats ist es, den Vorstand bei der Leitung des Unternehmens regelmäßig zu beraten und zu überwachen. Er ist in Entscheidungen von grundlegender Bedeutung für das Unternehmen einzubinden.

5.1.2 Der Aufsichtsrat bestellt und entlässt die Mitglieder des Vorstands. Bei der Zusammensetzung des Vorstands soll der Aufsichtsrat auch auf Vielfalt (Diversity) achten und dabei insbesondere eine angemessene Berücksichtigung von Frauen anstreben. Er soll gemeinsam mit dem Vorstand für eine langfristige Nachfolgeplanung sorgen. Der Aufsichtsrat kann die Vorbereitung der Bestellung von Vorstandsmitgliedern sowie der Behandlung der Bedingungen des Anstellungsvertrages einschließlich der Vergütung Ausschüssen übertragen.

Bei Erstbestellungen sollte die maximal mögliche Bestelldauer von fünf Jahren nicht die Regel sein. Eine Wiederbestellung vor Ablauf eines Jahres vor dem Ende der Bestelldauer bei gleichzeitiger Aufhebung der laufenden Bestellung soll nur bei Vorliegen besonderer Umstände erfolgen. Eine Altersgrenze für Vorstandsmitglieder soll festgelegt werden.

5.1.3 Der Aufsichtsrat soll sich eine Geschäftsordnung geben.

5.2 Aufgaben und Befugnisse des Aufsichtsratsvorsitzenden

Der Aufsichtsratsvorsitzende koordiniert die Arbeit im Aufsichtsrat, leitet dessen Sitzungen und nimmt die Belange des Aufsichtsrats nach außen wahr.

Der Aufsichtsratsvorsitzende soll zugleich Vorsitzender der Ausschüsse sein, die die Vorstandsverträge behandeln und die Aufsichtsratssitzungen vorbereiten. Den Vorsitz im Prüfungsausschuss (Audit Committee) sollte er nicht innehaben.

Der Aufsichtsratsvorsitzende soll mit dem Vorstand, insbesondere mit dem Vorsitzenden bzw. Sprecher des Vorstands, regelmäßig Kontakt halten und mit ihm die Strategie, die Geschäftsentwicklung und das Risikomanagement des Unternehmens beraten. Der Aufsichtsratsvorsitzende wird über wichtige Ereignisse, die für die Beurteilung der Lage und Entwicklung sowie für die Leitung des Unternehmens von wesentlicher Bedeutung sind, unverzüglich durch den Vorsitzenden bzw. Sprecher des Vorstands informiert. Der Aufsichtsratsvorsitzende soll sodann den Aufsichtsrat unterrichten und erforderlichenfalls eine außerordentliche Aufsichtsratssitzung einberufen.

5.3 Bildung von Ausschüssen

5.3.1 Der Aufsichtsrat soll abhängig von den spezifischen Gegebenheiten des Unternehmens und der Anzahl seiner Mitglieder fachlich qualifizierte Ausschüsse bilden. Diese dienen der Steigerung der Effizienz der Aufsichtsratsarbeit und der Behandlung komplexer Sachverhalte. Die jeweiligen Ausschussvorsitzenden berichten regelmäßig an den Aufsichtsrat über die Arbeit der Ausschüsse.

5.3.2 Der Aufsichtsrat soll einen Prüfungsausschuss (Audit Committee) einrichten, der sich insbesondere mit Fragen der Rechnungslegung, des Risikomanagements und der Compliance, der erforderlichen Unabhängigkeit des Abschlussprüfers, der Erteilung des Prüfungsauftrags an den Abschlussprüfer, der Bestimmung von Prüfungsschwerpunkten und der Honorarvereinbarung befasst. Der Vorsitzende des Prüfungsausschusses soll über besondere Kenntnisse und Erfahrungen in der Anwendung von Rechnungslegungsgrundsätzen und internen Kontrollverfahren verfügen. Er sollte unabhängig und kein ehemaliges Vorstandsmitglied der Gesellschaft sein, dessen Bestellung vor weniger als zwei Jahren endete.

5.3.3 Der Aufsichtsrat soll einen Nominierungsausschuss bilden, der ausschließlich mit Vertretern der Anteilseigner besetzt ist und dem Aufsichtsrat für dessen Wahlvorschläge an die Hauptversammlung geeignete Kandidaten vorschlägt.

5.3.4. Der Aufsichtsrat kann weitere Sachthemen zur Behandlung in einen oder mehrere Ausschüsse verweisen. Hierzu gehören u. a. die Strategie des Unternehmens, die Vergütung der Vorstandsmitglieder, Investitionen und Finanzierungen.

5.3.5 Der Aufsichtsrat kann vorsehen, dass Ausschüsse die Sitzungen des Aufsichtsrats vorbereiten und darüber hinaus auch anstelle des Aufsichtsrats entscheiden.

5.4 Zusammensetzung und Vergütung

5.4.1 Der Aufsichtsrat ist so zusammenzusetzen, dass seine Mitglieder insgesamt über die zur ordnungsgemäßen Wahrnehmung der Aufgaben erforderlichen Kenntnisse, Fähigkeiten und fachlichen Erfahrungen verfügen.
Der Aufsichtsrat soll für seine Zusammensetzung konkrete Ziele benennen, die unter Beachtung der unternehmensspezifischen Situation die internationale Tätigkeit des Unternehmens, potentielle Interessenskonflikte, eine festzulegende Altersgrenze für Aufsichtsratsmitglieder und Vielfalt (Diversity) berücksichtigen. Diese konkreten Ziele sollen insbesondere eine angemessene Beteiligung von Frauen vorsehen.
Vorschläge des Aufsichtsrats an die zuständigen Wahlgremien sollen diese Ziele berücksichtigen. Die Zielsetzung des Aufsichtsrats und der Stand der Umsetzung sollen im Corporate Governance Bericht veröffentlicht werden.
Die Mitglieder des Aufsichtsrats nehmen die für ihre Aufgaben erforderlichen Aus- und Fortbildungsmaßnahmen eigenverantwortlich wahr. Dabei sollen sie von der Gesellschaft angemessen unterstützt werden.
5.4.2 Um eine unabhängige Beratung und Überwachung des Vorstands durch den Aufsichtsrat zu ermöglichen, soll dem Aufsichtsrat eine nach seiner Einschätzung ausreichende Anzahl unabhängiger Mitglieder angehören. Ein Aufsichtsratsmitglied ist als unabhängig anzusehen, wenn es in keiner geschäftlichen oder persönlichen Beziehung zu der Gesellschaft oder deren Vorstand steht, die einen Interessenkonflikt begründet. Dem Aufsichtsrat sollen nicht mehr als zwei ehemalige Mitglieder des Vorstands angehören. Aufsichtsratsmitglieder sollen keine Organfunktion oder Beratungsaufgaben bei wesentlichen Wettbewerbern des Unternehmens ausüben.
5.4.3 Wahlen zum Aufsichtsrat sollen als Einzelwahl durchgeführt werden. Ein Antrag auf gerichtliche Bestellung eines Aufsichtsratsmitglieds soll bis zur nächsten Hauptversammlung befristet sein. Kandidatenvorschläge für den Aufsichtsratsvorsitz sollen den Aktionären bekannt gegeben werden.
5.4.4 Vorstandsmitglieder dürfen vor Ablauf von zwei Jahren nach dem Ende ihrer Bestellung nicht Mitglied des Aufsichtsrats der Gesellschaft werden, es sei denn ihre Wahl erfolgt auf Vorschlag von Aktionären, die mehr als 25% der Stimmrechte an der Gesellschaft halten. In letzterem Fall soll der Wechsel in den Aufsichtsratsvorsitz eine der Hauptversammlung zu begründende Ausnahme sein.
5.4.5 Jedes Aufsichtsratsmitglied achtet darauf, dass ihm für die Wahrnehmung seiner Mandate genügend Zeit zur Verfügung steht. Wer dem Vorstand einer börsennotierten Gesellschaft angehört, soll insgesamt nicht mehr als drei Aufsichtsratsmandate in konzernexternen börsennotierten Gesellschaften oder in Aufsichtsgremien von Gesellschaften mit vergleichbaren Anforderungen wahrnehmen.
5.4.6 Die Vergütung der Aufsichtsratsmitglieder wird durch Beschluss der Hauptversammlung oder in der Satzung festgelegt. Sie trägt der Verantwortung und dem Tätigkeitsumfang der Aufsichtsratsmitglieder sowie der wirtschaftlichen Lage und dem Erfolg des Unternehmens Rechnung. Dabei sollen der Vorsitz und der stellvertretende Vorsitz im Aufsichtsrat sowie der Vorsitz und die Mitgliedschaft in den Ausschüssen berücksichtigt werden.
Die Mitglieder des Aufsichtsrats sollen neben einer festen eine erfolgsorientierte Vergütung erhalten. Die erfolgsorientierte Vergütung sollte auch auf den langfristigen Unternehmenserfolg bezogene Bestandteile enthalten.
Die Vergütung der Aufsichtsratsmitglieder soll im Corporate Governance Bericht individualisiert, aufgegliedert nach Bestandteilen ausgewiesen werden. Auch die vom Unternehmen an die Mitglieder des Aufsichtsrats gezahlten Vergütungen oder gewährten Vorteile für persönlich erbrachte Leistungen, insbesondere Beratungs- und Vermittlungsleistungen, sollen individualisiert im Corporate Governance Bericht gesondert angegeben werden.
5.4.7 Falls ein Mitglied des Aufsichtsrats in einem Geschäftsjahr an weniger als der Hälfte der Sitzungen des Aufsichtsrats teilgenommen hat, soll dies im Bericht des Aufsichtsrats vermerkt werden.

5.5 Interessenkonflikte

5.5.1 Jedes Mitglied des Aufsichtsrats ist dem Unternehmensinteresse verpflichtet. Es darf bei seinen Entscheidungen weder persönliche Interessen verfolgen noch Geschäftschancen, die dem Unternehmen zustehen, für sich nutzen.

5.5.2 Jedes Aufsichtsratsmitglied soll Interessenkonflikte, insbesondere solche, die auf Grund einer Beratung oder Organfunktion bei Kunden, Lieferanten, Kreditgebern oder sonstigen Geschäftspartnern entstehen können, dem Aufsichtsrat gegenüber offen legen.

5.5.3 Der Aufsichtsrat soll in seinem Bericht an die Hauptversammlung über aufgetretene Interessenkonflikte und deren Behandlung informieren. Wesentliche und nicht nur vorübergehende Interessenkonflikte in der Person eines Aufsichtsratsmitglieds sollen zur Beendigung des Mandats führen.

5.5.4 Berater- und sonstige Dienstleistungs- und Werkverträge eines Aufsichtsratsmitglieds mit der Gesellschaft bedürfen der Zustimmung des Aufsichtsrats.

5.6 Effizienzprüfung

Der Aufsichtsrat soll regelmäßig die Effizienz seiner Tätigkeit überprüfen.

7. Rechnungslegung und Abschlussprüfung

7.1 Rechnungslegung

(…)

7.1.2 Der Konzernabschluss wird vom Vorstand aufgestellt und vom Abschlussprüfer sowie vom Aufsichtsrat geprüft. Halbjahres- und etwaige Quartalsfinanzberichte sollen vom Aufsichtsrat oder seinem Prüfungsausschuss vor der Veröffentlichung mit dem Vorstand erörtert werden. Zusätzlich sind die Prüfstelle für Rechnungslegung bzw. die Bundesanstalt für Finanzdienstleistungsaufsicht befugt, die Übereinstimmung des Konzernabschlusses mit den maßgeblichen Rechnungslegungsvorschriften zu überprüfen (Enforcement). Der Konzernabschluss soll binnen 90 Tagen nach Geschäftsjahresende, die Zwischenberichte sollen binnen 45 Tagen nach Ende des Berichtszeitraums, öffentlich zugänglich sein.

(…)

7.2 Abschlussprüfung

7.2.1 Vor Unterbreitung des Wahlvorschlags soll der Aufsichtsrat bzw. der Prüfungsausschuss eine Erklärung des vorgesehenen Prüfers einholen, ob und ggf. welche geschäftlichen, finanziellen, persönlichen oder sonstigen Beziehungen zwischen dem Prüfer und seinen Organen und Prüfungsleitern einerseits und dem Unternehmen und seinen Organmitgliedern andererseits bestehen, die Zweifel an seiner Unabhängigkeit begründen können. Die Erklärung soll sich auch darauf erstrecken, in welchem Umfang im vorausgegangenen Geschäftsjahr andere Leistungen für das Unternehmen, insbesondere auf dem Beratungssektor, erbracht wurden bzw. für das folgende Jahr vertraglich vereinbart sind.

Der Aufsichtsrat soll mit dem Abschlussprüfer vereinbaren, dass der Vorsitzende des Aufsichtsrats bzw. des Prüfungsausschusses über während der Prüfung auftretende mögliche Ausschluss- oder Befangenheitsgründe unverzüglich unterrichtet wird, soweit diese nicht unverzüglich beseitigt werden.

7.2.2 Der Aufsichtsrat erteilt dem Abschlussprüfer den Prüfungsauftrag und trifft mit ihm die Honorarvereinbarung.

- 7.2.3 Der Aufsichtsrat soll vereinbaren, dass der Abschlussprüfer über alle für die Aufgaben des Aufsichtsrats wesentlichen Feststellungen und Vorkommnisse unverzüglich berichtet, die sich bei der Durchführung der Abschlussprüfung ergeben.

Der Aufsichtsrat soll vereinbaren, dass der Abschlussprüfer ihn informiert bzw. im Prüfungsbericht vermerkt, wenn er bei Durchführung der Abschlussprüfung Tatsachen feststellt, die eine Unrichtigkeit der von Vorstand und Aufsichtsrat abgegebenen Erklärung zum Kodex ergeben.

7.2.4 Der Abschlussprüfer nimmt an den Beratungen des Aufsichtsrats über den Jahres- und Konzernabschluss teil und berichtet über die wesentlichen Ergebnisse seiner Prüfung.

Public Corporate Governance Kodex des Bundes (Auszüge)

Stand: 1. Juli 2009[14]

5. Überwachungsorgan

5.1 Aufgaben und Zuständigkeiten

5.1.1 Aufgabe des Überwachungsorgans ist es, die Geschäftsleitung bei der Führung des Unternehmens regelmäßig zu beraten und zu überwachen. Gegenstand der Überwachung sind die Ordnungsmäßigkeit, Zweckmäßigkeit und die Wirtschaftlichkeit der Geschäftsleitungsentscheidungen. Hierzu gehört insbesondere, ob sich das Unternehmen im Rahmen seiner satzungsmäßigen Aufgaben betätigt. Es ist in Entscheidungen von grundlegender Bedeutung für das Unternehmen einzubinden. Das Überwachungsorgan und seine Ausschüsse sollen regelmäßig die Qualität und Effizienz ihrer Tätigkeiten überprüfen. Das Überwachungsorgan soll die Umsetzung der hierzu von ihm beschlossenen Maßnahmen überwachen.
(...)
5.1.6 In Abhängigkeit von der Anzahl seiner Mitglieder und von den spezifischen wirtschaftlichen Gegebenheiten des Unternehmens kann das Überwachungsorgan fachlich qualifizierte Ausschüsse bilden, in denen bestimmte Sachthemen behandelt werden. Zu solchen Sachthemen gehören u. a. Strategie des Unternehmens, Investitionen und Finanzierung Die Ausschüsse dienen dazu, die Effizienz der Arbeit des Überwachungsorgans zu steigern und komplexe Sachverhalte zu behandeln. Die jeweiligen Ausschussvorsitzenden berichten regelmäßig an das Überwachungsorgan über die Arbeit der Ausschüsse.
5.1.7 In Abhängigkeit von der Anzahl seiner Mitglieder und von den spezifischen wirtschaftlichen Gegebenheiten des Unternehmens soll das Überwachungsorgan insbesondere einen Prüfungsausschuss (Audit Committee) einrichten, der sich insbesondere mit Fragen der Rechnungslegung und des Risikomanagements, der erforderlichen Unabhängigkeit der Abschlussprüferin bzw. des Abschlussprüfers, der Erteilung des Prüfungsauftrages an die Abschlussprüferin bzw. den Abschlussprüfer, der Bestimmung von Prüfungsschwerpunkten und der Honorarvereinbarung befasst. Insbesondere an die fachliche Eignung der Mitglieder des Prüfungsausschusses sind besonders hohe Maßstäbe zu legen. Die Vorsitzende bzw. der Vorsitzende des Überwachungsorgans soll nicht zugleich den Vorsitz in dem Prüfungsausschuss innehaben. Auch soweit rechtlich zulässig, soll Mitglied eines Prüfungsausschusses nicht sein, wer in den letzten drei Jahren Mitglied der Geschäftsleitung des Unternehmens war.
5.1.8 Von der Möglichkeit, einzelnen Ausschüssen des Überwachungsorgans Entscheidungskompetenzen zu übertragen, soll nicht Gebrauch gemacht werden. Vielmehr sollen Beschlüsse in der Regel dem Plenum vorbehalten bleiben. Soweit die Festsetzung der Vergütung für die Mitglieder der Geschäftsleitung dem Überwachungsorgan zugewiesen ist, soll auch in den Fällen, in denen die Übertragung dieser Aufgabe auf einen Ausschuss möglich ist, davon nicht Gebrauch gemacht werden. Vielmehr soll dies dem Plenum des Überwachungsorgans vorbehalten bleiben.

6. Transparenz

6.1 Corporate Governance Bericht

Geschäftsleitung und Überwachungsorgan sollen jährlich über die Corporate Governance des Unternehmens berichten (Corporate Governance Bericht). Bestandteil des Berichts ist insbesondere die Erklärung, es wurde und werde den Empfehlungen des Public Corporate Governance Kodex des Bundes entsprochen. Der Bericht umfasst auch eine Darstellung zum Anteil von Frauen in Überwachungsorganen. Wenn von den Empfehlungen abgewichen wird, ist dies nachvollziehbar zu begründen. Dabei kann auch zu den Kodexanregungen Stellung genommen werden.

---

14 Public Corporate Governance Kodex des Bundes, als Teil der Grundsätze guter Unternehmens- und Beteiligungsführung im Bereich des Bundes von der Bundesregierung am 1. Juli 2009 verabschiedet (Quelle: Bundesministerium der Finanzen).

7. Rechnungslegung und Abschlussprüfung

(...)

7.2 Abschlussprüfung

7.2.1 Vor Unterbreitung des Wahlvorschlags soll das Überwachungsorgan bzw. der Prüfungsausschuss (Audit Committee) eine Erklärung der vorgesehenen Abschlussprüferin bzw. des vorgesehenen Abschlussprüfers einholen, ob und gegebenenfalls welche geschäftlichen, finanziellen, persönlichen oder sonstigen Beziehungen zwischen der Abschlussprüferin bzw. dem Abschlussprüfer und ihren bzw. seinen Organen einerseits und dem Unternehmen und seinen Organmitgliedern andererseits bestehen, die Zweifel an dessen Unabhängigkeit begründen können. Die Erklärung soll sich auch darauf erstrecken, in welchem Umfang im vorangegangenen Geschäftsjahr andere Leistungen für das Unternehmen, insbesondere auf dem Beratungssektor, erbracht wurden bzw. für das folgende Jahr vereinbart sind. Die Erklärung der vorgesehenen Abschlussprüferin bzw. des vorgesehenen Abschlussprüfers soll zu den Geschäftsakten genommen werden.

7.2.2 Soweit gesetzlich vorgesehen, erteilt das Überwachungsorgan der Abschlussprüferin bzw. dem Abschlussprüfer den Prüfungsauftrag und trifft mit ihr bzw. ihm die Honorarvereinbarung. Das Überwachungsorgan soll mit der Abschlussprüferin bzw. dem Abschlussprüfer vereinbaren, dass die Vorsitzende bzw. der Vorsitzende des Überwachungsorgans bzw. des Prüfungsausschusses über während der Prüfung auftretende mögliche Ausschluss- oder Befangenheitsgründe unverzüglich unterrichtet wird, soweit diese nicht unverzüglich beseitigt werden.

7.2.3 Das Überwachungsorgan soll vereinbaren, dass die Abschlussprüferin bzw. der Abschlussprüfer über alle für die Aufgaben des Überwachungsorgans wesentlichen Feststellungen und Vorkommnisse unverzüglich berichtet, die sich bei der Durchführung der Abschlussprüfung ergeben. Das Überwachungsorgan soll vereinbaren, dass die Abschlussprüferin bzw. der Abschlussprüfer es informiert oder im Prüfungsbericht vermerkt, wenn sie bzw. er bei der Durchführung der Abschlussprüfung Tatsachen feststellt, die eine Unrichtigkeit der von der Geschäftsleitung und von dem Überwachungsorgan abgegebenen Erklärung zum Public Corporate Governance Kodex ergeben. Bei Unternehmen ohne Überwachungsorgan soll die gesetzliche Vertreterin bzw. der gesetzliche Vertreter mit der Abschlussprüferin bzw. dem Abschlussprüfer entsprechende Berichts- und Informationspflichten vereinbaren.

7.2.4 Die Abschlussprüferin bzw. der Abschlussprüfer nimmt an den Beratungen des Überwachungsorgans bzw. des entsprechenden Ausschusses des Überwachungsorgans über den Jahres- bzw. Konzernabschluss teil und berichtet über die wesentlichen Ergebnisse ihrer bzw. seiner Prüfung.

Literaturverzeichnis

Adler, H./Düring, W./Schmaltz, K. (1994/2001), Rechnungslegung und Prüfung der Unternehmen. 6. Aufl., neu bearb. von K.-H. Forster u. a., Stuttgart 1994/2001.
Albach, H. (1997): Strategische Unternehmensplanung und Aufsichtsrat. In: ZGR , 26. Jg., Heft 1, 1997, S. 32–40.
Amling, T./Bantleon, U. (2008): Interne Revision – Grundlagen und Ansätze zur Beurteilung der Wirksamkeit. In: DStR, 2008, S. 1300–1306.
App, J. (2010): Überwachung des Internen Kontrollsystems durch den Aufsichtsrat – Eine Analyse der Kreditwirtschaftspraxis. In: Der Aufsichtsrat, 7. Jg., Heft 10, 2010, S. 138–139.
Arbeitskreis Externe Unternehmensrechnung (AKEU)/Arbeitskreis Externe und Interne Überwachung der Unternehmung (AKEIÜ) der Schmalenbach-Gesellschaft für Betriebswirtschaft e.V., Köln (2009): Anforderungen an die Überwachungsaufgaben von Aufsichtsrat und Prüfungsausschuss nach § 107 Abs. 3 Satz 2 AktG i.d.F. des Bilanzrechtsmodernisierungsgesetzes. In: DB, 62. Jg., Heft 24, 2009, S. 1279–1282.
Bantleon, U./Mauer, S. (2010): Überwachung des Risikomanagements durch Prüfungsausschüsse. In: ZCG, 5. Jg., Heft 2, 2010, S. 94–99.
Beck'scher Bilanzkommentar (2010), 7. Aufl., München 2010.
Bedenbecker, A./Lammers, M. (2009): Verhältnis von Prüfungshonorar und Honorar für andere Leistungen des Abschlussprüfers bei den DAX–30 Unternehmen. In: Deloitte (Hrsg.): Corporate Governance Forum: Informationen für Aufsichtsrat und Prüfungsausschuss, Heft 1, 2009, S. 8–9.
BGH 5 StR 394/08 – Urteil v. 17.7.2009.
BGH II ZR 27/82 – Urteil v. 15.11.1982.
BGH NJW 1963, 46; 1980, 2473; 1986, 54.
BGH NZG 2007, 197.
BGH vom 21.04.1997. In: WM 1997, 970, 973.
BGH WM 1997, 970, 973.
BGH, Urteil v. 15.11.1983 – II ZR 27/82.
BGH, Urteil v. 17.05.1993 (Az. II ZR 89/92).
BGHZ 129, 30, 34
BGHZ 135, 244 – ARAG/Garmenbeck-Entscheidung.
Böckli, P. (2003): Leitung eines »Audit Committee«: Gratwanderung zwischen Übereifer und Unsorgfalt – Das Audit Committee in der Praxis. In: Der Schweizer Treuhänder, 76. Jg. 2003, S. 559–572.
Böckli, P. (2009): Schweizer Aktienrecht, 4. Aufl., Zürich 2009.
Braiotta, L./Gazzaway, T./Colson, R./Ramamoorti, S. (2010): The Audit Committee Handbook, 5th edition, New Jersey 2010.
Braun, C./Louven, Chr. (2009): Neuregelungen des BilMoG für GmbH-Aufsichtsräte. In: Die GmbH-Rundschau, Heft 18, 2009, S. 965–970.
Brinkmann, R./Rilling, U. (2008): 3 Jahre Deutsche Prüfstelle für Rechnungslegung – Bilanz, Zusammenarbeit mit der DPR in der Praxis und Ausblick (Teil 1). In: Accounting, Heft 8, 2008, S. 13–18.
Buhleier, C./Krowas, N. (2010), Persönliche Pflicht zur Prüfung des Jahresabschlusses durch den Aufsichtsrat. In: DB, 63. Jg. 2010, S. 1165–1170.
Bundesanstalt für Finanzdienstleistungsaufsicht (BaFin 2010): Merkblatt zur Kontrolle von Mitgliedern von Verwaltungs- und Aufsichtsorganen gemäß KWG und VAG vom 22. Februar 2010, Bonn/Frankfurt am Main.
Bundesanstalt für Finanzdienstleistungsaufsicht (BaFin I/2009): Aufsichtsrechtliche Mindestanforderungen an das Risikomanagement (MaRisk VA), Rundschreiben 3/2009 (VA) vom 22. Januar 2009, Bonn/Frankfurt am Main.
Bundesanstalt für Finanzdienstleistungsaufsicht (BaFin II/2009): Anforderungen an Vergütungssysteme im Versicherungsbereich, Rundschreiben 23/2009 (VA) vom 21.Dezember 2009, Bonn/Frankfurt am Main.

Campos Nave, J. A./Vogel, H. (2009): Die erforderliche Veränderung von Corporate Compliance-Organisationen im Hinblick auf gestiegene Verantwortlichkeiten des Compliance Officers. In: BB, 64. Jg., Heft 48, 2009, S. 2546–2550.

Cauers, L./Haas, K./Jakob, A./Kremer, F./Schartmann, B./Welp, O. (Cauers et al. 2008): Ist der gegenwärtig viel diskutierte Begriff »Compliance« nur alter Wein in neuen Schläuchen? In: DB, Heft 50, 61. Jg. 2008, S. 2717–2719.

Cauers, L./Häge, M. (2007): Die Interne Revision auf dem Prüfstand durch ein Quality Assessment. In: DB, 60. Jg., Heft 27/28, 2007, S. 1477–1479.

Crone, H. C. v. d. (2006): Arbeitsteilung im Verwaltungsrat. In: Baer, C. M. (Hrsg): Verwaltungsrat und Geschäftsleitung, Bern 2006, S. 79–99.

Deloitte (2009): Selbstevaluation Prüfungsausschuss – Hilfestellung zur Effizienzprüfung. 2. Aufl., 2009.

Deloitte (2010): Beiräte im Mittelstand. 2010. (Studie)

Delsaux, P. (2010): Finanzkrise erreicht die Corporate Governance. In: Börsen-Zeitung vom 10.9.2010, S. 9.

Deutscher Bundestag: Beschlussempfehlung und Bericht des Finanzausschusses (7. Ausschuss), BT-Drucks. 16/13684 vom 01. Juli 2009.

economiesuisse: swiss code of best practice for corporate governance, Juli 2002, letztmals aktualisiert 2007 (http://www.economiesuisse.ch/web/de/PDF%20Download%20Files/pospap_swiss-code_corpgovern_20080221_en.pdf).

Eidgenössische Revisionsaufsichtsbehörde RAB: Rundschreiben 1/2009 über den umfassenden Revisionsbericht an den Verwaltungsrat (RS 1/09) vom 19. Juni 2009 (http://www.revisionsaufsichtsbehoerde.ch).

Eigelshoven, A./Rasch, S. (2010): Angemessenheit von Verrechnungspreisen – auch ein Thema für den Aufsichtsrat. In: Corporate-Governance-Forum: Informationen für Aufsichtsrat und Prüfungsausschuss, Heft 2, 2010, S. 15–16.

Ellenbürger, F./Ott P./Frey, C./Boetius, F. (Ellenbürger et al. (2009)): Mindestanforderungen an das Risikomanagement (MaRisk) für Versicherungen: Eine einführende Kommentierung, Stuttgart, 2009.

Empfehlungen zu den Aufgaben von nicht geschäftsführenden Direktoren/Aufsichtsratsmitgliedern börsennotierter Gesellschaften sowie zu den Ausschüssen des Verwaltungs-/Aufsichtsrats vom 15.2.2005, ABl. EG Nr. L 52, S. 51–63.

Ernst, C./Naumann, K.-P. (2009): Das neue Bilanzrecht. Materialien und Anwendungshilfen zum BilMoG, Düsseldorf 2009.

Ernst, C./Seidler, H. (2007): Kernpunkte des Referentenentwurfs eines Bilanzrechtsmodernisierungsgesetzes. In: BB, 62. Jg. 2007, S. 2557–2564.

Europäisches Parlament und Rat (2006): Richtlinie 2006/43/EG des Europäischen Parlaments und des Rats vom 17. Mai 2006 über Abschlussprüfungen von Jahresabschlüssen und konsolidierten Abschlüssen, zur Änderung der Richtlinien 78/660/EWG und 83/349/EWG des Rats und zur Aufhebung der Richtlinie 84/253/EWG des Rates, Abl. L 157/87 vom 9. Juni 2006.

Fiebig, H (2007): Kommunale Rechnungsprüfung: Grundlagen – Aufgaben – Organisation, 4. Aufl., Berlin 2007.

Fischer, R. (2007): Haftung und Abberufung von Bankvorständen. In: DStR, 45. Jg. 2007, S. 1083–1086.

Fleischer, H. (2006), in: Fleischer, H. (Hrsg.), Handbuch des Vorstandsrechts. München 2006.

Freidank, C.-C./Velte, P. (2010): Schwächung der Corporate Governance durch die aktuelle Rechtsprechung. In: DB, 63. Jg., Heft 32, 2010, Editorial S. 1.

Geißler, C. (2004): Was ist Compliance Management? In: Harvard Business Manager, Heft 2, 2004, S. 17.

Gernoth, J./Wernicke, T. (2010): Neue Entwicklungen zum Bericht des Aufsichtsrats an die Hauptversammlung. In: NZG, 13. Jg. 2010, S. 531–535.

Gödel, R. D. (2010): Unverzichtbarkeit der Prognoseberichterstattung im (Konzern-)Lagebericht. In: DB, 63. Jg., Heft 08, 2010, S. 431–435.

Goette, W. (2003): Haftung. In: Hommelhoff, P./Hopt, K./v. Werder, A. (Hrsg.), Handbuch Corporate Governance. Leitung und Überwachung börsennotierter Unternehmen in der Rechts- und Wirtschaftspraxis, 2. Aufl., Stuttgart 2009, S. 749–774.

Gräfe, S./Ribbert, M./Wegmann, N. (2010): Umsetzung der Corporate Governance-Anforderungen nach dem BilMoG. In: Der Aufsichtsrat, Heft 10, 2010, S. 142–144.
Groß, P. J./Amen, M. (2003): Rechtspflicht zur Unternehmensplanung? – Ein Diskussionsvorschlag zur Konkretisierung der Planungspflicht und von Mindestanforderungen an eine ordnungsmäßige Unternehmensplanung. In WPg, 56. Jg. 2003, S. 1161–1180.
Grossfeld, B./Noelle, T. (1986): Die Haftung des Vorstandes einer Genossenschaftsbank als Strukturproblem. In: AG, 31. Jg. 1986, S. 275–283.
Grüninger, S. (2010): Compliance-Prüfung nach dem IDW EPS 980 – Pflicht oder Kür für den Aufsichtsrat? In: Der Aufsichtsrat, Heft 10, 2010, S. 140–141.

Habersack, M. (2008): Aufsichtsrat und Prüfungsausschuss nach dem BilMoG. In: AG, 53. Jg. 2008, S. 98–107.
Heimrath, G. (2005): E. Rechnungs-, Berichts- und Prüfungswesen. In: Wurzel, G./Schraml, A./Becker, R. (Hrsg.): Rechtspraxis kommunaler Unternehmen, München 2005, Rz. 230ff.
Hein, M. (2010): Fünf Jahre Enforcement bei der BaFin – Eine Bestandsaufnahme. In: DB, 63. Jg. 2010, S. 2265–2270.
Henze, H. (2010): Bericht des AR an die HV: Beschlussfeststellung und Unterschrift durch den AR-Vorsitzenden erforderlich. In: Der Aufsichtsrat, Heft 10, 2010, S. 146.
Herzig, A./Probst, U. (2010): Effiziente Umsetzung der Governance-Anforderungen aus BilMoG. In: Risiko Manager, Heft 2, 2010, S. 16–19.
Hoffmann-Becking, M. (2007). In: Münchener Handbuch des Gesellschaftsrechts, Bd. 4 Aktiengesellschaft, 3. Aufl., München 2007.
Hoffmann-Becking, M. (2010): »Aufsichtsräte sind überfordert« – Kritik an Gesetzgebung in Berlin und Brüssel. In: FAZ vom 8. Oktober 2010, S. 16.
Hoffmann-Becking, M./Rawert, P. (Hrsg.) (2010): Beck'sches Formularbuch Bürgerliches, Handels- und Wirtschaftsrecht, 10. Aufl., München 2010.
Hüffer, U. (2008). In: Beck`sche Kurzkommentare Bd. 53 AktG, 8. Aufl. München, 2008, § 171.
Hüffer, U. (2010): Aktiengesetz, 9. Aufl., München 2010.
Huwer, W. (2008): Der Prüfungsausschuss des Aufsichtsrats, Aufgaben, Anforderungen und Arbeitsweise in der Aktiengesellschaft und im Aktienkonzern, Berlin 2008.

Institut der Unternehmensberater IdU im Bundesverband Deutscher Unternehmensberater BDU e.V. (Hrsg.) (2009): Grundsätze ordnungsgemäßer Planung (GoP), Version 2.1, 3. Aufl. 2009.

Kölner Kommentar zum Aktiengesetz, 2. Aufl., Köln 2004.
Kompenhans, H. (2009): Der Prüfungsausschuss und das Interne Kontrollsystem. In: Deloitte (Hrsg.): Corporate Governance Forum: Informationen für Aufsichtsrat und Prüfungsausschuss, Heft 1 2009, S. 6–7.
König, B. (2009): Audit Committee und externe Revision – Zusammenarbeit im Rahmen einer wirksamen Corporate Governance (nicht veröffentlichte) Masterarbeit an der Hochschule für Wirtschafts-Rechts-, und Sozialwissenschaften, St. Gallen (HSG), 2009.
Koprivica, R. (2009): Die Effektivität von Prüfungsausschüssen – Eine theoretische und empirische Analyse. Saarbrücken 2009.
Kort, M. (2010): Risikomanagement nach dem Bilanzrechtsmodernisierungsgesetz. In: ZGR, 2010, S. 440–471.
Kremer, T. (2010). In Ringleb, H.-M./Kremer, T./Lutter, M./Werder, A. v. (Hrsg.): Kommentar zum Deutschen Corporate Governance Kodex, 4. Aufl., München 2010, S. 342–350.
Kremer, T./ Klahold, C. (2010): Compliance-Programme in Industriekonzernen. In: ZGR, 2010, S. 113–143.
Kropff, B. (1998): Die Unternehmensplanung im Aufsichtsrat. In: NZG, 1998, S.613–619.
Kropff, B. (2003), in: Münchener Kommentar zum Aktiengesetz. § 171.
Kropff, B. (2009): Der unabhängige Finanzexperte in der Gesellschaftsverfassung. In: Bitter, G./Lutter, M./Priester, H.-J./Schön, W./Ulmer, P. (Hrsg): Festschrift für Karsten Schmidt, Köln 2009, S. 1023-1040.

Lanfermann, G./Röhricht, S. (2009): Pflichten des Prüfungsausschusses nach dem BilMoG. In: BB, 64. Jg. 2009, S. 887–891.
Langenbucher, G./Blaum, U. (1994): Audit Committees – Ein Weg zur Überwindung der Überwachungskrise? In: DB, 47. Jg. 1994, S. 2197–2206.
LG Berlin: Entscheidung des LG Berlin vom 8.10.2003 (Az. 101 O 80/02), ZIP, 2004, 73, 76.
LG Bielefeld v. 16.11.1999 (Az. 15 O 91/98).
Liese, J. (2008): Much Adoe about Nothing? Oder: Ist der Vorstand einer Aktiengesellschaft verpflichtet, eine Compliance-Organisation zu implementieren? In: BB Special 5 zu BB Heft 25, 64. Jg. 2008, S. 17–22.
Lutter, M. (2007): Die Business Judgement Rule und ihre praktische Anwendung. In: ZIP, 27. Jg. 2007, S. 841–848.
Lutter, M. (2008): Der Bericht des Aufsichtsrats an die Hauptversammlung. In: AG, 53. Jg. 2008, S. 1–11.
Lutter, M. (2009): Zur Rechtmäßigkeit von internationalen Risikogeschäften durch Banken der öffentlichen Hand. In: BB, 64. Jg. 2009, S. 786–791.
Lutter, M./Krieger, G. (2008): Rechte und Pflichten des Aufsichtsrats, 5. Aufl., Köln 2008.

Menzies, Chr. (2004) (Hrsg.): Sarbanes-Oxley Act. Professionelles Management interner Kontrollen, Stuttgart 2004.
Menzies, Chr. (2006) (Hrsg.): Sarbanes-Oxley und Corporate Compliance. Nachhaltigkeit, Optimierung, Integration, Stuttgart 2006.
Mertens, H.-J. (1996). In: Kölner Kommentar zum Aktiengesetz, Köln 1996.
Meuwissen, R./Quick, R. (2009): Abschlussprüfung und Beratung – Eine experimentelle Analyse der Auswirkungen auf Unabhängigkeitswahrnehmungen deutscher Aufsichtsräte. In: ZfbF, 61. Jg. 2009, S. 382–415.
Meyer, H. (2010): Aktuelle Entwicklungen des Enforcement in Deutschland. In: IRZ, Heft 4, 63. Jg. 2010, S. 153–158.
Münchener Kommentar zum Aktiengesetz, 3. Aufl., München 2008.

Nonnenmacher, R./Pohle, K./Werder, A. v.(2009): Aktuelle Anforderungen an Prüfungsausschüsse. In: DB, 62. Jg. 2009, S. 1447–1454.
Nowotny, G. (1997): Neues für den Aufsichtsrat – das Wichtigste aus dem IRÄG 1997. In: RdW, 15. Jg. 1997, S. 577–579.

OLG Hamm, BeckRS 2008, 6654 zu den Sorgfaltspflichten des Aufsichtsrats einer Regionalbrauerei.
OLG Hamm, NStZ 1986, 119.
OLG München, Az. 23 U 5517/09.

Potthoff, E. (1996): Board-System versus duales System der Unternehmensverwaltung. Vor- und Nachteile. In: BFuP, 48. Jg. 1996, S. 253–268.
Potyka, M./Weber, W. (2008): Der Prüfungsausschuss nach dem URÄG 2008. In: GesRZ, 37. Jg. 2008, S. 190–199.
Prangenberg, A. (2007): Aufsichtsrat einer Konzerntochter: Eigene Prüfung des Jahresabschlusses. In: Der Aufsichtsrat, Heft 11, 2007, S. 154–155.

Quick, R. (2006): Prüfung, Beratung und Unabhängigkeit des Abschlussprüfers – Eine Analyse der neuen Unabhängigkeitsnormen des HGB im Lichte empirischer Forschungsergebnisse. In: BFuP, 58. Jg. 2006, S. 42–61.

RegBegr. BilMoG, BT-Drs. 16/10067.
Reiter, R. (2005): Der Finanzexperte im Prüfungsausschuss. In: Aufsichtsrat aktuell, 1. Jg. 2005, S. 9–11.
Ringleb, H.-M. (2010): Rechnungslegung und Abschlussprüfung. In: Ringleb, H.-M./Kremer, T./Lutter, M./Werder, A. v. (Hrsg.): Kommentar zum Deutschen Corporate Governance Kodex, 4. Aufl., München 2010, S. 342–350.

Schmidt, K./Lutter, M. (Hrsg.) (2008): Aktiengesetz: Kommentar. Köln 2008.

Schneider-Lenné, E.R. (1995): Das anglo-amerikanische Board-System. In: Scheffler, E. (Hrsg.): Corporate Governance, Wiesbaden 1995, S. 27–55.
Schürrle, T. (2010): Compliance: Organisationsverantwortung von Vorstand und Aufsichtsrat: In: Deloitte (Hrsg.): Corporate Governance Forum: Informationen für Aufsichtsrat und Prüfungsausschuss, Heft 3, 2010, S. 17.
Schulz, T. (2007). In: Heidelberger Kommentar zum Aktiengesetz, Heidelberg 2007.
Semler, J. (2007): Erinnerungen an die praktische Tätigkeit eines Aufsichtsratsmitglieds. In: Studien des Deutschen Aktieninstituts, Heft 37, 2007.
Semler, J. (2009): Anforderungen an die Befähigung eines Aufsichtsratsmitglieds. In: Bitter, G./Lutter, M/Priester, H.-J./Schön, W./Ulmer, P. (Hrsg): Festschrift für Karsten Schmidt, Köln 2009, S. 1489 ff.
Semler, J./Schenk, K. v. (2009): Arbeitshandbuch für Aufsichtsratsmitglieder, 3. Aufl., München 2009.
SIX Exchange Regulation: Kommentar zur Corporate Governance-Richtlinie vom 18. November 2002, letztmals aktualisiert am 20. September 2007 (http://www.six-exchange-regulation.com/download/admission/regulation/guidelines/swx_guideline_20070820-1_comm_de.pdf)
SIX Exchange Regulation: Richtlinie betr. Informationen zur Corporate Governance vom 29. Oktober 2008 (»RLCG«) (http://www.six-exchange-regulation.com/admission_manual/06_15-DCG_de.pdf)
Spindler, G. (2008). In: Goette, W./Habersack, M. (Hrsg.): Münchener Kommentar zum Aktiengesetz, Bd. 2: §§ 76–117, MitbestG, DrittelbG, 3. Aufl., München 2008.
Sponsoring Organizations of the Treadway Commission (2004): Enterprise Risk Management – Integrated Framework, September 2004 Edition, Executive Summary.
Stebler, W./Abresch, M. (2004): Audit Committee, Abschlussprüfer und Interne Revision. In: Der Schweizer Treuhänder, Heft 5, 2004, S. 389–396.
Sünner, E. (2008): Der Bericht des Aufsichtsrats an die Hauptversammlung nach § 171 Abs. 2 AktG. In: AG, 53. Jg. 2008, S. 411–416.

Terbrack, Chr./Lohr, M. (2007): Aufsichtsratsausschüsse (§ 107 Abs. 3). In: Heidel, T. (Hrsg.): Aktienrecht und Kapitalmarktrecht, Baden-Baden 2007, S. 591–594.
Theisen, M. R /Linn, A./Schöll, S. (2007): Die Berichterstattung des Aufsichtsrats im Wandel – Eine empirische Analyse der Aufsichtsratsberichte 2005 im Vergleich zu 1984 bis 1994. In: DB, 60. Jg. 2007, S. 2493–2501.
Treuhand-Kammer Schweizerische Kammer der Wirtschaftsprüfer und Steuerexperten: Schweizer Prüfstandards 2010 (http://www.treuhandkammer.ch/dynasite.cfm?dsmid=85591)

U.S. Securities and Exchange Commission (1940): Report on Investigation – United States of America before the Securities and Exchange Commission in the Matter of McKesson & Robbins, Inc., Pursuant to Section 21(a) of the Securities Exchange Act of 1934, 1940, Washington.

Verordnung (EG) Nr. 2157/2001 des Rates vom 8. Oktober 2001 über das Statut der Europäischen Gesellschaft (SE) (ABl. L 294 vom 10.11.2001).

Warncke, M. (2010): Prüfungsausschuss und Corporate Governance. Einrichtung, Organisation und Überwachungsaufgabe, 2. Aufl., Berlin 2010.
Weber, M. (2008): Das Unternehmensrechts-Änderungsgesetz 2008 im Überblick. In: ÖJZ, 2008, S. 425–436.
Werder, A. v./Talaulicar, T. (2010): Kodex Report 2010: Die Akzeptanz der Empfehlungen und Anregungen des Deutschen Corporate Governance Kodex. In: DB, 63. Jg. 2010, Heft 16, S. 853–861.
Withus, K.-H. (2009): Zur Umsetzung der HGB-Modernisierung durch das BilMoG: Wirksamkeitsüberwachung interner Kontroll- und Risikomanagementsysteme durch Aufsichtsorgane kapitalmarktorientierter Gesellschaften. In: DB, 62. Jg., Beilage 5 zu Heft 23 vom 5.6.2009, S. 82–90.
Withus, K.-H. (2009a): Überwachung der Wirksamkeit von Internen Kontroll- und Risikomanagementsystemen. In: ZIR, 44. Jg. 2009, S. 262–268.
Withus, K.-H. (2010): Strafbare Handlungen durch Unterlassen – Gefahren für Aufsichtsräte und Compliance-Verantwortliche. In: ZCG, 5. Jg. 2010, S. 71–77.
Wolf, K. (2009): Zur Anforderung eines internen Kontroll- und Risikomanagementsystems im Hinblick auf den (Konzern-) Rechnungslegungsprozess gemäß BilMoG. In: DStR, 2009, S. 920–925.

Wustmann, H. (2010): Prüfung von Compliance-Management-Systemen durch den Wirtschaftsprüfer. In: Deloitte Corporate-Governance-Forum, Heft 2, 2010, S. 10–11.

Wybitul, T. (2009): Strafbarkeitsrisiken für Compliance-Verantwortliche. In: Betriebs-Berater, 64. Jg., Heft 48, 2009, S. 2590–2593.

Zielke, R. (2006): Internationale Steuerplanung zur Optimierung der Konzernsteuerquote. In: DB, Heft 48, 2006, S. 2585–2594.

Stichwortverzeichnis

Anfechtbarkeit 15
Anfechtungsklage 13
ARAG/Garmenbeck-Entscheidung 18
Arbeitnehmervertreter 16
Aufsichtsrat
- fakultativer 9, 144
- obligatorischer 144, 145

BaFin 123, 151
Banken (siehe Kreditinstitute)
Beirat 146
Berichterstattung
- an das Aufsichtsratsplenum 16, 84
- an die Hauptversammlung 86
- Beiträge des Prüfungsausschusses 87
- in der Bilanzsitzung des Aufsichtsrats 84
Betätigungsprüfung 158
Betriebsrat 13
Beweislast 23
Board of Directors 3, 91
Business Judgement Rule 22

Compliance 28, 29, 53, 56
- (Chief) Compliance Office(r) 11, 45, 55
- Compliance Managementsystem (CMS) 53
- Organisationsmodelle 55
- Pflicht zur Einrichtung eines CMS 54
- Überwachung der Wirksamkeit des CMS 53
COSO-Rahmenkonzept 41, 42, 43

Deutscher Corporate Governance Kodex (DCGK) 5, 7
- Entsprechenserklärung 18
Deutsche Prüfstelle für Rechnungslegung (DPR) 122
- Enforcement-Richtlinie 126
- fallbezogene Voranfragen 126
- Fehlerfeststellung 125, 127
- Pre-Clearance 126
- Prüfungsschwerpunkte 124
Dualistisches System 4, 142

Effizienzprüfung 129
- Board Review 130
- individualisierte Fragebögen 130
Einarbeitung neuer Mitglieder 132
Enforcement
- Einbindung des Prüfungsausschusses 126
- Enforcement-Verfahren 122
Entlastung 16
Ergebnis- und Finanzplanung (mittelfristige) 157
Erklärung zur Unternehmensführung 15, 39, 179
EU-Abschlussprüferrichtlinie 5
Europäische AG (SE) 142

Familienunternehmen 146
Finanzdienstleistungsinstitute (siehe Kreditinstitute)
Finanzexperte 12, 96, 161
Fort- und Weiterbildung 135

Garantenpflicht 18
Gebietskörperschaften 154
Geschäftsordnung 106, 183
- Erlass, Änderung und Aufhebung 108
- Grundkonzepte 107
- Internetseite 107
- Nichtbeachtung 108
- Regelungsspielräume 106
GmbH 144
- fakultativer Aufsichtsrat 144
- mitbestimmte 8
- mitbestimmungsfreie 9
- obligatorischer Aufsichtsrat 144

Haftung 18
- Haftungsausschluss 23
- Organhaftungsansprüche 18
- Untreue und Betrug 18
Haushaltsgrundsätzegesetz (§ 53 Abs.1 HGrG) 154

Internes Kontrollsystem (IKS) 10, 40
- Dokumentation 44
- Einrichtung 37
- laufende Informationsbeschaffung 44
- Sarbanes-Oxley Act (SOA) 40
- Überwachung des Rechnungslegungsprozesses 40
- Verantwortlichkeit des Prüfungsausschusses 38
- (Überwachung der) Wirksamkeit 38, 44
Informationsversorgung 101
- Abschlussprüfer 103
- Allgemeine Informationen 104
- Informationsordnung 102
- Prüfungsbericht 103
- unabhängige Dritte 104
- unternehmensinterne Personen 102
- Vorstand 102
Internes Revisionssystem 8, 38, 50
- Leiter der Internen Revision 45
- Pflicht zur Einrichtung 50
- Überwachung durch den Prüfungsausschuss 51
Informations- und Kommunikationstechnologie (IT) 120

Jahresterminübersicht 34

Kapitalmarktorientierung 8
Kommunen und Kommunalverbände 20

Kommunikation mit dem Abschlussprüfer 67
- Anhaltspunkte 68
- anlassbezogener Austausch 67
- anlassunabhängige Gespräche 68
Kreditinstitute 148
- Aufsichts- und Verwaltungsorgan 150
- BilMoG 151
- ethische Aspekte 149
- erforderliche Sachkunde/fachliche Qualifikation 148, 149
- geborene Mitglieder 149
- inhaltliche Besonderheiten 150
- materielle Anforderungen 148
- Reportingsystem 150
- Übergangsvorschriften 149
- Verwaltungs- oder Aufsichtsorgan 148

Mindestanforderungen an das Risikomanagement (MaRisk) 150
- Geschäfts- und Risikostrategie 152
Monistisches System 3, 142

Nichtigkeit 15

Ordnungsmäßigkeit der Geschäftsführung 155

Pensionsfonds 151
Personalausschuss 22
Problembereiche für den Prüfungsausschuss 139
Prüfung des Jahresabschlusses 72, 175
- Berichterstattung des Abschlussprüfers 82
- Bildung eines Gesamturteils 83
- Einbeziehung des Abschlussprüfers 81
- Kommunikation mit dem Vorstand 80
- Organisation 73
- Sichtung der Unterlagen und Fokussierung 73
- Verwertung des Prüfungsberichts 74
Prüfungsauftrag 63
- Auftragsvereinbarung 63
- Haftung 63
- Leistungen neben der Pflichtprüfung 63
- Prüfungsschwerpunkte 64
Prüfungsausschuss
- Vorsitzender 33
- Prüfungsausschüsse in Österreich 160
Prüfungsbericht 74
- Anlagen zum Prüfungsbericht 79
- Bestätigungsvermerk 79
- Feststellungen zum Risikofrüherkennungssystem 78
- Gegenstand, Art und Umfang der Prüfung 76
- Gesamtaussage des Jahresabschlusses 76
- Gliederung (IDW PS 450) 74
- Ordnungmäßigkeit der Rechnungslegung 76
- Prüfungsauftrag 75
- Stellungnahme zur Lagebeurteilung der gesetzlichen Vertreter 75
- Unregelmäßigkeiten 75
Prüfungsschwerpunkte 67
- Auftragsschreiben 67
Public Corporate Governance Kodex 154

Qualität der Abschlussprüfung 68, 69
- Maßstäbe für die Qualität 69
- Qualitätssteigernde Maßnahmen 70
- Überprüfung der Qualität 69
Quartalsabschluss
- Durchsicht 59

Rechnungsprüfung 154, 158
Revisionsbericht 51
Risikoberichterstattung 49
Risikofrüherkennungssystem (RFS) 11, 46
Risikomanagementsystem (RMS) 7, 8, 46
- Definition 46
- Dokumentation 48
- Interne Revision 49
- laufende Informationsversorgung 48
- Regelkreislauf 47
- Überwachung der Wirksamkeit 46
- Wirksamkeitsüberprüfungen 48

Sarbanes-Oxley Act 4
Schweizerisches Obligationenrecht 169
Schweizer Revisionsaufsichtsbehörde (»RAB«) 165
SEC 3
Sitzungen des Aufsichtsrats und des Prüfungsausschusses 31
- Sitzungsanzahl 31
- Sitzungsdauer 31
- Sitzungsprotokoll 33
- Sitzungsteilnehmer 33
- Sitzungsunterlagen 32
- Vorbereitung 32
SIX Exchange Regulation 165
- Richtlinie zur Corporate Governance der SIX Exchange Regulation 168
Societas Europaea (siehe Europäische AG)
Sorgfalt
- Maßstab 20
- Hertie-Entscheidung 20
- Sorgfaltspflicht 19
Steuern 118
- Steuerliche Planung 118
- Steuerliche Risiken 119
- Steuerliche Situation 118
- Verrechnungspreise 119
swiss code of best practice for corporate governance 167

Tagesordnung 34

Überwachung im Konzern 110
- Abhängigkeitsbericht 113
- Befreiung nach § 264 Abs. 3 HGB 111
- Konzernrechnungslegung 110
- Risikomanagement 110
Überwachungspflicht 7
Unabhängigkeit des Abschlussprüfers 64, 7
- Ausschlusstatbestände 64
- Erklärung des Abschlussprüfers nach Ziff. 7.2.1 Abs. 1 DCGK 64

- Qualität der Prüfung 64
- Vertrauen der Öffentlichkeit 64

Unternehmen in öffentlicher Hand 154
Unternehmensplanung 114

Vergaberecht 156
Vergütungssystem im Versicherungsbereich 152
- Interessenkollision 153
- Satzung oder Beschluss der Hauptversammlung 152
- vertragliche Grundlage 153
- Zustimmung der zuständigen Gremien 153

Verschulden 22
Verschwiegenheit 18
- Pflicht zur 20

Versicherungsunternehmen 148, 151
Verwaltungsrat 142, 165
Vorstandsbezüge 117

Wahl des Abschlussprüfers 61
- fachliche Eignung 62
- persönliche Eignung 62

Wirtschaftsplanung 156
Würdigung der Ergebnisse der Abschlussprüfung 70
- Bestätigungsvermerk 71
- Nichtigkeit des Abschlusses 71
- Prüfungsbericht 71
- Validität der Prüfung 71

Zusätzliche Leistungen des Abschlussprüfers 65
- Anteil des Honorars für Abschlussprüfung am Gesamthonorar 66
- Selbstprüfungsverbot 65
- Unabhängigkeitsgesichtspunkte 65

Zustimmungsvorbehalt 20